法藏知津

四編：佛教歷史與文獻研究專輯

杜潔祥 主編

第 14 冊

晤恩法師的行實與天台分宗之研究（下）

吳世英 著

花木蘭文化出版社

國家圖書館出版品預行編目資料

晤恩法師的行實與天台分宗之研究（下）／吳世英 著 — 初版
— 新北市：花木蘭文化出版社，2015〔民 104〕
目 4+264 面；19×26 公分
（法藏知津四編：佛教歷史與文獻研究專輯　第 14 冊）
ISBN：978-986-322-347-4（精裝）
1.（宋）釋晤恩　2. 天台宗
618　　　　　　　　　　　　　　　　102014415

ISBN-978-986-322-347-4

法藏知津四編：佛教歷史與文獻研究專輯
第十四冊　　　　　　　　　ISBN：978-986-322-347-4

晤恩法師的行實與天台分宗之研究（下）

作　　者　吳世英
主　　編　杜潔祥
副總編輯　楊嘉樂
編　　輯　許郁翎
出　　版　花木蘭文化出版社
社　　長　高小娟
聯絡地址　235 新北市中和區中安街七二號十三樓
　　　　　電話：02-2923-1455／傳真：02-2923-1452
網　　址　http://www.huamulan.tw 信箱 hml 810518@gmail.com
印　　刷　普羅文化出版廣告事業
初　　版　2015 年 5 月
定　　價　四編 15 冊（精裝）新台幣 25,000 元

晤恩法師的行實與天台分宗之研究（下）

吳世英　著

目

次

第四章　天台宗的分燈行化

　　一個宗教教派的形成，必有其思想或禪法上的特色，使其能吸引學人來就學。此外，還要靠王公、士夫與庶民的護持，尤其是帝王與士夫關係之維護，使其能安心辦道，融攝世法，達到行化的更好效果。此外，法緣想流行長久，除了「王爲法寄」之外，其要在得其人，所以得法子（或稱法器）尤爲重要。但道法弘傳既久不無敝端，如墨守成規，難敵其他教派的抗衡，因此依師立宗且融攝世學之外，創新也很重要。

　　佛教在中國流行，有高僧強調：「不依王臣，以高尚其志。」他們或隱居山林辦道，不接塵俗。因此，如贊寧所云的：「教法苟與王臣不接，還能興宗教不？」〔註1〕晤恩的門下文備法師所云的「抗跡開居而從吾所好〔註2〕」，也是從智者大師以來天台宗人的精神之一，但文備被質疑不誨人，且說他的行徑是：「斷佛種人，乃祖斯戒。」〔註3〕又，自從禪宗初行，天台宗與禪宗在思想與行法上就不斷地在融攝當中，贊寧說：「達磨可不云乎？吾法合了義教，而寡學少知。自既不能，且與煩惑相應，可不嫉之乎？」〔註4〕與煩惑相應，也能辦道，那就是以煩惱爲菩提，天台宗在觀行上的兩義觀就是實例，兩種觀行都離不開懺法與念佛行。僧家遠居山林，雖高尚其志，但道法要弘傳長久則在「當處與得人」，而學人自行化他或合塵同光都各有其因緣在。晚唐之時，天台宗的學人在清竦會下修學之後，就產生了山林講學與城市行化

〔註1〕　《宋高僧傳》卷第六〈唐圭峰草堂宗密傳〉後「序曰」文，前引書，頁141。
〔註2〕　《釋門正統》卷第五〈文備傳〉，前引書，頁832上。
〔註3〕　《閑居編》卷第二十一〈錢塘慈光院備法師行業記〉，前引書，頁898b。
〔註4〕　《宋高僧傳》卷第六〈唐圭峰草堂宗密傳〉後「序曰」文，前引書，頁141。

兩種不同性質的發展，卻引發了所謂的山家與山外問題。

　　天台宗從初行到發展，在中晚唐之時形成了許多的流派，因注重法緣與自行化他的問題，而產生了「付授」與「累囑」的現象。這種現象，在晚唐五代宗教初興起之時以及宋初的勃然興發階段，依然存在。只是天台宗越往後發展，其內部的問題也就越來越是多樣。唐武宗會昌法難（841～846）之後，由於教典散佚，弘傳天台教者難得其人；因此，義寂（919～987）與晤恩（912～986）堪稱是天台山嫡系下的兩大宗師，對於天台教法的維護與義解多所貢獻。由於當時的吳越國，以禪宗與律宗、淨土行為盛，天台宗初時尚未能得王室的大力護持，所以不能大為興盛，然兩師承繼著扶宗的功業已是甚為偉大。待到吳越版圖入宋之後，天台宗由於山家、山外派宗匠們的努力，以及彼此間諍論教義，因此在義學的成就上提昇不少，天台宗的氣勢在當時也頗為興盛。

第一節　從上所傳宗風

　　天台宗從慧文禪師以來，體舉一心三觀之學，傳到慧思（515～577）領眾行化北方。慧文與慧思禪法的傳習，因天下離亂之故，除了慧思與攝山僧人往來〔註5〕之外，其他修習者的活動，不見於記錄。關於慧文禪師，釋道宣的《高僧傳》說：「聚徒數百，眾法清肅，俗高尚。」〔註6〕而慧思則「明行遠聞，四方欽德」，但「眾集精麤，是非由起。」〔註7〕其因學徒日盛，機悟實繁，乃以大小乘中定慧等法，敷揚引喻，用攝自他。其後，晝談理義，夜便思擇，故所發言無非致遠，由定發慧之故，所以南北禪宗罕不承嗣。〔註8〕可知慧思講究的禪法特色是由定發慧，而其發慧是可驗證的，能致遠的。這樹立了後來天台學人的風範，不向禪法高超，但重其可致其遠的。這種風範，在湛然會下的元浩與道邃、行滿的行履上，我們就見到了差別相。智顗（538～597）就學於慧思，而慧思對智顗的看法是：「此吾之義兒，恨其定力少耳。」於是「師資改觀，名聞遐邇」。〔註9〕智顗在慧思門下修學七年，陳廢帝光大

〔註5〕　《續高僧傳》卷第九〈攝山栖霞寺釋慧布傳〉，《高僧傳二集》，頁229。
〔註6〕　《續高僧傳》卷第十七〈隋南嶽衡山釋慧思傳〉，前引書，頁565。
〔註7〕　《續高僧傳》卷第十七〈隋南嶽衡山釋慧思傳〉，前引書，頁566。
〔註8〕　《續高僧傳》卷第十七〈隋南嶽衡山釋慧思傳〉，前引書，頁569。
〔註9〕　《續高僧傳》卷第十七〈國師智者天台山國清寺釋智顗傳〉，《高僧傳二集》，

元年（567），慧思正式付法給智顗，並囑付他：「莫作最後斷種人。」〔註10〕
要他延續佛種，並指示他：「汝與陳國有緣，往必利益。」〔註11〕這種現象的
出現，似如禪宗的付授與印記，可見當時師弟相承的風氣已是大爲開朗了，
從慧思到智者發展出得法者多人，天台宗出現了分燈弘化的現象。據《續高
僧傳》〈智顗傳〉上說：「法門如鏡，方圓任像。初瓦官寺四十人坐，半入法
門。今者二百坐禪，十人得法，爾後歸宗轉倍，而據法無幾。斯何故邪，亦
可知矣。吾自化行道，可各隨所安，吾欲從吾志也。」〔註12〕「吾自化行道，
可各隨所安，吾欲從吾志也。」這種自我安適、隨緣任運於求道的心，對後
世天台宗的影響也是很大，有的僧家默修潛行，有的勤於講說不墜，有的判
教甚力，有的勤於行化，因此發展出許多不同的學派與行法，尤其在中晚唐
之後到宋代期間形成了山家與山外學派。

　　天台宗僧家的風範，大抵以智者爲標竿。在隋朝時，智者於〈遺書與晉
王〉中申述他十餘年於陳都、江都和荊州所受到的挫折經過。在陳都八年的
弘法中，他痛惜「諸來學者，或易悟而早亡，或隨分而自益，無兼他之才，
空延教化，略成斷種。」其自謂有自行之缺與利物之虛。在江都行道之時，
座下雖有學徒四十，僧人三百餘人跟隨行道，「不見一人求禪求慧」；於湘潭
時，結緣者眾，無一人可付法委業，以報地恩。而智者於荊州弘法，聽者千
餘僧，學禪三百，有司怕人多出亂，故「朝同雲集，合暮如雨散」，「設有善
萌不獲增長，此乃世調無堪，不能諧和得所。」種種魔障，讓他決心遠離世
俗，避居塵外。但其又云：「山間虛乏，不可聚眾；束心待出，訪求法門；暮
年衰弱，許當開化。」〔註13〕在智者的時代，僧人仍是以耽禪於林野岩壑求
開悟會道是尚。陳後主時，爲迎智顗出世說法，乃云：「巖壑高深，乃幽人之
節；佛法示現，未必如此；且京師甚有醫藥，在疾彌是所宜。」〔註14〕其出
世傳道，後歸隱天台對晉王書云：「貧道初遇勝緣，發心之始，上期無生法
忍，下求六根清淨。三業殷勤，一生望獲，不謂宿罪殃深，致諸留難。內無

　　　　頁 572。
〔註10〕《佛祖統紀》卷第六〈四祖天台智者智顗傳〉，前引書，頁 329。
〔註11〕《續高僧傳》卷第十七〈隋國師智者天台山國清寺釋智顗傳〉，前引書，頁 572。
〔註12〕《續高僧傳》卷第十七〈國師智者天台山國清寺釋智顗傳〉，前引書，頁 573
　　　　～574。
〔註13〕釋灌頂〈國清百錄〉卷第三〈遺書與晉王〉，《大正新修大藏經》第四十六卷
　　　　諸宗部 2，頁 809～810。
〔註14〕釋灌頂〈國清百錄〉卷第一〈至德三年陳少主敕迎〉，前引書，頁 799。

實德，外召虛譽，學徒強集，檀越自來。既不能絕域遠避，而復依違順彼，
自招腦亂。道退爲虧，應得不得，憂悔何補，上負三寶，下愧本心，此一恨
也。」〔註15〕智者的心聲，也是古往今來僧人的處境，但由此建立了後世天
台宗的宗與教之旨趣，也就是說法子需具備自行與利物兩個條件，隨分自益、
求解行行或高尚其志者，不如能致遠的法子，這也說明了道邃與晤恩、知禮
之所以傑出的原因。而楊惠南卻說：「智顗出家的原因，乃感嘆在金陵瓦官寺
中，由於必須應付眾多俗事，無法『自行化道』以致『法鏡』無法清明，『心
弦』無法鳴應。弟子當中，受益者也日趨減少。這說明智顗是一位把教化眾
生視爲次要，而特別注重『自行』的僧人。」〔註16〕然智者之意是，如能似
其師慧思在禪定上證得圓解之境，在授徒行化上勢必更是得力。智者的化他
與自行的特質，後來也反映在山家與山外宗學人的行實之上，因爲山外與山
家宗匠都是利根行人，而非中、下器的學僧可以比擬；此外，證得與義解乃
至於一宗之學在述說與信受上畢竟是有別的，這也是研究山家、山外宗論諍
時所要留意的課題。

　　至於天台宗的本質又是如何的呢？天台宗在智者之時，在教法上已經是
中國化了，這奠定了後來天台宗人弘法的特色。智者雖然喜歡隱居天台山，
但一個教派的生存與發展，還要有許多外在的資源，即檀越的布施，尤其是
帝王、官宦與士夫的態度。曾其海在〈寺院經濟、皇權支持使天台宗創立變
爲現實〉文中說：

> 獨立雄厚的寺院經濟，一方面爲佛教宗派進行理論上的創造發揮提
> 供了經濟基礎，使它能走上獨立發展的道路，不再靠翻譯外來的經
> 典，而自己對佛經進行注釋和闡發，著書立說。另一方面，由於寺
> 院有了自己的產業，就產生了廟產的繼承問題，於是就要求建立宗
> 派傳襲制度，以便使師父把佛教學說觀點和寺廟一并傳給自己的嫡
> 系弟子。世俗帝王的扶持，是佛教宗派建立乃至於發展的又一重要
> 條件。〔註17〕

晉時釋道安（314～385）曾告誡佛門，「不依國主，則法事難立。」〔註18〕佛

〔註15〕釋灌頂〈國清百錄〉卷第三〈遺書與晉王〉，前引書，頁809。
〔註16〕楊惠南〈智顗的三諦思想及其所依經論〉，《佛學研究中心學報》第 6 期（台
　　　　北：台大哲學系，2001 年 7 月），頁 104。
〔註17〕曾其海《天台佛學》，頁 31。
〔註18〕釋慧皎《高僧傳》卷五〈釋道安傳〉，《大正新修大藏經》第五十卷史傳部 2，

教的興盛，實跟王法有關。對於周武帝滅佛，智者的感受是：「道通唯人，王為法寄。」〔註19〕智者還對晉王說：「匹夫行善，止度一身；仁王弘道，含生核賴。」〔註20〕佛法寄於王臣，是佛教中國化的特色之一。會昌法難之後，佛教亟於復興，僧家們更是具有這種心態，如晚唐之後天台宗的僧家清竦、義寂諸師，不得不依王臣來護持就是實例。反之，則能獨善其身，隱居山林修行與課徒，這種高尚其志的作為也頗有其人，如五代宋初的皓端以及宋初之後山外派的慶昭、智圓諸宗匠。

　　佛教發展的條件，到隋唐之際其格局大致上已經成立了，依靠王者來行化乃能融攝諸方教法，這也是佛教中國化的另一種現象。天台宗初行之時，與攝山一系融會，「為天台思想傳播創造了一個良好的社會理論氛圍。」其次是，天台宗與三論理味相契，僧家對三論也多所關涉。天台宗學說是「破中有立」，而三論學說「只破不立」，只是闡述印度學派觀點，不如天台宗有自己的創見，所以天台宗繼三論之蹤跡的趨勢已定。〔註21〕慧思得法於慧文，智者依慧思受學得其法，從智者大師以下因教法獨特，後世乃稱其法門改轉，其門生也分燈弘化。但到九祖湛然之時，天台宗依僧傳所記載的，存在著一種師弟相承的現象，這種現象被後來的山家派所強調，稱之為台家的正統或稱南嶽家世。但他們之間，還存在著天台嫡系與祖道正統或道法之爭，天台宗學人染上了中國人爭正統的習氣，這種習氣到了宋朝大一統時代來臨之後，成為擺不掉的影子，直讓學人頭疼、心嘆。

　　關於宗教現象，大抵是一個宗派或教團氣勢大，名聞於王公帝王之間，學者才會去留意去探尋，或者去研究，去記錄他們的活動。因此，其他名氣不大，或者是不被大眾所留意的僧家，其發展的狀況與師承就難以考察了。但若其道法一絲如縷地傳承下去，史家就不能加以輕視，而去研究、去記載他們的獨特性。這種現象，在中國佛教宗派史上更是多見。這是因為一個宗派學人甚多，而中國人受到正統論與心印、付授的影響，一代門徒頗為眾多，

　　　　頁 352 上。
〔註19〕《續高僧傳》卷第十七〈隋國清智者天台山國清寺釋智顗傳〉，《大正新修大藏經》第五十卷史傳部 2，頁 565 下。
〔註20〕釋灌頂〈國清百錄〉卷第二〈讓請義書〉，《大正新修大藏經》第四十六卷諸宗部 2，頁 807 中。
〔註21〕關於天台繼三論之蹤以及慧思、智者與攝山僧人的關係，參見曾其海《天台佛學》，頁 25～27。

得法者雖說不少，但傳得下宗風的卻是曲指可數，得其門而又能發揮者卻是稀少。但那些被判爲非嫡傳的、不明承嗣的、雜學的，對於宗教界的影響力也是有的；然其緊要的是，能獲得時人的認同與王室的認可，這也是佛教中國化的一種現象。對於智者的言教，曾其海說：「這說明了一個意思，要圓融世法與佛法的關係，要處理好與世俗帝王的關係，否則佛法將無所寄託。」〔註22〕佛教中國化，就在僧家處理王法與圓融世法之下，加快其速度。佛法在「當處」乃能存在而有意義與價值，而當處之首要在得人與道場，空有道場無宗匠與信眾，佛法的因緣無法流轉。此當處，在天台宗稱爲性或稱作一念心，山外宗人稱爲真心，通稱其爲佛種與隨緣問題。因此。「真如隨緣」與「別理隨緣」，成了天台宗人的話頭。有了這些課題，宗匠們就在這些問題上作活計，義學思想就產生了，這些哲思在禪門與專心辦道者看來是無大意義的，但應合儒道世學與他宗教義就大有作用在。所以在天台教史上，常見有的山家禪講之餘只是晏坐，專注於行入，如慶昭；而有的學人則「求解行行」，多留意於經教與論述，如知禮與智圓。

業因業緣與願行之故，佛子隨緣物化，而法有權有實，如《佛祖統紀》〈智威傳〉「贊」上說：「世謂徐陵對智者發五願，轉身得出家學道，證法華」。依《佛祖統紀》之意，記載學人默學潛修是用來以突顯後繼之興教者〔註23〕，那「非嫡傳、不明承嗣者、雜學者」的歷史地位，更當是突顯那得付授而傳授有所繼者，以及那些得道且被認爲是正宗者。釋志磐的《佛祖統紀》一書，雖主要在立祖以揚山家宗之學，但其文義中也包含著佛教中人的願行與隨緣物化的思想，其包容性也是有的，這種觀點向來被學者所忽視，以爲天台宗從慧文開始，就是存在著祖祖相傳的制度，以史實來看應該是師弟相承，而有些法系因爲緣法不盛之故，或者是如智者所說的法子難求而中斷了，或是承繼者在當代其名不顯，或有習台教入精微者因其傳承無憑，或僅知其所學亦屬於天台止觀，但缺乏義學爲助緣，所以這些學人被列入不明承嗣者傳中。因此，會昌法難之後，天台宗的傳承史大多僅靠《高僧傳》與《釋門正統》、《佛祖統紀》等書的記載去拼湊了。

〔註22〕曾其海《天台佛學》，頁31～32。
〔註23〕《佛祖統紀》卷第七〈六祖法華尊者傳〉「贊」曰：「或見梁氏統例，二威繼授其道不行之言，則便以爲繼默無言坐證而已。然梁氏此言，將以張皇荊溪立言，弘道之盛，故權爲輕重耳。要之，講經坐禪未嘗不並行也，不然法華聽習千眾，天宮求道無數，爲何事耶？是知其得不行，亦太過論。」

　　天台宗從慧文、慧思（515～577）以來，門人就已經不少。至於智顗的門下極多，《續高僧傳》〈灌頂傳〉上說：「且智者辯才，雲行雨施，或同天網，乍擬瓔珞。能持能領，唯（灌）頂一人。其私記智者詞旨，及自製義記，並雜文等題目，並勒於碑陰。」〔註24〕而〈智顗傳〉說：「沙門灌頂侍奉智者多年，歷其景行可二十餘紙。」〔註25〕灌頂博文強記，善於義疏與講說，被後來的晤恩所崇敬。《宋高僧傳》〈晤恩傳〉上載，其「絕粒禁言，一心念佛。此夢擁納沙門執金爐，焚香三遶其室，自言：『祖師灌頂來此相迎，汝當去矣。』夢覺呼弟子至，猶聞異香。」〔註26〕除了灌頂，晤恩很重視智者的《金光明玄義》略本〔註27〕，還有湛然的思想。〔註28〕山外宗派的傳習觀念，是超越師說傳承的，晤恩的這項特質後來也被智圓所承繼。

　　對於天台宗的教法，龍樹創中觀實相說；慧文的一心三觀，開龍樹之道。慧思的定慧雙開，啓圓頓之旨。智者爲天台學人，制定了「十意融通佛法〔註29〕」。此外，在治學上智者採行自由發揮，如六經注我、隨機攝教與隨義立名等，這種爲學態度，可說導源於南岳慧思「以大小乘中定慧等法，敷揚引喻，用攝自他。」〔註30〕智者有自化的人格特質，楊惠南說：「儘管智顗也許眞的像印順所批判的那樣〔註31〕，曲解了《中論》三諦偈的原意；但從以上的說明，

〔註24〕《續高僧傳》卷第十七〈隋國師智者天台山國清寺釋智顗傳〉，《大正新修大藏經》第五十卷史傳部2，頁568上。
〔註25〕《續高僧傳》卷第十七〈唐天台山國清寺釋灌頂傳〉，前引書，頁584。
〔註26〕《宋高僧傳》卷第七〈宋杭州慈光院晤恩傳〉，前引書，頁179。
〔註27〕《佛祖統紀》卷第七〈十七祖法智尊者知禮傳〉，前引書，頁348。
〔註28〕《宋高僧傳》卷第七〈宋杭州慈光院晤恩傳〉，前引書，頁180。
〔註29〕釋智顗說、灌頂記：《摩訶止觀》卷第七下，《大正新修大藏經》第四十六卷諸宗部3，頁97下。
〔註30〕《續高僧傳》卷第十七〈隋南嶽衡山釋慧思傳〉，《大正新修大藏經》第五十卷史傳部2，頁563上。
〔註31〕釋印順《中觀論頌講記》（台北：正聞出版社，1987年7版），頁474～475。印順以爲，天台「一心三智」的禪法，其實來自《大品般若經》卷21〈三慧品〉的三智，以及卷1〈序品〉的「一心中得」。他說：天台學者的「三智一心中得」，應該是取《大品經》〈三慧〉的三智，附合於初品的「一心中得」。〈三慧品〉的三智是：「薩婆若（原註：一切智）是一切聲聞、辟支佛智；道種智是菩薩摩訶薩智，一切種智是諸佛智」。這是將二乘、菩薩、佛的智慧，約義淺深而給以不同的名稱。〈三慧品〉的三智，只是「一途方便」，顯示智慧的深淺次第而已。以二乘、菩薩、佛智的深淺次第，與「一心中得一切智、一切種智」相糅合，而說「三智一心中得」，是天台宗學而不是《智度論》義。論說「一心中得一切智、一切種智」，是二智一心中得，論文是這樣的明白！

可以肯定的是：智顗的三諦主張，確實受到《中論》的影響〔註32〕。許多文獻都告訴我們：智顗並不是全盤接受《大品般若經》的二諦思想和《中論》的『三諦偈』，而是選擇性地接受。」〔註33〕曾其海說：「智顗也確實有這種膽識，當他赴金陵講學時，當時金陵佛學界的學風，只知競爭理論構成的巧妙方法，缺乏獨立的見解精神。智顗初到金陵開講，有識之士十分驚嘆他的見識，於是聲名大振。對於天台宗的自由發揮，客觀地看，倒也是很自然的事，佛教爲了與時代協調，爲了得到皇權的支持，必須要有所發揮。否則就難以與時代協調，其結果是被社會淘汰。再者，作爲一個新的佛教宗派，在理論上也自然要求建構一個自己的思想體系，因此必然要有所創新。」〔註34〕慧文的「十如是」立意於空，到智者則立意於「中」。通過智者的發揮，「十如是」便被融入天台的「一心三觀」與「三諦圓融」思想。智者還把「十如是」和《華嚴經》中的「六凡」、「四聖」以及《大智度論》的「三世界」互具，構成了代表天台思想特色的「一念三千」理論。〔註35〕

　　智者的爲《金光明經》所作的注釋和發揮，它在天台佛學思想中並非是主要的，但由於它後來成爲山家、山外宗爭論的釋經，因此被研究天台宗的學者所注意。其對《金光明經》的詮解，「正是天台一念三千的衍化。」通過智者的借題發揮，「智顗將《金光明經》的內容納入了天台的『三諦圓融』和『一念三千』的理論框架。」〔註36〕天台佛學，在形式上、方法論上、佛性論上以及認識論上，都對中國傳統的儒、道思想有所吸收，而納爲我用。如儒家的倫理之教、世法與佛教的教化〔註37〕、五戒與五行學說〔註38〕、佛教

〔註32〕牟宗三《佛性與般若》上冊（台北：台灣學生書局，1977年），頁29。其說：「印順《中觀講記》頁345（本文引用版本爲頁475）說龍樹《智論》不曾如此說。天台宗說『三智一心中得』，是《智論》說，這是『欺盡天下人！』今查《智論》明文如此，何故是『欺盡天下人』？」印順法師則發表了〈論三諦三智與賴耶通眞妄〉一文做爲回應，參見《中國佛教》月刊革新第41號第25卷第11期（台北：中國佛教協會，1981年8月），頁8～14。

〔註33〕楊惠南〈智顗的三諦思想及其所依經論〉《佛學研究中心學報》第6期（台北：台大哲學系，2001年7月），頁80。

〔註34〕曾其海《天台佛學》「第二章天台佛學思想理論的來源」，頁69。

〔註35〕曾其海，前引書，頁72。

〔註36〕曾其海，前引書，頁73。

〔註37〕釋智顗說、釋灌頂記：《摩訶止觀》卷第六上，《大正新修大藏經》第四十六卷諸宗部3（台北：新文豐出版股份有限公司，1973年），頁77～78中。

〔註38〕釋智顗《法界次第初門》卷二上，《大正新修大藏經》第四十六卷諸宗部3，頁16上。

與王治〔註39〕及悉檀〔註40〕、佛說、愛論與見論〔註41〕等。這種勇於「說出己見的心中法門」與融攝諸學說的特色，到了後來在山家與山外宗祖師的行實中得以見到。至於智者的一心三觀與圓頓止觀，楊惠南說：

> 儘管，智顗（慧思？）也許正如印順所說的，（有意或無意地）誤讀了《大智度論》中三智乃至一心中得、一切一時得的相關段落；但他還是從這幾段論文，進一步開展出他特有的圓頓止觀。止觀，是禪定法門。唐湛然《止觀輔行傳弘訣》卷一之一曾說：「止體靜，觀體明也。」而智顗自己也這麼解釋止觀一詞：「法性寂然名止，寂而常照名觀。」足見止是令心靜定的法門，而觀則是在內心靜定的情況下，進而令心明澈，以便思惟道理的禪法。而圓頓一詞，湛然也做了下面的解釋：「圓頓者，圓名圓融、圓滿，頓名頓極、頓足。又圓者，全也。（中略）即圓全無缺也。體非漸成，故名為頓。」其中，所謂體非漸成，湛然則有進一步的說明：「漸觀者，從初發心，為圓極故，修阿那般那乃至無作。故知頓人行、解俱頓，漸人解頓、行漸。」這樣看來，圓頓止觀的特色是：解（理解圓教道理）和行（依圓教道理而實踐）皆頓的禪法；這和解頓，而行漸的其他禪法不同。〔註42〕

智者初時也是解頓、行漸的學人，後會得圓頓止觀，但因為化眾的緣故，在行入上無暇下甚深功夫。天台宗對於入門者，區分為頓人與漸人，而楊惠南則認為：「圓頓止觀是智顗三種止觀當中的一種，另外兩種是：漸次止觀和不定止觀。《摩訶止觀》卷一上，曾說：『天台傳南岳三種止觀：一、漸次；二、不定；三、圓頓。皆是大乘，俱緣實相，同名止觀。』〔註43〕從「皆是大乘，俱緣實相」兩句，可以看出這三種止觀都屬圓教菩薩所修。然而，智顗及其後的天台宗人，顯然偏重圓頓止觀。」〔註44〕但從湛然把道法傳給道邃，得

〔註39〕 釋智顗說、釋灌頂記：《仁王護國般若經疏法》卷二，《大正新修大藏經》第三十八卷。

〔註40〕 《法華玄義》卷一下，《大正新修大藏經》第三十三卷。

〔註41〕 《維摩經玄疏》卷六中，《大正新修大藏經》第三十八卷。

〔註42〕 楊惠南〈智顗的三諦思想及其所依經論〉文，《佛學研究中心學報》第6期（台北：台大哲學系，2001年7月），頁89註68。

〔註43〕 《大正新修大藏經》第四十六卷，頁1下。

〔註44〕 楊惠南〈智顗的三諦思想及其所依經論〉文，《佛學研究中心學報》第6期，頁89註68。

知天台宗人有其宗有其教，圓頓止觀是其宗本，漸次、不定是其濟化的教法；所以，湛然選擇付授的法子在會取得三種止觀而又能致其遠的道邃，而非高其志而僅喜歡會入圓頓止觀法門的元浩。

智顗在臨終前感嘆因為領眾的緣故，以致於無法證入「六根清淨位」，只證得「五品弟子位」。〔註45〕可見智顗確實是特重「自行」的一位高僧。楊惠南說：「智顗自稱繼承龍樹的思想，然而他的特重『自行』，是否真能為龍樹所認可？」印順法師在他的《契機契理之人間佛教》當中，曾引太虛法師的話說：「包括天台宗在內的中國佛教，其教理強調至圓、至簡、至頓，而其結果也因而變成『說大乘教，修小乘行』了。〔註46〕「想來，這兩句話，不只是針對禪宗、淨土、華嚴等中國佛教各宗的描述，也是針對天台宗的描述吧！」〔註47〕「說大乘教、修小乘行」，的確是天台宗的特色之一，這由吳越國時期的義寂與晤恩，以及宋初的慶昭身上可以得見，但這不損他們對於圓頓止觀的契入，以及濟化、扶宗的功業。

第二節　會昌法難前後的僧行

會昌法難之前，湛然的法緣極盛。湛然（711～782），常州荊溪（江蘇宜興）人，俗姓戚。家世業儒，而獨好佛法。唐玄宗開元十五年（727），十七歲遊浙東，尋師訪道。至十八年（730），於東陽遇金華方巖，示以天台教門並授以《摩訶止觀》等書，受天台止觀。二十歲入左溪玄朗之門，研習天台宗教義，盡得其學。到天寶七年（748），三十八歲時於宜興君山鄉淨樂寺出家，又至越州跟從曇一法師學律，廣究律部。後在吳郡開元寺講《摩訶止觀》。天寶十三年（754）玄朗示寂後，湛然繼其講席，在東南各地盛弘天台的教法。

〔註45〕釋灌頂《隋天台智者大師別傳》，《大正新修大藏經》第五十卷，頁196中。
〔註46〕釋印順《契機契理之人間佛教》，頁44～45曾以感嘆且譏諷的口吻，引太虛的話說：「在中國，我在《談入世與佛學》中，列舉三義：一、『理論的特色是至圓』；二、『方法的特色是至簡』；三、『修證的特色是至頓』。在信心深切的修學者，沒有不是急求成就的。『一生取辦』、『三生圓證』、『直指人心見性成佛』、『立地成佛』，或『臨絡往生淨土』，就大大的傳揚起來。（中略）從廣修利他的菩薩行中去成佛的法門，在『至圓』、『至簡』、『至頓』的傳統思想下，是不可能發揚的。（太虛）大師說：中國佛教『說大乘教，修小乘行』（中略）中國佛教自以為最上乘，他修的也正是最上乘行呢！」
〔註47〕楊惠南〈智顗的三諦思想及其所依經論〉，《佛學研究中心學報》第6期，頁106。

當時禪、華嚴、法相諸宗，名僧輩出，而各闡宗風。湛然概然以爲己任，常對弟子們說：「今之人或蕩於空，或膠於有，自病病他，道用不振，將欲取正，捨予誰歸？」從而祖述所傳，撰天台三大部的註釋及其他，凡數十萬言，顯揚宗義，對抗他家，於是台學復興。師提出無情有性之說，主張木石等無情之物亦有佛性，發展天台教義。歷住蘭陵（今江蘇武進縣）、清涼諸刹，所至之處，四眾景從，德譽廣被。天寶、大曆年間，玄宗、肅宗、代宗優詔連徵，皆稱疾不就。晚年居於天台國清寺，以身誨人，耆年不倦；當大兵大饑之際，學徒來集的更多。德宗建中三年（782）二月，示寂於佛隴道場，世壽七十二，法臘四十三。〔註48〕湛然被稱爲天台宗中興之祖，世稱荊溪尊者、妙樂大師，又稱記主法師。北宋開寶年中（968～976），吳越王追諡其爲「圓通尊者」。

　　湛然弟子有道邃、普門、元浩、行滿、智度、法顒等三十九人。道邃、行滿後來傳教觀於日僧最澄，最澄盡寫此宗的教籍回國，開立日本的天台宗。賢首宗的清涼澄觀大師（738～839），早年亦嘗從湛然受學《止觀》及《法華》、《維摩》等疏。又有翰林學士梁肅，也曾從湛然學教觀，深得心要，嘗以《摩訶止觀》文義弘博，刪定爲六卷，又述《止觀統例》一卷等；其說出入儒、釋，和宋代理學極有關係。此外，從湛然受學的人士，有李華等數十人。

　　湛然大師所努力的工作主要有兩方面：一方面，對天台的基本理論三大部都作了註解，並加以發揮，特別是使圓融三諦之說更深刻化了。一般講「空」偏重於遮，講「假」偏重於照，「中」則遮照俱有；湛然大師認爲，三諦不但相即，而且有雙遮雙照的統一意義。「空」、「假」兩者都有否定（遮）與肯定（照）兩方面意義，既非單純的一種，也不是三者簡單的聯合，而是雙方都具有遮照，這就叫雙遮雙照。另一方面，爲了對比賢首宗與慈恩宗的緣起說，對於本宗原有的理論加以補充，採取了《起信論》中如來藏緣起的思想。因此，他對於「性具」方面就用了《起信論》的「眞如隨緣」來解釋「一念三千」之說，以爲「諸法眞如隨緣而現，當體即是實相。」此外，湛然直接批判了慈恩、賢首、禪宗各家的理論。慈恩宗窺基（632～682）曾作《法華玄贊》，其中有很多不同意天台宗的地方，師批判慈恩的重點就放在這部書上，寫了《法華五百問論》，提出了五百處錯誤加以質難。〔註49〕對於賢首，他寫

〔註48〕《佛祖統紀》卷第七〈九祖荊溪尊者湛然傳〉，前引書，頁341～342。
〔註49〕釋宏育〈湛然《法華五百問論》權實觀之研究〉，「圓融世界全球資訊網」，

了《金剛錍》。金剛錍，是印度醫師醫治眼翳的工具，他藉以諷刺賢首宗人也需要用金剛錍刮治眼中之無明。在這部書中，他特別提出無情之物也有佛性的主張，與賢首只承認有情有佛性的說法相對立。對於禪宗，在《止觀義例》中，批判他們的禪法是「暗證」，證而無教作根據。由於湛然的這番努力，抬高了天台宗的地位，使得天台宗一時有了中興之勢，他的理論為宋代天台宗的復興打下了基礎。但是，由於吸收了《起信論》的思想，有許多含混不清之處，也為宋代天台宗內部的分歧，播下了種子。

至於湛然的傳承與功業，梁肅撰其師湛然的碑銘文中說：「聖人不興，其間必有名世者出。自智者以法付章安（灌頂），安再世至於左溪（玄朗）。明道若昧，待公而發。乘此寶乘，煥然中興。蓋受業身通者，三十九人。搢紳先生，高位崇名，屈體承教者，又數十人。」〔註50〕釋贊寧在《宋高僧傳》亦說湛然：「師嚴道尊，遐邇歸仁。向非命世而生，則何以臻此。觀夫梁學士之論，儗議偕齊。非此人，何以動鴻儒。非此筆，何以銘哲匠。蓋洞入門室，見宗廟之富，故以是研論矣。吁！吾徒往往有不知，作真讚。至大宋開寶中，吳越國王錢氏，追重而諡之，號圓通尊者焉，可不是歟。」〔註51〕湛然的會下高徒，有吳門元浩（？～817）、澄觀（738～839）、道邃、行滿等；澄觀後轉為研習華嚴宗，成為華嚴宗五祖。天台宗從湛然之後，其法子分燈行化，由是師弟相承的譜系，後世有兩種說法：一是依據晁說之的〈明智塔銘〉，荊溪傳行滿，行滿傳廣修；二是，《佛祖統紀》根據《宋高僧傳》的說法，湛然傳道邃，道邃傳廣修，廣修傳物外。〔註52〕物外碰到會昌法難，為天台山僧，在野處禪坐。物外之後，天台宗的付授不見《宋高僧傳》記載。

會昌之際，滯留我國的外籍僧侶人數很多，據日本僧人圓仁的《入唐求法巡禮行記》中所記載的，會昌三年（843）時有青龍寺南天竺三藏寶月等五人、興善寺北天竺三藏難陀一人、慈恩寺師子國僧一人、資聖寺日本國僧一人，其他寺院新羅僧、龜茲國僧二十一人。〔註53〕這些僧侶在會昌五年（845）

http://www.knife.com.tw/perfect/selection9_6.html。
〔註50〕《佛祖統紀》卷第七〈九祖荊溪尊者湛然傳〉，前引書，頁342。
〔註51〕《宋高僧傳》卷第六〈唐台州國清寺湛然傳〉，《大正新修大藏經》第五十卷史傳部2，頁740上。
〔註52〕《佛祖統紀》卷第七〈十祖興道尊者道邃傳〉，前引書，頁344。
〔註53〕釋圓仁《入唐求法巡禮行記》卷三（台北：文海出版社，民國65年10月），頁91。

沙汰之時，除日本國僧惟曉病故之外，悉數被遣送回國。當這些僧侶要回國時，頗多大臣、釋子前來相送，如圓仁要回國，寺中三綱相送時且說：「遠來求法，遇此王難，應不免改服。自古至今，求法之人足（或定）有郡難，請安排也，不因此難，則無因歸國，且喜將聖教得歸本國，便合本願。」〔註54〕大理寺卿楊敬之送行，亦謂：「我國佛法既以滅絕，佛法隨和尚東去，自今以後，若有求法者，必當向日本國也。」〔註55〕白居易亦對新羅僧無染說：「吾閱人多矣，罕有如是新羅子矣。他日中國失禪，將問之東夷耶！」〔註56〕足以證明當時朝臣與釋子的關切，是有其道理的，因爲法難極爲嚴重。至於會昌法難的原因，黃運喜說：

> 從唐代政治發展與武宗即位後行徑，可知會昌法難形成的因素甚爲複雜，浮在表面上的信仰問題，僅是冰山之一角，由此我們可看到唐代君王信仰和宗教政策的制定，對佛教地位之不利。中唐後日益困窘的經濟問題，一直是當政者亟待解決的難題，而佛教則是富豪仕宦逃避賦役之所，當政者也明白這一問題，由楊炎兩稅法實施後，富豪逃稅依然的經驗。至武宗時，因澤潞用兵，軍需甚殷，故武宗及李德裕等人以檢括寺產、條疏僧尼爲解決經濟問題的途徑。經濟原因，可說是沉在害中的廣大冰山，唯有透過深入探討，纔可以看清。至於從六朝以來的排佛思想，及中唐以後儒復興，士大夫本土文化意識的興起，則構成會昌法難的一股暗潮。關於這三個原因，在武宗的拆寺制中均可得到明證。〔註57〕

武宗卒後，大中復教，宣宗雖然允許佛教復舊，但對佛教還是有所限制的。黃運喜說：「宣宗的宗教政策與情操，仍然不出李唐諸帝『亦將有利吾國』與『亦將有利吾身』的範疇，故其在位時，表現出佛門護法與丹鼎弟子的兩極化作風。從武宗、宣宗二位君主的宗教政策，可更加印證道安所謂『不依國主、法事不立』的理論，在晚唐的佛教發展中，確是顛撲不破的眞理，亦顯

〔註54〕釋圓仁，前引書，頁 101。

〔註55〕朱雲影〈中國佛教對於日韓越的影響〉，《師大歷史學報》第 4 期（台北：師範大學，民國 65 年 4 月）引《日本三代寶錄》〈貞觀六年正月十四日〉條，頁 57。

〔註56〕李龏《廣僧弘秀集》卷八，《禪門逸書》初篇第 2 冊（台北：明文書局，民國 69 年 1 月），頁 7。

〔註57〕黃運喜〈會昌法難研究──以佛教爲中心〉（台北：中國文化大學史研所碩士論文，民國 76 年 1 月），頁 75。

現出帝王在君臨天下勢力籠罩下，佛教的無奈。」〔註58〕至於會昌法難下的佛教，黃運喜說：「武宗拆寺制頒下後，身無寸鐵，毫無政治憑介的僧侶被迫還俗，寺院被毀，經典被焚，中國佛教遭遇空前浩劫。雖云：『一切有爲法，如夢幻泡影，如露亦如電，應作如是觀。』世間的一切法，均是因緣和合，流轉變遷。但因宗教情操，僧侶們無不希望法輪常轉，正法永駐，故在艱難橫逆的情況下，表現出忍辱負重、堅毅不拔的情操，爲中國佛教保存一分元氣，中國佛教亦因這批忍辱負重、委曲求全的高僧大德，纔不致如景教、祆教、摩尼教般似的一蹶不振，這也是他們受到四眾弟子景仰的原因。」〔註59〕會昌澄汰之後，復舊最困難的首推經典的輯佚，因法難範圍幾乎遍及全國，在同時發動巾其徒、火其書、毀其居的行動之下，無數珍貴寺院與經典早就燬壞殆盡，宗派的傳承也有斷絕的可能。

天台宗的主要著作，經會昌之厄，而嚴重喪失，致使宗風瞬間就衰微下去。會昌法難前後，天台宗人的法緣與僧行，變化很大。會昌法難之前，天台宗跟其他諸宗，論爭長短；但法難之下，其寺院被毀、經教被燒掉，而且僧眾不是還俗就是變成流民，最後許多天台僧家的法緣斷絕了。因此，法難下天台僧人的志行節操〔註60〕，不似其他教派僧人如禪宗，是可以考察出來的。〔註61〕在會昌法難前的禪宗，已具有改革教門、繼承教門的氣勢〔註62〕，而有天下「言禪者皆本曹溪」的說法。賴建成在〈會昌法難下禪門的志行節操〉一文中說：「教下諸宗受到會昌毀佛的嚴重打擊，一蹶難振，而會昌法難對正興起的禪宗卻帶來新的轉機，更加深入民間，中國化更深，所以會昌法難後禪宗以新的姿態出現。」阿部肇一在《中國禪宗史──南禪宗成立以後的政治社會史的考證》〈唐末變革期的禪宗〉文中則說：「會昌的毀佛，固然達到毀滅舊有的佛教型式的目的，但也乘勢以『新禪宗』的姿態，以不同的對象、目的和方式，構成了禪宗的內涵，這一點更不應該忽略。其意義顯示，唐末的政治變革期，於禪宗史上具有重要意義，那是注入生命存續所必需的

〔註58〕黃運喜，前引文，頁 80。

〔註59〕黃運喜，前引文，頁 87。

〔註60〕關於會昌法難下僧人的志行節操，參見黃運喜：〈會昌法難研究──以佛教爲中心〉「第四章法難下的佛教」，前引文，頁 87～94。

〔註61〕關於會昌法難下禪門的志行節操，參見賴建成：《晚唐暨五代禪宗的發展──以與會昌法難有關的僧侶和禪門五宗爲重心（上）》，頁 119～140。

〔註62〕馮友蘭〈論禪宗〉，《禪宗的歷史與文化》（台北：新潮社文化事業有限公司，民國 80 年 4 月），頁 10。

能（Energy）的原因，是可想像的。」〔註63〕會昌法難對佛教的發展影響很深，「毀佛後教下諸宗聲勢頓衰，而禪門北宗的宗匠大抵卒於會昌法難前，其法緣已逐漸式微，而南宗僧人則在會昌法難前後，仍人才輩出也互相激揚法要，當時五宗的門庭施設已逐漸展現，學僧們也為勢之所趨往來參問。所以雖云道在法不在人，但法須人而得以弘傳，會昌法難雖淘汰了不少劣僧，也突顯出得道法的禪將大德們的志行節操，這些禪將大德與後來禪門的五家七宗的建立，有著極為密切的關聯。」〔註64〕天台宗人在法難下能供人暇思與驚異的，僅有因修習止觀法門而產生異行的行人如山僧物外與國清寺清觀。〔註65〕

　　法難之前，天台宗的教法極盛，僧人或修止觀、講說天台教法，或持誦《法華經》，或是行彌陀淨行；他們行徑不一，雖然部份傳承是不明的，但他們的師說卻是可以追循到智者的教法。會昌法難之後，不少傳承難明，有的僅傳幾代就不見了，這顯然是受到經教失散與天下離亂的影響；再次是，法難之後天台止觀的傳習不易，還有寺院的經濟問題；如志遠會下的元堪以及廣修會下的物外，就碰到了會昌法難；大中復教後，國清寺有清觀洞明三觀、深得禪定，寺有僧物外。依《宋高僧傳》廣修付法於物外，物外之下的傳承，不見《宋高僧傳》記載。會昌法難下，國清寺遭到毀壞，僧人被迫還俗；大中復教之後，不論是五台山還是天台山，天台教法已經是不完全的，而其傳承已有不是那麼明朗、有支離的跡象發生，如物外被《宋高僧傳》附在〈感通篇〉第六之三；〈唐天台山國清寺清觀傳〉中，說其感通事跡；而《宋高僧傳》的〈襍科聲德篇〉第十之二〈唐天台禪林寺修傳〉則提及廣修於會昌三年（843）圓寂於禪林寺，「法付門人物外。」而國清寺成為諸宗並弘的現象，有律師，有講席，宋初延壽且在此修持淨土，行法華懺。〔註66〕會昌法難後，國清寺成為禪、教的道場，天台宗人以禪林寺為根據地在傳習止觀，義寂到天台山參學，也是籍掛禪林寺。〔註67〕天台宗在當時的情況，如同贊寧在〈元浩傳〉所說的，此後僧家的特質不可與元浩「同日而語矣」，因為他們「難行苦行，更相祖述，默傳心要，為論為記」，以「靈芝、瑞草以為功德，傳於後

〔註63〕阿部肇一著、關世謙譯《中國禪宗史》，頁145。
〔註64〕賴建成《晚唐暨五代禪宗的發展——以與會昌法難有關的僧侶和禪門五宗為重心（上）》，頁140。
〔註65〕《宋高僧傳》卷第二十〈天台山國清寺清觀傳附物外〉，前引書，頁563～564。
〔註66〕《佛祖統紀》卷第二十六〈法師延壽傳〉，前引書，頁491。
〔註67〕釋元悟《螺溪振祖集》〈吳越錢忠懿王賜淨光法師制（三道）〉，《卍新纂續藏經》第56冊，頁780c。

世。」道邃與元浩之所以傑出，贊寧已說得夠明白了，而晚唐以後的天台僧家喪失了祖師的遺風，其法緣被玄燭系所轉過去了。如果後來沒有清竦、義寂、義通、知禮這個傳承的出現，以衡嶽祖師家世為主軸的譜系則可能被錢塘系山家給取代了，這對天台山僧家來說是多麼嚴重的事。關於法難後佛教的發展趨勢，西義雄在〈出現禪盛期的社會根據〉文中談及天台宗時說：

> 佛教，尤其大乘佛教中重要的教相學、淨土學、密教學，在第六、
> 七、八世紀前半，正如蘭菊爭豔，在中國得到了很大的思想成果。
> 這可以說是不滿相反的儒道二教的中國人，為滿足其宗教的要求和
> 嚮往所必產生的結局。所以，這些佛教克服了三武一宗法難中的北
> 魏破佛（五世紀）和北周破佛（六世紀）二難，而在中國大大地發
> 展起來。以上的佛教中，含有很深的思想和宗教哲學、並在中國成
> 立的是：天台學、華嚴學、唯識學。前二者可以說是同教或別教，
> 為佛教哲學的最高峰，但這些佛教，只要它是一乘佛教，它就不會
> 忽視成佛道的實踐，尤其天台的大小止觀是廣義的禪的實踐體系，
> 很值得注意。儘管如此，這些佛教最大的特色，例如在天台三大部
> 中所看到的，還是偏於學解。學解佛教不能不需要龐大多數的經、
> 論、釋註。又這種重學解的佛教所含的思想愈深，它就愈專門化，
> 因此愈不能滿足民眾的宗教實踐的渴仰。〔註68〕

安祿山之亂，已經促成了許多佛教典籍的散佚，會昌滅佛對佛教的破壞更是嚴重，教下諸宗從此一蹶難振，「在遭受三武一宗（北魏太武帝、北周武帝、唐武宗與後周世宗）的打擊，最後好不容易保下來的而且以後長期不論表面或裏面，其命脈都持續於中國佛教的，是禪宗系與念佛系的佛教。」〔註69〕天台宗因為是學解與禪定並行的宗派，不能如禪宗的不依文字、教外別傳；其成佛之道，也不似禪宗的直指人心、見性成佛，而是觀心也不能捨棄觀具；禪門中人悟後起修，不顧其人行履，只重言下會取。而天台宗人，依一念無明法住心修觀，也能當下直了此心，但卻要顧及隨緣化物，這似那密宗行人修殊勝行的同時也行方便法以度生，最後直趨圓融，信心不足者或要示現於學人者，則在臨終唸佛號或持咒或修淨土法門。禪門依根器受學，有種種的善巧方便，但在教學法上重視「學過於師方堪傳授、學與師齊減師半德」的

〔註68〕西義雄《中國的禪思想》，《佛教思想（二）：在中國的開展》，頁232～233。
〔註69〕西義雄《中國的禪思想》，前引書，頁233。

精神，這跟後來山家派的堅持很不一樣。所以會昌法難後，禪、教逐漸在合會，天台宗人大受影響，在思索出路的同時，到了宋初卻因爲散佚的教典復回，天台宗人尤其是義寂一系的會下學人，轉向回歸傳統的路數，引發了天台宗內部爲了正統產生了路線的諍論。禪門的南、北禪宗之爭，因後之禪家選擇走向頓門直了的南宗，漸頓的北禪宗隨之轉趨衰微，但叢林還是認爲兩宗是達磨禪法的嫡系，因人根器之不同而有所選擇。而天台宗的山家宗在觀心方面，卻寧願保留祖師從上所傳下來的「性具說」與「性惡說」，而在禪教的教學法上顯得比他宗來得繁瑣，不似禪門、淨教中人的禪行簡潔有力。而主眞心觀、強調禪講的山外宗，跟主妄心的山家宗有別，致使兩宗分流並行。天台宗人雖也有禪講或吸納禪的教學法課徒，但終究是跟禪門有別的。此外，天台宗要跟賢首與禪門手勝，選擇台、淨合流之路，不然則會被禪宗所融攝去了，然因宗匠難得以及學人多選擇淨教，因此台、淨後來也走上分流行化的地步。入宋以後，儒學漸興，人才被科舉之路所吸納，致使入佛門者隨之淡薄，研習天台教者因仍需是個學解僧徒，所以人才有逐漸凋零的現象。

第三節　五代宋初的宗教形勢

　　晚唐宋初時期，中國與日本、高麗國朝野的佛教文化交流，是當時東亞地區的大事。會昌法難以後，復歷經唐末的天下離亂，天台典籍散亡殆盡，唯存斷簡殘篇，儘管當時有志因、晤恩一系在大演教法，但傳智者教法的天台學人無從充分領會教義。義寂通過天台德韶之助，吳越王錢弘俶於後漢天福十二年（947）遣使赴海外求取典籍。關於天台典籍取回對山家們的重要性，董平說：「天台典籍從日本復歸，實關係天台宗史甚爲巨大，唯有此典籍返回的契機，天台教才得以於宋初重興而綿延其法脈。」〔註70〕吳越國寄望於日本國所存有的天台教籍，但不免大失所望。唐時來華的朝鮮人則更多，與天台宗的聯繫亦甚爲頻繁，到五代時，中國與朝鮮的佛教交流，達到新的高潮。後唐清泰二年（935）四明沙門子麟往高麗、百濟、日本諸國傳授〔註71〕天台教法〔註72〕。晚唐五代時朝鮮崇佛熾盛，彼國常有僧人到吳越國參學，獲得經論甚多。高麗國王看永明延壽《宗鏡錄》後，遣使齎書，敘弟子之禮，彼

〔註70〕董平，前引書，頁242～245。
〔註71〕一說是援智者教，參見《佛祖統紀》卷第二十三〈法師子麟傳〉。
〔註72〕《佛祖統紀》卷第四十二〈清泰二年〉條。

國僧有三十六人承受印記，歸國弘化。另有智宗（930～1018），來華十一年，學習法眼宗的禪法之後，於宋建隆元年（960）抵天台山國清寺，膜拜淨光大師，從義寂修習《大宗慧論》及天台教觀，宋太祖開寶元年（968）歸國，後受到高麗國王的禮重〔註73〕。諦觀從高麗國帶來了中國已經散佚不傳的天台教典，其撰寫《天台四教儀》一書，概括了天台宗判教學說的精要，對天台宗思想的傳播起了重要作用〔註74〕。諦觀受學於義寂，留在中國十年後坐亡。至於義寂對天台宗的貢獻，釋贊寧曰：「自智者捐世，六代傳法。湛然師之後，二百餘齡，（義）寂受遺寄，最克負荷。（中略）微寂，此宗學者幾握半珠為家寶歟！」〔註75〕這是對山家宗而論，因為山家宗過於依賴祖師的論疏以及本宗所依的教典，與山外派的義學思想是有差別。後高麗僧義通，稟承義寂法疏，在四明大力敷演天台教觀，使天台宗的中心地由天台山轉移到了四明之地；其門下出了知禮與遵式，為天台宗培養出傑出的人才，使其能與山外派的慶昭與智圓爭勝。

一、吳越地區的佛法

唐僖宗光啓三年（887），錢鏐因戰功為杭州刺史。昭宗乾寧三年（896）他奄有兩浙，天祐四年（907）朱全忠篡位，錢鏐受封吳越王。吳越立國之規模，奠定自武肅王錢鏐，嗣後諸王（文穆王錢元瓘、忠獻王錢弘佐、忠懿王錢弘俶）皆稟其遺訓「善事中國」〔註76〕、「護持佛法」〔註77〕，因此吳越境內高僧輩出，寺院林立，僧人之中以律師、異行僧與禪師頗受禮重。錢氏有國之時，禪家已不復寓居律寺，而另闢禪居，凡湖山勝水之地，皆見禪門人物梵修。天台山原係天台宗之聖地，但因會昌法難後教典散佚，持定、慧之業者寡，地盤漸被律宗、禪宗所據。及德韶國師入主國清寺，國清寺成為禪宗道場，德韶在天台山大興教法，亦助天台宗人求取經籍。天台宗因喪失祖師道場，乃轉移根本道場於天台山禪林寺、螺溪傳教院及錢塘慈光院，聲勢

〔註73〕朝鮮總督府編輯：《朝鮮金石總覽》（1919年）卷上〈贈諡圓空國師勝妙之塔碑銘〉；陳景富：〈高麗僧智宗與宗鏡錄首傳海東〉一文附，《東南文化》1998年增刊。

〔註74〕董平《天台宗研究》〈吳越時來華的朝鮮僧人〉，頁250。

〔註75〕釋贊寧《宋高僧傳》卷第七〈宋天台山螺溪傳教院義寂傳〉，前引書，頁182。

〔註76〕《宋高僧傳》卷第十二〈餘杭徑山院釋洪諲傳〉，前引書，頁303～304。

〔註77〕吳任臣《十國春秋》卷七十八〈武肅王世家下〉（《四部叢刊》經論史部），頁28下。

雖不如禪宗熾盛，但英材已經輩出，如晤恩被時人推許爲義虎，而義寂深受山家們的付託。當時天台宗人受密教影響日深，大量吸取密教儀軌，行懺法，並有持咒祈雨之舉如義寂〔註78〕。

入宋之後，四明知禮與慈雲遵式、永福咸潤爲世人所仰重，除了觀心之學之外，也仰賴修懺道法；而自懺與結界行法的推行，則在智圓與擇梧的努力下，獲得諸山名寺的信奉。談到山家宗的知禮與遵式法師，鏡庵景遷法師在《宗源記》上說：

> 道藉人弘，人必依處，此三者不可不畢備也。吾道始行於陳隋，盛於唐，而替於五代。逮我聖朝，此道復興，螺溪（義寂）、寶雲（義通）振於前，四明（知禮）、慈雲（遵式）大其後，是以法智（知禮）之創南湖，慈雲（遵式）之見靈山，皆忘軀爲法，以固其願而繼之。以神照（本如）啓白運，辯才（元淨）兆上竺，於是淛江東西並開講席，卒能藉此諸刹安廣眾以行大道。孰謂傳弘之任，不在於處邪？然靈山之刹，三懼寇火而不能壞，此豈非至人誦祝加功願力堅固之驗也哉！〔註79〕

天台宗人除了觀法之外，跟持咒與眞言密有結合的傾向，由此發展出所謂的台密；其懺法也跟律宗結合，產生修懺上的儀軌與結界。

吳越地區的天台宗人，多念佛往生者，法眼宗之延壽又力倡禪、淨雙修，其他各宗亦多有兼弘淨土之舉，因此淨土信仰於宋代蔚爲風尚，後遂成佛教一大宗派。吳越入宋之後，由於觀心宗與空宗被帝王與王臣所關注，而觀心宗的傳統是妄心觀，所以山家的教觀獲得到重視，而禪宗則有默照禪與看話禪的產生。所以董平說：「禪宗與天台宗，不僅在教理的內容實質上多所纏結，而且在禪宗的發展過程中，自始至終都存在著一種向古典禪學復歸的潮流，而在精神上支撐著這一復歸潮流的，正是天台宗的止觀學說，因此其流向亦往往趨於天台止觀的回歸。」〔註80〕天台宗在五代初年逐漸受到矚目，再加上它的興發過程中是以禪宗與念佛行的發達爲先行，再加上五代末年有永明延壽所倡導的禪、教與禪、淨合一的行法爲觸媒。在這種情況之下，促成了天台宗山外派的崛起，而山家宗到了宋初在知禮的努力下，也逐漸形成一大

〔註78〕 錢易〈淨光大師行業碑〉，《卍新纂續藏經》第56冊《螺溪振祖集》，頁782c。
〔註79〕 釋志磐《佛祖統紀》卷第十〈法師遵式傳〉，前引書，頁378。
〔註80〕 董平，前引書，頁211。

學派。

　　禪門係藉教悟宗，台家從聖、俗兩諦向淨土圓成，三者缺一不可，禪宗、台家、淨宗僅是佛教展現的面貌耳；究實言之，三者在教理上雖在權實上爭勝，但卻是相即相融的，縱使三家行法有別，還是不離三法印與實相無相的原則，而離心無物，且以戒德與儒教爲之根本。因行人不守戒，諸善功德不能昇起，不依儒教之倫理無由教化，因之心性之說在宋代蔚爲風尚，與儒者所提舉的理學與心學互相輝映。由於教化上的需要，天台宗的眞心觀與妄心觀、理與事、性與相的對法與禪教理論，爲理學的發展提供了進路。

　　吳越地區，自從吳越國版籍入宋朝之後，被區畫成福建路與兩浙路，這兩個地區是宋代佛教最爲發達的區域。五代宋初之際，福州一地，先後曾屬於閩及吳越國，其佛教之發達，應歸功於前後兩個忠懿王（王審知與錢弘俶）對於佛教之保護與提倡。至於兩浙路，北宋太宗時期，共領十四州，杭、睦（徽宗改爲嚴州）、湖、秀、蘇、常、潤、越、衢、處、溫、台、明州及江陰軍（神宗時廢）、順化軍（仁宗時廢）。到神宗熙寧七年，分浙東西爲兩路，浙東路包括紹興府（越州升）、慶元府（明州升）、瑞安府（溫州升）、婺州、衢州、處州與台州，而浙西路包括臨安府（杭州升）、鎮江府、平江府（蘇州）、嘉興府（秀州）、建德府（嚴州）、安吉州（湖州改名）、常州、江陰軍與南興軍。

　　兩浙路的佛法，以浙西路（浙右）錢塘爲盛，而錢塘之盛，莫盛於靈隱寺與徑山寺。〔註81〕徑山在吳越有國時，爲潙仰宗的道場，而靈隱寺爲法眼宗的道場。杭州一地領九縣，在吳越有國之時，建寺四百多所，至北宋神宗元祐三年（1088），寺院有532所，到了南宋佛寺、道觀亦頗多。宋初，天台宗在錢塘是有所發展的，曾有一時之盛，但其聲勢總是不及禪宗，而兩宗寺院又不及律院之爲眾。兩浙路之中，唯有明州的教院，在吳越有國時所建數目（37）多過於禪院（26），吳越國入宋後其教院（77）數目卻不及禪宗（80）〔註82〕，可見禪宗在明州的發展極爲迅速。至於浙東，天台山的寺廟頗多，吳越有國時，在台州建教院26所，而禪院則有40所，宋朝以後天台宗及其

〔註81〕方回《桐江集》〈建德府南山禪寺僧堂記〉，《元代珍本文集彙刊》（台北：國立中央圖書館編印，1970年），頁120；另見《咸淳臨安志》卷第五〈寺觀一〉，頁1。

〔註82〕有關明州的寺院，參見賴建成：《吳越佛教之發展》「表二十」、「表二十一」，頁74～75。

他教下在台州頗有發展，依《嘉定赤城志》所載，教院有 85 所，其勢力也不及律宗的 191 所與禪宗的 107 所。〔註83〕由此，可見佛教諸宗的弘化情形。兩浙的教院，或稱講院，以戒壇為最主要，所傳多智者之教。從徐靈府所撰《天台山記》〔註84〕與《宋高僧傳》所載會昌年間事可知，天台山的道教勢力，在唐敬宗之時就已壓倒過佛教，尤其是會昌法難之後更是為盛。但從晚唐之後，佛教的禪、教、律宗在天台山的發展，其勢力又壓倒道教。據《嘉定赤城志》所載，天台縣的佛教寺院有 72 所（禪院 15、教院 12、律院 2、甲乙律院 43），而道教宮觀只有 13 所，在 72 所佛寺中，以國清寺與大慈寺為最有勢力。晚唐到宋初，天台宗在台州依止觀師弟間代代傳習而不墜其道，後有義寂出世，得錢王與德韶、延壽、贊寧之助，天台宗的山家宗風在天台山逐漸興盛起來，而可以跟錢塘系的晤恩相抗衡。而德韶且在天台山興修智者道場多所〔註85〕，這實在大有助於天台宗的復興。

〔註83〕有關台州的寺院，參見賴建成：《吳越佛教之發展》「表十八」、「表十九」，頁74～75。

〔註84〕徐靈府《天台山記》，《大正新修大藏經》第五十一卷，頁 1052a～1055c。

〔註85〕《宋高僧傳》卷第十三〈宋天台山德韶傳〉，前引書，頁 339。其興建智者道場，有數十所之多。

圖二　吳越國疆域形勢一（五代梁到晉朝，907～946）

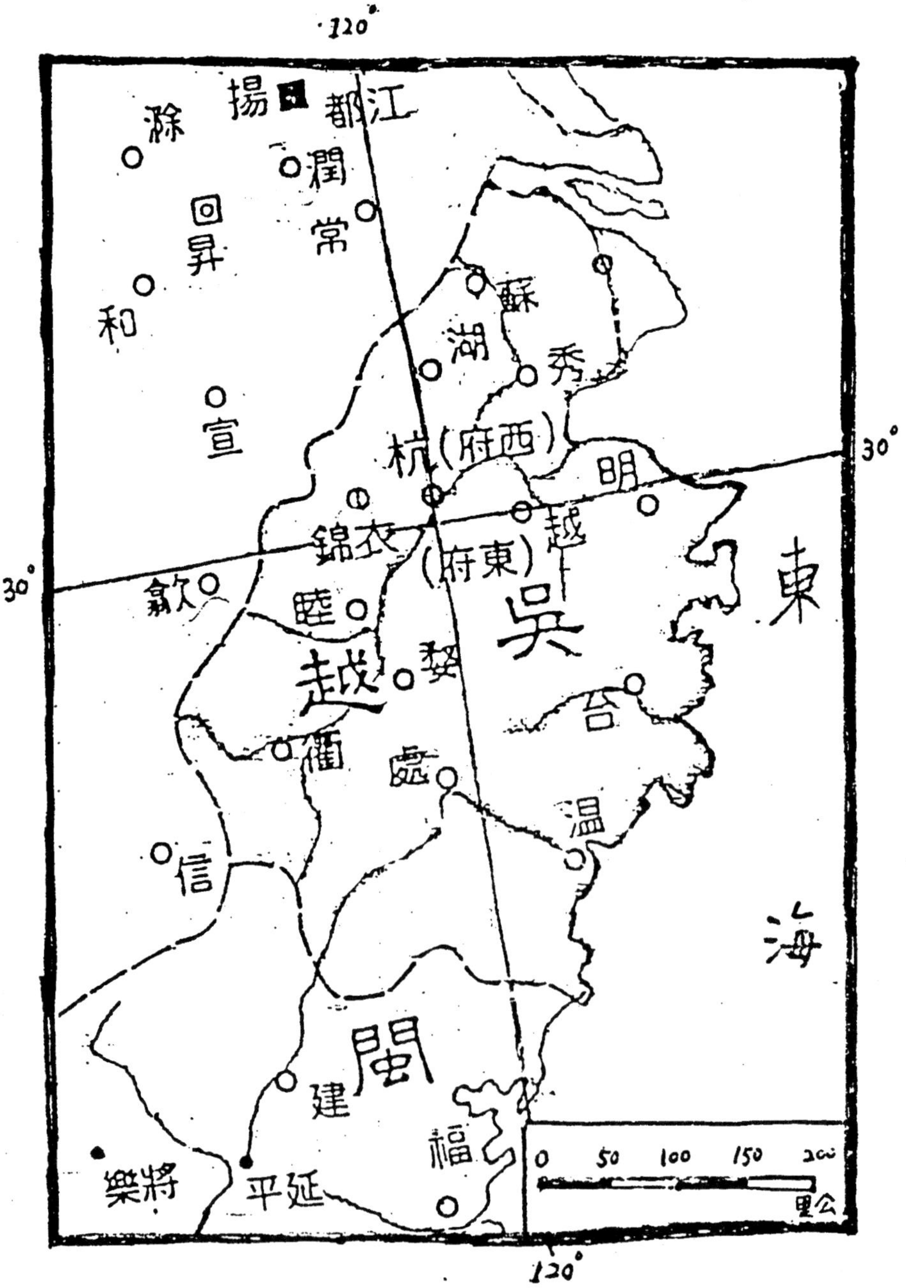

引用賴建成採繪自程光裕、徐聖謨編《中國歷史地圖》上冊，頁53～54。

圖三　吳越國疆域形勢二

（五代漢天福十二年到宋太平興國三年，947～978）

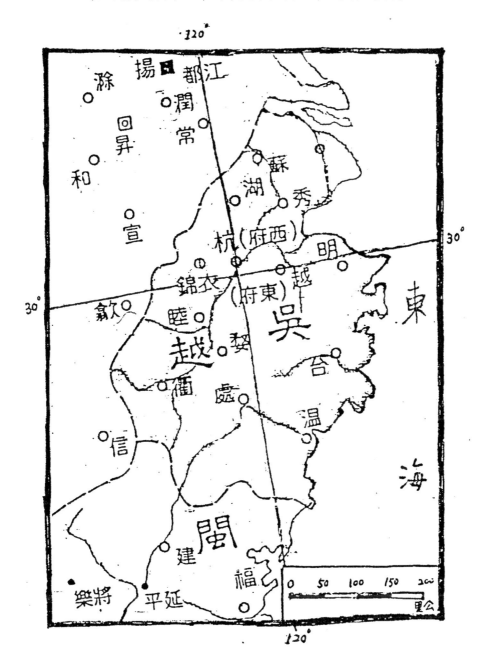

引用賴建成採繪自程光裕、徐聖謨編《中國歷史地圖》上冊，頁57～58。

圖四　北宋疆域圖

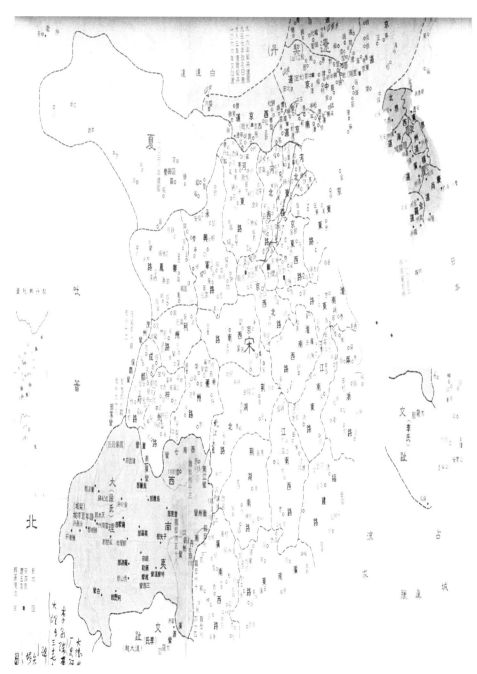

錄自程光裕、徐聖謨編《中國歷史地圖》上冊，頁 59～60。

二、法緣與宗匠

　　佛教傳入中國，中國人依印度教法而修習禪觀，因此在中土佛教初行禪師甚多，因爲佛教的經、律、論都是以禪爲核心。到了隋唐之時中國式的宗派成立，禪師之名是習禪定有成就者之通稱，但從禪宗與天台宗成立之後，慧解的僧家逐漸從習禪的行列中被區分開來，而以義解與論疏見長的禪者則被僧傳列在「義解篇」中。這些被列在「義解篇」的僧家，大抵是一代宗匠，且在本宗派中得其門而又能領宗得意，除了領眾之外，引領時代風氣頗爲重要，而不僅限於遵循師說、默守心要或傳習止觀的例行佛事而已。得高尚其志與能致遠的法子，才是佛法能延續下去的主要因素之一。

　　天台宗的傳承，從智者到湛然，依《高僧傳》所載，其師弟相傳都以付授爲主。但法子常是多人，如玄朗與湛然門下高徒甚多，所傳授的不僅是止觀之學。從道邃以迄清竦，因爲天下離亂又逢會昌法難的沙汰，法子難求，乃形成以說止觀傳習的風氣。據天台師資傳承，湛然依次傳道邃、廣修、物外、元琇。元琇在唐末，值僖、昭之世，天下方亂，學徒忽聚忽散，惟清竦、常操傳其學。常操主持明州國寧寺，依次傳義從、德儔，德儔傳慧贇、修雅〔註86〕。清竦則主禪林寺，值錢鏐建國，師領眾安處，每臨座高論，屬人之志曰：「王臣外護，得免兵革之憂，終日居安，可不進道，以答國恩。」門人世業者有志因（居錢塘慈光院）、義寂（居天台螺溪傳教院）、覺彌（居錢塘龍興寺）〔註87〕；清竦會下的覺彌，其行化不詳，而以五代初年居住在慈光院的志因，以及宋初之時居住在天台山螺溪傳教院的義寂法緣爲盛。志因會下出人稱義虎的晤恩，義寂則有法子寶雲院義通與天台國清寺的宗昱出名於世，而堂室可觀者另有錢塘廣教院的澄彧與寶翔。

　　天台宗經會昌滅法，以及五代離亂，教典多遭到堙滅，僅在觀行方面有物外、元琇、清竦（約 889～940 在天台山禪林寺）、義寂（919～987）等師弟相承。義寂曾多方網羅佚典，僅於金華古藏中找到《淨名》一疏，乃求德韶國師發慈悲心援助。德韶爲其疏文給忠懿王，王遣使齎書赴日本、高麗求教典，高麗國令諦觀奉來教籍〔註88〕。教籍既取回，忠懿王爲義寂建螺溪道場，給額定慧，並賜號淨光法師，義寂亦請謚天台諸祖〔註89〕。僅智者被周

〔註86〕《佛祖統紀》卷第八〈十三祖妙說尊者元琇傳〉，前引書，頁334。
〔註87〕《佛祖統紀》卷第四十二〈昭宗龍紀元年〉條，前引書，頁722。
〔註88〕《佛祖統紀》卷第十，〈法師諦觀傳〉，頁373。
〔註89〕《佛祖統紀》卷第八〈十五祖淨光尊者義寂傳〉，前引書，頁345。

世宗諡爲法空寶覺尊者、灌頂爲總持尊者、智威爲玄達尊者、慧威爲全眞尊者、玄朗爲明覺尊者、湛然爲圓通尊者〔註 90〕。道邃以下諸師，爲山家派學人後來的私諡〔註 91〕。淨光大師傳法弟子百餘人，外國十人，知名者有宗昱、澄彧、寶翔（上兩師居錢塘廣教寺）、行靖、行紹（上兩師居錢塘石壁寺，兩師曾參德韶）〔註 92〕、瑞先（居天台勝光寺）、願齊（居溫州普照寺）、諦觀（居天台定慧寺）及義通〔註 93〕。義通，高麗國人，初至天台山安國雲居院參德韶國師，後謁螺溪，聞一心三觀之旨，學成欲歸返故鄉，爲明州刺史錢惟治所留。宋開寶元年（968），漕使顧承徽舍宅爲其建傳教院於明州。宋太平興國六年（981）十二月，弟子延德詣京師乞賜寺額，七年（982）四月賜額爲寶雲〔註 94〕。義通弟子有知禮（960～1028，居明州延慶院）、遵式（964～1032，居杭州天竺寺）、異聞（居明州延慶院）、有基（居杭州太平興國寺）、體源（居明州廣慧寺）、清曉（居錢塘承天寺）、善信（居錢塘）。〔註 95〕

　　從晚唐以後，天台宗在吳越地區的發展，已經不只是止觀的傳習與禪講而已，當時的宗匠多有義學的論述。此外，在參學上也較之前的台教人士有更寬廣的空間，不依他教以及兼講的風氣被打破了，這是因爲「別子爲宗」所造成的習氣。宋初，天台宗雖逐漸振興，人材輩出，然爭天台宗的法統與揚讚師說的風氣已經極爲盛行。自智者以來，以鑪、拂傳授爲信，淨光大師義寂付授宗昱，契能得教旨於宗昱，爲第十四代嫡傳，主天台山常寧寺。契能到了晚年欲授鑪、拂給扶宗繼忠（？～1082，居西湖法明寺），但繼忠得法於廣智尚賢（？～1028，繼知禮主延慶院），不敢接受而辭之，契能法師乃藏祖師鑪、拂於天台道場；其天台山常寧寺法席後由其徒弟且是知禮會下神照本如的法子處謙（1011～1075）所繼承〔註 96〕。義寂會下宗昱一系，大抵與

〔註 90〕《佛祖統紀》卷第六、卷七諸師本傳。
〔註 91〕《佛祖統紀》卷第八〈興道下八祖紀第四〉，頁 70 上。
〔註 92〕《佛祖統紀》卷第十〈法師行靖與行紹〉，頁 372。
〔註 93〕《佛祖統紀》卷第四十三〈乾德元年〉條，前引書，頁 731 云「乾德元年，螺溪寂法師爲義通法師說止觀法門。」依錢易〈淨光大師行業碑〉所云，「尋有去山意，止者盡台人皆不能，時廣順中也。易忠懿叔父，領大元帥，開府于浙水，聞之堅止勿他往，授以釋署淨光大師，三讓授受不施。方建法華道場，六時行釋事，晝夜不怠。甲子（乾德二年，964）秋，居螺溪，講導事如道場。」
〔註 94〕《佛祖統紀》卷第十〈寶雲旁出世家〉，前引書，頁 346。
〔註 95〕《佛祖統紀》卷第十〈寶雲旁出世家〉，前引書，頁 365。
〔註 96〕《釋門正統》卷第二〈義寂傳〉，前引書，頁 762 上；另見《佛祖統紀》卷第

義寂同是溫州人，此溫州系僧家的義學思想有禪、教合流的趨勢，所以到了知禮出世，出大弟子廣智尚賢與神照本如，契能主持的寺院與會下的僧家就被兩師門下所收攝去了。因爲宗昱的義學是傾向晤恩系的，所以他及會下學人雖本屬於義寂系的嫡傳，但後之山家學人稱他們爲前山外派。契能會下的繼忠與處謙，在山家宗與山外宗分流並行時，回到山家宗的陣營去，這大有助於山家宗發展的氣勢。溫州系的僧家還留在山外宗陣營的，尚有永嘉繼齊。天台山國清寺因爲是禪教合一的場道，跟山外派還有所往來。明州的阿育王山寺，跟兩派的宗匠在師承上有關聯，但山家宗的祖師及會下學僧常在寺中演教。

　　天台宗山家與山外的爭執，是由來已久，約在會昌法難之後的晚唐就存在了。秀州靈光寺的皓端（890～961）曾依玄燭學一心三觀；玄燭在五代武肅王有國之時（893～932）被稱爲彼宗第十祖，釋贊寧在《宋高僧傳》卷第七〈皓端傳〉曾記載其事，然宗鑑的《釋門正統》卷第五雖承繼贊寧之說，卻把皓端、晤恩、智圓、文備、慶昭、繼齊、咸潤等僧家，同那可能是湛然會下的五台山志遠同列在「荷負扶持傳」中。而志磐的《佛祖統紀》爲爭法統，更把玄燭與皓端列其在「不明承嗣傳」上。〔註97〕此或志磐爲廣智尚賢的十世法孫，爲天台道統而貶抑其他學派，志磐在〈法師契能傳〉述文中且大言不慚地說：「螺溪（義寂）門弟子以百數，而本傳指寶雲（義通）爲高弟，不載（宗）昱師名。疑（宗昱）師見螺溪（義寂）在最先，故早傳鑪拂，寶雲（義通）後至，而其道大振，故傳中推爲上首。以此言之，在道不在鑪拂也。夫鑪拂，祖師之信，器傳之久，不能無弊，或以情得，或以力取，於道何預焉。（契）能師欲傳之扶宗（繼忠）而辭不受，固也；藏之祖師行道之場，宜也。向使扶宗（繼忠）妄受，復妄傳，適足以起後人之紛諍，於道何在焉。」〔註98〕志磐所謂傳中推爲上首，應是指：「海東來學者十人，義通其上首也。」〔註99〕經過志磐的變通，變成：「義通實爲高第，而澄彧、寶翔爲之亞焉。」然在贊寧書中無是說，依據《宋高僧傳》卷第七〈義寂傳〉上說：「（義寂）說法之功，所謂善建，由是堂室開可見者，曰澄彧，曰寶翔，曰義通。」志

　　　十三〈法師處謙傳〉，前引書，頁394。有處謙塔銘，參見釋元照《芝園集》
　　　上卷〈杭州南屏山神悟法師塔銘〉，《卍新纂續藏經》第59冊。
〔註97〕《佛祖統紀》卷第二十二「未詳承嗣傳第八」，前引書，頁446。
〔註98〕《佛祖統紀》卷第十〈契能法師傳〉，前引書，頁374。
〔註99〕《釋門正統》卷第二〈義寂傳〉，前引書，頁762上。

磐之說，誠然是後來篡改的，不是義寂在世時的情況。可見山家宗人對其所謂的祖道與傳承有其一套的說詞，但因此而貶抑其他學派的心行甚爲濃厚。契能有弟子神悟處謙，繼其天台山常寧寺法席，但處謙是法智的兒孫，因此從義寂傳下來的宗昱、契能一系到宋仁宗之時就斷絕了。流派更化的現象，主要在於道法要依賴學人的弘化，以及學派法緣盛衰所造成的，而不是傳承上的嫡、庶問題。

　　山家宗人爲了強調本宗是傳承上的正宗，因此《佛祖統紀》必然要述說晚唐的廣修到五代時期義寂的山家傳承狀態，而特別在「法運通塞志」文中立下了「師弟間說止觀法門」的事跡〔註100〕。如依《佛祖統紀》所載，唐昭宗龍紀元年（889），「（元）琇法師於國清寺爲清竦法師說止觀法門」，不久錢氏有國，清竦會下的志因，於後晉開運初（944），居錢塘慈光寺，出弟子晤恩（912～986）繼踵開法，時人稱爲義虎。晤恩有弟子可榮（居蘇州）、懷贄、義清（居錢塘）、源清（居錢塘奉先寺）、洪敏（居錢塘靈光寺）、可嚴（居錢塘慈光寺）、文備（居錢塘慈光寺）。源清傳法弟子有智圓（居西湖孤山）、慶昭（居錢塘梵天寺）、慶巒（居錢塘崇福寺）、德聰（居越州開元寺）。可嚴有弟子蘊常，居錢塘廣慧寺。慶昭有弟子咸潤（居越州永福寺）、智仁（越州報恩寺）、繼齊（居溫州）。智圓有弟子惟雅，住持孤山。咸潤有弟子善明，居越州永福寺。〔註101〕清竦會下出錢塘慈光院的志因與天台山的義寂兩個嫡系，志因會下的晤恩在宋初開展出其獨特的學風，晤恩系下的宗匠後來被稱爲山外宗學派；而義寂會下四明寶雲院的義通，出法智知禮與慈雲遵式兩神足，知禮在明州延慶院努力耕耘開出了山家宗學派。

三、教內的問題

　　宋初，天台宗內部因諍論智者所撰《金光明玄義》廣本之眞僞問題，分裂成山家、山外宗兩學派。先是，晤恩著《金光明玄義發揮記》，解釋《金光明玄義》「略本」，主「眞心觀」；到了知禮出世，起而問難，他認爲「廣本」

〔註100〕《佛祖統紀》卷第三十九〈開皇十三年〉、〈義寧元年〉、〈永徽二年〉、〈如意二年〉；《佛祖統紀》卷第四十〈開元十八年〉；《佛祖統紀》卷第四十一、〈大歷三年〉、〈貞元十一年〉；《佛祖統紀》卷第四十二〈大和四年〉、〈乾符三年〉、〈龍紀元年〉、〈天福二年〉；《佛祖統紀》卷第四十三〈乾德元年〉。其中天福二年、乾德元年，年代有誤，其他就不得而知了。

〔註101〕《佛祖統紀》卷第十〈高論旁出世家〉，前引書，頁364～365。

是智者的真作，而主「妄心觀」，於是兩派展開為期七年（1000～1007）的爭論。知禮弟子梵臻、本如（982～1051）、尚賢等人稟持師說，自號山家。晤恩、源清、慶昭、智圓之學，被貶為山外；山家人的傳統是與權貴交往，並行懺法以度化庶民，跟高尚其志的山外宗匠們的清修苦節、禪講課徒似有不同之處。雖然山外學派受到山家派的打擊而法緣受到影響，但持平而論，山外派論說新穎，且得法華旨意，晤恩當錢氏有國之時且被錢塘僧家稱為義虎，聲望甚隆；晤恩其人持戒甚嚴，過午不食，衣缽不離，又不喜雜交遊，更不好言俗事；每與人言佛法，皆示以一乘圓教之旨；其會下的學風是會同一性，所以能抗折錢塘佛教其他宗派。又，宋代佛教的一大特色，是各宗普遍提倡儒、釋調和，及至於三教合一，其首倡者是孤山智圓；而結戒修懺以及心性上的禪講，山外派也獲得到許多名士與僧家的回響，所以他們交遊的道人與往來的寺院頗多。山外派行人慶昭、智圓與山家派的知禮、遵式在行履上大為不同，但卻各自弘化一方，能為世人所仰重。

　　宋初天台宗之所以分家，而產生山家、山外宗的諍論，學者們雖然從台家的內、外部問題去考察，而僅就教說的援引以及教法的純正與否來論說，其結果就產生了依據山家宗的說詞。就實言之，山家、山外宗之爭有其根本性的觀行問題，以及在法緣發展上的不同，這些分歧處如僅就整體天台宗人行化的角度上看是有利的，因為山外派以「別子為宗」，可以深入本師的道場去行化，更能拓展天台宗的勢力。然僅就以天台山為正統守舊的山家立場來看，這些現象不僅對天台宗有潛在性的危機，這種危機主要是針對宗風的模糊不清，因為天台宗人要面對行法的抉擇上的問題，那這就是選擇真心觀還是保持妄心觀的問題。如果選擇真心觀，則學人勢必會被華嚴宗與禪門收攝過去，所依經論也勢必會加以改變，這就違背了祖道。

　　觀心問題，到了宋初成為天台學人的重要課題。山家宗要批判山外派正統性的不足，而山外宗要援引禪宗的行法以及華嚴的真心思想以抗折他宗，雙方爭執不下而分宗並流。天台宗人禪講之外，努力修持，因此印順法師批判台家，「說大乘教，行小乘行。」而明復法師則說，台家與禪門相同處是在於在行法上「用獅子搏兔法」，直趨圓融無礙之境，也就是說從漸頓直趨頓漸以達究竟之道；這獅子搏兔的頓法，在天台智者與北禪神秀的身上得見，學人經歷漸修過程之後，最後的關鍵階段是頓圓與頓漸，因此真心觀與妄心觀是兩種不同調的行法，但趨向不動之地卻也相同。但這些論點還不足以說明

台家何以缺乏宗匠，以及學人頗眾卻艱得其人，這些現象不僅出現在智者與清竦之時，從天台諸師與宗匠的行法不一的情境中可以窺見他們在定、慧問題上的解決之道。由是，陳健民指出天台宗從智者以來對於止與觀混合修法的一些特性，而批判說：「如果行者不斷變更法門，先避免昏沉，後又遣除散亂心，那麼止與觀都不能成就，兩種病態心也不能對治降伏。（智者）這些困惑的指示，可能阻撓此宗的祖師及瑜伽士證入甚深禪定的原因。從他們提倡誦念阿彌陀佛名號，及入寂前修習念佛之止，可以證明此點。」〔註102〕從五代到宋初乃至之後，不論是在觀行上強調真心觀或妄心觀的天台學人都有念佛的行法；此中疑情或許如同陳健民所說的，天台宗的行法有其不夠融通之處。他們修止觀法門，「求解行行」，又依靠禪公案或圓相示徒當下悟入會取，圓寂之前則念佛號而直趨淨土。因此天台宗人可以說是自力與他力兼具的學人；在教理上，因修止觀的關係在心性問題打轉，要圓成性具而說真、妄心之別，解一念三千而談色、心是一是二問題，要直超佛地且談「攝佛歸心、攝心歸佛、約心歸佛」的行法，力求在解、行上能獲得融通。因此，天台宗人被禪門說成是個求解僧徒，講經說教、轉法輪的法師耳，不是沒有原因的。

天台宗初行時被稱為禪宗，以證得為旨歸，止觀與慧解是用來化他。從智者出世之後，自行與化他、定與慧的問題，成為天台宗行人的課題。觀行之外，不作斷佛種人，學人會宗之後必要禪講以誨人於一方。天台宗從慧文到灌頂，在釋道宣的《高僧傳》中都稱諸師為禪師，列在〈習禪篇〉，到了《宋高僧傳》智威、慧威、湛然、元浩、晤恩與義寂列在〈義解篇〉，而玄朗被歸在〈興福篇〉，行滿、物外則在〈感通篇〉，廣修在〈襍科聲德篇〉，而元琇與清竦無傳。元琇與清竦在晚唐時聲名不大，此由皓端沒向天台山就學，而向京師的十祖玄燭學一心三觀可以窺知。或許錢鏐有國時，元琇已卒而清竦當時名氣不大的緣故。自唐昭帝龍紀元年（889）元琇授清竦止觀法門，到了後晉天福五年（940）義寂來學，當時清竦當已高齡七十以上了。其間，經過吳越武肅王與文穆王（932～941），都不見清竦受到禮重。志因比義寂早依清竦修學，《宋高僧傳》沒為志因立傳，後之山外派也不以之為祖師，可能是志因跟晤恩相比較之下在義學上沒有甚麼大的成就。而玄燭會下的皓端，在吳越國卻很受到禮重，這是因為皓端通律學與會禪講的緣故。吳越國諸王對於禪

〔註102〕陳健民《佛教禪定》「中國大乘諸宗之禪定法門──天台宗的禪定法門」，頁204～206。

德、律師以及有學養、有德行的高僧，還有異行僧是很禮敬的〔註103〕，可見清竦、志因都不屬於吳越諸王所器重之類。待到晤恩與義寂出世，兩師在定、慧上成就頗高，義寂的螺溪道場院，錢王給額定慧；而晤恩有義虎美名，其懸解的能力非時輩所能抗衡的。兩師除了在義學上有成就之外，因頗有高名與功業，所以同列入贊寧的《宋高僧傳》〈義解篇〉中，跟禪門中人因禪悟而被列入〈習禪篇〉是不同的。

　　天台宗從智者大師以來，都是因靠帝王官宦的護持，而得以在濟化上弘傳廣大。在錢氏有國時，天台宗尚未如禪宗與律宗行人能獲得王室的大力護持，所以法運算是平順而已。天台諸師如義寂與晤恩，都是以德行及義解名聞於世，尤其以晤恩氣勢為盛。然而吳越版籍歸宋後，知禮為真宗所重，真宗命其修懺法以解郡之大旱；因此在王臣護持之下，知禮的道法大熾，學者如林。宋真宗天禧三年（1019），宰相王欽若出鎮錢塘，遵式遣使邀智圓同迎之，智圓笑謂使者曰：「錢塘境上，且駐卻一僧。」〔註104〕由此可知，山家宗大興而山外宗衰落，非盡如黃懺華先生在〈天台宗〉一文中所云的：「山外派的主張，有他宗立說的影響，故被山家斥為不純，其勢力不久即漸衰歇。」〔註105〕黃懺華的說詞，過於簡化天台教史。山家與山外宗諍論過後，由於兩家宗眼不同，實在難以會通，所以此後天台宗的這兩個主流學派分宗並流。而兩宗佛法的盛衰，如那贊寧論會昌法難前後佛法的情事一樣，關鍵就在於兩宗佛法的興數與替之數，還有時代風氣與王權與士夫的態度。

　　除了知禮延慶院為門人立下教學的規矩之外〔註106〕，與智圓相交遊的遵式，於宋真宗乾興元年（1022）在天竺寺替皇室行懺法，並請得天台教入藏，此後一宗的勢力即以四明、天竺等地為重心，而發展開來。山家派雖遭受到前、後山外派的爭論，然因知禮門下廣智尚賢、神照本如、南屏梵臻三家的繼承師說，終使山家宗之學最後能代表天台宗而盛行於南宋之世。〔註107〕山

〔註103〕關於吳越諸王的宗教政策以及跟僧人間的關係，參見賴建成《吳越佛教之發展》「第二章吳越之宗教政策」，頁36～103。

〔註104〕《佛祖歷代通載》卷第二十七〈杭州孤山智圓法師傳〉，前引書，頁5下。

〔註105〕黃懺華〈天台宗〉，《中國佛教總論》，頁285。

〔註106〕〈使帖延慶寺〉，《大正藏經》第四十六卷，頁909上～910上。另見黃夏年〈天台宗山家派傳人廣智尚賢淺議〉，《玄奘佛學研究》第13期，頁68。

〔註107〕〈使帖延慶寺〉與住持延慶院高僧們的努力，以及再刻石碑立山家教學，使知禮系下能延續下去。其事蹟，參見《四明尊者教行錄》卷第六，頁910下～911上。

家、山外宗的爭論，使得天台宗的教學爲世人所知曉，然持平而論，兩家思想大同小異，僅在觀行上是否要強調眞心的問題而已，此外在懺法上約略有別，但天台宗人卻也難以背離佛教眞心思想潮流的衝擊。山家、山外宗之爭後，堅持以妄心觀教學的山家派雖然法緣流長，卻難抵擋禪與華嚴、禪與淨土的合流，致使天台教派有漸趨衰落的傾向。然天台宗對俗世的教化，採用妄心觀與修懺法，影響後世佛教與其他宗教人士的行法極爲深遠。

四、天台宗的流派

關於天台宗的學派，太虛大師說：「天台學成立後，當時因時地交通的關係，只能在天台山的一方面弘傳，並不十分發達。可是到了後代就逐漸弘傳到各方，因此天台之學就有許多的演變了。」〔註108〕會昌法難之後，除了天台山之外，其他各地的天台宗派不是沒有恢復就是難以爲繼，而走上沒落之路。此後，從京師與天台山發展出台教的諸多流派，有的流派數傳就陨落，那是天下離亂下法子難得而持定、慧業者罕見的結果。中晚唐時期，也是台教的禪師轉變成講師之時，此後的天台僧家們除了止觀之學的傳習之外，尤其著重在義學的發展與禪講。

在宋初天台宗尚未分裂爲山家、山外宗之前，吳越境內的天台宗約略可分爲幾大系統在弘傳。一是，人稱天台十祖的玄燭法師會下的皓端、晤恩一系，在秀州行化；後來晤恩轉向志因修學，乃被歸類在清竦系下。而皓端從玄燭修學後，受忠獻王（941～947）所禮重，得賜紫衣，別署大德，號崇法，居秀州靈光寺二十餘年不出寺門，以宋太祖建隆二年（961）三月坐滅，得法者八十餘人。此派系，南山、台教並行弘化〔註109〕，後來卻被山家宗人歸類爲不明承嗣者〔註110〕，其法緣到宋初以後不明，可能其會下門生大都被晤恩系所收攝去了。二是，物外、慧凝、玄廣一系，在天台山行化；後晉天福五年（940）義寂前來受學於清竦與玄廣座下〔註111〕此系從會昌法難之後，一直在天台山國清寺講學，後傳承不明。三是，元琇、常操、義從、德儔一系在

〔註108〕釋太虛《中國佛學》，前引書，頁691。

〔註109〕《宋高僧傳》卷第七〈宋秀州靈光寺皓端傳〉，前引書，頁174～175。

〔註110〕《釋門正統》卷第三〈十祖玄燭及皓端師〉，前引書，頁788上。另見《佛祖統紀》卷第二十二「未詳承嗣傳第八」〈十祖玄燭〉、〈嘉禾皓端法師〉，前引書，頁446。

〔註111〕錢易〈淨光大師行業碑〉，《卍新纂續藏經》第56冊《螺溪振祖集》，頁782c。

四明行化；德儔下出慧贇與修雅，慧贇在明州定水寺、修雅在越州法性寺行化，修雅與誦《法華》的紹恩交遊，且爲之作歌。〔註112〕此系後法緣不明。四是，清竦系下志因、晤恩、文備一系，法緣從天台山轉移到錢塘；其中晤恩兼得玄燭與清竦的傳承，還有南山律學的涵養，還有禪宗的精神。此系在錢塘行化，聲名遠播，文備的文章亦受贊寧所喜愛。〔註113〕此系在吳越有國之時，最爲興盛，吳越入宋後又傳了數代，晤恩成了山外派的祖師。五是，清竦、義寂、義通、知禮與遵式一系，山家的法緣逐漸興發起來；此系從義寂於後周廣順中（951～953）被忠懿王留在天台山法華道場後行道始知名，宋乾德二年（964）義寂遷住螺溪傳教院之後，四方學者來歸，《佛祖統紀》在〈義寂傳〉上說：「一家教學，鬱而復興，（義寂）師之力也。」〔註114〕義寂受德韶與錢王的禮重，是有其因緣的，因爲義寂除了其博覽經教、通義學、能念咒祈雨之外，是清竦與玄廣會下不可多得的法子，錢易的〈淨光大師行業碑〉文中說：

> （義寂）十九始去鬚髮，爲比丘。具矣，乃之越，授毗尼於清律師，三載盡極其道。又南之天台通智者教師承（清）聳（當是竦）、（玄）廣二公。一且手法華本跡、不二門至法性之與無明遍造，諸法名之爲染，無明之與法性遍應眾緣，號之爲淨。因頓悟佛心，汗落如雨。不數月，登座衍說，坐二師於聽徒中，了無媿色。每入大藏，採一經未嘗別考科疏，隨意而講，渙然冰釋。尋有去山意，止者盡台人，皆不能，時廣順中（951～953）也。易忠懿叔父，領大元帥開府于淛水，聞之堅止勿他往，授以釋署淨光大師，三讓授受不施，方建法華道場，六時行釋事，晝夜不怠。甲子秋（乾德二年，964），居螺溪講導，事如道場，吾叔大元帥供施日至焉。丁卯（乾德五年，967）下台寓開元東樓，春雨連日，一夕有夢若告樓墢，及旦遷它所。是夜，大山顏擊樓墮，免者將百人。早歲，吳越不雨久，而吾叔命使求禱之，師領其徒，詣巨潭覆缽作禱，而暗有咒語，食久潭中爲風所激，悅有物自水中起，迴不半道，大雨連下，周境謝足。〔註115〕

〔註112〕《釋門正統》卷第二〈元琇傳〉，前引書，頁760。
〔註113〕釋智圓〈錢唐慈光院備法師行狀〉，《卍新纂續藏經》第56冊，頁897b。
〔註114〕《佛祖統紀》卷第八〈十五祖淨光尊者義寂傳〉，前引書，頁345。
〔註115〕錢易〈淨光大師行業碑〉，《卍新纂續藏經》第56冊《螺溪振祖集》，頁782c。

　　對於義寂，贊寧在《宋高僧傳》上說：「自智者捐世，六代傳法，湛然師之後，二百餘齡，（義）寂受遺寄，最克負荷。」〔註116〕由贊寧的說法可以得知，五代時天台山的山家們最看好的僧人是義寂，所以諸人想盡辦法要把義寂留住在天台山，以弘揚天台山的祖道；但義寂不知爲了何種因素，不願意留在禪林寺，而寧願住在法華道場，後來才到螺溪建寺開山，然其名籍還是掛在禪林寺。義寂在當時雖頗有聲名，但其氣勢尚不足以跟錢塘係的晤恩爭勝。其會下出義通，在四明寶雲院行化，當贊寧寫《宋高僧傳》時其門室已頗爲可觀，從寶雲院的義通會下出四明知禮與慈雲遵式兩神足行化之後，山家之學乃逐漸盛行於世。

表六：義寂會下的傳承表

法　名	州名	署號	主要住山寺剎	師承	引　　　據	備　　　考
義寂	台州	淨光	螺溪傳教院	清竦	《釋門正統》卷第二、《佛祖統紀》卷第八	依錢易的〈淨光大師行業碑〉，其師承有二，一是清竦，另一是玄廣。
宗昱	台州		慧光寺	義寂	《釋門正統》卷第二、《佛祖統紀》卷第八	《宋高僧傳》卷第七義寂傳中，不列其爲高弟，但其卻爲智者嫡傳第十三代。
澄彧	杭州		廣教寺	義寂	《宋高僧傳》卷第七、《佛祖統紀》卷第十	撰〈淨光大師塔銘〉。
寶翔	杭州		廣教寺	義寂	《宋高僧傳》卷第七、《佛祖統紀》卷第十	《宋高僧傳》卷第七義寂傳中，僅載澄彧、寶翔與義通常出入其堂室。
行靖	杭州		石壁寺	義寂	《釋門正統》卷第三、《佛祖統紀》卷第十	依延壽出家，後參德韶。
行紹	杭州		石壁寺	義寂	《佛祖統紀》卷第十	依延壽出家，後參德韶。
瑞先	台州		勝光寺	義寂	《釋門正統》卷第三、《佛祖統紀》卷第十	無傳記。
知廉	台州	通鑑	螺溪傳教院	義寂	《釋門正統》卷第二	請錢儼作傳教院碑銘於螺溪寺。

〔註116〕《宋高僧傳》卷第七〈宋天台山螺溪傳教院義寂傳〉，前引書，頁182。

願齊	溫州	崇法	雁蕩山、光慶寺	義寂	《景德傳燈錄》卷第二十六、《佛祖統紀》卷第十	其師承有三。一是德韶，事見《景德傳燈錄》卷第二十六本傳；另一是德韶的同學杭州寶塔寺的法華紹巖。
諦觀	台州		螺溪傳教院	義寂	《佛祖統紀》卷第十	高麗國人，奉天台教乘來吳越，留螺溪十年。
錢弘俶	忠懿王			義寂	《佛祖統紀》卷第十	其對德韶、延壽皆待以師禮。
義通	明州		寶雲	義寂	《宋高僧傳》卷第七、《寶雲振祖集》、《釋門正統》卷第二、《佛祖統紀》卷第八	其先參天台德韶而契旨，但不列爲德韶法子。義通有弟子延德詣京師請寺額，開寶七年四月賜額寶雲。
契能	台州		常寧	宗昱	《釋門正統》卷第二、《佛祖統紀》卷第十	自智者以來，以鑪拂傳授爲信，至師第十四代。處謙依之出家，後繼契能之席。繼宗可能亦曾在契能會下受學，受得法於廣智而拒絕契能的鑪拂傳授。
覺明	杭州		通照	宗昱	《佛祖統紀》卷第十	無傳記。
至臻	杭州		安國	宗昱	《佛祖統紀》卷第十	無傳記。
懷慶	杭州		寶山	宗昱	《佛祖統紀》卷第十	無傳記。
曉乘	杭州		明教	宗昱	《佛祖統紀》卷第十	無傳記。
悟眞	杭州		寶藏	宗昱	《佛祖統紀》卷第十	無傳記。
懷至	蘇州		頂山	宗昱	《佛祖統紀》卷第十	無傳記。
志倫	杭州		靈鷲	宗昱	《佛祖統紀》卷第十	無傳記。
蕭閑	杭州		安國	宗昱	《佛祖統紀》卷第十	無傳記。
慶文	越州		慈惠	宗昱	《佛祖統紀》卷第十	無傳記。
知禮	明州		延慶	義通	《釋門正統》卷第二、《佛祖統紀》卷第八	從太平興國四年（979）到端拱元年（988）在寶雲會下。
遵式	杭州		天竺	義通	《釋門正統》卷第二與卷五、《佛祖統紀》卷第八與卷第十	從雍熙元年（984）到端拱元年（988）在寶雲會下。
善信			錢唐	義通	《佛祖統紀》卷第八	無傳記。

異聞	明州		延慶	義通	《佛祖統紀》卷第八、《佛祖統紀》卷第十一	居延慶寺四十，凡知禮所修懺三昧未嘗不預。
有基			興國	義通	《佛祖統紀》卷第十	有弟子令祥與悟持。
體源			廣慧	義通	《佛祖統紀》卷第八	無傳記。
清曉			承天	義通	《佛祖統紀》卷第八	無傳記。
說明	1、《宋高僧傳》無清竦傳，在義寂傳中亦沒提及其師承是清竦，所以志因與義寂的師承，可能是配合山家後來的傳承而接續的。此外契能得法於宗昱，宗昱師承是義寂，而《宋高僧傳》義寂傳中僅載澄彧、寶翔與義通之名，契能得嫡傳鑪拂為第十四代。再依據錢易的〈淨光大師行業碑〉，則義寂雖受學於清竦與玄廣兩師，其當是得鑪拂於其中一人，或許清竦輩份較玄廣為高，山家因之以義寂的傳承來自清竦。 2、少林寺出現七祖碑，則玄朗之時，天台宗另有七祖可貞（642～725）的傳承。此傳承在五代之時還存在，但不見於《宋高僧傳》中，可能可貞是灌頂（561～632）的再傳慧威之會下學人。如是說智者以下到契能諸師為嫡傳，該是山家宗一派的說辭。 3、《宋高僧傳》卷第七〈義寂傳〉載，「四方傳法弟子，見星而舍者數百人」，「堂室間可見者」，有澄彧、寶翔與義通。而《釋門正統》則說，「得法弟子百餘人」，《佛祖統紀》承襲此說，但改以義通為高弟。 4、從五代到宋初，此系的法緣從清竦居天台山禪林寺高談闊論起，出高弟義寂，其出世之後於乾德二年（964）移居天台山螺溪傳教院，學徒雲來，義通前來受學。雍熙元年（984）之後，義通與門生知禮、遵式等敷揚教觀，四明寶雲之學受到重視。淳化二年（991）之後，知禮法緣興起，大中祥符三年（1010）延慶寺正式成立，從此山家教學大盛。

　　六是，清竦系下義寂、宗昱、契能、處謙一系，在天台山與溫州行化。〔註117〕宗昱在義寂處得從上所傳的鑪拂，以傳契能為第十四代傳人，後來因山家、山外之爭時宗昱的教法偏向晤恩，被山家派歸類在山外派，因此契能想把祖師鑪拂傳給門下繼忠時，卻遭到婉拒，因為繼忠已得法於知禮門下的廣智尚賢；此系在處謙之時轉向山家宗的神照本如系。〔註118〕而宗昱跟義寂較諸大弟子為先，其本師或許為國清寺僧家，其有禪、教合流的思想是必然的。宗昱頗有盛名，其門下法子有十人之多，但山家宗人與贊寧卻不把他歸類在山家行列之中，可見其門室與學風跟義寂是不同調的。七是，義寂會下行靖與行紹的石壁寺一系，此系在錢塘行化，有禪、教合流的趨勢。行紹、行靖的本師是延壽，兩師從德韶參禪後入義寂之門；此系從宋太祖乾德年間到宋真宗大中祥符初，在杭州石壁寺行化，頗有高潔之風。

〔註117〕《釋門正統》卷第二〈義寂傳〉，前引書，頁 762 上。
〔註118〕《釋門正統》卷第六〈繼忠傳〉，前引書，頁 857 上。

　　八是，義寂會下的錢塘廣教院系，有澄彧與寶翔，贊寧說他兩人「堂室可見」，但法緣不明；義寂卒後，端拱元年（988）澄彧曾作〈淨光大師塔銘〉。〔註119〕

　　八大系統中的皓端，後被山家的志磐列為「未詳承嗣者」，但釋贊寧的《宋高僧傳》把皓端列在〈義解篇〉第二之四，而當時天台學人被列在〈義解篇〉的，除了皓端之外還有晤恩與義寂，之前被列入〈義解篇〉的祖師有智威、慧威〔註120〕、湛然〔註121〕、元浩〔註122〕、志遠〔註123〕等人。元浩與志遠兩系的法緣，因會昌法難的關係，傳承後來不見了。然湛然會下的道邃與行滿系，卻有法緣延續；但在傳承上卻出現兩種說法，一是湛然傳道邃，道邃傳廣修；另一是湛然傳行滿，行滿傳廣修。天台宗的流派到了志遠會下的元堪以及廣修會下的物外，就碰到了會昌法難。會昌法難之後，大中復教國清寺有清觀洞明三觀、深得禪定，寺有僧物外，依《宋高僧傳》廣修付法於物外。物外之下的傳承，不見《宋高僧傳》記載。會昌法難時，國清寺遭到毀壞，僧人被迫還俗，大中復教之後，不論是五台山還是天台山，天台教法已是不完整的，此外在傳承上有不明與支離的跡象發生，僧家的行持被人所器重的似乎不在止觀之學；如物外，被《宋高僧傳》附在〈感通篇〉第六之三〈唐天台山國清寺清觀傳〉中，說其感通事跡；而《宋高僧傳》的〈襍科聲德篇〉第十之二〈唐天台禪林寺修傳〉則提及廣修於會昌三年（843）圓寂於天台山禪林寺，「法付門人物外。」另如湛然會下的行滿，被《宋高僧傳》列在〈感通篇〉第六之五；《釋門正統》則列行滿在〈護法內傳〉中，跟世代難明者混在一塊，而傳承表卻又列行滿為湛然門下。志遠會下的元堪，其會下承嗣也不明；五台山的行嚴、願誠一系，被《宋高僧傳》列入〈興福〉第九之二。由此可見，會昌法難對天台宗的影響有以下數點。一是，會昌法難之前，天台宗除了天台山之外，學人四處分燈，五台山、少林寺與京都皆見天台宗人在行化。二是，會昌法難之後，寺院遭到破壞、經教被燬與散佚，造成學台教的僧人減少，傳承有不明的跡象出現。三是，會昌法難之後，連天台山的台教都受到嚴重的影響，僧人的素質與對止觀的修習有衰落的現象，因此宗

〔註119〕《螺溪振祖集》，《卍新纂續藏經》第56冊，頁783a。
〔註120〕《宋高僧傳》卷第六〈唐處州法華寺智威傳附慧威傳〉。
〔註121〕《宋高僧傳》卷第六〈唐台州國清寺湛然傳〉。
〔註122〕《宋高僧傳》卷第六〈唐蘇州開元寺元浩傳〉。
〔註123〕《宋高僧傳》卷第七〈唐五台山華嚴寺志遠傳〉。

匠們難得法子,傳承有斷續的危機在。四是,因爲止觀難以修習的關係,念《法華經》與誦彌陀的信仰轉盛,後來習止觀者多以此爲基礎,圓寂前有念佛往生者。五是,因爲在傳習上難得法子,晚唐之後天台宗付授的現象不見了,而承接宗匠的講座者與從宗匠處得拂鑪者不見得能弘揚祖風長久,因此法緣中斷者不在少數。六是,從晚唐到宋初,習台教的宗匠不少,但被稱爲禪師者卻無其人,習台教者在觀行上偏向解解行,晤恩門下被贊寧如此地批評,其他門派當也多是義解僧人,禪講之外加上拜懺持咒所以僧家都被稱爲法師。七是,天台山難得法子以宣揚祖風,而義寂被時人與錢王所看重,其因在天台山的台教有嚴重的復古傾向,義寂、義通、知禮一系跟當時思想新穎、力求反思、建立楷模的晤恩、源清、慶昭系,形成了尖銳的對立,造成山家、山外之爭;山家山外之爭的結果,使得山家派的法緣轉盛,南宋之後山家宗代表天台宗而獨擅;從宏觀的角度來看,山家派的爭勝不見得對天台宗後來的發展有利,因爲表面上是教法的正統性之爭,實際上還是不離意氣之爭;其結果是山家派拒絕眞心論的滲透,然天台止觀在觀行上或說有毛病在,從此天台宗的法師眞的變成如印順法師所說的,學人「說大乘教,行小乘法。」

南宋之後,山家宗的史書確立了祖宗與家法,使得原本同是清竦會下的嫡系志因與覺彌,被改寫成旁出世家;居錢塘龍興寺的覺彌,無法緣傳世;然志因有法子多人在行化,其中晤恩及其會下宗匠的法緣在五代中葉到宋初之時是極爲興盛。依山家宗的說法,天台法脈從天台宗第一祖龍樹菩薩、第二祖北齊慧文、第三祖南嶽慧思、第四祖天台智顗、第五祖章安灌頂、第六祖法華智威、第七祖天宮慧威、第八祖左溪玄朗、第九祖荊溪湛然、第十祖行滿法師(一說道邃)、第十一祖廣修法師、第十二祖物外法師、第十三祖元琇法師、第十四祖清竦法師、第十五祖螺溪義(義)寂、第十六祖四明寶雲(義通)尊者、第十七祖四明法智(知禮)尊者。山家宗立了祖師傳承之後,就說道法傳播的情形:天台宗自唐德宗建中三年(782)荊溪尊者湛然歿後五傳而至清竦,清竦傳於義寂。然五代到宋初之間,天台道法是鬱而不興的,多賴義寂以教觀正脈傳給了義通,而繼承義通者是其會下兩神足,也就是所謂山家宗或「山內派」的論主法智知禮及其師弟慈雲遵式。又,知禮之下出尚賢、梵臻、本如、仁岳等諸師行化,其後世法緣大盛。山家派因承自智者之學,屬於天台正統,四明知禮之門人及後世的學者認爲晤恩、源清、智圓、慶昭之學,因「會同於一性」,屬於非正統的天台教學,乃貶抑他們爲「山外

宗」或「山外派」。孤山智圓與知禮，是同時代之人物，孤山智圓也屬於山外派的代表人物。另有淨覺仁岳，由親近知禮而輔助知禮對抗山外派諸師，其後仁岳受山外思想的影響背離了知禮的門風，進而對知禮的學說展開了強烈批評，仁岳系被稱爲「後山外派」。志因爲山外派始祖晤恩之師，晤恩的門下有源清及洪敏。繼承源清的有智圓與慶昭等師，而慶昭門下又有繼齊與咸潤。再者，雖不屬於志因同一學系，卻屬義寂門人者有國清宗昱，其思想則與慈光晤恩系統相類似。以上諸師，一般被稱爲山外派。這些流派，在吳越入宋之後在吳越地區發展，因爲在教法與文義上兩派系產生了爭執，致使這些宗匠的聲名爲世人所知曉，這也促成了當時天台教學上的勃然興發。宋初，源清最負盛名。源清卒（999）後，義通會下的知禮與遵式，他們的聲名也逐漸擴展，兩師又因爲修懺且爲國祈福的緣故，使得他們的德行得到王、臣們的矚目，天台觀心宗眼由是得以耿照天下，跟禪宗爭輝。從此，山家宗學派的氣勢，蓋過了原本能「抗折諸宗」的山外派。兩師系下的弟子，在山家、山外諍論過後，在精神爲之一振，加上門風的關係，他們在吳越地區發展極爲迅速，道場建立很多，在宗匠輩出之下，隨著山外派的沒落，天台宗的佛法在宋代中葉之後轉移到山家宗學人的身上。

總之，晚唐之時，天台宗有許多流派在吳越地區行化，有的流派傳承不久遠，幾代之後旋即消逝。到了五代宋初之際，在吳越國境內約有七個流派在傳布，其中以環繞在秀州靈光寺的皓端、杭州慈光院的晤恩與天台山螺溪傳教院的義寂會下爲主要流派。這三個學派當中，志因與義寂都是清竦會下的嫡系，但以嚴正天台山祖道自居的，在天台山山家們立場來說只有義寂一人。然義寂出世較志因爲晚，又不如志因在錢塘頗有聲名；至於皓端，在武肅王之時已在吳越國有名；而晤恩爲其會下的優秀學子，又到慈光院參學於志因，從此他也接續了天台山台教的法脈，其是從五代中葉到宋初之際錢塘地區台教中最負盛名的宗匠。晤恩下出奉先寺源清，其於天台佛法，是「會同於一性」，能抗折諸宗。源清下出慶昭與智圓最爲有名，兩師後與知禮產生論戰。天台宗因爲有山家與山外之爭，此後的天台教學主要係以兩家爲主，其他流派的法緣轉爲不明或斷絕了。五代宋初的台教僧家，都自稱是山家，因爲當時禪教合流以及「別子爲宗」的風氣很盛，所以諸家的思想是複雜的，其所講學或住持的寺院，也是來自十方。所以，當時的宗匠，在修道與弘揚祖道的前提下，除了四處講學與創作文義之外，以建立有自家門風的寺院以及課徒爲首要。山家宗與山外派之所以能夠互相爭勝，部份也存在著有其自

家山頭、情同義合的僧眾，以及自認爲持之有理的行法。從兩家發展的歷程與諍論的行解上看，他們已使天台宗學派的形式由多樣性而匯歸在兩種主流意識之中；從禪教合流的特質上，更進一步發展出能應合時代潮流且能抗折他教的行法，或者是這些行法是他們祖師印證過，此行法被諸宗匠公認爲是正確的途路，因此學人可持之長久。兩派的行法，從宋代以後代有傳習者，兩派的心性之說也爲時人所矚目。

表七：唐會昌年間到南宋初年天台宗大事年表

年　　代	事　　略	引　　據	備　　考
唐武宗會昌元年（840）	1、開成五年正月四日，文宗崩於太和殿；十四日，穎王李瀍以皇太弟即位，是爲武宗。其在藩時，頗好到術修攝之事，是秋招道士趙歸眞等八十一人入禁中。 2、武帝即爲以來，開始崇信道教。在三教講論中，賜道勢紫衣，另釋門不得穿著。	1、《舊唐書》卷第十八上「武宗本紀」。 2、《入唐求法巡禮記》卷第三。	
唐武宗會昌三年（843）	1、二月一日，功德使牒云：「僧尼還俗者，輒不得寺。又發遣保外僧尼，不許住京入鎮內。」 2、歲二月十六日，廣脩法師（771～843）寂於天台山禪林寺，法付門人物外。 3、九月，澤路節度使劉積叛，引發潞府押衙事件，佛教各項活動陸續被禁止。	1、《入唐求法巡禮記》卷第三。 2、《宋高僧傳》卷第三十〈唐天台山禪林寺廣脩傳〉、《釋門正統》卷第二〈廣脩傳〉、《佛祖統紀》卷第八〈十一祖至行尊者廣脩傳〉。 3、《入唐求法巡禮記》卷第四、《舊唐書》卷第十八上「武宗本紀」。	1、依晁說之的〈明智塔銘〉文，以湛然傳行滿，行滿傳廣脩。而《宋高僧傳》卷第七則說，廣脩早預邃師之門，《佛祖統紀》因之依《宋高僧傳》之言。 2、《釋門正統》卷第二〈道邃傳〉云，除了最澄之外，師更有守素、廣脩兩師傳家。《佛祖統紀》卷第十把守素、最澄列爲旁出。

唐武宗會昌四年（844）	1、三月，敕不許供養佛牙。僧人無公驗者，當處打殺，不按唐制規定。 2、五台山華嚴寺志遠法師（768～844）圓寂，雖學者如林，達其法者唯有元堪。武宗澄汰之際，稟師先旨，以其章疏、文句秘之屋壁。及宣宗再闡釋門，重葺舊居，取其教部，置之影堂，六時經行，儼若前置。	1、《入唐求法巡禮記》卷第四、《舊唐書》卷第四十三「職官志二」。 2、《宋高僧傳》卷第七〈唐五台山華嚴寺志遠傳〉、《釋門正統》卷第五〈荷負扶持傳——志遠傳〉、《佛祖統紀》卷第二十二〈未詳承嗣傳——法師志遠傳〉。	志遠法師被山家學人列在不詳承嗣傳中，或曰是湛然的法子，待考。
唐武宗會昌五年（845）	1、武帝於是年四月敕祠部，檢括天下僧尼寺，凡四萬四千六百所，僧凡二十六萬五千餘人；五月庚子，敕併省天下佛寺。 2、八月，頒拆寺制	1、《佛祖歷代通載》卷第二十三〈會昌四年四月、五月〉條 2、《唐會要》卷第四十七。	關於浙江地區廢寺情形，可參閱黃運喜〈會昌法難研究——以佛教為中心〉碩士論文的表三：浙江地區廢寺一覽表。
唐武宗會昌六年（846）	三月二十三日，武帝崩亡。光王李怡即位，是為宣宗，一改武帝廢佛的措施，放寬對佛教的管制。	《舊唐書》卷第十八「武宗本紀」、「宣宗本紀」。	
唐宣宗大中初年（847）	1、其靈山勝境、天下州府，應會昌五年四月所廢寺宇，有宿舊明僧，復能修創，一任住持，所司不得禁止。 2、大中初年，天下寺剎中興，國清寺清觀入京請大鐘歸寺，並重懸敕額，復請藏經歸寺。大中七年江表饑荒，時有山僧物外，度荒自入室禪定。僖宗中和五年（885）三月十五日，終於國清寺，弟子敬休、慧凝、元琇。	1、《舊唐書》卷第十八下「宣宗本紀」。 2、《宋高僧傳》卷第二十〈天台山國清寺清觀傳附物外〉、《釋門正統》卷第二〈山門授受——物外傳〉、《佛祖統紀》卷第八〈十二祖正定尊者物外傳〉。	1、《佛祖統紀》卷第四十二〈唐文宗大和四年〉條云，「修法師於天台禪林寺為物外法師說止觀法門。」 2、《佛祖統紀》把元琇列為上首，不同於《釋門正統》。 3、物外的弟子都是天台僧人。

唐宣宗大中五年（850）	天台山國清寺於會昌中廢，是年重建。	《嘉定赤城志》卷第二十八、《天台山方外志》卷第四。	時國清寺為禪、教道場，天台宗人轉移到禪林寺辦道，但也在國清寺演教。
唐懿宗咸通元年（860）	行鈞年十四，入嵩山會善寺，投西塔院法素禪師為依止師，誦《法華經》，日日梵修為業。	〈唐嵩山少林寺故寺主法華鈞大德塔銘并序〉、溫玉成《少林訪古》〈天台宗北傳與晚唐五代的少林寺〉。	
唐懿宗咸通八年（867）	天台山禪林寺於會昌中廢，是年重建，後賜名為大慈寺。	《嘉定赤城志》卷第二十八、《天台山方外志》卷第四。	天台宗自物外以下祖師，以禪林寺為根本道場。
唐僖宗乾符三年（876）	物外法師於天台山國清寺，為元琇說止觀法門。元琇，天台人，弟子有清竦、常操。	《佛祖統紀》卷第四十二〈唐僖宗乾符三年〉條、《釋門正統》卷第二〈山門授受——元琇傳〉、《佛祖統紀》卷第八〈十三祖妙說尊者元琇傳〉。	元琇會下的法子，亦是天台僧人。至常操下第四世方出四明定水慧贊與越州修雅。
唐僖宗廣明元年（880）	行鈞遊歷講肆，功研律部，曾卜居石城山，諷誦《法華經》六十部，受人仰重。少林寺於是年，迎請其為住持。	〈唐嵩山少林寺故寺主法華鈞大德塔銘并序〉、溫玉成《少林訪古》〈天台宗北傳與晚唐五代的少林寺〉。	
唐昭宗龍紀元年（889）	元琇法師於國清寺，為清竦法師說止觀法門。清竦，天台人，弟子志因、義寂、覺彌。志因，錢塘人，弟子有懷贄、義清、可榮與晤恩。	《佛祖統紀》卷第四十二〈昭宗龍紀元年〉條、《釋門正統》卷第二〈山門授受——清竦傳〉、《佛祖統紀》卷第八〈十祖高論妙尊者清竦傳〉與《佛祖統紀》卷第十〈高論旁出世家〉。	清竦之時，吳越有國，始見錢塘的志因、覺彌以及溫州的義寂到天台山受學。
唐昭帝大順初年（890）	1、玄燭法師傳法帝京，學徒數百，左右悅隨，學者尊為第十祖。通南山律學的皓端，受武肅王禮敬，後依付玄燭，果了一心三觀，遂撰《金光明經隨文釋》十卷，由是兩宗法要通於一路，忠獻王錢弘佐賜	《宋高僧傳》卷第七〈宋秀州靈光寺皓端傳〉、《釋門正統》卷第五〈皓端傳〉、《佛組統紀》卷第二十三〈法師皓端傳〉。	1、玄燭於天台宗，其傳承不明。2、依皓端傳，則玄燭於五代初年仍在行化，皓端才有可能依之受學台教。

	紫衣，署號崇法。 2、該年皓端法師出生，姓張氏，嘉禾人也。九歲捨家，入靈光精舍，師授經法，如溫舊業焉。年登弱冠，受形俱無表，于四明阿育王寺遇希覺律師，盛揚南山律。端則一聽，旋有通明，義門無壅。尋投金華雲法師，學名數一支并《法華經》。後受吳興緇伍所請，講論焉，兩浙武肅王錢鏐（852～932），召於王府羅漢寺演訓，復令於眞身塔寺宣導。		
梁太祖乾化二年（912）	晤恩法師該年出生，字修己，姑蘇常熟人也。姓路，母張氏嘗夢梵僧入其家而妊焉。及稚孺，見沙門相必起迎遲。年十三，聞誦彌陀經，遂求出家。親黨饒愛再三沮之，乃投破山興福寺受訓。後唐長興中，受滿分戒，登往崑山慧聚寺學南山律。	《宋高僧傳》卷第七〈宋杭州慈光院晤恩傳〉。	
梁末帝貞明五年（919）	義寂法師，該年出生，字常照，姓胡氏，溫州永嘉人也。母妊娠，公日不喜葷血，生乃首蒙紫帽而誕焉。幼啓二親，堅求去俗，旋入開元伽藍。師授《法華經》期月而徹，寺之耆老稱歎希有。受具已，往會稽學《南山鈔》。既通律義，乃造天台山研尋止觀。	《宋高僧傳》卷第七〈宋天台山螺溪傳教院義寂傳〉、錢易〈淨光大師行業碑〉。	
唐莊宗同光三年（925）	少林寺主行鈞（848～925）於是年七月二十日示寂，其主持寺務四十五年，率眾勞務，坐禪誦《法華經》，卒後由弟子宏泰住持。	〈唐嵩山少林寺故寺主法華鈞大德塔銘并序〉、溫玉成《少林訪古》〈天台宗北傳與晚唐五代的少林寺〉。	

唐末帝清泰二年（935）	四明沙門子麟，往高麗、百濟、日本諸國，援智者教，高麗國遣使李仁日送師西還，文穆王於郡城建院以安其眾。	《佛組統紀》卷第二十二〈法師子麟傳〉、《佛組統紀》卷第四十二〈唐末帝清泰二年〉條。	1、《佛祖統紀》皆說錢鏐令於郡城建院，當是錯誤，清泰二年時錢王是文穆王錢元瓘。 2、《佛祖統紀》卷第四十二則說子麟到諸國去，「傳授天台教法」。 3、子麟於天台宗，其傳承不明。
晉天福初年（936）	晤恩於晉天福初，從橋李皓端師聽習經論，懸解之性天然，時輩輒難抗敵。後微聞天台三觀六即之說，冥符意解。漢開運中，造錢唐慈光院志因師，講貫彌年，通達《法華》、《光明經》、《止觀論》，咸洞玄微，尋施覆述。出弟子相次角立，以雍熙三年八月二十五日寂。	《宋高僧傳》卷第七〈宋杭州慈光院晤恩傳〉、《釋門正統》卷第五〈荷負扶持傳——晤恩傳〉、《佛祖統紀》卷第十〈高論旁出世家——法師悟恩傳〉。	1、志因生卒年不詳。 2、晤恩是否也被歸類爲皓端的法子，不詳。
晉天福五年（940）	義寂，年十九（天福二年，937）始去鬚髮爲比丘，具矣，乃之越，授毗尼於清律師，三載盡極其道。又南之天台通智者教師承清竦、玄廣二公。	元悟《螺溪振祖集》錢易《淨光大師行業碑》。	1、《佛祖統紀》卷第四十二〈晉天福二年〉條云：「竦法師於國清爲義寂法師說止觀法門。」天福二年，義寂方才出家，三年後乃到天台山學教法於竦、廣兩師。 2、《宋高僧傳》卷第七與《釋門正統》卷第二，都沒有說義寂到國清寺參學。

漢乾祐三年（950）	是年八月十五日，汝州風穴寺立〈風穴七祖千峰白雲禪院記〉，時延沼（一稱匡沼）在寺中，年五十五，次年（周廣順元年）新寺賜額廣慧。風穴寺中，有沈興宗所撰的〈大唐開元寺故禪師貞和尚塔銘〉。	《五燈會元》卷第十一〈汝州風延沼禪師傳〉、《金石萃編》卷第八十三、溫玉成《少林訪古》〈天台宗北傳與晚唐五代的少林寺〉。	1、延沼本是匡沼，因宋朝人避諱趙匡胤的諱而改寫。 2、唐玄宗時可貞（642～725）被敕封爲天台宗七祖。
周太祖廣順元年（951）	文備法師，福州候官縣人，幼事師于太平寺。敏達之性有異常童，誦法華、維摩、圓覺、十六觀、小般若等經，靡不精練。後唐清泰三年，受尸羅於本寺，堅持淨檢，苦志爲學，該綜經律，雅好文儒，五經諸子常所博覽。晉天福間，卷衣入漸，初泊會稽，從柔法師傳百法論，尋講貫焉，歷數稔。復度江，詣錢唐龍興寺，訪于先達，考論大義，以求溫習，故於名數一支，尤造淵極，學徒自遠方來者，罔弗從其求益矣。後聞天台三觀之學，可以指南群惑、研幾心性，欽尙匪懈，誓欲傳通。時值志因法師，傳道於慈光院，遂及其門，即周廣順元年也。既而遊刃融宗，攻堅至理，孜孜然翼翼然，不舍晝夜，其耽玩也如此，至是法華、止觀、淨名、金光明等，凡曰一家之教，悉搜抉祕要，洞曉指歸，慧解燦然，難乎倫等。時因有上首弟子晤恩師者（《大宋高僧傳》義解科中有傳），高節不群，清風肅物，每與法師覆述心觀，而神領意得，不俟終日，由是以爲得意之交。謂人	智圓《閑居編》卷第二十一〈錢唐慈光院備法師行狀〉。	

	曰：「備雖後進，與吾並驅於義解之途，諒無先後矣。」因師既沒，遂北面事於恩，學無常師也。		
周太祖廣順中（951～953）	義寂在清竦與玄廣座下修學 年之後，欲離開天台山，後受錢忠懿王的挽留，囑其勿他往，授以釋署淨光大師，乃建法華道場於天台山。其六時行釋事，晝夜不怠。	元悟《螺溪振祖集》錢易〈淨光大師行業碑〉。	
後漢、後周之際（947～951）	天福中志逢遊方，參德韶於天台雲居院。乾祐元年（948），吳越錢王奉之為國師。義通從高麗國來，初參德韶有省，乾德二年之後至螺溪依義寂受業。	《景德傳燈錄》卷第二十六〈杭州五雲山華嚴道場志逢大師傳〉、《佛祖統紀》卷第八〈十六祖寶雲尊者義通傳〉、《佛祖統紀》卷第四十二〈漢隱帝乾祐元年〉條。	義通如於天福末年（947）來參中國，時年21歲。其至天台雲居院參德韶國師，當在乾祐元年之後。或受德韶的點撥，往螺溪參義寂，而螺溪傳教院成立於乾德二年，《佛祖統紀》卷第四十三〈乾德元年〉條云：「螺溪寂法師為義通法師說止觀法門。」此條有誤。
周世宗顯德初年（954）	願齊初習天台教，後參德韶，而嗣其法。周顯初，螺溪居民張彥安詣淨光曰：「家居東南里所，陰晦之夕，必有鬼神吟嘯，考擊鍾鼓之聲。又嘗夢龍遊其地，非愚民所居，願以奉師。」師往視之，見山水秀異，謂眾曰：「此伽藍地也，夢龍遊者，豈龍樹之道將興此地耶！」因納之。願齊初為法華紹巖弟子，聞其事以白師（德韶），輒眾施三萬為建法堂廚屋，覆苫累塊尚朴素，蓋稟師之誠也。既成，淨光與學徒二十人俱往。	元悟《螺溪振祖集》錢儼〈建傳教院碑銘〉、《佛祖統紀》卷第十〈淨光法師旁出世家——法師願齊傳〉。	1、《釋門正統》卷第三的傳承表，義寂之下不列願齊之名。 2、《景德傳燈錄》卷第二十六天台德韶國師法嗣中有溫州雁蕩願濟禪師。

宋建隆元年（960）	是年知禮出生，俗姓金，字約言。七歲喪母，遂發願出家，依汴京太平興國寺洪選法師出家。十五歲受具足戒，專究律典。	《釋門正統》卷第二〈知禮傳〉、《佛祖統紀》卷第八〈十七祖法智尊者知禮傳〉。	
宋建隆二年（961）	皓端於是年三月十八日，坐滅秀州靈光寺，火化舍利無數，門弟子八十餘人。	《宋高僧傳》卷第七〈宋秀州靈光寺皓端傳〉、《釋門正統》卷第五〈皓端傳〉、《佛組統紀》卷第二十三〈法師皓端傳〉。	
宋太祖乾德元年（963）	是年慶昭出生，幼出家於錢塘開化院，年十三受具。	《閑居編》卷第十五〈故梵天寺昭闍梨行業記〉、《釋門正統》卷第五〈慶昭傳〉。	
宋乾德二年（964）	乾德甲子歲秋八月，螺溪道場的法堂成立，乃請義寂法師居之，其默然，遂率學徒二十人以之俱往。既而雲居韶禪師（寺在天台），以其傳燈之地未廣函丈之規，爲疏於漢南王，架懺堂諸屋以廣之（見錢儼撰傳教院碑及傳燈）。此後，四方學侶，霧擁雲屯。甲子秋居螺溪之後，講導事如法華道場，忠懿王供施日至焉。	《螺溪振祖集》〈吳越錢忠懿王賜淨光法師制（三道）〉、錢儼〈建傳教院碑銘〉、錢易〈淨光大師行業碑〉、《宋高僧傳》卷第七〈宋天台山螺溪傳教院義寂傳〉、《佛祖統紀》卷第十〈法師願齊傳〉。	由錢王與德韶之贊助，可以窺見義寂之德行。
宋太祖乾德五年（967）	丁卯，下台寓開元東樓，春雨連日。一夕有夢，若告樓壞，及旦遷它所。是夜，大山頹擊，樓墮，免者將百人。人咸謂義寂之有先見，同修報得之眼焉。早歲，吳越不雨久之，而錢易之叔錢王弘俶命使求禱之，義寂領其徒詣巨潭，覆缽作禱，而暗有咒語，食久潭中爲風所激，悅有物自水中起。迴不半道，大雨連下，周境謝足。	《螺溪振祖集》錢易〈淨光大師行業碑〉、《宋高僧傳》卷第七〈宋天台山螺溪傳教院義寂傳〉。	《宋高僧傳》卷第七〈宋天台山螺溪傳教院義寂傳〉云：「太平興國五年，朝廷條貫淄伍經業，（義）寂從山入州治寺。」而錢易則說是丁卯年，待考。

宋太祖開寶六年（973）	是年八月，汝州風穴延沼（947～1024），示寂。延沼餘杭人，出家後依本州開元寺智恭披剃受具，習天台止觀，二十五歲以後遊方，得法於南院慧顒，後住汝州風穴廢寺。	《禪林僧寶傳》卷第六〈宋風穴延沼禪師傳〉、《五燈會元》卷第十一〈汝州風穴延沼禪師傳〉。	
宋太祖開寶八年（975）	因粵僧守澄之建議，造聖塔以營梵福，由是共募緇俗，獲泉貸六萬餘。乃命石工匠，成四所，不逾載，祀能事，告圓其二所，對高五尋，立于院之庭，其次立于普賢懺院。	元悟《螺溪振祖集》如皎〈傳教院新建育王石塔記〉。	
宋太祖開寶中（968～976）	法師全曉，舍於大梅之山。吳越忠懿王仰其德，錫帑金改建爲院，及賜經卷一藏，院成乃名金文。曉亡，高弟正和嗣之，有沖霄者乃正和之嗣，久學於廣智，以居處稍隘，始與其徒，遷築於柏巖峰下，大開廣智之道。始(治)平四年上於朝，賜額慧照（郭曁作記廣智立石）。	《佛祖統紀》卷第十三〈法師沖霄傳〉。	
宋開寶九年（976）	是年智圓出生，八歲受具戒於錢塘龍興寺，二十一從師學儒，博學多聞，但被疾所繫，思學釋氏。	《釋門正統》卷第五〈荷負扶持傳——智圓傳〉。	
宋太宗太平興國二年（977）	元帥府都押衙王君承益、內知客余君德徽，同議本院建造彌陀佛殿。王復命施錢八十萬，又請義寂講《金光明經》一座，飯僧三萬人，香華、旛蓋、供佛之具，一皆稱足。	元悟《螺溪振祖集》錢儼〈建傳教院碑銘〉。	
宋太平興國四年（979）	知禮從寶雲義通學台教，一月自講心經，聽者服其速悟。	釋門正統》卷第二〈知禮傳〉、《佛祖統紀》卷第八〈十七祖法智尊者知禮傳〉。	

宋太平興國七年（982）	是年遵式年二十，往天台山禪林寺受具戒。次年，習律於守初律師，後入國清寺於普賢像爐一指，誓傳天台教觀，乃往四明寶雲寺受學。	《釋門正統》卷第五〈遵式傳〉、《佛祖統紀》卷第十〈十法師遵式傳〉。	
宋太平興國八年（983）	是年，慶昭二十一歲，投奉先源清學天台之道。	《閑居編》卷第十五〈故梵天寺昭闍梨行業記〉、《釋門正統》卷第五〈慶昭傳〉、《佛祖統紀》卷第十〈法師慶昭傳〉。	
宋太宗雍熙元年（984）	永安縣請義寂於光明寺受戒，古殿佛像忽然隤壞，於腹中獲發願辭，即唐咸通六年沙門希皎施戒，勸七鄉人裝塑尊像，願捨報爲男子，童眞出家，常布褐傳法，利樂眾生云。觀者皆以爲，希皎是寂的前身。	《宋高僧傳》卷第七〈宋天台山螺溪傳教院義寂傳〉、《釋門正統》卷第二〈義寂傳〉、《佛祖統紀》卷第八〈十五祖淨光尊者義寂傳〉。	
宋雍熙元年（984）	是年遵式從天台山來，依寶雲義通。		
宋太宗雍熙二年（985）	文備於是年秋染微疾，忽於一日憑几圖出圓相至于三。瞻病者勸其調養，輒止之，或有送食問以西方信，乃書偈答云：「噫！彼浮世人問我西方信，其信早縱橫，群迷自不認；一水百千波，波波皆佛印；舉動眞彌陀，誨爾常精進。「越十月十八日，厥疾漸加，侍者慶堯泣請曰：「師修安養業有年數矣，今也報齡將謝，何休徵乎？」曰：「吾先圖出圓相，乃是所見淨土之事。吾欲無言，今由汝問也。」言訖，奄然累足而逝。往生之驗，於斯見矣。享年六十，僧臘四十	《閑居編》卷第二十一〈錢唐慈光院備法師行狀〉、《釋門正統》卷第五〈文備傳〉、《佛祖統紀》卷第十〈法師文備傳〉。	

	九。法師平時味道耽學，不以衣食繫念，於禪觀誦經之外，手寫南北宗章疏，凡萬餘紙，辭藻既富，頗有著述。嘗撰別遺骸文，故在街僧錄通慧大師贊寧在杭修僧史之日，深貴其文。		
宋太宗雍熙三年（986）	1、是年八月朔日，晤恩於中夜睹白光自井而出，明滅不恒，謂門人曰:「吾報齡極於此矣。」乃絕粒禁言，一心念佛。次夢擁納沙門，執金鑪、焚香，三遶其室。自言:「祖師灌頂來此相迎，汝當去矣。」夢覺，呼弟子至，猶聞異香。至二十五日，為弟子說止觀旨歸及觀心義，辰時端坐面西而化。享年七十五，僧臘五十五。 2、秋八月二十五日。秀水高僧晤恩端坐面西而逝。初天台宗。元自唐德宗建中三年荊溪尊者滅後五傳而至清竦。竦有二弟子。曰義寂。曰志因。寂以教觀正脈傳義通。通傳知禮（四明尊者）遵式（下竺懺主）。源源授受。志因傳晤恩。恩名著僧史。恩傳洪敏源清。清傳智圓（孤山法師）慶昭。昭傳繼齊咸潤。境觀解行各師其說。四明知禮辭而闢之。衡嶽家世斥之為山外宗（天台教部）。	1、《宋高僧傳》卷第七〈宋杭州慈光院晤恩傳〉、《釋門正統》卷第五〈晤恩傳〉、《佛祖統紀》卷第十〈法師悟恩傳〉。 2、《釋氏稽古略》卷第四雍熙三年條下。	

宋太宗雍熙三年（986）	法師知廉，賜號通鑑。久學螺溪，以其師崇建殿宇，將永歲寒之績，爲請彭城公錢儼（忠懿王弟）作傳教院碑於螺溪，時太宗雍熙三年十一月十日。	元悟《螺溪振祖集》、錢儼〈建傳教院碑銘〉、《佛祖統紀》卷第十〈法師知廉傳〉。	
宋太宗雍熙四年（987）	是年，臨海、縉雲、永康、東陽諸邑請義寂施戒。九月寂，至自太末十月寢疾於本院方丈。十一月四日，囑誡門人：「不許哭泣，祭奠應緣俗禮者，非吾弟子也。」即窆于方丈，樹小塔焉。享年六十九，法臘五十矣。四方傳法弟子，見星而舍者，數百人。海東來學者十人，義通爲其上首。	《宋高僧傳》卷第七〈宋天台山螺溪傳教院義寂傳〉、《釋門正統》卷第二〈義寂傳〉、《佛祖統紀》卷第八〈十五祖淨光尊者義寂傳〉、《釋氏稽古略》卷第四。	對於義寂門下中義通的地位問題，《佛祖統紀》巧妙地篡改以說：「傳法弟子百餘人，外國十人，義通實爲高第，而澄彧、寶翔亞焉。」其說法，與《宋高僧傳》與《釋門正統》實不相同。
宋太宗端拱元年（988）	1、是年十月，寶雲義通圓寂，火化後葬於阿育王寺之西北隅。 2、義通法師傳天台教，是年十月十八日入寂於明州寶雲院。通本高麗王種，初出家傳《華嚴》、《起信》有聲。石晉天福中，渡海來謁螺溪義寂，頓悟開顯十法界圓融之旨，嗣法流通。逾二紀，得知禮、遵式高弟，益大其傳（塔記）。	1、《釋門正統》卷第二〈義通傳〉。 2、《釋氏稽古略》卷第四。	
宋太宗淳化元年（990）	是年遵式受眾請，居寶雲寺，此後到咸平四年，凡居四明十二年。	《釋門正統》卷第五〈遵式傳〉、佛祖統紀》卷第十〈法師遵式傳〉。	
宋太宗淳化二年（991）	知禮受請主乾符寺，綿歷四載，諸子悅隨。後遷於延慶寺，專事講懺四十餘年。	《釋門正統》卷第二〈知禮傳〉、《佛祖統紀》卷第八〈十七祖法智尊者知禮傳〉。	

宋至道元年（995）	知禮徙居保恩院，二年院主顯通舍為長講天台教法、十方住持之地。	《釋門正統》卷第二〈知禮傳〉、《佛祖統紀》卷第八〈十七祖法智尊者知禮傳〉。	
宋眞宗咸平元年（998）	智圓聞清源師傳智者三觀之法於奉先寺，歲負笈造焉，於奉先處凡二年，奉先寂後遂往居西湖孤山。	《釋門正統》卷第五〈智圓傳〉、《佛祖統紀》卷第十〈法師智圓傳〉。	
宋眞宗咸平元年（998）	是年三聖日，宗昱撰《注法華本跡十不二門》并序。	《卍新纂續藏經》第五十六卷。	
宋咸平二年（999）	慶昭於奉先處，服勤十七年（983～999）。貌名峻業，穎出朋儔。奉先謝世後遂嗣講，不墜父風，後學歸之者眾，後徙石壁寺。	《釋門正統》卷第五〈慶昭傳〉、《佛祖統紀》卷第十〈法師慶昭傳〉。	《佛祖統紀》卷第十云，義寂弟子行靖與行明居石壁寺凡五十年，可能兩師寂後，慶昭繼之為寺主。
宋咸平三年（1000）	眞宗咸平三年（1000）至景德三年（1006），慶昭、智圓與四明知禮，進行長達七年的論辯。	《釋門正統》卷五〈慶昭傳〉、《佛祖統紀》卷第八〈十七祖法智尊者知禮傳〉、《佛祖統紀》卷第十〈法師慶昭傳〉。	
宋咸平三年（1000）	1、明州大旱，知禮與遵式同修光明懺祈雨。 2、夏大旱，浙東天台講宗知禮（四明尊者）遵式（下竺懺主）同修護國金光明三昧懺三日，乃雨，明州太守蘇為以碑頌其德（懺主行業記、四明教行錄）。浙西自春涉夏，亦不雨，給事中知杭州張去華率僚屬具旛蓋鼓吹，迎天竺圓通大士禱於梵天寺，繼時雨澍，四境沛足，此觀世音菩薩出應民望慈悲靈感之始也（上竺紀實靈感傳）。	1、《釋門正統》卷第二〈知禮傳〉、《釋門正統》卷第五〈遵式傳〉。 2、《釋氏稽古略》卷第四。	

宋咸平六年 （1003）	日本國遣寂照持源信法師問目二十七條，請知禮作答。	《四明尊者教行錄》卷第四、《釋門正統》卷第二〈知禮傳〉。	
宋景德元年 （1004）	1、是年知禮撰《十不二門指要鈔》，成立別理真如有隨緣義，永嘉繼齊立指濫以難之，謂不變隨緣，是今家圓教之理，別理豈有隨緣。知禮乃垂二十問以袪其蔽，天台元穎復立徵決以代齊師之答，而嘉禾子玄亦立隨緣撲以助繼齊、元穎。時仁岳居座下，述法智義，立十門折難總破三師，人謂淨覺黌務之功居多。 2、日本國僧寂照齎本國禪師源信所陳經論義目二十七條，問疑於四明法師知禮，受教歸國（教行錄）。四明大法師知禮著《十不二門指要二卷》，開明南嶽天台所證一心三觀之妙（教行錄）。	1、《佛祖統紀》卷第八〈十七祖法智尊者知禮傳〉。 2、《釋氏稽古略》卷第四。	
宋景德元年 （1004）	自奉先源清寂後，慶昭歷居石壁寺開化院後，是年四月僧遇明捨梵天寺上方為講院，請師開山。	《釋門正統》卷第五〈慶昭傳〉。	慶昭曾住錢塘開化院，參見《釋門正統》卷第五〈咸潤傳〉。
宋景德元年 （1004）	四月，慶昭至梵天寺上方講院開山，以咸潤代其開化院法席。	《釋門正統》卷第五〈慶昭傳〉與〈咸潤傳〉、《佛祖統紀》卷第十〈法師咸潤傳〉。	
宋景德三年 （1006）	中秋望日，智圓撰〈金剛錍顯性錄序〉。	《閑居編》第六。	
宋景德四年 （1007）	閏五月六日，智圓撰〈錢唐慈光院備法師行狀〉，洪敏作真贊。	《閑居編》第二十一。	
宋景德四年 （1007）	越州上虞宰裴煥與里中緇素迎咸潤還本師子明的等慈院，宣講淨教。	《釋門正統》卷第五〈咸潤傳〉、《佛祖統紀》卷第十〈法師咸潤傳〉。	

宋景德四年（1007）	知禮遣門人本如、會稽什師，持《十義書》、《觀心二百問》詣錢塘慶昭師室。時孤山智圓居慶昭師座端，觀如什論辯不可，當遽白郡守，以來無公據發遣，令還不復致答。從此兩家觀法不同，個開戶牖，枝派永異。	《佛祖統紀》卷第八〈十七祖法智尊者知禮傳〉、《釋門正統》卷第五〈慶昭傳〉。	
宋大中祥符二年（1009）	四明保恩院落成，自興役至今凡十載，通守石待問爲之記。	《佛祖統紀》卷第八〈十七祖法智尊者知禮傳〉。	
宋大中祥符二年（1009）	孟夏生明，智圓撰〈闡義鈔序〉於南塔上方病中。	《閑居編》第十。	
宋大中祥符二年（1009）	孟夏，智圓撰〈請觀音經疏演義鈔序〉。	《閑居編》第五。	
宋大中祥符三年（1010）	春二月，湘川德圓、虞江咸潤、雲溪清用、山陰智仁，皆禪講達觀之士，會於雲門精舍論道，覽湖山美景論詩，聯成五言八韻唐律詩一章，後請清介送至孤山處，智圓因作〈聯句照湖詩序〉。	《閑居編》第二十九。	
宋大中祥符三年（1010）	1、是年乞郡奏於朝廷，十月賜額延慶。 2、冬十月，有旨改明州保恩院爲延慶院。	1、《佛祖統紀》卷第八〈十七祖法智尊者知禮傳〉。 2、《釋氏稽古略》卷第四。	
宋大中祥符四年（1011）	正月既望，智圓撰〈注觀心論後序〉。	《閑居編》第八。	
宋大中祥符四年（1011）	六月既望，智圓爲錢塘律師擇梧的作品撰〈律鈔義苑後序〉。	《閑居編》第九。	
宋大中祥符四年（1011）	八月既望，智圓撰〈涅槃經疏三德指歸序〉於錢唐西湖崇福寺講堂，首事筆削，六年九月二十六日於大慈山崇法寺方丈。	《閑居編》第六。	

宋大中祥符五年（1012）	知禮與同學異聞，作戒誓辭，以授徒弟立誠，宣說台教舊傳之五德，寧使有加，以揚山家教法。	《佛祖統紀》卷第八〈十七祖法智尊者知禮傳〉。	
宋大中祥符五年（1012）	二月十一日，智圓撰〈盂蘭盆經疏撫華鈔序〉。	《閑居編》第五。	
宋大中祥符六年（1013）	是年二月十五日，知禮始建念佛施戒會，親爲疏文以寓勸意，自此歲以爲常。	《佛祖統紀》卷第八〈十七祖法智尊者知禮傳〉。	
宋大中祥符七年（1014）	正月既望，智圓撰〈涅槃玄義發源機要記序〉於大慈山崇法寺方丈。	《閑居編》第三。	
宋大中祥符七年（1014）	仲春既望，智圓從景德三年至大中祥符七年甲於講授抱疾之外，輒述科記章鈔，凡得三十部七十一卷，乃撰〈目錄序〉於錢唐崇福寺方丈。	《閑居編》第十二。	
宋大中祥符七年（1014）	仲秋五日，智圓撰〈南山大師贊後序〉於西湖崇福寺。	《閑居編》第八。	
宋大中祥符七年（1014）	九月二十七日，智圓撰〈涅槃百非鈔序〉於西湖崇福寺講院。	《閑居編》第六。	
中祥符七年（1014）	知禮撰《融心解》，明一心三觀，顯四淨土之旨。	《佛祖統紀》卷第八〈十七祖法智尊者知禮傳〉。	
宋大中祥符八年（1015）	大法師遵式講于天台東掖山，十有二年，至是始西渡居杭州古靈山寺（今下天竺）。初西晉天竺慧理法師居焉，隋高僧眞觀講法華之地，唐道標繼成之，至僖宗時爲寇所毀。西巖有檜枯株，存於焚敗之餘。法師以水灑而祝之，枝葉重榮。其力行四種三昧，建金光明懺堂，一椽一甃，必誦大悲咒七遍，殿宇全備，奏蒙朝廷賜天竺靈山寺額傳天台教觀（懺主行業記）。	《釋氏稽古略》卷第四。	

宋大中祥符八年（1015）	二月朔，智圓撰〈觀經疏刊正記序〉於西湖崇福寺講院。	《閑居編》第四。	
宋大中祥符八年（1015）	六月吉日，智圓撰〈智者十德禮贊序〉於西湖崇福寺講堂序。是年因念其慈母馬氏，生厭穢境，死忻淨剎，壽七十有一而終，寢疾之際以所造淨土無量壽像囑付供養，其承事焉十載于茲矣，乃撰〈淨土贊（并序）〉。	《閑居編》第八。	
宋大中祥符八年（1015）	閏六月哉生明 因錢唐西湖崇遠上人見訪智圓，袖出《湖居詩》十章，以序為請而作〈遠上人湖居詩序〉。	《閑居編》第三十三。	
宋大中祥符八年（1015）	十二月十三日，智圓撰〈維摩經略疏垂裕記序〉於吳興武康之龍山蘭若上方。	《閑居編》第三。	
宋大中祥符九年（1016）	夏四月五日，智圓始卜居孤山瑪瑙院，擇梧與其徒凡九人詣其居，集眾旅席以毗尼準（句）作法結，智圓乃作〈孤山瑪瑙院界相牓序〉。	《閑居編》第十三。	
宋大中祥符九年（1016）	夏四月十三日，律師擇梧受慈度之請由聖果寺來居兜率院，翼日群英畢臻，梵筵肇啓，舉知律者以白二法行結界事，智圓為作〈錢唐兜率院界相牓序〉，意在以定慧訓乎來學，且知聖道以戒律為始因。	《閑居編》第三十四。	
宋大中祥符九年（1016）	夏五月十日，智圓為《閑居編》自序。	《閑居編》第一。	
宋大中祥符九年（1016）	夏四月闕望，智圓撰〈大宋錢唐律德梧公講堂題名序〉於錢唐瑪瑙院講堂。	《閑居編》第三十。	

宋大中祥符九年（1016）	月建戊戌朔臨壬寅日在己巳，智圓因葬晤恩靈骨而作〈祭孤山神文〉。月建己亥朔臨壬申日在庚寅，晤恩卒後三十二年，智圓收其靈骨葬於孤山瑪瑙坡累石爲塔，並作〈祭祖師文〉。	《閑居編》第十七。	
宋天禧元年（1017）	春二月十有六日，爲勉勵學人，智圓撰〈錢唐律德梧公門人覆講記〉。	《閑居編》第十五。	
宋天禧元年（1017）	是年四月十六日，慶昭歸寂，傳教弟子凡九十七人。滅後四年，門人從政請孤山智圓狀其行業。	《釋門正統》卷第五〈慶昭傳〉。	
宋天禧元年（1017）	咸潤從錢塘開化院徙居越州隆教院，後述籤疑以三種消伏，俱約圓論，淨覺爲文難之。四月十六日，慶昭寂前授咸潤鑪拂，嗣居梵天寺開講。	《釋門正統》卷第五〈咸潤傳〉、《佛祖統紀》卷第十〈法師咸潤傳〉。	
宋天禧元年（1017）	七月，詔賜台州東掖山智者教文印本四六二〇卷，住山本如勸郡人建教藏閣以奉之。	《佛祖統紀》卷第四十四。	
宋天禧元年（1017）	秋七月二十五日，智圓撰〈詳勘金剛般若經印板後序〉於錢唐瑪瑙院講堂。	《閑居編》第九。	
宋天禧元年（1017）	大中祥符九年智圓養疾於錢唐孤山，翌年秋八月七日大中祥符寺沙門可孜遣法孫清月詣孤山處請贊，智圓乃撰〈書文殊般若經疏後序〉	《閑居編》第九。	
宋天禧元年（1017）	1、知禮與異聞結十同志，修法華懺，三載期滿，將焚身以供妙經，後被勸阻。乃復結十僧，修大悲懺法三載，以酬素願。	1、《佛祖統紀》卷第八〈十七祖法智尊者知禮傳〉。 2、《釋氏稽古略》卷第四。	

	2、詔天下立放生池。明州大法師知禮，自丙辰春偕十僧，誓修法華三昧，三年滿願如藥王故事燒身供養《妙法蓮華經》以生淨土。翰林學士楊億聞知，郵置長書堅請住世，仍委郡守李夷庚保護。		
宋天禧元年（1017）	十二月癸丑朔十三日丁丑，智圓以身後事，撰〈又祭孤山神文〉。	《閑居編》第十七。	
宋天禧二年（1018）	春正月，智圓創小亭於孤山瑪瑙坡之岡背，事成作〈夜講亭述〉。	《閑居編》第十六。	
宋天禧二年（1018）	夏五月六日，智圓撰〈錢唐聞聰師詩集序〉於瑪瑙坡疊翠亭。	《閑居編》第二十九。	
宋天禧二年（1018）	夏六月五日，智圓慨天台墳塔既毀、碑表亦滅，使先祖之德善、梁公之論譔不明著於後世焉，於是師僧之尊賢重道者同立石于孤山瑪瑙院佛殿之右，庶觀者既美其所稱，又美其所爲，乃撰〈書荊溪大師碑後序〉。夏六月十日，智圓糾同志立石于錢唐孤山瑪瑙院佛殿之左，乃撰〈書智者大師碑後序〉。	《閑居編》第十二。	
宋天禧二年（1018）	十月八日，智圓撰〈金光明經文句索隱記序〉於瑪瑙坡負暄亭。十月十九日，智圓撰〈金光明經玄義表微記序〉於瑪瑙坡玉峰亭。	《閑居編》第四。	
宋天禧二年（1018）	智圓因得祖師晤恩的遺骨於它舍，乃鬻衣傭工刻石爲塔葬之於孤山瑪瑙坡。是年冬十月既望越三	《閑居編》第十五。	

	日乙巳，懼後世不知，乃於塔之左勒崖以識之，名爲〈大宋高僧慈光闍梨塔記〉。		
宋天禧三年（1019）	六月十三日雨後，智圓因擇梧復以其徒五人爲解舊而結新廣其標相，而作〈瑪瑙院重結大界記〉於疊翠亭。	《閑居編》第十三。	
宋天禧三年（1019）	九月十四，智圓撰〈湖州德清覺華淨土懺院記〉。	《閑居編》第二十三。	
宋天禧三年（1019）	十月既望越四日，智圓撰〈翻經通紀序〉於錢唐郡孤山瑪瑙坡負暄亭。	《閑居編》第十。	
宋天禧四年（1020）	春正月十二日，白蓮社主圓淨大師省常歸寂於錢唐西湖昭慶本寺之上方草堂，其上首弟子虛白自狀其事，再款孤山請智圓之辭傳師之美以勒豐碑，而作〈故錢唐白蓮社主碑文暨序〉。	《閑居編》第三十三。	
宋天禧四年（1020）	夏四月既望月三日，智圓作〈普入不思議法門經序〉。	《閑居編》第一。	
宋天禧四年（1020）	夏五月五日，慶昭滅後四年門人曰從政，大懼師之徽猷堙沒，走孤山之下，叩謁潛夫以論譔爲請，智圓因之而作〈故梵天寺昭闍梨行業記〉。	《閑居編》第十五、《釋門正統》卷第五〈慶昭傳〉。	
宋天禧四年（1020）	夏六月六日，智圓撰〈文殊說般若經疏析重鈔序〉於瑪瑙坡草堂。	《閑居編》第五。	
宋天禧四年（1020）	夏六月上日，因寶印大師法明扣關林下，乞請智圓，而作〈杭州法慧院結大界記〉。	《閑居編》第三十一。	
宋天禧四年（1020）	八月二十六日，智圓爲《病課集》三卷作序。	《閑居編》第十一。	

宋天禧四年 （1020）	四明知禮修法華三昧，三年期滿，是年宰相寇準、翰林楊億以知禮行業及遺身事奏聞。帝曰：「但傳朕意，請留住世。」特賜師號法智大師（教行錄）。	《釋氏稽古略》卷第四。	
宋天禧五年 （1021）	宋天禧四年庚申仲春二十有七日，智圓撰〈首楞嚴經疏谷響鈔序〉於瑪瑙坡錦繡亭序，越明年春續之。	《閑居編》第五。	
宋天禧五年 （1021）	春正月十三日，因天台光迴綱領之請，而作〈天台國清寺重結大界序〉於瑪瑙坡疊翠亭。	《閑居編》第三十一。	
宋天禧五年 （1021）	冬十一月七日午後，智圓首事染毫，翌日初夜分絕筆以成〈阿彌陀經疏西資鈔序〉。	《閑居編》第六。	
宋天禧五年 （1021）	冬十一月二十九日，天台山長吉訪孤山，儒生杜申招約同訪雲門寺與法華寺，智圓因作〈送天台長吉序〉於孤山草堂。	《閑居編》第三十二。	
宋乾興元年 （1022）	吳遵路為智圓的《閑居編》作序。	《閑居編》第一。	
宋乾興元年 （1022）	正月五日，中庸子智圓有疾弗瘳，乃口占，命門人雲卿者筆之以成〈生死無好惡論〉。	《閑居編》第十八。	
宋乾興元年 （1022）	二月十七日，智圓撰〈中庸子自祭文〉，說諸法如幻，三昧亦如幻。二月十八日作〈挽歌詞〉三首，十九日入寂。	《閑居編》第十七及三十七、《釋門正統》卷第五〈智圓傳〉。	
宋乾興元年 （1022）	帝特賜杭州天竺寺法師遵式號慈雲大師，章獻明肅皇后劉氏遣使至天竺為國修懺，法師著《護國金光明三昧儀》一卷上進（懺記）。	《釋氏稽古略》卷第四。	

宋天聖三年 （1025）	咸潤從錢塘梵天寺徙居越州永福院行化，聚徒五百。	《釋門正統》卷第五〈咸潤傳〉、《佛祖統紀》卷第十〈法師咸潤傳〉。	
宋天聖四年 （1026）	詔天台教部入大藏流行。初慈雲遵式欲以智者教卷入藏，天竺寺僧思悟爲求教藏流行，自乙丑春禱於大悲觀音，至是行願克遂，乃焚身于日觀庵前，用報佛恩（天竺別集）。	《佛祖歷代通載》卷第二十七、《釋氏稽古略》卷第四。	
宋天聖六年 （1028）	春正月法智法師知禮建光明懺，期至五日，趺坐集眾而言曰：「吾建延慶道場，誓在流通法華三昧，爾等莫作最後斷佛種人。生必有死，猶旦暮然，精修無間，世世生生，相逢有在。」語畢驟稱阿彌陀佛而寂。露龕二七日，爪髮俱長，儀容如生，闍維舌根不壞，舍利五色莫知數，資政殿大學士兼太子少保清獻公趙抃著法師行業碑（教行錄）。	《佛祖統紀》卷第四十五、《釋氏稽古略》卷第四、《佛祖歷代通載》卷第二十七〈天聖戊辰年〉條下。	元豐三年冬，其法孫繼忠狀其行，請文於宋清憲公趙抃撰行業碑。
宋天聖八年 （1030）	長水子璿，太平興國中依秀州洪敏法師學楞嚴經，後參滁州瑯琊山慧覺禪師得悟，後如其教，勵志扶持賢首宗，以報佛恩。後住長水，眾幾一千，是年以賢首宗教撰《楞嚴經疏》十卷，御史中丞王隨序之行于世（長水疏記）。	《釋氏稽古略》卷第四。	
宋明道元年 （1032）	淳化初眾請遵式居寶雲寺，講未嘗歇，靈異之迹具於本傳。明道元年天竺靈山寺慈雲靈應尊者遵式，於十月十八日示寂，遺命臥全身于還遲榻，說法勉徒十日，令請彌陀像以證	《佛祖歷代通載》卷第二十七、《釋氏稽古略》卷第四。	

	其終，至夜說法坐逝，葬寺東月桂峰下。嗣法明智大師祖韶，祖韶有二弟子，一曰慧辯即海月禪師，一曰元淨即辯才法師。		
宋皇祐三年（1051）	夏五月十八日，台州東掖山神照法師本如入寂，師從法智悟經王，而繼慈雲東掖三十年，嗣子爐庵有嚴、白蓮處咸、神悟處謙（教行錄、金圈集）。	《釋氏稽古略》卷第四。	
宋嘉祐五年（1060）	八月既望，《閑居編》五十一卷刻版模印，了空大師浩肱記之於錢唐梵天寺十方講院。南宋淳祐戊申秋季（1188）《閑居編》五十一卷重刊于西湖瑪瑙，瑪瑙住山節菴元敬為之題書。	《閑居編》卷末。	
宋治平元年（1064）	慶曆元年，湖州淨覺法師仁岳撰《楞嚴經集解十卷說題》一卷、《熏聞記》五卷，翰林侍讀學士知制誥胡宿序之曰：「室中千燈，多光互入，堂下六樂，正聲相宣，鼓吹妙經，藻火圓教，法施豈方法哉。」師於治平元年三月二十五日入寂，葬全身於何山（本傳）。法嗣慈梵、靈照、乃仁、瑩珂尚能振舉人綱，作人天師範。	《釋氏稽古略》卷第四、《釋門正統》卷第五〈仁嶽傳〉。	《釋氏稽古略》卷第四說二十四日入寂，而《釋門正統》則云寂於二十五日。
宋元祐二年（1087）	秀州崇德界有車溪，僧因唐世青鎮古塔建壽聖院，是年請法師擇卿開山住持。擇卿，慈辯從諫之子，南屏梵臻之孫，法智知禮下第三世。	《釋門正統》卷第六〈擇卿傳〉、《佛祖統紀》卷第十四〈法師擇卿傳〉、《釋氏稽古略》卷第四。	
宋元祐二年（1087）	上竺虛席，辯才囑郡守蒲孟宗以從諫任之，復為奏賜慈辯之號。義天僧統自	《釋門正統》卷第六〈從諫傳〉、《佛祖統紀》卷第十三〈法師	

	高麗來求法，郡以師應命。其在上竺二十二年，於大觀二年（1108）辭歸處州壽聖院。	從諫傳〉。	
宋崇寧二年（1103）	夏四月，敕諡杭州天竺寺慈雲大師遵式號法寶大師，南屏法師梵臻諡實相法師。	《釋氏稽古略》卷第四。	
宋崇寧三年（1104）	敕諡杭州孤山智圓爲法慧大師。	《釋門正統》卷第五〈智圓傳〉。	
宋崇寧三年（1104）	有白雲祖師者清覺，神宗熙寧二年閱法華經有省，求出家，父母許之。依汝州龍門山寶應寺海慧大師剃染，囑其南詢。初參嘉州峨眉山千歲和尙，次抵淮西舒州（今安慶路）浮山。結庵于太守巖，宴坐二十年。哲宗元祐七年遊浙，明年至杭州靈隱寺隨眾居止。汪、羅二行人求師心要，學侶日臻，靈隱圓明童禪師。以寺後白雲山庵居清覺。其玄化開闡，乃自立宗，以所居庵名爲號曰白雲宗。移居餘杭龍門山，庵曰福地，爲龍神說三歸五戒。崇寧三年，至錢塘六和塔開化寺後紫雲庵居，道俗請就正濟寺講《華嚴經》，時當毀教，清覺著《證宗論三教》、編〈十地歌〉。	《釋氏稽古略》卷第四。	
宋大觀二年（1108）	車溪擇卿入寂於徽宗大觀二年（1109），塔葬院南芙蓉浦上。有嗣子，曰可觀、有朋、道，燈燈相續，學侶皆龍象，歲建法華三昧期懺。高宗居德壽宮，改壽聖爲廣福院。吳越講宗，多車溪之派繫（寺記）。	《釋門正統》卷第六〈擇卿傳〉、《佛祖統紀》卷第十四〈法師擇卿傳〉、《釋氏稽古略》卷第四。	《釋氏稽古略》說師入寂於大觀中，而《釋門正統》云其主車溪壽聖院二十年。

宋大觀三年（1109）	十月二十七日，慈辯從諫入寂於處州壽聖院。其傳道三紀，登門萬數，慧覺齊玉以嗣子鎮上竺撰行狀。嗣法弟子十人，以西浙擇卿、齊玉其傳最盛（教行錄）。	《釋門正統》卷第六〈從諫傳〉、《佛祖統紀》卷第十三〈法師從諫傳〉、《釋氏稽古略》卷第四。	其曾主南屏祖剎、淨住院、上竺與處州壽聖院。
宋政和五年（1115）	四月，明州延慶院明智法師中立入寂。中立嗣神智鑒文，鑒文嗣廣智尚賢，三世皆繼住持延慶祖庭，至中立益盛，晁說之銘其塔（祖庭塔銘）。	《釋氏稽古略》卷第四。	
宋宣和五年（1123）	宋秀州（今嘉興路）春旱，禱精嚴寺觀音有驗。重裝聖像，夏旱復有講，郡守曾侯夢白衣天人曰：「我固當爲此方致雨，然面目不淨，三十里無所見，不能與眾聖會，奈何！」。明日，詰其由，果匠者欲聖容明潤，用雞子牛膠調粉故爾。遂改新之，隨禱即應（繫年錄、觀音感應集）。	《釋氏稽古略》卷第四。	精嚴寺，舊名靈光寺。
宋宣和六年（1124）	大觀二年慈辯從諫從上竺辭歸處州壽聖院，繼之者或不振，學徒槀明郡守翁彥國，是年具禮以迎齊玉。其講道敷化，眾有半千。	《釋門正統》卷第六〈齊璧傳〉、《佛祖統紀》卷第十四〈法師齊玉傳〉。	齊玉曾主杭州之超化、湖州之寶藏、蘇州之觀音、秀州之壽聖。
宋建炎三年（1129）	秋八月二十一日，杭州上天竺慧覺法師齊璧（玉）入寂，石林葉夢得銘其塔。齊璧著《普賢觀經疏》三卷、《祖源記》二卷。嗣子神渙、如湛、法久。神渙嘗考論諸天行位，以君臣賓主男女本跡爲綱目。神煥有三弟子，曰總庵妙心、常齋法拜、覺庵簡言。簡言傳鑑堂思義，寶慶紹定間住上竺（釋統僧傳）。	《釋氏稽古略》卷第四。	

第五章　山家山外的諍論

　　山家、山外的態勢，在晚唐之時就已經產生了，而眞正搬上歷史檯面的山家、山外宗諍論過程，從義寂（919～987）出世時初見端倪，在義通與晤恩兩人圓寂之後則更加明顯。雖然以後山家宗在法緣上逐漸獲得優勢，而取得天台正宗的地位，以史實論之這卻不影響晤恩在天台教史上眞正的地位。其受影響的是，從湛然法系下志因、晤恩、源清這一派天台傳承的功業，被後世學人逐漸淡化與漠視，所以重建當時的天台教史是必要的。更重要的是，因爲意氣下的爭正統與對性具的眞心、妄心的辯駁，而貶斥了山家派之外的諸家學人爲山外派，這影響了晤恩的祖師地位，以及他的功業被改寫了，其前後諸師的行實更是不受到重視，這都是正統論以及只揚舉一家之學的弊端所造成的。意氣之爭，會失卻師道尊嚴，這些情況本是知禮（960～1028）所深知的，但因人格、願行與風範之不同，各有各的隨緣化物的機緣，因此天台宗的變化及其影響將來會是如何，也不是知禮所能預料得到的，他僅是提起勇氣去論戰與行化，卻大大影響了天台宗後來的教學。

　　對於山家、山外宗的諍論，其兩家的祖師義通（927～988）與晤恩（912～986）論《金光明玄義》「廣本」、「略本」的問題時，釋贊寧仍在世，但其在爲晤恩作傳時卻未提及此事，只云：「先是天台宗教，會昌毀廢，文義殘缺，談妙之辭，沒名不顯。（晤）恩尋繹十妙之始終，研覈五重之旨趣，講大玄義文句止觀二十餘周。解行兼明，目足雙運，使法華全美流於代者，（晤）恩之力也。又嫌昔人科節，與荊溪湛記不相符應，因著玄義文句、止觀、金光明、金錍論科總三十帖，見行於世。」〔註1〕贊寧之書成立於義通卒前，贊寧於宋

〔註1〕《宋高僧傳》卷第七〈宋杭州慈光院晤恩傳〉，《大正新脩大藏經》第55冊，

太宗端拱元年（988）上表進《宋高僧傳》三十卷，十月二十一日，寶雲院的義通法師示寂〔註2〕，所以《宋高僧傳》無義通傳，卻有其師〈義寂傳〉，在〈義寂傳〉中贊寧有提到義通的堂室如同錢塘的澄彧與寶翔是可觀的。

在此之前，晤恩曾爲了《金光明玄義》「廣本」與「略本」問題，而作《發揮記》以發揚智者的宗教；而《佛祖統紀》在〈知禮傳〉上卻說：「景德前，錢塘（晤）恩師製《發揮記》，專解略本。謂十種三法，純然談法性，不須更立觀心，廣本有之者，後人擅加耳。」〔註3〕釋志磐說晤恩，「不須更立觀心」，想必是意氣之辭與斷章取義的，其用意是在批判異於衡嶽家世的異學。據《宋高僧傳》〈晤恩傳〉上所云，晤恩圓寂前還不或忘「爲弟子說止觀旨歸及觀心義」；其又重視荊溪湛然之言教，此可以顯見晤恩同湛然一樣，是重視觀心問題，只是解說與山家派不同。晤恩尊重山家傳統是明顯的，只是吸收了華嚴與禪宗的思想，並且納入部份學理在其課徒與行持時加以解說。對於天台宗內部問題，贊寧在世時，或有聞說與見聞，雖然其不明言此事，但在《宋高僧傳》卷第十三〈習禪篇〉「論曰」：「今從貞觀及于宋朝，於山選山，露須彌而出海。於羽求羽，放金翅以騰空。令其鑽仰之儔，慕此堅高之道矣。吾徒通達，無相奪倫，譬若文武，是一人之藝，不能兼者，互相非斥耳。若相推重，佛法增明。酬君王度己之恩，答我佛爲師之訓。慎之哉，慎之哉。」〔註4〕由〈習禪篇·論曰〉文中贊寧明白說出他的心聲與擔憂，因爲天台宗的傳習與學派優劣的問題，顯然快要爆發開來，這或許從晤恩、源清與義寂、義通兩系會下的學風可以窺知。

贊寧（919～1002）與義寂（919～987）是同樣生於五代後梁末帝貞明五年（919），而後晉天福中（936～947）贊寧爲都僧正，執弟子禮於明州阿育王山寺的希覺律師（864～948）。〔註5〕或許因爲阿育王山寺的關係，贊寧與義寂之間頗有情義在，而跟晤恩也搭上關係。五代末年錢塘名僧有四虎，契凝通名數爲論虎，從義文章俊健爲文虎，晤恩擅於台教玄學爲義虎，贊寧多毗尼著述爲律虎。贊寧因聲望日隆，深得錢氏王族與浙中士大夫的仰重，遂署監壇，又爲兩浙僧統，賜號明義宗文。〔註6〕宋太平興國三年（978），錢忠

頁752a。
〔註2〕 《佛祖統紀》卷第四十三〈宋太宗端拱元年〉條，前引書，頁740。
〔註3〕 《佛祖統紀》卷第八〈十七祖四明法智尊者大法師傳〉，前引書，頁348。
〔註4〕 《宋高僧傳》卷第十三「習禪篇·論曰」，《高僧傳三集》，頁342。
〔註5〕 《宋高僧傳》卷第十六〈漢錢塘千佛寺希覺傳〉，前引書，頁430～431。
〔註6〕 吳任臣《十國春秋》卷第八十九〈贊寧傳〉（台北：商務印書館，民國71年），

懿王奉版圖歸宋朝，令贊寧奉釋迦舍利塔入見於滋福殿，太宗素聞其名，一日七宣，賜號通慧大師。後其受詔修《大宋高僧傳》三十卷及撰《三教聖賢事跡》一百卷，初補左街講經首座，知西京教門事，眞宗咸平初（998）加右街僧錄，以宋眞宗咸平五年（1002）圓寂於杭州祥符寺。〔註7〕其在杭修僧史之日，深貴晤恩門下文備（926～985）的文章〔註8〕，其且在太宗端拱元年（988）澄或撰〈淨光大師塔銘〉時爲義寂贊詩一首〔註9〕，因此可以證知其跟清竦會下兩派人物「有親密的交往」〔註10〕但贊寧對於其師如彙征，以及其友如文備都沒爲他們立傳，是令人懷疑的。〔註11〕此外，其對於當時吳越的禪宗、律宗以及淨土行人，都言之尚爲詳明，唯獨對於天台宗內部問題則有淡化以

頁8下～9上：釋念常《佛祖歷代通載》卷二十六〈沙門贊寧〉（台北：佛教出版社，民國67年3月），頁3下。

〔註7〕 牧田諦亮著、索文林譯：〈贊寧及其時代〉，《中國近代佛教史研究》（台北：華宇出版社，民國74年8月）頁178註40云：「關於贊寧的歿年，有二、三種異說。一、至道二年說：《佛祖歷代通載》卷二十六、《西湖高僧事略》、《四庫全書總目提要》卷一百四十五。二、咸平二年說：《釋氏稽古略》卷四。三、咸平四年說：《釋門正統》卷八、《佛祖統紀》卷四十四。四、咸平五年：《湘山野錄》下卷。附有咸平三年十二月的王禹偁自序的《小畜集》，文中敘述贊寧於八十二歲時仍『視聽不衰』，所以他一定是咸平三年以後入寂的。《佛祖統紀》是承繼《釋門正統》的說法，而對《湘山野錄》和《釋門正統》的說法，我們是採取《湘山野錄》的說法。」

〔註8〕 釋智圓《閑居編》卷第二十一，《卍新纂續藏經》第56冊，頁897b。

〔註9〕 釋元悟《螺溪振祖集》「通慧僧統詩」云：「左街僧錄應史館編修通慧大師（贊寧）伏承，淨光大師親禮令令咸旋附一偈上。出懺爐煙緣篆字，訓徒言語隔溪聲：山遮水遠應難見，長把高名頂上擎。」贊寧詩附在「知府鄭公讚」之後，而《宋高僧傳》卷第七〈宋天台山螺溪傳教院義寂傳〉則無贊寧詩，僅云：「其慈攝之所感，知州鄭公元龜爲詩悲悼焉。」

〔註10〕 牧田諦亮著、索文林譯〈贊寧及其時代〉，《中國近代佛教史研究》，頁143。

〔註11〕 牧田諦亮著、索文林譯〈贊寧及其時代〉，前引書，頁175註30云：「孤山智圓的《閑居編》卷十上的〈佛氏彙征別集序〉，序中載有彙征從樂安的孫郃學習古文，並且他在文道大壞的五代亂亡之中，維持傳統，又從文格上開拓新意。他是吳越的僧統，具備了義、仁、貞、達四德，然而在《宋高僧傳》之中竟未將此高僧收錄，故遭到指摘『不見大宋之十科者，雖曰傳者不弊賢，吾不信也。』」《閑居編》卷十〈佛氏彙征別集序〉云：「初征董吳越之僧也，進賢、好施、治行，心不忘佛理。噫，進賢，義也：好施，仁也：治行，貞也：心不忘佛理，達也。四者備矣，君子謂：『列傳于高僧，播美乎百世，可也。』而不見大宋之十科者。雖曰：『傳者，不蔽賢。』吾不信也。」彙征或許是希覺，因爲兩人的行實有相近之處。對於天台宗的天台山系的山家與錢塘系的山外，贊寧是有些許的偏向天台山家義寂的，此由《宋高僧傳》〈義寂傳〉中可以得知。

言的跡象，由此可見當時的天台宗內部已存在著一些諍訟問題，只是還沒有爆發開來，這跟當時義寂的人格風範與晤恩的行化氣勢，還有吳越國的宗教政策以及當時的教界情況應該是大有關連的。

山家、山外之爭，狹義的是指《釋門正統》與《佛祖統紀》所云的山家宗與山外宗之爭〔註12〕。他們彼此間的諍論前後約有二十三年之久，約從晤恩弟子源清卒後的次年宋眞宗咸平三年（1000）到乾興元年智圓卒（1022）後的次年宋仁宗天聖元年（1023）知禮作《光明玄義拾遺記》破斥智圓的《金光明經玄義表徵記》止。廣義的山家、山外宗之爭，則指山家宗與山外宗之爭期、山家宗與後山外之爭期以及山家宗、山外派之爭的餘緒期。〔註13〕山家宗與山外宗之爭，是整個運動的高潮階段；中心人物在山家宗是明州延慶院的知禮與其門下仁岳（992～1064）；在山外宗則是錢塘梵天寺的慶昭、咸潤以及孤山智圓。第二階段則從淨覺仁岳叛出算起，到仁岳被希最破斥而使知禮之說大行爲止；這個階段的核心人物，是後山外的仁岳與從義。第三階段則在南宋之後，爲山家教義的復興和總結期；主要人物是號稱中興四明之學的圓辯道琛（1096～1153）〔註14〕及其法嗣月堂慧詢、一庵處躬與止庵法蓮。道琛出世，通達一家習氣法相，《釋門正統》乃說：「於是殊途一歸於正。」〔註15〕而《佛祖統紀》則云：「自是山家言教觀者，皆稟師爲正。」〔註16〕由此可見，到了南宋初年山外學說仍在天台學人與宗匠之中流傳，而法智知禮之學有其一家獨特的習氣與法相。以下論述狹義的山家、山外宗之諍論。

第一節　諍論的背景

宋初的山家、山外宗之爭，其原因與問題都是極其複雜的〔註17〕，有思想上、地域性與時代環境上的問題。長久以來學者們對山家、山外諍論的遠因，都推到「性具」、《起信論》的眞心問題與《金光明經》的版本之上。這些都跟智者大師、灌頂與湛然的思想有關係。曾其海說：「天台的佛學思想，

〔註12〕《釋門正統》卷第五〈慶昭傳〉，前引書，頁 832 下～833 上；另見《佛祖統紀》卷第十〈法師慶昭傳〉，前引書，頁 370。
〔註13〕潘桂明、吳忠偉：《中國天台宗通史》，頁 421。
〔註14〕《佛祖統紀》卷第十六〈法師道琛傳〉，前引書，頁 418。
〔註15〕《釋門正統》卷第七〈道琛傳〉，前引書，頁 871 上。
〔註16〕《佛祖統紀》卷第十六〈法師道琛傳〉，前引書，頁 418。
〔註17〕塩入良道〈天台思想的發展〉，《佛教思想（二）在中國的開展》，頁 142。

雖經幾代人的努力才形成的，但眞正提出各種思想命題、建構天台佛學思想
體系的是智顗。所以佛學界把智顗當作天台宗的創始人，用智顗的思想指代
天台思想，不無道理。因爲爾後的湛然、知禮等人對天台佛學思想的發展變
化，都是以智顗思想爲經緯的。」〔註 18〕天台宗對於緣起思想，講的是無明
緣行，無明因業力所感而緣起，其全部教義本於觀心；認爲觀心，能使主體、
客體泯滅，心、物無對立，達到心、色不二境界。因此，天台宗從智者以來
在觀行上，就強調止、觀雙修與定、慧並重。

　　對於天台宗的性具實相說，曾其海云：「從思想路線來看，是繼承了《大
乘起信論》的眞如緣起論，但在具體論述時又偏重於講業感緣起。」〔註 19〕
天台宗因爲其學說有其特質，所以其學人有的是高尚其志耽於禪悅而不喜好
用講說來教化學人，因此他們每每受到貶抑，尤其是後來的山家派對他們的
非議更是激烈。湛然門下的元浩耽於道味〔註 20〕，晤恩師友文備有坐忘一室
之事跡，而《宋高僧傳》與《佛祖統紀》對這些人士的判教，是一致性的。
天台宗說己宗是圓教，強調「中道之寂」，認爲「煩惱是菩提之所具」，故一
切皆爲眞修；因天台教學的承、悟、修、說，都離不開止觀，而得付授者在
能致其遠及堪忍辱負重者，此在湛然會下道邃〔註 21〕與清竦法子義寂〔註 22〕
傳中得見。止觀傳習與禪講之外，誨人於一方，不作斷佛種人，對於天台宗
師匠而言，是很重要的。

　　智者的思想有其承自慧文、慧思的，也有其自己發揮的，「性惡說」就是
實例，而被認爲是天台一家要義。至於湛然與智者對於性惡說的不同，曾其
海說：「湛然也想借助於他的『了因性惡說』（即從用惡的角度談性惡，而天
台原來的性惡說是從本惡角度講性惡。這是湛然性惡說有別於智顗性惡說的
地方，也可看作湛然對智顗性惡說的發展），使天台的一念三千理論明朗化。
所以，他在《止觀義例》上說：『若斷性惡，普現身色以何而立？』這是說，
假如斷了性惡，那麼佛和菩薩爲應順眾生而普現種種身色也就失去了根據。」

〔註 18〕曾其海《天台佛學》「第四章智顗爲代表的邊台佛學理論」，頁 94。
〔註 19〕曾其海，前引書，頁 96。
〔註 20〕《宋高僧傳》卷第六〈唐蘇州開元寺元浩傳〉，前引書，頁 130，傳中說元浩，
　　　　「耽學味道，不涉餘事。」
〔註 21〕《宋高僧傳》卷第二十九〈唐天台山國清寺道邃傳〉，頁 776～777，傳中說：
　　　　「大曆中，湛然師委付《止觀輔行記》，得以敷揚，若神驥之可以致遠也，於
　　　　時同門元浩迴知畏服，不能爭長矣。」
〔註 22〕《宋高僧傳》卷第七〈宋天台山螺溪傳教院義寂傳〉，前引書，頁 182。

〔註23〕湛然把天台的性惡說的重心從本惡移到了用惡，其在《止觀輔行傳弘決》書中主張「心具」與「觀具」的重要性，其弟子元浩提出質疑說：「一心既具，但觀於心，何須觀具？」湛然認為：「一家觀門永異諸說，該攝一切十方三世，若凡，若聖，一切因果者，良由觀具。具即空假中，理性雖是，若不觀之，但言觀心，則不稱理。」〔註24〕再次，湛然思想最獨特的是「無情有性說」，曾其海說：「其實湛然提倡無情有性，是在觀心法上的。天台宗並非否定『無情無佛性』，只是認為是小乘教和教乘初機學人所觀之理，而就天台的圓頓止觀來說，理事不二，心外無境，既無有情無情之分，豈可執無情無佛性。」〔註25〕湛然且將智者修性不二的觀點，進一步明朗化提出修、性離合之說。後來四明知禮，對其「十不二門」做了註釋，並發揮其思想。

　　至於湛然受《起信論》的影響，塩入良道說：「當時佛教界中頗具勢力的華嚴教學的集大成者法藏（643～712），很接近《起信論》；敷衍他的教學的弟子澄觀（737～838），受此論的影響極大。（中略）湛然（711～782）要對抗的華嚴教學的情形如此，所以對他而言，無視於《起信論》，就是意謂著從華嚴、天台這兩大佛教思想的競賽場退出。」〔註26〕湛然在《止觀大意》上說『三界無別法，唯是一心作』，以為能造（令一切事物生起的原理）具足諸法，由一心造出因、果、非因、非果等一切事物；其又釋『心、佛及眾生，是三無差別』〔註27〕，而不得不說『如是觀時名觀心性，隨緣不變故為性，不變隨緣故為心。』〔註28〕天台宗本來不注重《起信論》的，智者大師的《法華玄義》、《法華文句》、《摩訶止觀》等三部著作中，都完全沒有引述到《起信論》。至於慧思所傳的《大乘止觀法門》一書，雖然完全貫穿了《起信論》的思想，但此書在現存的唐代天台著述中不曾提到，而且宋代從海外取回天台散佚的著作以後，天台的一些知名學者也都不甚注意此書，直到知禮的再傳弟子了然，才對此書作傳，因此，《大乘止觀法門》是否為慧思所作一直受到懷疑。〔註29〕

〔註23〕曾其海，前引書「第八章湛然對天台佛學思想的發展——強調惡說」，頁219。

〔註24〕釋湛然《止觀輔行傳弘決》卷第五之二，《大正新修大藏經》第四十六卷，頁289下。

〔註25〕曾其海，前引書，頁229。

〔註26〕塩入良道〈天台思想的發展〉，《佛教思想（二）在中國的開展》，頁135。

〔註27〕釋湛然《止觀大要》，《大正新修大藏經》第四十六卷，頁460上。

〔註28〕釋湛然《止觀大要》，《大正新修大藏經》第四十六卷，頁460中。

〔註29〕龔雋《大乘起信論與佛學中國化》，頁158。

　　眞正開始對《起信論》進行研究，並以天台宗思想來會通《起信論》的
是唐代的荊溪湛然。湛然爲了重興天台宗，與華嚴宗抗衡，遂注意到華嚴宗
一向重視的《起信論》，並作了與華嚴不同的詮釋與發揮。《起信論》講眞如
與生滅「非一非異」，華嚴宗講理事不二，是從「性起」方面說的。所以法藏
注釋《起信論》不變隨緣義，也是基於「性起」的觀點。湛然依《起信論》，
乃是爲了說明天台「性具」之義。所以湛然在《十不二門》中，吸取《起信
論》「色心不二」觀，旨在把天台「別分色心」的十如以至無諦等範疇，攝別
入總，以說明「一切諸法無非心性，一性無性，三千宛然。」〔註 30〕這種性
具之義，到了後來知禮詮釋「色心不二」義時，說它是即事明理，乃具三千
之性。〔註 31〕然而「湛然無情有性思想所蘊的實相眞如觀，則是一種保留心
物差別，著眼於心物互具圓融關係的一元論，看似心物二元對立，但就其體
具圓融的關係而言，反而是種一元論的說法。而且湛然的理論把『心眞如』
的說法含攝進『實相眞如』之中，形成一種特別的結構，而這正是歷來對湛
然思想及《金剛錍》一文的定位爭論不休的原因，也是開啓宋代山家與山外
之爭的緣由。」〔註 32〕

　　此外，在義寂、義通與晤恩、源清的時代，他們對於天台宗所處的環境
是有所回應的，兩系在義學上雙方的論點之不同在於《金光明經》的版本以
及觀心、不觀心問題，這涉及到天台宗的根本教義與特質。從外部的原因考
察，是中國北方從晚唐到宋初律宗、賢首與慈恩之學頗爲流行，至宋朝一統
天下之後帝王與士夫的好惡轉變，而使禪教、禪講之學轉爲興盛。《釋氏稽古
略》云：「汴京自周朝毀寺，太祖建隆年間（960～963）復興，兩街止是南山
律部、慈恩、賢首疏鈔義學而已。士大夫聰明超軼者，皆厭聞名相因果，而
天台止觀、達磨禪宗未行也。淳化（太宗年號）以來，四明尊者知禮、天竺
懺主遵式，行道東南，而觀心宗眼照耿天下，翰林楊億、晁迥首發明之。至
是，內侍李允寧奏施汴宅一區，創興禪席，帝賜額曰十方淨因禪院。帝留意
空宗，下三省定議，召有道者住持。歐陽公修、陳公師孟奏請廬山圓通寺居
訥、允寧親自馳詔下江州，（居）訥稱目疾不起，常益敬重聽舉自代，（居）

〔註 30〕釋湛然述《十不二門》，《大正新修大藏經》第四十六卷，頁 703 上。
〔註 31〕龔雋《大乘起信論與佛學中國化》，頁 159。知禮：《十不二門指要鈔》卷上，
　　　　《大正新修大藏經》第四十六卷，頁 710 中。
〔註 32〕郭朝順〈湛然「無情有性」思想中的「眞如」概念〉，《圓光佛學學報》第 2
　　　　期（桃園：圓光佛研所，1999 年 2 月），頁 72。

訥乃以懷璉應詔。」﹝註33﹞由於帝王的留意空宗，讓雲門宗在兩浙之地繁興起來，加上吳越地區原有的律宗、賢首與禪門的發展，大大刺激到天台宗的生存空間與發展。除了山外學風之外，上述問題都是山家宗學人再度奮進並急迫要改善的處境。

第二節　直接的原因

　　山家、山外宗之爭，表面上看起來是一個教派內部常有的現象，而塩入良道則說：「兩派之分，也含有地理上的意義。（中略）如是，形成學派的地域、傳承的情形也不能忽視。雖然情形如此，但兩派的分立也只是由於學說的衝突、見解的差異，這點從屬於同派人之間也有許多諍論可得以明白。」﹝註34﹞兩派之爭，有其遠因與諍論的議題，也有其發展上的因素，那就是地域與傳承，還有祖師的人格與思想，以及他宗勢力的發展。這個階段，天台宗內部要闊清的是山家的宗風以及雜染問題，所以晤恩系下所傳下來的宗風受到義通會下學人所矚目，成為判教的主要對象，因為他們長久以來是天台義學的主流學派，目標是明顯的。義通（927～988）曾經為文以振祖道之學，但其台教文疏不廣傳，其志趣就有待後學知禮來發揚了，因此義通會下的學人團結在知禮的延慶院興教，是其來有自的。《釋門正統》在〈義通傳〉上說：「（義通）著述頗多，唯《觀經疏紀》、《光明玄贊釋》僅存名目。﹝註35﹞」義通的義學著作，依據山家人自己的說法有失逸不傳﹝註36﹞，以及法義尚存﹝註37﹞兩種說法。但不論其著作失逸不傳、法義尚存或者是不廣傳，其敷揚教觀近二十年（969～988），仍不敵於晤恩（912～986）與源清（？～983～999）錢塘系的義學，乃至於不如義寂會下被歸類為山外派天台國清宗昱系的義學思想來得顯發，這是歷史事實。但後世的山家宗學人，還是不忘祖道

﹝註33﹞《釋氏稽古略》卷第四《大正新修大藏經》第四十九卷，頁 867b。

﹝註34﹞塩入良道〈天台思想的發展〉，《佛教思想（二）在中國的開展》，頁 144～145。

﹝註35﹞《釋門正統》卷第二〈義通傳〉，前引書，頁 762 下。

﹝註36﹞《寶雲振祖集》〈鉅宋明州寶雲通公法師石塔記〉，《卍新纂續藏經》第 56 冊，頁 703b。

﹝註37﹞《寶雲振祖集》〈紀通法師著述遺跡〉，《卍新纂續藏經》第 56 冊，頁 704b 云：「石塔記師所著述並逸而不傳，然考諸四明章記，則嘗秉筆《觀經疏記》、《光明玄贊釋》。若餘之法義，則法智悉面承，載之於記鈔。其《贊釋》一部，尚存，但不廣傳耳。」

而說：「天台之道勃然中興，（義通）師之力。」〔註38〕因爲義通的「法義，則法智（知禮）悉面承，載之於記鈔。」〔註39〕義通會下出兩神足之故，使得山家祖風綿傳不絕，乃被後世山家宗人尊爲祖師，義通的師父義寂也同樣沾光，名列山家祖師。

　　塩入良道說山家、山外宗的諍論，極其複雜〔註40〕，但他還是按照古人的說法，來述說問題。其所謂的古人的說法，就是循著山家一派說辭及以山家宗爲正統來論述的。但山家宗一派，爭正統有其歷史背景與時代意義，所以都按照古人的說法，是不能完全窺見歷史的眞實面貌。研究山家、山外宗之爭，可以從《宋高僧傳》、《釋門正統》與《佛祖統紀》等書所寫的資料加以對比、考證之後來看問題。從釋道宣《續高僧傳》及釋贊寧的《宋高僧傳》中，可以得知天台宗的傳承，從慧文到物外之付授是有根據的，但物外碰到會昌法難爲山僧。物外之後的元琇到清竦間諸師傳習時，正值錢氏在吳越有國，天台心印法付授給誰就不明顯了。後來的天台宗傳承，把清竦以下列上義寂、義通、知禮，那是後來山家宗知禮系自立的傳承，而志磐說是四明之學者把晤恩、源清、慶昭、智圓諸師貶爲山外〔註41〕，而他更進一步把他們跟志因、覺彌列在高論旁出世家〔註42〕，排斥他們是清竦會下嫡傳的事實。以下從教法與觀行、正宗與嫡庶、風尙與更化來看山家、山外宗諍論的直接因素。

一、教法與觀行

　　清竦會下的學人，原先都是嫡傳弟子。但後來因爲學派的流布與義學的發展，產生了門戶之見，這原本是山家們不樂意見到的情事，因爲學人如贊寧從禪宗的發展看到了南、北禪宗之爭以及牛頭宗的問題。山家、山外宗之爭，就天台宗內部而言，初時不願意發生意氣的諍競，但爭論之時以及之後

〔註38〕《寶雲振祖集》〈鉅宋明州寶雲通公法師石塔記〉，《卍新纂續藏經》第56冊，頁703b。
〔註39〕《寶雲振祖集》〈紀通法師著述遺跡〉，《卍新纂續藏經》第56冊，頁704b。
〔註40〕塩入良道，前引文，《佛教思想（二）在中國的開展》，頁141。
〔註41〕《佛祖統紀》卷第五〈慶昭傳〉說：「今山家號（源）清、（慶）昭學爲山外宗。」《佛祖統紀》卷第十〈法師慶昭傳〉，前引書，頁370則云法智出《十義書》，「而四明之學者，始指（晤）恩、（源）清、（慶）昭、（智）圓之學，稱爲山外，概貶之之辭云。」
〔註42〕《佛祖統紀》卷第十〈高論旁出世家〉，前引書，頁364～365。

的學派發展卻不免有意氣之實情，因爲他們勢必會觸及到山家祖道與新興道法的傳授問題，連帶也影響到兩家傳承的嫡、庶認定問題。《佛祖統紀》〈知禮傳〉中說：

> 景德元年（1004），撰《十不二門指要鈔》，成立別理眞如有隨緣義。永嘉繼齊立《指濫》以難之（梵天昭師門人），謂不變隨緣，是今家圓教之理，別理豈有隨緣。（中略）初是《光明玄》有廣、略二本，並行於世。景德前，錢唐（晤）恩師製《發揮記》專解略本；謂十種三法純談法性，不須更立觀心，廣本有之者，後人擅加耳。慈光門人奉先（源）清、靈光（洪）敏，共造難辭二十條輔成其義。時寶山善信致書法智（知禮），請評之（慈雲有寄石壁善信上人詩，有曾同結社之句，據此則知俱師寶雲）師亟辭之曰：「夫評是議非，近於諍競。矧二公，吾宗先達，其可率爾。」（善）信復請曰：「法鼓競鳴，何先何後。」師於是始作《扶宗記》，大明廣本附法觀心之義，謂（晤）恩師之廢觀心，是爲有教而無觀。〔註43〕

知禮僅就晤恩的《發揮記》，就判釋晤恩之學是「有教而無觀」，這是不符合晤恩的行實，因爲不用觀行也是一種心行。「止觀旨歸」與「觀心義」是晤恩特重的教學法，所以其圓寂前不忘說法，希望會下學人能得其門。要在學界出頭天，批判本宗先覺或是最佳的選擇，但也有危險性在，但知禮的這種行徑卻有一堆人在慫恿，此外還有山家傳承的願行在催促著。

宋太宗太平興國四年（979），知禮（960～1028）開始從義通修學，時其年二十，雍熙元年（984）遵式也來跟隨；遵式時年二十二，其跟知禮情同手足，義通於端拱元年示寂。淳化二年（991），知禮始受請主乾符寺，綿歷四年，諸子跟隨，其道名遠播，來學者日多；眞宗景德元年（1004，知禮四十四歲了，學養與德行日增，其在保恩院講天台教法。在景德元年之時，晤恩（912～986）已寂多年，然其教化仍影響著天台學人，所以義寂會下義通系下的僧家很是在意這件事，義通門人善信乃找知禮出來發難。由知禮批判晤恩的教理來看，知禮當時正值進入壯年，學養與德行雖與日俱增，但對於止觀的旨歸以及法華大旨尚未能證入，其觀行還停留在觀心與不觀心的問題之上，似那贊寧判晤恩會下的學人尚在「解行行」階段，還未證得而需要藉教悟宗；從山外派的門外看眞心、妄心或觀心、不觀心問題，似不如晤恩與源

〔註43〕 《佛祖統紀》卷第八〈十七祖法智尊者知禮傳〉，前引書，頁347～348。

清會下得其門者，能繼祖禪講，領宗得意貌。知禮批判晤恩的教法是「有教而無觀」，這正是晤恩教學法上的獨特之處，由此可知當時的知禮正處在有觀而無圓通教理的階段，所以後來他透過課徒與諍論使得四明之學在教理與禪行上更加完備，這也是山家宗後來在法緣上能夠綿長的因素之一。

宋初時，義寂、義通的教觀，是不如晤恩法緣之盛行，此由《佛祖統紀》〈義寂傳〉與〈義通傳〉可以得知，因為晤恩善於懸解，被時人稱為義虎，嚴於課徒，也勤於說法，到晚年更臻極致，在修持上不用觀心，似湛然之教的心、性一如與色、心不二。義寂則是老成持重的僧人，對於德韶且多忍讓；其遠居天台山，難以跟都城的錢塘僧家如晤恩師徒，在義學上互相角力，是可想而知的。義通為外國僧人，在傳授上或有其不便之處，且遠居靠海的明州，雖得到郡守的護持，只能默默講說與著作；其著作也不顯發於世，所以在發揮天台教學的氣勢上，不能跟晤恩、源清相比擬，甚至其法緣也不如義寂會下的宗昱系〔註44〕。晤恩的會下，弟子雖有十七人，但在贊寧看來皆是「求解而行行」者耳；源清在行解上似不如晤恩圓通、慧解，所以日本的台教師有疑情要問難他；此外，其思想是沿襲著晤恩的理路而來的。源清卒（999）後，慶昭繼其法席，在禪講上被稱為有乃父之風，以行業記來看慶昭，慶昭時年三十七，是個篤實的修行僧，除了禪講之外還沒有義學著作，這給了知禮有了抗折錢塘系的機會；但源清流下來的著作頗多，可以給慶昭思索的空間，所以能跟知禮論戰下去。

二、正宗與嫡庶

在義學上抗折錢塘系宗匠，應該是天台山僧家與義通會下學人暇思已久的事。只有到了知禮的出世，以正統自居的山家因有其傳承、有其教籍、有其善友、有其根本道場、有其廣大徒眾，因此可以跟慶昭、智圓在義學上較量長短、評論高下。知禮的機會也把握得很好，可能他跟道友們討論過錢塘系的處境，他們要趁著源清圓寂而宗匠慶昭的根基還不穩定之時，趕緊發難，讓山外學人在措手不及之下難以招架。此外，讓慶昭成為是非之人，奉先寺為了避免風爆，勢必要對慶昭的去留加以考慮，知禮的這一招算計是夠狠毒而準確的。

〔註44〕宗昱系在天台山、錢塘、溫州、蘇州與越州皆有學人在行化，參見《佛祖統紀》卷第十〈淨光旁出世家〉，前引書，頁365。

　　關於義寂、義通與知禮的傳承與功業，當是後世又添加一些。因爲後來其名氣彰顯，祖師也跟著增光而有其名份。《釋門正統》〈義通傳〉上說：

> 漕使顧承徽捨第爲傳教院，至太平興國中改賜寶雲，用昭其祥。師之至也，演教觀二紀。知禮、遵式，弟子之上首也。升堂及門，不可勝紀。著述頗多，《唯觀經疏記》、《光明玄贊釋》僅存名目。（中略）紹興庚辰主師院僧智謙。再刻塔記及吳越國王詩贊。命工塑坐像。修骨塔。淳熙中。主僧宗瑩再於東廡作振祖堂。繪四祖師像（智者、四明、天竺）。魏和、王史浩俱以偈贊之。師贊略曰：「台山墜緒，接統興衰，有二神足，眞師子兒。慈雲、法智，迭和塤箎，人皆謂師，蟠英孕秀，植根堅固，獨幹雙枝。」因艸菴《教苑遺事》曰：「當是時，台道既微，賴師持之。授法智、慈雲，以起家焉，此所謂台宗之命脈也。」〔註45〕

山家人說台宗的命脈在義通及其會下知禮與遵式身上，而《佛祖統紀》則大大地宣揚知禮的功業，〈義通傳〉上說：

> 螺溪網羅教典，去珠復還，寶雲二紀敷揚家業有付，而世方尊法智爲中興者。以其有著書立言，開明祖道，觝排山外，紹隆道統之功也（觝音抵觸也）故慈雲贊之曰：「章安（灌頂）既往，荊溪（湛然）亦亡。誕此人師（知禮），紹彼耿光。一家大教，鍾此三良。」〔註46〕

依山家派學人的說法，宋初之後因爲有了義通與知禮與遵式三人的出世，台山遺緒才能傳達下去，三人被稱爲台宗的命脈，山家的大教就靠此三位良師，這大大貶低了其他流派在台宗的地位。

　　山家既然說其傳承有自，是屬於正統，義通的著述頗多，而《唯觀經疏記》、《光明玄贊釋》僅存名目而已。這透露了天台宗人重視傳承的消息，因爲清竦傳義寂，義寂傳義通，義寂會下有宗昱與義通兩派爲盛，而知禮與遵式爲義通門下，因爲這層關係，義寂與義通被山家列爲祖師，此由《釋門正統》卷第二列「山門授受遼、脩、外、琇、竦、寂、通七祖師世家」的傳記得知其中的訊息，而把清竦會下志因一系傳承，列在卷第五「荷負扶持傳」中。釋宗鑑在《釋門正統》卷第五「荷負扶持傳」首，且云：「嗚呼，楚狄敝中國，而齊桓霸叔帶危宗周，而晉文興。會昌籍沒，五代分崩，不有大士起

〔註45〕《釋門正統》卷第二〈義通傳〉，前引書，頁762下～763上。
〔註46〕《佛祖統紀》卷第八〈十六祖寶雲尊者義通傳〉，前引書，頁346～347。

而救之，則中興正派不可待而授也。障狂瀾，弭酷燄，功豈淺哉，撰遠、端、恩三師、孤山列傳。」宗鑑說知禮爲中興正派，以山家宗立場來看，晚唐至宋初的台教，天台山清竦、義寂一系所謂的台宗正派在法緣上是不發達的。發達的山外學人，不屬於台宗正派，而僅能算是扶持正派的大士而已。

　　晚唐到宋初，天台宗的流派不少，誰是正宗，晤恩以修持、禪講與行化來表現，而義寂以諡祖號來提醒世人。這個正宗問題，贊寧的《宋高僧傳》立「義解篇」，皓端、晤恩與義寂都在其中，在義寂傳記中說弟子門庭可見者不提宗昱而卻有義通。這些史事，或許也留給義通會下學人有了反思的空間，並因此找到了進路，那就是道法要流傳在得其人、有其處，道法的依據在教籍與正統性，而其論戰在義理之闡發。他們想到的理想對象，只有知禮。既然山家宗列義寂爲祖師，志因就要被淡化了〔註47〕，甚至在《宋高僧傳》都不見志因的傳記，這是很奇怪的現象，可能也是晤恩師出多門的緣故，此外志因的特質在晤恩的身上可以窺知，且志因無義學著作傳世，只是演教的法師如清竦，所以贊寧沒爲他立傳記是可以推理得知的。但晤恩的另一個師承皓端，其傳南山律與天台教法能一徑路通，所以《宋高僧傳》列其事跡甚詳，因爲其對山家來說，傳承是不純正的，沒有威脅性，列在「荷負扶持傳」，說其有大士之功，是無防礙的。遵式在宗鑑的《釋門正統》中，被列在「本支輝映傳」首，如是顯示晤恩不是本枝，山家自義寂下有一幹兩枝〔註48〕，而清竦下不存在一幹兩枝的互相輝映。此法門之爭的現象，在贊寧作《宋高僧傳》時當是存在已久，其知之甚詳，其不爲志因作傳，跟其不爲其師彙征作傳，或許大有原因的，這也是佛教史上的公案了。而明州阿育王山寺跟南山律師關係非淺，此由慧則、希覺與贊寧之事跡得見。唐乾寧元年（894），慧則在此出《集要記》，卒後窆於鄮山之岡。〔註49〕後其門人希覺在明州鄮山育王寺盛化時，法眼文益曾來參學。〔註50〕而吳越版圖歸宋朝時，兩浙僧統贊

〔註47〕關於志因，釋宗鑑：《釋門正統》卷第二〈山門授受遷脩外琇竦寂通七祖師世家——清竦傳〉，《卍續選輯史傳部二十》頁761上云：「清竦，天台人，弟子志因、義寂、覺珍（當覺彌之誤）。（志）因，錢塘人，弟子懷贊、義清、可榮、晤恩。恩傳，見〈荷負扶持傳〉。」

〔註48〕釋宗鑑《釋門正統》卷第二〈山門授受遷脩外琇竦寂通七祖師世家——義通傳〉，《卍續選輯》史傳部20，頁763上。

〔註49〕《宋高僧傳》卷第十六〈梁京兆西明寺慧則傳〉，前引書，頁424～425。

〔註50〕釋普濟《五燈會元》卷第十〈清涼文益禪師傳〉（台北：昌德出版社，民國65年1月），頁214上。

寧奉鄮山釋迦舍利塔入見太宗於滋福殿。〔註51〕贊寧因爲到處參學與後來僧職的關係，所以跟天台與錢塘、四明僧人多有往來，但依據其行實來看，其爲義寂的塔記寫下一首詩加以讚揚，其跟義寂的交情是濃厚的，其心或多或少是偏向天台山系而不是走出山林的慈光院系，可見贊寧是一個默守佛教傳統的僧人與史家。

　　至於天台宗清竦會下的學人志因，由〈錢唐慈光院備法師行狀〉來推測，文備於後周廣順元年（951）遊入志因之門，而志因約圓寂於後周顯德二年（955）。另從《宋高僧傳》與《佛祖統紀》所載，晤恩於後漢開運初（944）造錢塘慈光院；則後漢開運初（944）到後周顯德二年（955），志因在錢塘慈光寺講天台教法，吸引學人來趨進，弟子晤恩與後學文備相次角立多年，志因圓寂之後，晤恩因爲是上首弟子乃繼踵開法，道名大播，文備則事晤恩以師禮。文備圓寂於宋雍熙二年（985），晤恩寂於雍熙三年（986），晤恩有弟子十七人，文備則無傳人。清竦會下以志因年長，當爲上首；志因圓寂時，贊寧與義寂年方三十七，後周顯德初（954）螺溪道場始建，得紹岩、德韶、漢南王之助，廣之以成傳教院。〔註52〕如是，晚唐宋初的天台教史就很清楚了。清竦在吳越錢鏐有國（893～932）時居天台山國清寺傳止觀，來學者以志因爲上首，志因後回到錢塘慈光院開講，此慈光院原是仰山慧寂會下文喜禪師的道場。時另有台教十祖玄燭，唐昭帝大順初（890）傳法於帝師，學徒數百，受錢武肅王禮重的皓端（890～961）依玄燭受學，了一心三觀，撰《金光明經隨文釋》十卷，於南山與台教法要一徑路通，錢忠獻王（941～947）借賜紫衣，別署大德，號崇法，以宋建隆二年（961）圓寂於秀州靈光寺山房，學得其門者，八十餘人。至於義寂，後漢天福五年（940）至國清寺，聽清竦說止觀。〔註53〕錢忠懿王（948～978）在位時，助義寂而派人往日本、高麗尋訪天台經教，宋太祖建隆元年（960），高麗沙門諦觀持論疏諸文至螺溪，謁義寂法師。這件事對義寂法系影響至深，《佛祖統紀》說：「一宗教文，復還中國。螺溪以傳寶雲，寶雲以授法智，法智大肆講說，遂專中興教觀之名（《吳越王傳》）。」〔註54〕贊寧在《宋高僧傳》〈義寂傳〉上說：「先是智者教

〔註51〕喻昧庵《新續高僧傳》卷第六十〈宋京師左街天壽寺沙門釋贊寧傳〉，頁1。
〔註52〕《佛祖統紀》卷第十〈淨光法師旁出世家——法師願齊傳〉，前引書，頁373。
〔註53〕《佛祖統紀》卷第四十二〈晉高祖天福二年〉條，前引書，頁726。依錢易的〈淨光大師行業碑〉，《卍新纂續藏經》第56冊《螺溪振祖集》，頁6所云當是天福五年。
〔註54〕《佛祖統紀》卷第四十三〈宋太祖建隆元年十月〉條下，前引書，頁731。

跡，遠則安史兵殘，近則會昌焚毀，零編斷簡，本折枝摧，傳者何憑，端正
其學。寂思鳩集也，適金華古藏中得淨名疏而已。後款告詔禪師，囑人泛舟
於日本國，購獲僅足，由是博聞多識。微寂，此宗學者，幾握半珠爲家寶歟。
遂於佛隴道場、國清寺，相繼講訓。今許王錢氏在兩浙日，累請開演，私署
淨光大師，并紫方袍，辭讓不卻，受而不稱。及興螺溪道場，四方學侶霧擁
雲屯。」〔註55〕天台山螺溪傳教院的建立，在宋太祖乾德二年（964），此院
錢王賜額定慧，所以又稱定慧院。

　　吳越有國時，吳越地區僧人有傳習《法華經》、天台止觀者，而傳天台止
觀者有國清清竦、秀州皓端與錢塘志因；後晉天福之前，清竦在國清寺傳法，
天福之後有志因、晤恩與文備師徒在錢塘慈光院講述；另有皓端，依四明阿
育王寺希覺學南山律，從武肅王以來就受到錢王所禮重，天福初晤恩曾來參
學，可見清竦在天福五年（940）以後到廣順中示寂，門下四處行化去了，而
義寂待到周宋之間因博聞多識，在天台山講訓後聲名因此遠播，學者日多，
但其聲勢還是不及晤恩與皓端。後高麗人義通來參學德韶之後，往謁義寂而
了一心三觀之旨。晤恩圓寂於宋雍熙三年（986）八月，次年十一月義寂卒於
山房。義通依義寂受學，盡得其學，數年之後欲返國，但被郡守懇留，宋太
祖開寶元年（968）居明州傳教院，其二十年敷揚教觀；宋太宗太平興國四年
（979），知禮前來義通處研習教觀，雍熙元年（984）遵式也從天台山來跟義
通修學，知禮與遵式兩人情同手足。宋太宗端拱元年（988）十月義通圓寂，
後葬於阿育王山寺之西北隅，因義通常在此建立講席的緣故。〔註56〕由此可
見，雖然山家宗與山外宗的祖師，都跟阿育王山寺有所關連，然以義寂與義
通跟此山寺關係較爲密切。贊寧在《宋高僧傳》爲皓端與晤恩、義寂立傳，
可見晚唐到宋初天台宗的命脈在此三人身上。但皓端的教法是南山、台教法
要「一逕路通」，山家宗判釋其爲不明承嗣者是過於貶抑的。就實情而論，皓
端之師玄燭，贊寧說「彼宗號爲第十祖」，就智者之教來看皓端是庶出，而義
寂與晤恩是嫡系。山家跟山外學人爭的是正宗，義學僅是他們的利器而已，
是幌子卻變成面子；因爲要說止觀之學，研討教義是有其必要性，而台宗教
義必以天台山的山家之學爲正宗。知禮雖然批判晤恩無觀，但其無晤恩「解
行兼明、目足雙運」之能，所以其在延慶院邊課徒邊發揮教理，勤修懺法之
外也勤於撰述，一家教理因之成立，山家祖道隨之復興，正宗卓然確立貌。

〔註55〕《宋高僧傳》卷第七〈宋天台山螺溪傳教院義寂傳〉，前引書，頁180～181。
〔註56〕《佛祖統紀》卷第八〈十六祖寶雲尊者義通傳〉，前引書，頁346。

爭正宗與論義學，就山家宗來說是互為因果的。

三、風尚與更化

　　志因圓寂之後，雖然其法系仍然盛行於世，然清竦會下義寂天台一系以及義通、知禮一系的法緣，因祖述師說道法，有經教可以憑藉，逐漸可以跟皓端的南山、台教「兩宗法要一路徑通」以及晤恩的講授滿門、文備的「從吾所好」之氣勢相抗衡了。當時天台宗的情勢，可以從皓端、晤恩、義寂的傳記與文備的行狀中，可以得知。皓端雖然傳兩宗法要，但後來不出山門，格調頗為高尚，《宋高僧傳》〈皓端傳〉上說：「忠獻王錢氏借賜紫衣，別署大德號崇法焉。後誓約不出寺門，慕遠公之不渡虎溪也，高尚其事。僅二十餘年，身無長衣，口無豐味，居不施關，坐唯一榻。以建隆二年三月十八日，坐滅于本房，容貌猶生。三日焚之于城西，得舍利於煨燼之末。俗年七十二，僧臘五十二。凡著述傳錄記讚七十許卷，學得其門者止八十餘人。端性耿介，言無苟且，一坐之間，不談世論，唯以佛法為己務，可謂傳翼之象王矣。祕書監錢昱嘗典秀郡，躬睹端之標格，為著行錄焉。」〔註57〕靈光寺到宋初，仍然是秀州的佛教重鎮，晤恩的法子洪敏法師在此寺院當判官，有子璿前來聽習《楞嚴》，子璿後來弘揚華嚴宗。宋朝之後，靈光寺依然是有名的佛寺，但雲門宗以及天台宗山家派的勢力在秀州也越來越盛發。

　　吳越入宋後，空宗與觀心宗得到王臣的重視，山家宗因為止觀之學與懺法的關係，普遍獲得王室與民眾的回響；其妄心觀與性具思想能合會儒、釋、道思想，吸引士夫與道人前來加以探究，外護的力量增多，促成了學風與寺院的良性發展。而山外宗人多固守節操，深居寺院講學，在心性說方面也頗受矚目，但因為缺乏如晤恩與源清之流的宗匠問世，所以在抗折諸宗上不甚得力，宗匠們大抵是潔身自修，並課徒誨人於一方；其勢力大不如前，尤其是在源清圓寂之後。

　　山外宗祖師晤恩與弟子源清，都是能抗折學人的宗匠；而山外宗學人的教學與風範，大多是晤恩在世之時就已經建立。《宋高僧傳》〈晤恩傳〉上說：「（晤恩）凡與人言不問賢不肖，悉示以一乘圓意，或怪不逗機者。乃曰：『與作毒鼓之緣耳。』」不喜雜交游，不好言世俗事。雖大人豪族，未嘗輒問名居，

〔註57〕《宋高僧傳》卷第七〈宋秀州靈光寺皓端傳〉，《大正新脩大藏經》第 50 冊，
　　　　頁 751a。

況迂趨其門乎。先是天台宗教，會昌毀廢，文義殘缺。談妙之辭，沒名不顯。（晤）恩尋繹十妙之始終，研覈五重之旨趣，講大玄義、文句、止觀二十餘周。解行兼明，目足雙運，使法華大旨全美流于代者，（晤）恩之力也。」晤恩出弟子十有七人，贊寧說它們「求解而行行耳。」〔註 58〕晤恩與文備最是投緣，事見智圓的〈錢唐慈光院備法師行狀〉，兩人本在志因會下修學，志因卒後文備依晤恩爲師，是晤恩「理長的緣故。」晤恩會下以文備最爲傑出，但其於晤恩示寂（986）的前一年過世。至於晤恩會下的僧家，贊寧則說：「求解而行行耳！」似乎贊寧對當時的源清還不滿意，這似乎表明源清在圓解與證得上還要努力。晤恩卒後，錢塘僧眾仍稟持祖風，所以聲勢還大，源清的著作且流傳海外而引發日僧的判教。宋太宗太平興國八年（983），慶昭年二十一，聞天台教門中有「會同一性能折諸宗」的宗匠源清在杭州奉先寺行化，慶昭到其會下服勤十七年。宋眞宗咸平二年（999），源清卒，慶昭遂嗣講席，人謂其不墜父風。〔註 59〕次年，山家、山外宗的諍論就爆發了。山家宗尋找的時機點很佳，因爲宋初錢塘系的宗匠文備、晤恩與源清相繼謝世，此系雖有慶昭繼主講席，但畢竟根基尚未穩定，其門下的僧家有峻業與名望的還是罕見。慶昭出世時，知禮在明州已行化多年，逐漸有了徒眾與跟隨者，其住持過乾符寺與保恩院。在延慶院成立之後，知禮的聲勢更是廣大，門下世業者多見。而慶昭出世後，則奔波多處，逮到在梵天寺開山，其根基才算穩定下來，那也是宋眞宗景德元年（1004）四月之後的事。知禮先批判了慶昭，讓慶昭奔波不斷之後，知禮把矛頭轉向山外學人的祖師晤恩、洪敏與源清的著作的觀心問題之後，又立別理隨緣義來貶低禪與華嚴的思想，要從根本上摧毀山外學風，並聳動學人的視聽。山家學人的手段與批判步驟，可能經過嚴密的思索與精心的策畫。

　　慶昭在奉先寺、石壁寺與開化寺演教，但這些寺院的學僧畢竟多數不是其門徒，而且這些寺院本是禪居，除了開化寺是慶昭本師的寺院之外，石壁寺是屬於山家系統的寺院。山家宗的宗匠，是比山外學人更早知道建立根本道場（天台山螺溪傳教院、明州寶雲院與延慶院）的重要性，所以他們能堅守祖道、門風與師說、家法，一代代透過禪講而傳習下去。總之，山家派之所以要跟山外學人爭風頭，目的在爭誰才是正宗，義學僅是他們的利器而已。

〔註 58〕《宋高僧傳》卷第七〈宋杭州慈光院晤恩傳〉，前引書，頁 752b
〔註 59〕《釋門正統》卷第五〈慶昭傳〉，前引書，頁 763 上。

而風尚與更化問題則是助緣，所謂法不孤立，仗緣依人而生。

第三節　引發的諍端

宋初所以會發生山家、山外宗教義論爭的原因，固有其時代背景的關係。一方面是天台宗教籍的散失。依據《佛祖統紀》所說，遠因是安史之亂，近因是會昌法難，天台教籍除了《淨名疏》外，均流散海東；直至五代末吳越忠懿王錢弘俶（929～988），遣使高麗，求取章疏，方使天台教部失而復得；既然教學傳承荒疏日久，要能深入把握天台精義，自然不易；二方面是融會思想的流行：唐末五代其他各宗主動融會天台思想，如跟隨過湛然（711～782）而後傳賢首的清涼國師澄觀（737～838）與弟子圭峰宗密（780～841），溝通天台一乘圓教，判法華爲「同教一乘」（同圓）、華嚴爲「別教一乘」（別圓），致使兩宗在圓教意義上不易釐清；又如禪宗中的永明延壽（904～975），主張禪教兼重、性相融合，他曾約集天台、華嚴、法相諸宗高僧學者，就相違教義進行討論，自以禪宗觀點加以折衷，而編成《宗鏡錄》一書。兼講之風既盛，若教眼不明，往往容易發生乖舛。當時山外諸家，即是在這種學術氛圍下，不自覺地吸取華嚴、禪宗的思想，尤其是圭峰宗密的思路以釋天台教法，在山家的一些人看來或許是「墜陷本宗」。知禮爲了護持天台「一家之正義」，遂在判教、觀法等方面，從理論上一一加以精簡批駁。有了好的機緣，加上好的理由，還有同門道友的資助，知禮就在延慶院向山外派的思想發難。

一般說山家、山外宗的諍論，都引用《佛祖統紀》卷第八〈知禮傳〉所云的兩家之差別與義通門下善信上人的促請。石壁寺在山家、山外宗兩家未論戰之前，因爲其師承跟法眼宗國師與義寂有關係，是禪、教合流的寺院，所以是天台宗的山家們喜歡參遊、講學之處，如義通會下的善信與源清會下的慶昭。兩家思想的異同，可能部份在錢塘石壁寺與天台山國清寺引發。《釋門正統》與《佛祖統紀》等書刻意隱藏這個事實，可能是不願意波及到這兩個跟他們師承有關係的寺院。但從慶昭傳與繼齊、咸潤傳，可以看出其間的部份天台宗的史實。從源清卒（999）後，弟子慶昭繼席開講，未幾徙住石壁寺與開化院開講，宋景德元年（1004）四月慶昭方在錢塘梵天寺開山。從咸平三年到景德元年（1000～1004），兩家論戰火熱，慶昭可能也因此避嫌而率弟子們離開石壁寺，輾轉回到開化寺開講。慶昭在石壁寺時，智圓也常來此

山寺，而繼齊亦跟著前來受學。在開化寺院時，咸潤前來受學，其博究《淨名》、《法華》、《涅槃》、《楞嚴》之義，慶昭以繼齊為法器而分座給他。景德元年（1004）四月，慶昭開山於梵天寺，咸潤繼開化院講席。繼齊與咸潤兩人，於其後也加入山家、山外宗的論戰。而山家宗的論主，除了知禮之外，還有知禮的弟子仁岳；仁岳後來受到山外思想的影響，與知禮失和而相互論戰，形成山家與後山外的諍論。

總之，山家與山外之爭，其直接的原因在於山家派要爭正統性。爭正統性的方式是找出對方義學上的弱點，但出擊對手之前，要先樹立門風與嚴正家法，才能傾全力出擊，並再接再力地搏鬥以激盪風潮。但要把對手擊垮，則要不斷地訓示與講說，要對手回心轉意趨向正道，也就是說要對手洗心革面加入振興祖道的行列，放棄真心觀或不用觀心的異論；此外，在論辯之時要具有自信己說為正宗的雄心，而不在意對方的觀行是否有用，也不關心對方的行法是否跟自家門風在教化上有所差別，或對手的教觀確實有可取之處而加以部份認可。對於山外派的傳承與教說，山家宗則用口誅筆伐的形式去貶抑他們，營造己方氣勢很盛的事實，說自家是主、對方是客的情勢，在主、客分明之下，其他流派自然不敢跟著進來論辯，只能隔岸觀火。至於山家宗立石碑課徒之外，編集山家教義、寫史書立祖道、圓成自家學說，則是宋代中葉山外派式微之後的事了。

一、諍論的過程

宋代天台宗內部的山家、山外的諍論，前後歷經四十年之久，其過程極為複雜，加入論戰的人數也很多，所討論的問題更不一致。〔註60〕諍論的問題，則涉及到經典及教義諸方面，太虛大師說：「大約的說，山內派的人特別舉揚天台之獨特學說，如性具義、佛果具惡義，以妄心為觀境義，而絕對不苟同附合華嚴、禪宗等說，且據其特殊義以評破之；至於山外派人學說，則頗與華嚴、禪宗等義相融，而不許以妄心為所觀境義等。」〔註61〕依據史料，這些大辯論，約略可以分為兩個大階段的諍論。

（一）第一階段的諍論

第一個階段為山家、山外宗之爭，諍論的主題是環繞在以下幾個問題而

〔註60〕釋太虛《中國佛學》，前引書，頁692。
〔註61〕釋太虛《中國佛學》，前引書，頁692～693。

開展的。首先是關於《金光明經玄義》廣、略兩本的眞僞問題，還有關於湛然所作的《十不二門》中的「別理隨緣」問題、智者的《請觀音疏》中一段文字等問題。關於《金光明玄義》廣、略本之辨，這次論戰的時間，主要是從眞宗咸平三年（1000，時知禮 41 歲、慶昭 38 歲）起，至眞宗景德四年（1007，知禮 48 歲、慶昭 45 歲）止，「往反各五，綿歷七年」。若再加上十餘年後的天聖元年（1023），知禮以《金光明玄義拾遺記》破斥智圓的《金光明玄義表徵記》，則時間更要拉長。而智顗的《金光明玄義》作品，在宋眞宗景德元年（1004）之前原有廣、略兩本在流行。當時卻有知禮的師伯輩〔註 62〕慈光院的晤恩（912～986）所撰《金光明玄義發揮記》在流行，是書主張略本方是智者的眞撰，晤恩且認爲具有觀心十法的廣本是後人僞造的。其後有晤恩的弟子奉先寺源清（？～999），與靈光寺洪敏共撰《難詞二十條》，輔助晤恩以闡揚師說。知禮看了那些著作之後，在宋眞宗咸平三年（1000）撰《金光明玄義釋難扶宗記》評破之。當時知禮的立場，是「爲救一家之正義」〔註63〕，從此開啓了山家、山外宗論爭的序幕。

在山家、山外宗未諍論前，跟山外派的晤恩互別苗頭的有山家派的義通，其曾著述《金光明經玄義贊釋》及《金光明經文句備急鈔》兩本，但時錢塘系學風熾盛，眞心說廣爲流行，連義寂會下的宗昱系也受到影響，因此義通的說詞不被時人所採納，所以著作不廣行，只在課徒之時派得上用場。義通的門下知禮，受到師父的教誨，後出《釋難扶宗記》，針對智者原文「何以棄三觀一」問題，知禮解釋說：「問棄三觀一者，欲令答出一念識心是所觀境故，即符止觀去尺就寸之文也。」〔註 64〕知禮以主張廣本爲眞而撰說，以輔助義通的說文。反之，山外派源清門下的慶昭，以及智圓兩師，合撰《辯訛》，予以反駁。未幾，知禮乃寫《問難書》以辯正，相對地慶昭也不甘示弱，撰《答疑書》反擊。知禮旋即復以《詰難書》詰責之，慶昭亦作《五義書》返答。知禮又作《問疑書》責之，然經一年，慶昭不答。知禮乃更作《覆問書》，促其答釋，慶昭於是作《釋難書》酬所問答，如此往返五回，綿歷七年，共有十篇文章。景德三年（1006）十二月知禮乃總括前後十次往復文，目爲《十

〔註 62〕被《佛祖統紀》刪改過的結果，在〈清竦傳〉下似以義寂高年於志因，其實義寂爲晤恩之師叔，贊寧在南山律學系統上爲晤恩之小師叔。這就是《佛祖統紀》，跟《宋高僧傳》以及《釋門正統》在敘述史事時，謬誤之處。

〔註63〕《續藏經》第 95 冊，頁 416a。

〔註64〕《大藏新纂卍續藏經》卷第五十六，頁 848 中。

義書》，於次年（1007）遣派弟子神照本如（982～1051）往錢塘詰問，雙方相持不下，智圓特請錢塘郡守出面調停。〔註65〕後慶昭有《答十義書》一軸，知禮又撰《觀心二百問》，予以反駁，深責之曰：「答釋未善讀文，縱事改張，終無乖理。始末全書於妄語，披尋備見於諂心。毀人且容，壞法寧忍？」慶昭在接到《觀心二百問》後，回給知禮一封書信，稱知禮「洞四教之大體，造三觀之淵源，極如說行，唯日不足，誠謂得其門矣！求之於今日，無以加也。」慶昭同時對知禮所寫的《觀心二百問》，更讚之曰：「果見其解深，而理奧學博而意幽，抑又文辭燦然，才華煥發，求之兼才，又難能也。」對於兩家思想，慶昭說：「其所構義，雖與愚不同。然亦各言其所解，顯其所承，斯何傷乎？」對於爭論所爲何在？慶昭說：「嘗靜而思之，知之者，謂愚與足下，苦心爲法之至也。不知者，以爲好諍求愈之至也。又有不知厥臧厥否，而鉗口不言之者，今時乃爾，後世之之者，其若何苦哉！」其亦誇贊知禮的勤於文義，說：「博我圓解，約我圓行，豈獨愚之幸，亦杭之學徒幸矣，又見足下誨人無倦之至也。」〔註66〕此後，雙方的論爭漸息。

其次的諍論，是再過十餘年後的宋眞宗天禧二年（1018），孤山智圓復出與知禮諍辨。智圓撰《金光明玄義表微（徵）記》，述及廣本詞鄙、義疏、理乖、事誤等四難，提「四失九證」，非議廣本的觀心釋。例如，《金光明玄義》的「觀心釋，心有四陰，棄三觀一之問，及更釋帝王部分。」知禮於智圓寂後的次年，即宋仁宗天聖元年（1023），書《金光明玄義拾遺記》，以否定略本之眞，而主張廣本爲眞撰說，而推翻《金光明玄義表微（徵）記》。第一次論爭雖圍繞《金光明經玄義》廣、略本之上，以《金光明玄義》爲主軸，前後長達二十四年的論爭。爭辯的中心是「眞心觀」與「妄心觀」問題。「妄心觀」，即以介爾一念陰妄心作爲觀想對象的一種宗教修行方法論。爲了體認眞諦，達到成佛的目的，首先要解決眞諦在那裏？佛在何處？就總的世界觀、認識論和方法論上來說，山家、山外在原則上無甚區別，只是在修習的具體方法上有所不同。至於其餘波，則在宋仁宗天聖元年（1023），時有禪宗大德天童子凝來信問難，論《指要鈔》揀示達磨門下三人，得道淺深。據《草庵錄》所載，天童子凝與四明知禮書簡往來，竟有二十番之多，可見

〔註65〕釋知禮《十義書》「序」，《大正新修大藏經》第四十六卷，頁831～832。
〔註66〕《四明尊者教行錄》卷第五〈錢塘昭座主上四明法師書〉，《大正新修大藏經》第四十六卷，頁903下。

當時爭論的劇烈。還勞煩四明太守直閣林公出面調停，請知禮融會其說，稍作更改。〔註67〕在知禮讓步下，禪、台兩方的爭論乃息。

表八：山家與山外間諍論之關係略表

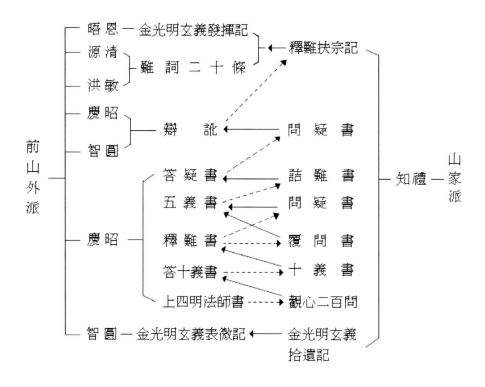

此表錄自吳聰敏《知禮觀無量壽佛經疏妙宗鈔研究》第三章

　　由山家、山外諸師的往來論辯，可以知曉是義學上的觀點不同，而觀點之不同處主要在觀心與論心性問題上。因為錢塘系的僧家受到華嚴與禪境的影響，在觀法上已經走上了心境一如的途路去，真心觀與不用真心觀，是他們止觀的旨歸。贊寧說晤恩的會下學人是求解而行行耳，道理在此，因為他們尚未達到晤恩的圓解與證得的階段。在知禮看來，除了晤恩之外，對於源清與洪敏，他認為是「吾宗先達」，所以在批判錢塘學風這件事上千萬不可草率。但善信認為，「法鼓競鳴，何先何後。」〔註68〕知禮因此而發難，慶昭諸

〔註67〕《佛祖統紀》卷第八〈十七祖法智尊者知禮傳〉，前引書，頁347～348；《四明尊者教行錄》卷第四，前引書，頁894中～987上。

〔註68〕《釋門正統》卷第二〈知禮傳〉，前引書，頁765下。

師爲了維護祖道與師說，起而辯駁。因爲雙方在觀行上的焦點不同，怎麼辯駁都是無交集的，慶昭最後明白這個道理，所以修一文書給知禮，表明了自己方的立場，也贊揚知禮的德業。但這件事對山家學人看來，似乎錢塘系的學人已承認他們的觀行是有理的，慶昭不正面回答知禮問題是理屈的，這種現象對他們鼓勵是很大的；加上之前日僧也前來延慶院詢問知禮法義，這表示四明之學是正宗是無誤的。從後來宗昱系契能會下的學人轉向知禮會下的廣智與本如，可以得窺山家宗法緣的轉盛，而山家宗法緣之漸興跟山家、山外的諍論是大有關連的。

（二）第二階段的諍論

　　此階段的諍論，係以知禮與其門下仁岳圍繞在《妙宗鈔》〔註69〕義理的釋說爲主軸，而由咸潤的《指瑕》發其端。天禧五年（1021）九月，知禮的《觀無量壽佛經疏妙宗鈔》，簡稱《觀經疏妙宗鈔》。《觀經疏妙宗鈔》，說色心雙具，而引起學人的論爭。當知禮著述《十不二門指要鈔》提倡色具三千義，並於《觀經疏妙宗鈔》倡導即心念佛之義，並倡色、心雙具之說，不僅心法具三千，色法也具三千。有慶昭門人咸潤認爲色由心照，主張心具三千，色不具三千，撰述《指瑕》〔註70〕駁之。但知禮門下仁岳，即寫《抉膜書》〔註71〕附和知禮的色心各具三千——「色心不二」的論調。〔註72〕仁岳他追溯咸潤之師承，認爲從源清的《示珠指》、慶昭的《五義書》〔註73〕、智圓的《釋十不二門》的義說是「錯認心法，便是眞如，故談攝色入心，方具諸法」〔註74〕所主張的「色不具三千」。另就「三千之有相無相」，兩派亦各執一端，山家派主張理事一體，無論理造之三千或事造之三千，皆爲「有相」，並有差別現象；山外派則認爲理具之三千乃平等而無相，事造之三千始爲「有

〔註69〕《觀經疏妙宗鈔》原名《觀無量壽經疏妙宗鈔》，收於《大正新修大藏經》第四十七卷。知禮的時代，受唐末五代戰禍之影響，佛教教學萎頓不振，天台宗分裂爲山家、山外二派。屬於山家派之知禮於本書隨文解釋天台智顗之《觀經疏》，針對山外派之異議，倡導即心念佛之義，並倡色、心雙具之說。本書刊行後，引起山家、山外派之論爭。《佛光大辭典》，頁6966。
〔註70〕引自釋仁岳《抉膜書》，《中國佛教史略資料彙編》，頁710～711。
〔註71〕《抉膜書》原名《附法智貴編抉膜書》，收於《大藏新纂卍續藏經》第五十六卷，頁858～864。
〔註72〕島地大等著《天台教學史》，頁308。
〔註73〕《大藏新纂卍續藏經》第五十六卷，頁859下20有云：「昭師作五義書」。
〔註74〕《大藏新纂卍續藏經》第五十六卷《抉膜書》，頁859下16～17。

相」，並有差別現象。另尚有六即佛的問題，《觀經妙宗鈔》中云：「六即之義，不專在佛，一切假實三乘人天，下至蛣蜣地獄色心，皆須六即辨其初後，所謂理蛣蜣，名字乃至究竟蛣蜣。」〔註75〕在仁岳《抉膜書》中載：「將理同之義，作事異之義，解之則全異一家之意，且智者之意，正為諸大乘教，圓談法性，（中略）慮彼圓修之人，易生呫濫，故立六即之位簡之，定不通於蛣蜣等也。」〔註76〕這蛣蜣六即，或指佛界六即的問題；此乃依理上說，或事上而論的立場不同，而引起的論爭。

慶昭的上首弟子永福咸潤，其撰述《指瑕》，反對《妙宗鈔》。其反對的原因，仍是由於站在華嚴「性起」的立場，來說明天台「性具」的學說；其主張「寂光無相」、「獨頭之色不具三千」，而不許「六即蛣蜣」、「真如隨緣」等義。當時仁岳尚在知禮座下，曾為述《抉膜》一一加以駁斥。兩派之所以對立的原委，乍看之下實造端於山外派崇奉華嚴教學及禪門思想。反之，山家派即秉持天台傳統之立場，予他宗思想採取嚴格批判之態度使然。〔註77〕山家派與山外派不論孰是孰非，但其根本立場迥異，學風亦截然不同。正因如此，該兩派除了衍生《金光明玄義》上述廣、略本之問題外，更造成以後在天台教觀問題上深刻的對立。〔註78〕

至於知禮對於《起信論》用力頗深，對於一心開兩門與性具原理，他應該是很熟悉的，因為他的學養與德行頗佳，使其能跟錢塘學人論戰；其著作頗多，在天台學的闡揚上大有貢獻。至於知禮對天台學的貢獻，塩入良道在〈天台思想的發展〉文中說：「對天台教學，要藉湛然的注釋與知禮之說，才開始能有真正的理解。」〔註79〕釋明河在《補續高僧傳》〈知禮傳〉後則說：「（知禮）師著作數十種，發明天台一家之旨，無剩義矣，誠為前達之功臣，後學之模範。獨於《起信》大有悟入，故多所援據，後人匾其堂曰：『《起信》，示不忘也。』師門學甚夥，而尚賢為之冠，嗣法智主延慶，道法大行。」〔註80〕知禮玩味天台祖意，並透過諍論以把握住智者與湛然的教學，其學說能被日本的天台宗所接受也是有道理的。〔註81〕

〔註75〕《大正新修大藏經》第三十七卷，頁 200 上。
〔註76〕《大藏新纂卍續藏經》第五十六卷，頁 861 上。
〔註77〕安藤俊雄著、蘇榮焜譯：《天台學——根本思想及其開展》，頁 391。
〔註78〕釋演慧〈宋代天台山家山外論爭〉，頁 12。
〔註79〕玉城康四朗主編、許洋主譯《佛教思想（二）在中國的開展》，頁 128。
〔註80〕《補續高僧傳》卷第二〈宋四明知禮法師傳〉，前引書，頁 29 下。
〔註81〕玉城康四朗主編、許洋主譯：《佛教思想（二）在中國的開展》，頁 150。

　　《佛說觀無量壽佛經疏鈔宗妙》（簡稱《觀經疏鈔宗妙》或《妙宗鈔》）
是知禮晚年得力之作，書中將天台圓頓教義及淨土念佛法門做了嚴密的結
合，這不但深符「教觀雙美」的旨趣，同時確立了後代天台子孫「教崇天台
而行在淨土」的修行方向。其在闡揚教義方面，除了天台舊義之外，尤其在
對於甄分別圓、究竟、具色三千、感四淨土、生身尊特等義理，更有所發揮。
但令知禮難以理解的是，久居知禮會下，在與諸山外諸師諍論中，一向被稱
爲是「禦侮之功甚偉」的仁岳，不同意《妙宗鈔》「約心觀佛」的主張，竟然
不悅而去。仁岳初投遵式，遵式視其爲猶子，後仁岳受諸方所請，遵式會下
的學僧不少人跟隨。山家宗人認爲仁岳「盡背所宗」，而開啓了第三番以《妙
宗鈔》爲主的義理諍論。但由知禮與會下仁岳與尙賢的心、佛問題，可以知
曉延慶院的學風還是墮落在「求解行行」的階段，跟慶昭得其本門宗風很不
一樣。

　　知禮撰著的《觀經疏妙宗鈔》，引起爭論的問題甚多。廣智尙賢就《觀經
疏妙宗鈔》，辨觀心觀佛義，求決於知禮，知禮示之以「約心觀佛」之談，引
起仁岳之不悅，最後甚至脫離師門。〔註82〕仁岳不悅而去，是在宋仁宗天聖
四年（1026）十月之後。其原因，志磐在《佛祖統紀》〈仁岳傳〉上說：

　　　　時（慶）昭師略光明玄，不用觀心。（仁岳）師輔四明，撰《問疑書》
　　　　以徵之。四明（知禮）製《妙宗》并《消伏三用》，（咸）潤師作《指
　　　　瑕》以爲難，（仁岳）師述《止疑》、《抉膜》以正之。四明（知禮）
　　　　談別理隨緣，（繼）齊師作《指濫》以爲非，（仁岳）師作《十難》
　　　　以扶之。所以贊四明（知禮）爲有力。後復與十同志，修請觀音三
　　　　昧。因疾有閒，宴坐靜室，如夢覺，自謂：「向之所學皆非。」乃述
　　　　《三身壽量解》，以難《妙宗》。道既不合，遂還浙陽靈山，蒙慈雲
　　　　（遵式）攝以法裔。四明（知禮）乃加《十三料簡》以斥之，師復
　　　　上《十諫》、《雪謗》，往復不已。會昭慶（寺）有請，慈雲（遵式）
　　　　爲詩以送之，學徒從（仁岳）往者半，（慈）雲弗之止。既遷石壁，
　　　　復徙靈芝。時法智（知禮）已歸寂，（仁岳）臨眾自詫曰：「只因難
　　　　殺四明師，誰向靈芝敢開口。」〔註83〕

〔註82〕釋印順、釋妙欽著，釋悟殷彙編《中國佛教史略資料彙編》，頁711。
〔註83〕《佛祖統紀》卷第二十一〈法師仁岳傳〉，前引書，頁437。《釋門正統》卷第
　　　　五〈仁岳傳〉則說，其自覺「向之所學，皆非知見超達。」

或說，仁岳當初在知禮門下助其師破繼齊、咸潤，而仁岳之背叛不只在其不了解「寂光有相」等三義，而是諸如三千、三諦、事理、權實等基本義理，皆歸於別教之思路，對於圓實根本未有了悟。〔註84〕仁岳有所謂別教思想，是他學出多門，以及經過山家、山外之爭與他自己的體會得來的心得。《佛祖統紀》隱藏了許多史事，如仁岳曾學律於錢塘擇梧〔註85〕，而擇梧與孤山的智圓爲至交；擇梧其人，學出多門，學台教、通律儀，又參雲門禪有省。此外，仁岳對於智圓的《首楞嚴經疏》，則謂：「其得經之深，非諸師所能及。」〔註86〕仁岳隨著年歲之增長以及閱歷深厚，自然有自家的體會與見解出現，其曾請尙賢同反師承，然兩者對三千之意的見地不同；而尙賢留在知禮門下，是因爲其「以輔四明三千俱體俱用之義」〔註87〕，「維護了師門的權威」，因此他受到了學人的好評。尙賢的作法，也堅定了學人跟知禮學習的信心。〔註88〕

表九：山家與山外論十不二門略表

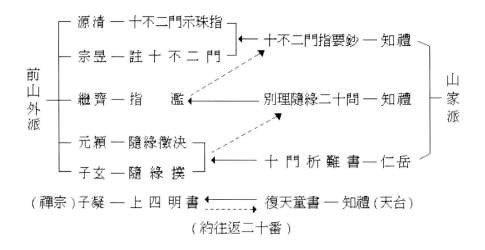

此圖表錄自吳聰敏《知禮觀無量壽佛經疏妙宗鈔研究》第三章

〔註84〕牟宗三《佛性與般若》下冊，頁1182。

〔註85〕《釋門正統》卷第五〈仁岳傳〉，前引書，頁841下。

〔註86〕《佛祖統紀》卷第十〈法師智圓傳〉，前引書，頁371。

〔註87〕《佛祖統紀》卷第十二〈法師尙賢傳〉，前引書，頁387。

〔註88〕黃夏年〈天台宗山家派傳人廣智尙賢淺議〉，《玄奘佛學研究》第13期，頁18～19。

　　宗昱與仁岳系，前者被說成是前山外，後者則被歸類為後山外派，日本
人居於山家的傳統，有著不同的看法。塩入良道說：「同是義通門下，除以遵
式為中心的慈雲派之外，尚有一二系統。知禮門下也分成以尚賢為中心的廣
智派，以本如為主的神照派，以梵臻為首的南屏派等；四明學派延續很久。
前述離開知禮的仁岳，不該屬於山外派；仁岳、從義的系統被稱為雜傳派。」
〔註89〕知禮會下的仁岳，以及繼忠會下的從義，被歸類在「雜傳」，是志磐《佛
祖統紀》的說法。日本學人很維護山家宗學人的說詞，由此也可以獲得明證。

表十：對《觀經疏妙宗鈔》爭論略表

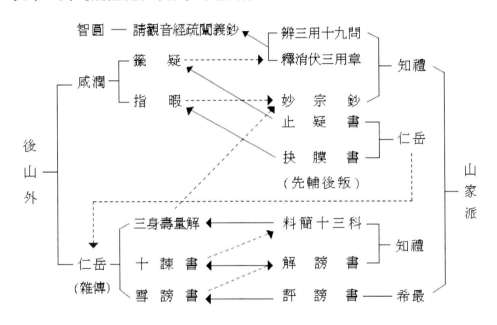

此圖表錄自吳聰敏《知禮觀無量壽佛經疏妙宗鈔研究》第三章

　　仁岳先後批判了山外與山家兩派，道出了諍論史的複雜性。〔註90〕仁岳
從知禮會下叛出，是存在著許多的因素。初時其跟著知禮問難山外派，既用
心也領宗得意貌。據《佛祖統記》所說的，其一日因疾病有閒，宴坐多時後，
自覺前之所學皆非，知見由是超達。《佛祖統記》過份省略史事，仁岳因人生
的歷練過後，可能他也看過智圓的著作之後，又重新反省從前的種種經歷，

〔註89〕玉城康四朗主編、許洋主譯《佛教思想（二）在中國的開展》，頁149。
〔註90〕玉城康四朗主編、許洋主譯《佛教思想（二）在中國的開展》，頁150。

並想到未來的出路，他意識到以他自己的學養與人格風範如跟知禮走，只能如尚賢維護師說而已，不能有大的出息與格局在。所以他決心離開延慶院到別處去發展，同時他勸尚賢離開知禮，然尚賢的根器與行履適合在延慶院發展。仁岳乃作《三身壽量解》，并別立難辭，懇請師父知禮訂正《妙宗鈔》的謬誤，知禮立《十三料簡》以斥之。仁岳作《十諫書》上給知禮，知禮見其說不合天台教義，復作《解謗書》〔註91〕，辯其是妄。仁岳又作《雪謗書》答之，說「所立《觀經》〔註92〕佛身爲生身者，蓋是妙觀所託之境，非謂觀成獨頭生身。」〔註93〕知禮認爲《觀經》之佛身觀，是觀「尊特」，而說「觀佛法身」，乃「正託法性無邊色像尊特觀心」，使其增長念佛三昧故。〔註94〕知禮當時生重病，不復辨答而終寂。其後，有知禮弟子廣慈慧才的法子希最（1025～1090）對《雪謗》作了《評謗》以辨之。〔註95〕仁岳見到了《評謗》書之後，讚嘆說：「四明之說，其遂行乎！」這表示希最替代知禮答復了仁岳的《雪謗》書，而爲知禮爭回面子。因爲知禮的門風與格言，還是有奉行其道者在追隨。所以，仁岳自知，其雖辯駁知禮的知見，知禮的兒孫還是會遂行其教學，就像遵式、慶昭、智圓還跟知禮在行化上不同，各自有有兒孫在一樣，雙方的論戰、解謗、雪謗本是多餘的，各自行化才是正途。知禮系下學人甚多，也不是每位宗匠都加入討伐異學的爭戰，有的大力維護師說，有的不違師教而已，有的謹慎講學，有的僧家有其獨立思考的能力，因此在義學上有所成就如仁岳。

二、諍論的意義

從史實來看，山家、山外之爭，在廣義上來說，有過四次；除了山家、山外之爭與後山家與後山外之爭之外，之前有兩次不顯眼的爭論。這兩次不顯眼的爭論，一是義寂時代，學台教者皆稱山家，但就天台山僧人看來，他們是山內，其他諸家是山外；他們有的人曾受到錢王的禮重，但在宋初有義

〔註91〕《大藏新纂卍續藏經》卷五十六，頁818～832。
〔註92〕是書乃劉宋良耶舍譯，又稱《觀無量壽佛經》、《十六觀經》。略稱《觀經》，收於《大正新修大藏經》第十二卷。內容敘述佛陀應韋提希夫人所請，示現西方極樂淨土，並說修三福、十六觀爲往生法。《佛光大辭典》，頁6967。
〔註93〕《大藏新纂卍續藏經》第五十六卷，頁813～818及頁832～838。
〔註94〕釋印順、釋妙欽著，釋悟殷彙編《中國佛教史略資料彙編》，頁719。
〔註95〕黃懺華《中國佛教史》，頁335～336。

寂的出世，他曾向錢王請諡祖師，後來得尊號的僅從智者到湛然諸師，雖然
沒能達到天台山僧家們的期盼，但祖師獲得尊號對他們來說已經是莫大的榮
耀了，但正統性歸屬問題還沒能獲得解決。第二次的爭論，也在平和中發展。
義通居明州寶雲院講學，有義學著作《觀經疏記》與《光明玄贊釋》出世，
但不廣行。因爲當時，山外與雜山外派的義學著作不少，如錢塘系的晤恩、
洪敏與源清，還有義寂會下的國清宗昱也有義學作品在流傳，而這些作品都
受到禪宗與華嚴的影響。山外學人的學風很盛，這種情況對以天台山正統自
居的僧家或自認爲是正統山家的四明學人來說，心情應該是鬱悶的；南宋時
山家宗學人強調這五代之時祖道鬱而不發，多賴義通出世傳文義給知禮以成
家業行化，祖道由是振興；這些說詞，也是其來有自的。

　　就狹義上來說，山家、山外之爭，可分爲兩個階段，一是山家、山外之
爭，一是後山家與後山外之爭。第一個階段，是延續前面廣義之爭的第二次
而來，是義通的弟子們首先發難的，由知禮代表出頭。以地域上來分，山家
派以四明系爲主，天台山或杭州系爲輔；而山外派，則是以錢塘系的慶昭爲
主將，雙方以書信往來論戰，除了知禮派遣神照本如前往錢塘詰問慶昭那一
次，其他的還算是在平和中發展，只是知禮的語氣比較尖銳，有一較雌雄的
意味在。因爲，環繞在知禮周遭的山家與學人，很想奪取正宗的地位，當時
知禮座下的仁岳剛出道很是邁力，所以被認爲禦敵功勞甚大。這次的諍論，
也把天台山宗昱系、慈光院的晤恩、秀州靈光寺的洪敏、杭州奉先寺的源清，
給扯了進去。這些人不是知禮的師伯就是師兄輩，而且這些人大都已經謝世。
知禮下手的對象，是低他一輩的慶昭，所以在氣勢上他的格調抬得很高，有
咄咄逼人的聲勢在。知禮與錢塘系的多次爭執，在眞宗景德四年（1007）因
慶昭的退讓而戰火暫息。此後，慶昭當是忙於禪講，咸潤也因爲頗有聲名而
被迎回故鄉越州等慈院、隆教院行化。慶昭於眞宗天禧元年（1017）卒，其
壽五十四，法臘四十一，門人有九十七人；慶昭圓寂之前，授咸潤以鑪拂，
咸潤嗣住梵天寺開講後，遠近宗仰。由於慶昭的忍讓，推德行、功業於知禮
身上，從此四明知禮一系從天台宗一個小流派變成大的學派。

　　再次是，慶昭會下的越州永福寺咸潤、溫州的繼齊、台州天台的元穎、
秀州的子玄，這次論戰是針對知禮的《指要鈔》，咸潤算是知禮的下輩，知禮
不便作答，而由仁岳作《十門析難書》代爲答覆。後孤山智圓也爲文《金剛
錍顯性錄》，提出理造即融事造，認爲心具三千，故能遍造諸法。兩家努力論

戰，是因為問題「涉及到各家教義的圓教地位。」〔註96〕智圓後來的學說，越趨成熟，而有《闡義鈔》與《標徵記》之作，更確立山外派的理論基礎。吳忠偉說：

> 到了知禮晚年，觀心問題又一次成為山家與錢塘諸師注目的問題，山家要維繫教義的合法性，就必須傾力相拼，故知禮不顧年邁，再次釋難扶宗。對於孤山的難辭，知禮逐條進行批駁，尤其是針對孤山不可約心觀佛的論點，強調《玄義》觀心是即三道直觀理性金光明，而在《觀無量壽佛經》中仍是以一心三觀修行。可見此一階段的觀心問題與後山家山外之爭的話題「生身尊特」等有直接的聯繫，這也是其不同於第一階段之處。〔註97〕

由宋真宗咸平三年（1000）起知禮與慶昭諸師的諍論，到宋真宗景德四年（1007）慶昭退出論戰；之後，再轉變成宋真宗大中祥符二年（1009）起智圓與知禮的論戰、咸潤與仁岳的論戰；宋真宗天禧二年（1018）之後，則是智圓與知禮間的互相詰難，到了智圓卒的次年宋仁宗天聖元年（1023），知禮還在作《光明玄義拾遺記》破斥智圓的《表徵記》。這段兩家之諍論，正應合《釋門正統》卷第五〈慶昭傳〉所載，「自茲（景德四年，1007）二家觀法不同，各開戶牖，枝派永異。今山家遂號（源）清、（慶）昭之學為山外宗。」〔註98〕慶昭與智圓師弟，先後為錢塘系之宗匠，慶昭有大將之風與成人之美的德性；而智圓在建構山外派理論的基礎上極費心力，可惜兩師值壯年（慶昭享年55，智圓享年47）而卒，其後山外宗除了咸潤之外就缺乏宗師了。

　　經過前山家、山外的諍論之後，知禮所出著作頗多，足讓山家宗的學徒們進學之用。此外，知禮一人與山外宗諸僧家論戰，其才華與威名為世人所知悉。其在著作中，說山外宗，「五番墮負，四番轉計」，救觀心、真心、法性，以及說：「十乘妙理，為所觀境。」〔註99〕所說文義，皆被知禮所破斥，此種景象對山家宗學人來說，是一大鼓舞。知禮於宋真宗天禧元年（1017），已自稱為延慶法主或座主，所出義疏為山家教義，布教以課其徒。〔註100〕其他合會山外宗的僧家如宗昱，在《釋門正統》與《佛祖統紀》中不見其傳

〔註96〕潘桂明、吳忠偉《中國天台宗通史》，頁432。
〔註97〕潘桂明、吳忠偉《中國天台宗通史》，頁439～440。
〔註98〕《釋門正統》卷第五〈慶昭傳〉，前引書，頁833上。
〔註99〕《四明十義書》「序」，《大正新修大藏經》第四十六卷，頁831下。
〔註100〕釋宗曉《四明尊者教行錄》卷第三，前引書，頁876下～878上。

記，宗昱系被山家人貶之更甚。宗昱出自義寂會下，傳鑪拂於契能，契能欲授繼忠，卻被拒絕，繼忠寧願繼承尙賢之法。處謙的本師是契能，後繼承神照本如之法，而契能的法席後也被處謙所繼承。由此可見，知禮門下的法緣之盛，已非山外宗與曾經跟山家學說親近的僧家們所能匹敵的，在這種情勢之下，有些學派的法緣就逐漸被流轉過去。知禮在講次之後，常出命題課徒，仁岳在呈上四聖諦義文中談其義理說是：「按山家教觀，略述梗概，如斯。」〔註101〕可見知禮的門風已卓然而立，日本台教僧家遠來問學，清泰禪師在問難於知禮時稱他爲「延慶教主法智大法師。」〔註102〕知禮是在天禧元年（1017）行懺法，發願盡形壽而去，四年（1020）被眞宗賜爲法智大師之號，宣旨住世演教。〔註103〕天童子凝上四明法師書時，則稱他是延慶堂上教主法智大師。〔註104〕知禮的聲名，已是如日中天了。

　　錢塘系的僧家，本也自稱爲山家，但經過兩家諍論之後，山家宗人說晤恩系下的錢塘宗匠爲山外宗。釋志磐在《佛祖統紀》〈慶昭傳〉上也說，兩家論戰後，「而四明之學者，始指（晤）恩、（源）清、（慶）昭、（智）圓之學，稱爲山外，蓋貶之之辭云。」〔註105〕至於知禮，他從四十歲（咸平三年，1000）撰述《釋難扶宗記》，開啓了四明系與錢塘系在教義上的爭論。其在六十九歲（1028）示寂前一年的九月著《解謗書》，其前後長達二十八年均精勤於教法。他精簡天台圓頓妙談，甄別包括華嚴、唯識、禪宗之混雜，使唐末會昌法難以來早已沉隱幾絕的天台教觀，再現風華。因此，志磐在《佛祖統紀》〈知禮傳〉後贊曰：「自荊溪而來，九世二百年矣。弘法傳道，何世無之。備眾體而集大成，闢異端而隆正統者，唯法智一師耳。是宜陪位列祖，稱爲中興，用見後學歸宗之意。今淛河東西，號爲教黌者，莫不一遵四明之道。回視山外諸師，固已無噍類矣。然則法運無窮之繫，其有在於是乎。」〔註106〕山家派的議論大多出自知禮，其來往論議的文章收於《十義書》、《觀心二百問》等書中。《十不二門指要鈔》爲其代表作，其他另有關於智顗《觀音玄義》、《金光明經玄義》等注疏之作。尤以《觀經疏妙宗鈔》等具獨特之見解，既批判

〔註101〕釋宗曉《四明尊者教行錄》卷第三〈四種四諦問答〉，前引書，頁875中。
〔註102〕釋宗曉《四明尊者教行錄》卷第四〈再答泰禪師三問〉，前引書，頁893下。
〔註103〕《釋門正統》卷第二〈知禮傳〉，前引書，頁766。
〔註104〕釋宗曉《四明尊者教行錄》卷第四〈天童凝禪師上四明法師第一書〉，前引書，頁894中。
〔註105〕《佛祖統紀》卷第十〈慶昭傳〉，前引書，頁370。
〔註106〕《佛祖統紀》卷第八〈十七祖法智尊者知禮傳〉，前引書，頁351。

山外派諸說，復宣揚天台之教義。知禮門徒甚眾，其中較著名者，有尚賢、本如、梵臻等三十餘人。其門下分三流，歷數代猶盛行不衰。宋眞宗感念其德，賜號「法智大師」。後被尊爲天台宗第十七祖，又以長住四明延慶寺，故世稱「四明尊者」、四明大法師。宋仁宗天聖六年（1028），稱念阿彌陀佛數百聲而示寂，世壽六十九。其一生入室門生四百八十人，升堂千人，而稟法領徒者三十人。

知禮之後的山家宗學人，也一再批判山外宗之失。志磐在《佛祖統紀》〈惟雅傳〉後引鏡菴景遷的說詞，曰：「孤山以高世之才彌天之筆，著十疏以通經，述諸鈔以解疏。其於翼贊教門，厥功茂矣。但其相承所說法門，言境觀，則以眞心爲境。論總別，則以理性爲總。判事、法二觀，不許修證。廢光明廣本，不用觀心。唯論心具心造，不許色具色造。如是等義，布諸簡策。於是義學之士，有習其說者。世必指爲山外諸師之見。惜哉！夫稱宗師者，須具三眼。一曰教眼，明識權實大小之法也。二曰道眼，親踐諸行修證之門也。三曰宗眼，深窮圓頓即具之旨也。往往山外諸師，宗眼未明，以故所見未臻圓極耳。別教菩薩，神通智慧豈容思議。以由未證圓位，被斥爲權。又初地不知二地舉足下足，一切聖賢皆以無爲法而有差別。然則議山外者，請以此意恕之。」〔註107〕山家宗學人，批判山外學人發展出一套說詞，此說詞被後世學人所承繼，從此山外學人的傳記與學風就更加不詳而難以研究了。

山家宗除了分知禮正宗與遵式旁枝之外，嚴正其門派不與遵式系混處。此外對於非純正於山家宗的學派則更有不同的對待。如《佛祖統紀》卷第二十一云：「雜傳之作，將以錄諸師之未醇正者。故淨覺以背宗錄，神智以破祖錄，草菴以失緒錄。或曰：『法智之世，先後爲異說者有之矣，豈當盡以雜傳處之乎。』〔註108〕然智圓之於四明，無師資世系之相攝，後人概以山外指之，亦足懲之矣。至若法智子孫，時爲逆路之說者，未若淨覺神智之爲甚也。彼祝之而不類，我且指二人爲首云。」依志磐的說詞，後人概以山外指晤恩系下之學就足以懲之。可見，山家宗如宗法制度之下的大家長，見異端則破斥之，而眾人也當跟隨摒棄之；至於叛出者雖有功業在，其罪行也不容默視，因爲有家法在的緣故。知禮歿後，山家三派存續到南宋。宋代以後的佛教，禪與淨、華嚴與禪的融合宣告成立。天台宗也抗拒不了這個潮流，廣智系開

〔註107〕《佛祖統紀》卷第十〈法師惟雅傳〉，前引書，頁372。
〔註108〕《佛祖統紀》卷第二十一〈諸師雜傳第七〉，前引書，頁437。

始接近禪，南宋初又傾向淨土教。〔註109〕總之，山家與山外之爭，無所謂的
勝出與落敗的一方。只是四明之學的崛起，代表傳統天台教學者對山外學派
的反撲，其結果是山家學人有一時的痛快與風華，但禪、淨融合的大勢蓋過
於山家、山外的諍論。兩派學人不能互相輝映，其結果勢必會被潮流給捲襲
而去。佛法的興衰，山家宗的人看的、想的僅是天台傳統教學的把握及其優
越性，缺乏面對時局的大反思與大進路，後來天台佛法自然會被更化。然知
禮起而奮戰山外學者，有幾種意義存在。一是，追求天台祖意，把握住智者
與湛然的教學。二是，他大體上同意《起信論》的萬法因無明迷污而生之說，
但站在天台教學，不談性具而說真如隨緣也不過是別教而已；在圓教的立場，
一一現象世界本具一切諸法，這就是性具、理具、本具；因此，他強調這些
是天台一家獨有之說。三是，知禮主張一念是妄心觀，這種觀行不是他所獨
創的，而是當時真心家輩出，所以不得不強調妄心。四是，強調《法華經》
主的尊特身是優於《華嚴經》主的，以示天台宗的優越。〔註110〕

　　山家、山外之爭的意義，也反映在山家宗的史書上。經過山家、山外之
爭論後，山家宗的氣勢看似盛了，但後來的後山家、山外之爭以及知禮的謝
世，法緣轉到仁岳與遵式系上為盛。這兩家，後來也被《佛祖統紀》所區隔
開來，以示有別於知禮系。對於仁岳，吳忠偉則說：「雖然他翼贊師說很有貢
獻，然而山外諸師的思想對他一定產生了刺激。所以儘管志磐將仁岳列入雜
傳，視為後山外派，但他的思想絕對不是山外的簡單翻版，勿寧說他是在經
歷了山家、山外之後，山家、山外與慈雲三家思想混合的產物，其中慈雲（神
照）系在其中所引起的作用當引起我們特別的關注。」〔註111〕由仁岳對於《楞
伽》與《楞嚴》的關注以及其所居住過的寺院如杭州昭慶寺、石壁寺、靈芝
寺與溫州淨社、湖州的祥符寺看來，其思想也勢必受到禪門的法眼、雲門宗
與律宗以及山外學人的影響。〔註112〕山家既貶晤恩系的學人為山外，列之為
荷負扶持者；至於《釋門正統》則將仁岳列入「扣擊宗途傳」中。志磐則將
山外諸師列在「旁出世家」，因山家中有思想不純正者如仁岳，而有「雜傳」
之作。但志磐在〈山家教典志〉中卻也包括諸師的作品；這種作法是很矛盾，
既貶晤恩及系下學人為山外，又稱他們的著作為山家教典。但志磐的說詞是：

〔註109〕玉城康四朗主編、許洋主譯《佛教思想（二）在中國的開展》，頁156。
〔註110〕玉城康四朗主編、許洋主譯《佛教思想（二）在中國的開展》，頁149～155。
〔註111〕潘桂明、吳忠偉《中國天台宗通史》，頁440。
〔註112〕《佛祖統紀》卷第二十一〈法師仁岳傳〉，前引書，頁437。

「至若後世發揮祖道，粲然有述。雖各出義章，互形廢立，所以歸宗之誠，則無乎不同也。今故並陳編目，以貽好古者之求。」〔註 113〕清竦會下的諸師流派，本是山家，何來再有歸宗之誠，此種口吻似那知禮與慶昭論戰時的語氣。

由此可見，知禮系下雖貶斥晤恩等諸師為山外，說仁岳為叛出者，但就實質上與廣義上來說他們都是山家人，他們的功業是不容抹滅的。

表十一：山家、山外之爭略表

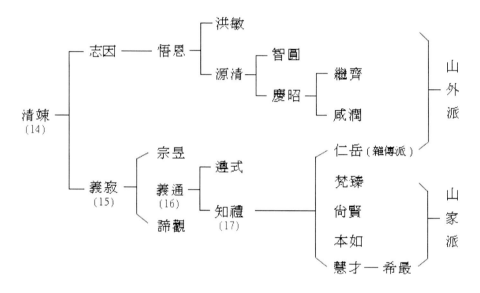

此表錄自吳聰敏《知禮觀無量壽佛經疏妙宗鈔研究》第三章

知禮系下的神照本如，後繼慈雲遵式主天台承天寺三十年，長行懺法，門徒常在五六百眾。門下著名者處咸（1016～1086）、處謙（1011～1075）與有嚴（1021～1101）等。至於這門派的宗風，吳忠偉說：「宗風一本神照，以止觀懺法為主。在此實證基礎上，他們對天台教義的理解較諸四明系極相違的說法體現更多的圓融性。」〔註 114〕處謙晚年行化東吳，持講兼濟禪宗〔註 115〕，其說「聖人之教根於《法華》」，特解《十不二門》，題名顯妙，其說：「分色心者，不二而二，妄之境也。其體一者，二即不二，妙之門也。

〔註 113〕《佛祖統紀》卷第二十五「山家教典志第十一」序，前引書，頁 476。
〔註 114〕潘桂明、吳忠偉《中國天台宗通史》，頁 441。
〔註 115〕《釋門正統》卷第六〈處謙傳〉，前引書，頁 858 下。

故以總別盡十門二不相，使粗妙昭然，門旨不雍。是知境妙不二之門，在乎
一念色心。得此之門，寶乘即乘，道場即到。」〔註116〕處謙，溫州人，其
本師是契能，參神照本如後繼契能的天台常寧寺法席。〔註117〕由處謙的行
實，亦得窺見其融合山家、山外思想的影子，這與其出身地、本師、得法處
與講學處等因素有著極大的關連。由此可見一個事實，即是山家與山外或者
是後山家與後山外爭論前後，台教之人融會諸說以成門風的風氣始終不曾間
斷過。天台宗從宋初到南宋之際，也不是哪一家能獨盛於世，僅能說是在某
一個時期是以某一家的門風爲主流，其會下門生與稟法者比他家爲眾，所以
氣勢較強，而能風動於吳越地區。

　　至於知禮會下的廣智尚賢系，是後山家的主力。廣智尚賢會下，有扶宗
繼忠（1012～1082），繼忠溫州永嘉人，曾在天台契能會下參學。契能晚年
欲將祖師所傳的鑪拂授給他，請其繼紹，因其，得法於廣智尚賢，而拒絕之。
廣智主延慶院時，已深器之，其曾代師開講。雲門宗的雪竇重顯禪師，見而
嘆之曰：「四明之道，爲有傳矣！」〔註118〕其一生編著頗多，吳忠偉說：「繼
忠的貢獻，主要在於將山家山外之爭的文獻加以整理結集，如《四明十義
書》、《法智觀心二百問》、《四明仁岳異說叢書》均由其編撰，這爲後人研究
山家、山外之爭提供了文獻上的保證。當然繼忠的本意是要通過這種工作來
昭顯知禮教學的獨得祖道之正。這也可見當時四明教學已黯然多時，四明一
系無力與仁岳對抗，只能通過回憶來溫習昔日的輝煌。」〔註119〕天聖三年
（1025）以後，仁岳系、繼忠系、文粲系下後山外的學風，到了南宋依然鼎
盛。這種情況，是維護四明獨得祖道者所擔憂的，此正如《釋門正統》〈繼
忠傳〉尾所說的：「初天台立止觀兩義，承而爲說者，益以蔓衍，而（繼）
忠、（師）昶各有論述，故妙眞普濟。」〔註120〕至於繼忠會下出神智從義（1042
～1091），志磐在〈從義傳〉後論曰：「神智（從義）之從扶宗（繼忠），視
四明（知禮）爲曾祖。而於有所立義，極力詆排之。去乃翁已五十年，其說
已定，而特爲之異。破壞祖業，不肖爲甚。非同當時孤山（智圓）、淨覺（仁
岳），一抑一揚之比也。舊系扶宗（繼忠），今故黜之。置之雜傳，以示家法

〔註116〕《佛祖統紀》卷第十三〈法師處謙傳〉，前引書，頁395。
〔註117〕《釋門正統》卷第六〈處謙傳〉，前引書，頁858上。
〔註118〕《佛祖統紀》卷第十三〈法師繼忠傳〉，前引書，頁393。
〔註119〕潘桂明、吳忠偉《中國天台宗通史》，頁442。
〔註120〕《釋門正統》卷第六〈繼忠傳〉，前引書，頁857下。

之在。」〔註121〕知禮在宋咸平初年（998）出世，與晤恩系下宗匠論戰之後，其法系到了南宋，依然還畏懼山外思想與新學派的產生，但不論前山外與後山外宗匠們的行持，還是獲得許多學人的護持，他們不會因爲受到以四明系教義爲正宗的學人之攻詰而退縮其行化，因此後代不乏宗匠出世。由此可見，山外宗與後山外的禪法，也有其獨到與可被容受的地方，乃能被後世僧家們所奉行而不使墜落。

第四節　諍論後的現象

　　山家、山外的論爭，從哲學角度來看，可以說是山家派的「實相論」與山外派的「唯心論」的問題，也就是探討一念的「性具」、無明法住與一念「靈知」、眞心的問題。山外派是從天台「性具說」脫離出來的，趨進於華嚴，以心爲萬物的本體，此唯心論乃依眞常唯心的塔型模式而建立諸法。山家派實相論的性惡說，乃指諸法相互依存的緣起關係而言，其基本模式是就諸法緣起無盡的網絡上而說。釋演慧在《宋代天台山家山外論爭》〈結論〉文中說：「在天台山家、山外之論爭中，以知禮門徒眾多，而持義甚辯，以存天台一家教法，故一般分以山家爲正統，顯然此爭論勝負已定。山家、山外的爭論不只是對天台實相論作一種批判性的繼承，更是對當時心性本質議題作一頗具深入之探索。山外派流傳下來的經典較少，而義理脈絡相較於山家，可說較複雜並且不一，因此在少部份的觀點上會有矛盾的現象。」山家、山外的論戰，爭論是由觀心問題所引發的，其爭論的核心在觀心的議題上，其他問題是環繞著觀心而來。〔註122〕諍論後的結果，《釋門正統》〈慶昭傳〉上已說是：「二家觀法不同，各開戶牖，枝派永異。」而山家學人硬要說是他們勝出，這是就兩家教義上的理趣以及法緣的延續上來論斷的。

　　在知禮看來，天台宗與別家之不同，在於性具惡，極理毒性惡。〔註123〕而「山外或雜山外派的心，基本上是依湛然而強調理的融通性，有的著重一念之理而論，有的雖亦著重在理，然仍緊扣一念心之事（刹那心）而論，但無論如何對理的重視是一致的。」〔註124〕山外與雜山外派，著重在理、事的

〔註121〕《佛祖統紀》卷第二十一〈法師從義傳〉，前引書，頁439。
〔註122〕陳英善《天台性具思想》（台北：東大圖書公司，1997年），頁75。
〔註123〕陳英善，前引書，頁86。
〔註124〕陳英善，前引書，頁94。而尤惠眞在〈天台圓教的義理詮解與觀點建立之省

融通性，必然援引禪法與華嚴思想中對理、事的認知而納入到天台佛法。這正是山家知禮所要批判的對象，知禮反對用一念靈知眞性或實相眞心來解釋一念。雙方各執己見，所以兩家的爭論，是以無交集收場。但後來的山家宗學人，都認爲己方是贏家而大肆宣揚，主張妄心觀與別理隨緣。由是，兩宗分流並行於宋朝。對於山家向山外派的詰難，陳英善說：「知禮如此理解山外，乃至唯心才是理，基本上可說是對山外之誤解。山外以心來說明理，或就心來顯理，可說是依湛然的理路而來，以及按照湛然所要強調的而來。而知禮對山外之理解，可說是種偏解及過度推演所致。而知禮對山外之批判，亦是無效的。」〔註125〕跟知禮論爭的慶昭，後來認識到跟知禮在義學上糾纏下去，雙方都會損傷，旁觀的學人或以爲兩人之所以爭論是爲了激盪聲名。想必知禮也體會到慶昭給他書信中的含意，而雙方就停止了論爭。

　　對山外派宗匠而言，知禮的批判是無效的，但卻能產生效果，那就是風氣問題以及何家門風才是天台正宗的問題，這兩點對於學界的觀瞻、選擇與會取是有所影響的。在諍論之時，兩派宗匠中以延慶院的知禮門徒最多，因知禮持義善辯，其教義經過講說、命題、引申、書寫而得以流傳與留存下來；所以後人看資料，多見山家的學說，並以此爲正統。山家、山外爭論的結果，天台宗的法緣到了南宋之後只剩下法智知禮系的兒孫還在流布，其他流派或隱晦或斷續了，這可說是人事的選擇。佛法的遷流，關涉到人才與義學、觀行上的興、替數；因爲道法要透過道場住持的護持、學人的宣講，還有後進的發揚，祖道、師說才得以傳播長遠。

一、學派的流轉

　　在天台宗尚未產生山家、山外的諍論之前，天台宗至少有七個流派在發展，除了皓端一系，不列入山家之外，其他諸流派都是清竦會下所衍生出來的法脈，只是所學或許有些許的不同，但在當時他們都是以山家人爲己任，努力講學使祖風不墜，因此宗匠輩出，此由智圓的〈文備法師行狀〉中得見。在當時的台家中，以晤恩與義寂法緣爲盛，晤恩居錢塘慈光院，其承繼志因的法席，時人稱爲義虎，此系的法緣至少從後漢開運中（944～946）晤恩依

思〉，《揭締》月刊第 4 期（嘉義：南華大學哲學系，2002 年 7 月），頁 9 的註 24 對於陳英善的論點持有疑情。
〔註125〕陳英善《天台性具思想》，頁 111。

志因參學始到宋雍熙三年（986）晤恩圓寂，約有四十多年。而義寂的法緣，依錢易的〈淨光大師行業碑〉所載，從周太祖廣順中（951～953）的天台山法華道場，中經宋太祖乾德二年（964）的螺溪傳教院成立，到宋太宗雍熙四年（987）圓寂，其在天台山的法緣也是有四十五年；然其盛發期是從螺溪傳教院的成立（964）開始到宋雍熙四年（987）圓寂，這二十三年間其靠錢王與德韶、延壽與贊寧等的大力護持。但自從宋太宗雍熙年間文備（雍熙二年八月卒）、晤恩（雍熙三年八月卒）、義寂（雍熙四年十一月）相繼卒後，天台宗的派系生態逐漸產生了變化。

在晚唐宋初天台宗的幾大派系之中，皓端、行靖與行紹、願齊等系，傳承不明了。義寂會下的宗昱、契能一系，也因為後繼無人而失傳了。在《宋高僧傳》〈義寂傳〉中提及義寂的會下堂室間可見者，僅說有澄彧、寶翔與義通。義寂卒後的塔銘，是弟子澄彧所撰，然依《釋門正統》卷第三與《佛祖統紀》卷第十所載，澄彧與寶翔、瑞先會下無法子傳世，當時能傳世的唯有宗昱與義通兩系。宗昱的法子，在天台山與溫州行化的有常寧契能；在錢塘行化的通照覺明、安國至臻、寶山懷慶、明教曉乘、寶藏悟真、靈鷲志倫、安國蕭閑；在蘇州有頂山懷至，在會稽的有慶文。由此看來，宗昱的法子，遍及台州、溫州、杭州、蘇州與越州，且宗昱得到祖師的鑪拂，何以贊寧的《宋高僧傳》不為之作傳，或許宗昱的思想接近晤恩一系所致。黃懺華在〈知禮傳〉中說：「由於山家派的奉先源清著《十不二門示珠指》二卷，主張真心觀，慧光宗昱（與義通同門）著《注十不二門》二卷，又倡靈知心性說，皆在義理上出入於賢首家言。」〔註126〕可能宗昱的傾向真心說，其會下契能系所領的徒眾如處謙、學人繼忠跟義寂都是溫州人，宗昱、契能在天台山行化，這對維護天台山祖道的義寂來說可能是不好受的，義寂與宗昱之間或許存在著某些問題。

由五代宋初天台宗發展的大趨勢來看，釋贊寧的《宋高僧傳》自然會把當時的天台宗流派歸類成只是晤恩與義寂兩嫡系，還加上參學於希覺與玄燭的皓端。在義解上，以晤恩為傑出，在祖述師說與荷負天台傳統的論疏上義寂負荷為重。然就史實來看，宋初以後的天台流派，是有七個流派在發展。一是，晤恩法子源清會下的智圓與慶昭兩系。智圓下出孤山惟雅，慶昭下出咸潤、智仁、繼齊，咸潤下出永福善朋。從傳承上說，宋初的天台宗山外派

〔註126〕《中國佛教總論（二）人物與儀軌》，頁254。

從第十七世源清到第二十世善朋，只傳了四代宗匠，加上祖師晤恩，算起來
只是五代宗匠。這一系以晤恩爲祖師，在蘇州、杭州、溫州、越州行化，後
來被山家人判爲山外；道友則有台州、秀州、溫州學人。二是，宗昱會下，
其勢力遍及台州、杭州、溫州、蘇州與越州，到契能的徒弟處謙（1011～1075），
得法於神照本如，後繼承契能溫州的法席；而契能欲以祖師鑪拂傳給學人繼
忠，然繼忠得法於廣智尚賢而拒之。此法系的宗匠，僅有山家第十五、十六
世兩傳到契能爲止，法緣被知禮系收納去了。三是，義通會下的延慶異聞、
廣慧體源，在四明行化；其中異聞「居延慶院四十年，凡法智所修懺三昧，
未嘗不預。」〔註127〕異聞，可歸類爲知禮的道友。四是，義通會下有基及其
法子令祥與持悟一系；令祥在明州興國寺，而持悟在福源寺行化，福源寺額
爲仁宗寶元初（1038）所賜，持悟爲知禮之姪，兩人有書信往來。〔註128〕五
是，義通會下承天清曉與錢塘善信，兩師皆在錢塘行化；清曉下出法顯遇成、
兜率守仁一系；善信往來於石壁寺與寶山寺，催促知禮向山外學人論戰。六
是，義通會下慈雲遵式的法系，其下有兩個支脈爲盛；一爲妙果文昌、妙果
天壽一系，在溫州行化。〔註129〕二爲明智祖詔會下有海月慧辯、淨慧思義、
辨才元淨；慧辯下有法寶從雅、慈行智深，思義下有德賢、仲元、永堪、慧
日、思尚，辯才下出若愚、則章。從雅下出如杲，仲元下出慧觀，永堪下出
子琳。七是，知禮法嗣二十七人，入室四百七十八人，升堂一千人。〔註130〕
其主要弟子有廣智尚賢、神照本如、南屏梵臻、三學則全、浮石崇矩、廣慈
慧才等，有法子傳世，其中以尚賢、本如、梵臻，法緣爲盛。釋志磐的《佛
祖統紀》卷第十一上說：

> 四明法智（知禮）之作，興也，天下學士，靡然向風。嗣其業而大
> 其家者，則廣智（尚賢）、神照（本如）、南屏（梵臻）三家。爲有
> 傳，明佛意示家法，用廣垂裕無窮之謀中興教觀，逮今爲有賴，此
> 諸師列傳之所由作也。若夫慈雲（遵式）一家，（文）昌、（祖）詔
> 諸師之後，五世而蔑聞，今備敘列傳。而先慈雲（遵式）之派者，
> 將以順其承襲，而不使紊雜乎四明（知禮）三家之子孫也。〔註131〕

〔註127〕《佛祖統紀》卷第十〈法師異聞傳〉，前引書，頁378。
〔註128〕《佛祖統紀》卷第十一〈法師悟持傳〉，前引書，頁386。
〔註129〕《佛祖統紀》卷第十一〈法師文昌傳〉，前引書，頁380。
〔註130〕《佛祖統紀》卷第十二〈四明法智法師法嗣〉，前引書，頁387。
〔註131〕《佛祖統紀》卷第十一〈諸師列傳第六之一〉，前引書，頁380。

知禮系從山家第十七世到二十世，法緣流傳四代，學人雖強調性具說，但有的學人已雜染山外學風，到了南宋中期知禮教學才又興發起來。

山家、山外宗之爭時，知禮的師弟遵式沒有加入論戰，但仁岳叛出知禮之後，卻被遵式所收納；仁岳離開遵式時，遵式門下的學人跟著仁岳離開到昭慶寺的有大半。遵式雖然護持山家派的學僧甚力，但結果是法智知禮的兒孫志磐寫教史還要釐清知禮與遵式系的法緣，不使遵式門人混淆在知禮系下，可見遵式系門下滲雜山外學風。

表十二：山外宗的行化表

法　名	出生地	參　學	住山寺刹	師承	引　據	備　考
晤恩	姑蘇	破山興福寺、崑山慧聚寺、秀州靈光寺、錢塘慈光院	錢塘慈光院	志因	《宋高僧傳》卷第七、《釋門正統》卷第五、《佛祖統紀》卷第十	志因的師承來自天台山的清竦。晤恩有弟子十七人。
可榮	姑蘇	錢塘慈光院	姑蘇雍熙寺	晤恩	《佛祖統紀》卷第十	無傳記
懷贄	海南	錢塘慈光院		晤恩	《佛祖統紀》卷第十	無傳記
義清	杭州	錢塘慈光院		晤恩	《佛祖統紀》卷第十	無傳記
源清	杭州	錢塘慈光院	錢塘奉先寺	晤恩	《閑居編》第十六〈中庸子傳中〉、《釋門正統》卷第五、《佛祖統紀》卷第十	無傳記，其本師或許是奉先寺的清昱。
洪敏	秀州	錢塘慈光院	秀州靈光寺	晤恩	《補續高僧傳》卷第二〈長水子璿傳〉	無傳記，其當僧判官，水璿跟其學《楞嚴經》。
可嚴			錢塘慈光院	晤恩	《佛祖統紀》卷第十	無傳記
文備	福州	福州太平寺、錢唐龍興寺、錢塘慈光院	錢塘慈光院	晤恩	《閑居編》第二十一、《釋門正統》卷第五、《佛祖統紀》卷第十	先依志因受學，後以晤恩為師。
慶昭	杭州	錢塘開化院、奉先寺	錢塘奉寺、石壁寺院、開化院、梵天寺	源清	《釋門正統》卷第五、《佛祖統紀》卷第十	與孤山時往相來，有弟子九十七人。
智圓	杭州	杭州龍興寺、錢塘奉先寺	錢塘大慈山崇法寺、崇福寺、孤山瑪瑙院	源清	《閑居編》卷第三與十二、《釋門正統》卷第五、《佛祖統紀》卷第十	智圓在孤山開山前為崇法院與崇福院方丈。文備以猶子待之。

慶巒		錢塘奉先寺	錢塘崇福寺	源清	《佛祖統紀》卷第十	《閑居編》卷第十二云智圓在崇福寺方丈著書。
德聰		錢塘奉先寺	越州開元寺	源清	《佛祖統紀》卷第十	
蘊常		錢塘慈光院	錢塘廣慈院	可嚴	《佛祖統紀》卷第十	
咸潤	越州	越州等慈院、錢塘開化院	錢塘開化院、越州等慈院、隆教院、錢塘梵天寺、越州永福寺	慶昭	《釋門正統》卷第五、《佛祖統紀》卷第十	與孤山往來
智仁	越州			慶昭	《佛祖統紀》卷第十	與孤山往來
繼齊	溫州	錢塘奉先寺、石壁寺		慶昭	《釋門正統》卷第五	與孤山往來
惟雅		孤山瑪瑙院		智圓	《佛祖統紀》卷第十	
志筠	秀州	孤山瑪瑙院	秀州興聖院	智圓	《閑居編》第十三〈華亭興聖院界相牓序〉	
子華	秀州	孤山瑪瑙院	秀州興聖院	智圓	《閑居編》第十三〈華亭興聖院界相牓序〉	
浩才		孤山瑪瑙院	孤山瑪瑙院	智圓	《閑居編》第十六〈夜講亭述〉、《閑居編》卷第三十四〈遺囑〉	
雲卿		孤山瑪瑙院	孤山瑪瑙院	智圓	《閑居編》第十八〈生死無好惡論〉	
爲政		孤山瑪瑙院	孤山瑪瑙院	智圓	《閑居編》第三十四〈遺囑〉	
思齊		孤山瑪瑙院	孤山瑪瑙院	智圓	《閑居編》第三十四〈遺囑〉	
善朋		越州永福寺	越州永福寺	咸潤	《佛祖統紀》卷第十	
元敬			孤山瑪瑙院		《閑居編》卷第五十一	其師承不明。南宋理宗時住孤山，創塔亭且新祖像，募緣重刊孤山的《閑居編》。

說明	一、山外宗從後晉出帝開運初年（944）晤恩到錢塘慈光院志因處參學算起，到宋仁宗景祐二年（1035）左右永福咸潤卒，其盛況約有九十年之久。其後，因為乏宗匠出世，法緣被山家宗與禪門、後山外派僧家所取代。 二、其法緣之傳播以錢塘為主要根據地，其範圍伸展到秀州、蘇州、越州、溫州等地。 三、孤山瑪瑙院在智圓卒後，變成法智與慈雲法子的道場，如慧才（998～1083）在治平初（1064）之前曾到孤山領眾。宋哲宗元符中（1098～1100），山家宗南屏下第三世法雲宗敏遷主孤山，然到南宋末年孤山還有兒孫節菴元敬來繼主祖席。 四、山外宗的法緣，如廣義的從十祖玄燭大順初（890）在帝京行化算起，到仁宗景祐二年（1035），約有一百四十多年的歷史。

　　宋初的山家、山外之爭，實際上是寶雲義通會下的學人如石壁善信鼓舞知禮以爭取天台宗的正統。〔註 132〕所以吳忠偉說：「天台思想在宋代之前有兩大資源，一為智顗的思想，二為湛然的理論。如果說前者代表了台宗獨特性的一面的話，那麼後者便體現了天台圓融性一面，對二者取捨之輕重正反映了台宗內部對傳統的不同理解。這種差異性的發展和強化，與宋代以後佛教思想的發展變化有著密切的關係。因此，將山家、山外之爭僅僅還原為台、賢之爭又顯得過分簡化了。我們不應只將這場爭論，視作台、賢兩宗之爭在天台內部的反映，還應將其看作台宗內部兩大思想傳統在新的思想背景下各自發展所引發的衝突。」〔註 133〕其說法，是蠻符合歷史事實的，就台教來說贊寧的《宋高僧傳》僅為晤恩與義寂兩人作傳，而從湛然以下的天台諸師除

〔註132〕釋知禮《釋難扶宗記》「序」，《卍新纂續藏經》第 56 冊，前引書，頁 848a云：「《金光明玄義》，早歲聞浙陽慈光恩師，專守略本，非觀心等義，謂後人擅添。受其旨者，則有奉先清、靈光敏，皆廣搆難詞，形乎篇卷，謂觀心等文，文理乖舛，私欲廢之。近胥山學友善信上人，傳二師之義，復致長牋，請余詳廣略之真偽，定存廢之損益，俾後人無猶豫於兩楹之間也。余報之曰：『夫評是議非，則近於諍競，非我志也。矧以二師學解有聞，蓋吾宗之先達，焉可率爾而拒之哉。』信復報曰：『且聞弘贊理教，宜令允愜。法鼓競鳴，何先何後。夫當仁不讓於師，豈況與人乎。』堅讓不免，遂抽毫釋二師之難詞，救一家之正義。知我者，無以貶量得失之為誚。」據《佛祖統紀》卷第八〈十七祖法智尊者知禮傳〉所云，時有寶山善信致書法智；而慈雲有寄石壁善信上人詩，說曾同結社。善信曾居石壁寺與寶山寺，這兩寺院都是禪、教合一的寺院，住持是義寂的兒孫，而善信或是行靖、行紹會下道友或學人，可能是義通的門下；其與知禮是同輩，同是一家之人。其往來於錢塘的山寺居住，必深知晤恩一系的天台教觀，所以鼓動知禮破斥之。

〔註133〕潘桂明、吳忠偉《中國天台宗通史》「第十章宋代天台佛教的復興——山家山外之爭」，頁 395。

了元浩、志遠、皓端、晤恩與義寂之外，則罕有被列入〈義解篇〉中，這顯示出從湛然以下的天台宗有多系統在行化，而有義學成就的僅晤恩與義寂兩家。唐大順初（890），玄燭傳法帝師，時謂可繼荊溪湛然，而台教中人尊其爲十祖。贊寧的《宋高僧傳》卷第七〈宋秀州靈光寺皓端傳〉有此說，當時被武肅王禮重的皓端依玄燭受學，後晤恩從皓端聽習經論並聞天台三觀六即之說〔註134〕，後在慈光院行化。宋初，居天台山螺溪傳教院的義寂，請諡天台祖師，而依宗曉的〈台州螺溪淨光法師傳〉僅「追諡九祖名銜」。〔註135〕這透露出一個訊息，即義寂趁著錢王與國師德韶以及天台僧眾的厚愛之下，請諡天台諸祖以爭正統性。但當時的吳越國境內，有十祖玄燭會下皓端一系在秀州行道，還有清竦系下的志因、晤恩一系在錢塘頗有聲名，所以當時吳越王僅請諡到九祖湛然爲止，以免產生爭端，這是一種明智的決定。這一次爭正統之舉過後，再出現的機會就是錢塘系宗匠晤恩、源清相繼圓寂之後，給了義通及其會下一個大好機會。義通之時，尚不能發揚其義學學說，待到知禮出世論說兩派之間誰的義學較符合天台傳統；內部的正統性之爭，除了靠法緣來決定之外，山家派更用史觀來評說。

至於義通在義寂門下的地位及其義學，贊寧在《宋高僧傳》〈義寂傳〉中只說其爲高弟，當就實情而言。而其住延慶院的重法孫釋宗正在〈鉅宋明州寶雲通公法師石塔記〉中則云：「始訪雲居，契悟。嗣謁螺溪寂師，了天台宗。縈道且逢源，具體之聲，浹聞四遠。姑曰：『圓頓之學，畢茲轍矣。』」〔註136〕宋英宗治平元年（1064）暮春十日，釋宗正的〈鉅宋明州寶雲通公法師石塔記〉云：「會漕使顧承徽捨宅爲傳道處第，乞額寶雲，昭其祥也。既而日揚教觀，逾二祀。（知禮、遵式）子矜，之高者。其餘升堂及門，莫可勝紀。凡諸著述，並逸而不傳。」〔註137〕後宗曉的〈紀通法師著述遺跡〉文云：

天台正傳，止荊溪（湛然）禪師爲九世祖。然自荊溪後之傳者，亦復不絕焉。雖定慧雙弘，未可並肩九祖，然截瓊枝析栴檀，則皆行

〔註134〕《宋高僧傳》卷第七〈宋杭州慈光寺晤恩傳〉，前引書，頁178。
〔註135〕釋宗曉《寶雲振祖集》〈台州螺溪淨光法師傳〉，《卍新纂續藏經》第56冊，頁703a。
〔註136〕釋宗曉《寶雲振祖集》〈鉅宋明州寶雲通公法師石塔記〉，前引書第56冊，頁703a。
〔註137〕釋宗曉《寶雲振祖集》〈鉅宋明州寶雲通公法師石塔記〉，前引書第56冊，頁703b。

天台之道者也。今寶雲（義）通公，實繼荊溪（湛然）之後，復得
法智（知禮）、慈雲（遵式）分化於江浙，此道遂再振矣。師解行
高深，洪通甚力。準石塔記，師所著述並逸而不傳。然考諸四明章
記，則嘗秉筆《觀經疏記》、《光明玄贊釋》，若餘之法義，則法智
（知禮）悉面承，載之於記鈔。其《贊釋》一部尚存，但不廣傳耳，
惜哉。師所建院宇，已二百二十二年，兵塵之後，古跡掃地而盡。
嘗訊諸耆宿，知師有藏衣塔一所，存景清興法院。遂訪之，果奉安
懺殿尊像前，雕布奇巧，飾以渾金，內空外方，高五尺許。此寶雲
舊物，不知何緣留墜彼刹，萬一合浦珠還，豈不爲山家傳持之標幟
乎。〔註138〕

法智知禮之學興起之後，寶雲義通被尊爲中興教觀之鼻祖，宗曉在《寶雲振
祖集》序文中說義通：「念台衡教觀，經五代離亂，僅存一線，遂挺志造螺溪
義寂之室，頓受其傳，具體之學聲聞四方。」義通會下學人頗多，到南宋紹
興三十年（1160）有第六代住持法孫圓澄大師智謙作〈寶雲通公法師眞贊〉云：
「寶雲（義通）法師，逎四明（知禮）、天竺（遵式）所稟，則中興教觀之鼻
祖也。而古無塑像，不亦殆於忘本乎。智謙既立坐像，復圖是本併錢王贊，
摹刻諸石，俾瞻拜者，可以想見當時之形容云。」〔註139〕由義通的寶雲院傳
承可以知道一些訊息，那就是義通之學與四明法智之學不同，傳承上也有些
許的疑情在。此正如志因、晤恩之學，與湛然之學有別。義寂之學，不僅與
清竦之學有別，義通之學與義寂之學也有所不同。山外之學，從志因、晤恩、
源清、慶昭與智圓一系，在義學上是一脈相承的。唯有清竦、義寂、義通，
僅是傳承上的關係，而山家的實際祖師是知禮，以天台山外的四明爲地盤，
一躍而自稱山家學之正宗，貶斥錢塘派系爲山外，眞是妙哉！所以宋初以後，
天台宗有另一個法脈在流傳，那即是以義通爲開山祖的寶雲院傳承，這一流
派被法智的山家所不提，但在南宋紹興末年還有法孫智謙在世，後淳熙十四
年（1187）到光宗紹熙二年（1191）有東堂元慧法嗣宗瑩法師在傳天台教觀。
〔註140〕寶雲院的興衰，在於住持者的願行，如慈雲遵式、明智中立、宗瑩等，
不然則早已積廢。

〔註138〕釋宗曉《寶雲振祖集》〈紀通法師著述遺跡〉，前引書第56冊，頁704b。
〔註139〕釋宗曉《寶雲振祖集》〈寶雲通公法師眞贊〉，前引書第56冊，頁704b。
〔註140〕釋宗曉《寶雲振祖集》〈寶雲院利益長生庫記〉，前引書第56冊，頁707a。

　　知禮一系與山外的諍論，最後的結果，難以融通，而分宗並流。後之山家學人，還一直批判山外學說之非，如宗鑑在《釋門正統》卷第五〈慶昭傳〉中說：

> 先是《光明玄義》有廣、略二本，抗行於世。（晤）恩師製《發揮記》解釋略本，乃謂廣本是後人擅增，遂以四失評之。弟子奉先（源）清、靈光（洪）敏共搆難詞，輔成師義，欲廢廣本。法智撰《扶宗釋難》力救廣本，十種觀心等文謂清、敏二公不解發軔揀境之非，觀成歷法之失。而師與孤山（智圓）既預（源）清門列，亦撰《辨訛》、《駁釋》難之非，救發揮之得。如是反覆，各至于五，綿歷七年。永嘉（繼）忠攢結前後十番之文，號十義書。自茲二家觀法不同，各開戶牖，枝派永異，今山家號清、昭之學爲山外宗。故天台之道自師數傳之後，厥嗣漫息。而中興教觀，遂屬於法智焉。鎧菴曰：「予謂棄陰觀眞，猶棄冰觀水。即陰觀眞，猶即冰觀水。若乃，既知陰是妄矣，猶觀妄焉，是猶知冰是水矣，猶觀冰焉，是亦大惑也。」荊溪云：「凡觀心者（定境），先了萬法唯心（了法），方可觀心（用觀）。請以斯言格之，自見臧否。」〔註141〕

對於山家、山外宗之爭，陳援庵說：「此猶儒家今古文之爭也。晤恩，《宋僧傳》七有傳。山外之名，起於法智統一之後，凡持論與法智異者，均可目之爲山外，故又有前山外、後山外之名，前山外者大抵與法智同時，後山外則法智子孫而持論與法智異者也。」〔註142〕前山外之中，有天台宗昱、元穎，以及嘉禾子玄，元穎與子玄在《佛祖統紀》卷第二十一被列爲「未詳承嗣者」，而只元穎有傳在，政和二年其於郡城開元建智者院，撰《天台宗元錄》百卷。〔註143〕奉先源清、慧光宗昱曾爲文，主眞心觀與倡靈知心性說，知禮起而著《指要鈔》指出「別理隨緣」之義，以悍衛天台一家宗義。而慶昭會下的永嘉繼齊作《指濫》，說眞如隨緣正是今家圓教之理，別教豈有隨緣？知禮作〈別理隨緣二十問〉反破之。〔註144〕《釋門正統》卷第五〈繼齊傳〉說：「繼齊，字希中。貌壯而氣清，志高而辭正，永嘉之翹楚也。初學止觀法門於奉先清，

〔註141〕釋宗鑑《釋門正統》卷第五〈慶昭傳〉，前引書，頁832下～833上。
〔註142〕陳新會《中國佛教史籍概論》卷五〈山家山外之爭〉，《卍新纂續藏經》第56冊，頁126。
〔註143〕《佛祖統紀》卷第二十二〈法師元穎傳〉，前引書，頁446。
〔註144〕釋宗曉《四明尊者教行錄》卷第三，前引書，頁874下～876下。

又習淨名大義於石壁昭，又與孤山圓爲忘年友。孤山嘗爲師作字說，美其學行。時法智製《不二門指要鈔》，立別理隨緣之義。師謂之濫說，與嘉禾玄、天台穎並形辭藻，互相攻擊。爾後《十門析難》既出，則師與夫二家之文，俱湮汲無聞矣。」〔註145〕

當時知禮之門，已自認爲山家正宗，如其〈絳幃問答三十章〉文云：「天禧改元（1017）春二月四日，延慶座主出山家教義，凡三十條。褰絳幃問諸子，其詞惟要，其旨甚微。俾無或者興布教之功，令不敏者奮強學之志。門人（仁岳）率爾而對，斐然成章。」〔註146〕仁岳後又說：「予所稟四明法師，嘗於《指要鈔》中，立別教眞如有隨緣義。山家學徒，罔不傳習。時有永嘉繼齊（立指濫）、嘉禾子玄（立隨緣撲）、天台元穎（立隨緣徵決），洎當途繼祖之者；廣搆篇章，難茲名義。予因遍覽，審彼否臧，而皆昧偏圓之詮，亂權實之理。豈唯矯誣先覺，抑亦蒙蔽後昆。矧此諍論，容可緘默，由是採其謬說，考以正言，建立十門，析破諸難。乃用文勢，連合義類相從辨，是非兩端，如指諸掌。然一門若曉，何俟九門。但轉計頗多，故強分解辭達而已，觀者詳焉。」〔註147〕知禮一派，自稱山家，出教義多種，互相問答，意氣風發，不把「當途繼祖者」一派（山外宗派）看在眼裡，而直斥破之。

知禮之學最後得以流傳，由淨覺仁岳的說法，關鍵在妙悟希最，從此法智之學特盛。由山家爭正統的現象來看，這並不代表從此之後知禮之學在天台宗內眞能一統天下。吳忠偉說：「眞正使知禮聲名鵲起的，是山家、山外之爭，通過這一場天台自身的義學運動，錢塘山家派的實力至少被大大削減，四明知禮由此確立起自己在天台義學上的權威，而山家派的實力也得到了極大的增強。」〔註148〕山家、山外諍論後，錢塘山外派的實力確實有減弱的情況出現，而宗昱與契能會下的僧家大受影響，台州、溫州原本傾向眞心說的僧人又轉向山家陣營去了；此外義寂系、宗昱系在錢塘的僧家亦與山家善信與遵式有所往來，山家、山外諍論後，山家宗在錢塘地區的勢力增強。隨著慶昭、智圓的謝世，山外派在錢塘發展的氣勢不見了。但南宋時，山外派的寺院如孤山寶勝院、梵天寺，依然存在，但禪講風氣已不如往昔。依《釋門正統》卷第五〈智圓傳〉云：「靖康改元，金人犯順，顯仁皇太后隨兩宮北狩，

〔註145〕《釋門正統》卷第五〈繼齊傳〉，前引書，頁833。
〔註146〕釋宗曉《四明尊者教行錄》卷第三，前引書，頁877下～878上。
〔註147〕釋仁岳述、釋繼忠集《附法智遺編別理隨緣十門析難書》「序」，頁839a。
〔註148〕潘桂明、吳忠偉《中國天台宗通史》，頁412。

佩平日所事，繪四聖像以行。雖爲點虜所幽，而密蒙神祐，感於夢中。厥後
南歸，謀所以報之者，有司改師所居爲延祥觀，以奉四聖香火。遂移額山北，
遷師塔焉，庚申紹興二十一載（1151）也。」〔註149〕到了南宋，山外宗的寺
院雖然存在，但已經不見宗匠出世行化；從知禮處叛出的仁岳系也沒落，連
同情仁岳系的遵式系也不廣傳，天台宗最後只剩下知禮系獨擅於世。《佛祖統
紀》卷第八〈十七祖法智尊者知禮〉贊曰：

> 唐之末造，天下喪亂，台宗典籍，流散海東。當是時，爲其學者，
> 至有兼講華嚴，以資說飾。暨我宋龍興，此道尚晦。螺溪、寶雲之
> 際，遺文復還，雖講演稍聞，而曲見之士，氣習未移。故（晤）恩、
> （源）清兼業於前，昭、圓異議於後。（繼）齊、（咸）潤以他黨而
> 外務，淨覺以吾子而内畔，皆足以淆亂法門，壅塞祖道。四明法智
> （知禮），以上聖之才，當中興之運，東征西伐，再清教海，功業之
> 盛，可得而思。是以立陰觀妄，別理隨緣，究竟蛣蜣，理毒性惡，
> 唯色唯心之旨，觀心觀佛之談，三雙之論佛身，即具之論經體，十
> 不二門之指要，十種三法之觀心，判實判權，說修說性。凡章安、
> 荊溪未暇結顯，諸深法門悉表而出之，以爲駕御群雄之策，付託諸
> 子之計。自荊溪而來，九世二百年矣，弘法傳道何世無之。備衆體
> 而集大成，闢異端而隆正統者，唯法智一師耳。是宜陪位列祖，稱
> 爲中興，用見後學歸宗之意。今淛河東西（淛浙江也，又音制見莊
> 子），號爲教黌者（音橫，學舍）莫不一遵四明之道。回視山外諸師，
> 固已無噍類矣。然則法運無窮之繫，其有在於是乎。〔註150〕

　　對於志磐的描述，也有學者應合其意而說，「會昌廢佛，教典淪佚，吳越
王求遺書於高麗，斯道復興。」這是應合山家人宗曉的說詞，「一家教乘，以
義寂爲重興之人。」若不提寶雲的德業，則「教失宗元」。然所謂的斯道、教
乘或宗元，是指山家宗祖師及會下學人的道法，即山家宗所謂的天台祖道，
或稱爲天台山家的教學。此山家教學在宋初得以復興，是因爲知禮及其門下
大力闡揚山家教義，一再破斥當時想要繼承祖業的山外學人之教觀；知禮之
學，受到很大的回響，來學者多；同時知禮有了延慶院教主的稱謂，其教觀
後人稱之爲四明之學或法智之學。

〔註149〕《釋門正統》卷第五〈荷負扶持傳——孤山智圓傳〉，前引書，頁831。
〔註150〕《佛祖統紀》卷第八〈十七祖法智尊者知禮〉「贊曰」，前引書，頁351。

表十三：山家知禮系下的行化表

法　名	出生地	參　學	住山寺剎	師承	引　　據	備　　考
知禮	明州	明州太平興國寺、寶雲院	乾符寺、保恩院（後賜額爲延慶院）	義通	《釋門正統》卷第二、《佛祖統紀》卷第十	賜號法智。稟法領徒者，一說三十人，一說二十人。
尚賢	明州	延慶寺	延慶院	知禮	《佛祖統紀》卷第十二	賜號廣智、繼法智主延慶寺。
本如	明州	國寧寺、延慶院	延慶寺、台州承天寺、白蓮庵院	知禮	《釋門正統》卷第六、《佛祖統紀》卷第十二	賜號神照，繼慈雲主東山，爲山家三虎之一。
梵臻	杭州	延慶寺	上竺寺、金山寺、南屛興教院	知禮	《佛祖統紀》卷第十二	與淨覺辨論教，與東坡最厚。崇寧中諡實相法師。
則全	明州	保國相塔、延慶寺	三學院	知禮	《釋門正統》卷第六、《佛祖統紀》卷第十二	南湖十大弟子之冠。
崇矩	衢州	衢州浮石院、明州延慶院	台州黃巖東禪講院、衢州浮石院、明州天竺寺	知禮	《釋門正統》卷第六、《佛祖統紀》卷第十二	浮石從禪改爲教院，師且爲慈雲之猶子。
慧才	溫州	白鶴山、明州延慶院	杭州法慧院、雷峰塔	知禮	《釋門正統》卷第六、《佛祖統紀》卷第十二	賜號廣慈，曾侍慈雲。師出世時，教門異論諠動江浙。
含瑩	明州	廣嚴院、延慶院	蓮止庵	知禮	《佛祖統紀》卷第十二	
擇交	台州	延慶院	慧因講院	知禮	《佛祖統紀》卷第十二	
覺琮	越州	智圓院、延慶院	智圓院	知禮	《佛祖統紀》卷第十二	
嗣端	明州	崇法院、延慶院	崇法院	知禮	《佛祖統紀》卷第十二	與王安石爲方外友
文璨	明州	興國寺院、延慶院	興國寺院	知禮	《佛祖統紀》卷第十二、《補續高僧傳》卷第三〈道因傳〉	初依寶雲系興國有基法子令祥，其後身道因於寶雲院參學明智中立，後主延慶院。

嗣謙	台州	延慶院		知禮	《佛祖統紀》卷第十二	
願彬	明州	延慶院		知禮	《佛祖統紀》卷第十二	
智環		延慶院	廣印院	知禮	《佛祖統紀》卷第十二	
文智	衢州	延慶院	祥符寺	知禮	《佛祖統紀》卷第十二	
文炳	衢州	延慶院		知禮	《佛祖統紀》卷第十二	
用卿	明州	延慶院		知禮	《佛祖統紀》卷第十二	
居永	明州	延慶院		知禮	《佛祖統紀》卷第十二	
自仁	明州	延慶院		知禮	《佛祖統紀》卷第十二	
本圓	明州	延慶院	崇慶院	知禮	《釋門正統》卷第二、《佛祖統紀》卷第十二	
慧舟	台州	延慶院		知禮	《佛祖統紀》卷第十二	
懷襲	衢州	延慶院	祥符寺	知禮	《佛祖統紀》卷第十二	
志豪		延慶院		知禮	《佛祖統紀》卷第十二	
源信	日本國			知禮	《佛祖統紀》卷第十二	遣弟子寂照到延慶寺問難
俞源清		延慶院		知禮	《佛祖統紀》卷第十二	
鑑文	明州	延慶院	延慶院	尚賢	《佛祖統紀》卷第十三	賜號神智
繼忠	溫州	開元寺、延慶院	開元寺、妙果院、江心院、西湖永明寺	尚賢	《釋門正統》卷第六、《佛祖統紀》卷第十三	契能欲授其祖師所傳鑪拂，想必其曾跟契能參學。
惟湛	婺州	雙林寺、台州承天寺、延慶院	錢塘香嚴寺、東越、秀州超果寺	尚賢	《釋門正統》卷第六、《佛祖統紀》卷第十三	天台一宗盛於三吳自師始
如吉	明州	延慶院	錢塘因果院	尚賢	《佛祖統紀》卷第十三	
全教	溫州	延慶院	淨社	尚賢	《釋門正統》卷第二、《佛祖統紀》卷第十三	無傳記
義詢	台州	延慶院	括蒼山	尚賢	《佛祖統紀》卷第十三	無傳記
蘊恭	明州	延慶院		尚賢	《佛祖統紀》卷第十三	無傳記
沖宵	明州	金文院、延慶院	金文院	尚賢	《佛祖統紀》卷第十三	
本誠	明州	延慶院	法昌院	尚賢	《佛祖統紀》卷第十三	
紹良	日本國	延慶院		尚賢	《佛祖統紀》卷第十二	
處咸	台州	國清寺、承天寺	崇善院、白蓮院	本如	《釋門正統》卷第六、《佛祖統紀》卷第十三	賜號法真

處謙	溫州	天台常寧寺、天竺寺、承天寺	白蓮寺、杭州寶閣院、南屏興教院、天竺寺	本如	《釋門正統》卷第六、《佛祖統紀》卷第十三	賜號神悟，契能爲其本師，曾依慈雲。
有嚴	台州	東掞山	慧因寺、承天寺、赤城寺、櫨庵	本如	《釋門正統》卷第六、《佛祖統紀》卷第十三	
法寶	台州	東掞山	能仁寺	本如	《佛祖統紀》卷第十三	
保纖	台州	東掞山		本如	《佛祖統紀》卷第十三	
懷雅	台州	東掞山	承天寺	本如	《佛祖統紀》卷第十三	
元操	台州	東掞山	承天寺	本如	《佛祖統紀》卷第十三	
義全	杭州	東掞山		本如	《佛祖統紀》卷第十三	
左伸	台州	東掞山		本如	《佛祖統紀》卷第十三	
從諫	處州	上竺寺、金山寺	杭州明慶院、淨住寺、處州壽聖院、南屏興教院、上竺院	梵臻	《釋門正統》卷第六、《佛祖統紀》卷第十三	賜號慈辯
泰初	杭州	南屏興教院	群峰院	梵臻	《佛祖統紀》卷第十二〈法師梵臻傳〉、《佛祖統紀》卷第十三	無傳記
用文		南屏興教院	法照寺	梵臻	《佛祖統紀》卷第十三	無傳記
會賢		南屏興教院	秀州超果寺	梵臻	《佛祖統紀》卷第十二〈法師梵臻傳〉、《佛祖統紀》卷第十三	
宗正	杭州	南屏興教院	法慧寺	梵臻	《釋門正統》卷第二、《佛祖統紀》卷第十三	無傳記
景初	溫州	南屏興教院	東安寺	梵臻	《釋門正統》卷第二、《佛祖統紀》卷第十三	無傳記
靈玩	杭州	南屏興教院	南屏興教院	梵臻	《佛祖統紀》卷第十三	無傳記
文詡	東吳	南屏興教院		梵臻	《佛祖統紀》卷第十三	無傳記
如詢	杭州	南屏興教院		梵臻	《佛祖統紀》卷第十三	無傳記
若水	衢州	三學院	溫州崇福院	則全	《釋門正統》卷第六、《佛祖統紀》卷第十三	
溫其	婺州	衢州浮石院	婺州景雲院	崇矩	《佛祖統紀》卷第十三	賜號法雲
守孜		衢州浮石院	天柱山	崇矩	《佛祖統紀》卷第十三	無傳記

懷月		衢州浮石院	衢州浮石院	崇矩	《佛祖統紀》卷第十三	無傳記
日東	婺州	衢州浮石院		崇矩	《佛祖統紀》卷第十三	無傳記
希最	湖州	廣化院、杭州法慧院	秀州隆平塔院	慧才	《釋門正統》卷第六、《佛祖統紀》卷第十三	賜號妙悟，為廣慈下上首。
法宗	杭州	杭州法慧院	杭州法慧院	慧才	《佛祖統紀》卷第十三	
子良		杭州法慧院	妙果寺	慧才	《佛祖統紀》卷第十三	無傳記
思辯		杭州法慧院	餘慶院	慧才	《佛祖統紀》卷第十三	無傳記
惟清		杭州法慧院	衢州浮石院	慧才	《佛祖統紀》卷第十三	無傳記
覃異	越州	龍泉寺、天竺寺、雷峰塔	越州龍泉寺	慧才	《釋門正統》卷第六、《佛祖統紀》卷第十三	初習教觀於四明贇、天竺明智
戒珠	福州	雷峰塔	福唐飛山	慧才	《佛祖統紀》卷第十三	無傳記
中立	明州	越州棲心寺、延慶寺、溫州開元寺	延慶寺、台州東湖隱學院、明州保雲寺、白雲庵	鑑文	《釋門正統》卷第六、《佛祖統紀》卷第十四	賜號明智，曾依尚賢與繼忠，宗正卒後再主延慶寺。
宗正		延慶寺	延慶寺	鑑文	《佛祖統紀》卷第十四	賜號文慧，為寶雲義通作石塔記。
思恭	湖州	空相院、延慶寺	空相院	鑑文	《佛祖統紀》卷第十四	賜號體真，有弟子四十三人。
處元	溫州	西湖法明寺	法明寺	繼忠	《佛祖統紀》卷第十四	為僧正
法銓	溫州			繼忠	《佛祖統紀》卷第十四	無傳記
若圓		秀州超果寺	海慧寺	惟湛	《佛祖統紀》卷第十三〈惟湛傳〉	為惟湛下上首
道卿		白蓮寺	台州白蓮寺	處咸	《佛祖統紀》卷第十四	無傳記
元惠		白蓮寺	安國寺	處咸	《佛祖統紀》卷第十四	無傳記
淨杲	明州	白蓮寺		處咸	《釋門正統》卷第六、《佛祖統紀》卷第十三	《釋門正統》稱淨果
淨梵	秀州	超果寺、杭州	湖州新市西庵、姑蘇大慈寺	處謙	《釋門正統》卷第六、《佛祖統紀》卷第十四	曾參學於惟湛，受業門生殆遍吳，宣和初為法主。師製法華期懺規式，兩浙奉行甚久。
善珪	台州		白蓮寺	處謙	《佛祖統紀》卷第十四	無傳記

擇瑛	嚴州	杭州壽寧院、寶覺院	秀州德藏院	處謙	《釋門正統》卷第六、《佛祖統紀》卷第十四	
子方	婺州			處謙	《佛祖統紀》卷第十四	無傳記
良弼	杭州		壽安寺	處謙	《佛祖統紀》卷第十〈處謙傳〉、《佛祖統紀》卷第十四	無傳記
思照	杭州	淨住寺、南屏、東掖山	淨住寺	處謙	《佛祖統紀》卷第十四	
宗利	越州	天華寺、蘇州	台州雁蕩、天封淨土道場、天華寺	處謙	《佛祖統紀》卷第十四	
法麟	台州	櫨庵		有嚴	《佛祖統紀》卷第十四	無傳記
應通	台州	櫨庵		有嚴	《佛祖統紀》卷第十四	無傳記
擇卿	台州	上天竺寺	秀州壽聖院	從諫	《佛祖統紀》卷第十四、《補續高僧傳》卷第三	
齊玉	湖州	開元寺、祥符寺、壽聖院	湖州寶藏院、橫山寺、蘇州觀因院、杭州超化院、上竺寺、秀州壽聖院	從諫	《釋門正統》卷第六本傳與〈應如傳〉、《佛祖統紀》卷第十四	因避時諱，改為齊璧，得慈辯私密授以通相三觀。門弟子傳授者，修慧等二十人。
蘊慈	明州	壽安寺、天竺寺	西湖菩提寺、越州圓通寺、能仁寺	從諫	《釋門正統》卷第六、《佛祖統紀》卷第十四	嗣號圓覺，為慈辯門下十大高弟，說法第一。
如靖	杭州	上竺寺	學悟院、上竺寺	從諫	《佛祖統紀》卷第十四	嗣號普明
應如	婺州	龍德寺、天竺寺	越州圓通寺、上竺寺	從諫	《佛祖統紀》卷第十四	山家三虎之一
宗敏	秀州	超果寺、廣化院、南屏、上竺	杭州菩提寺、孤山、報恩院	從諫	《佛祖統紀》卷第十四	與歐陽修、蘇東坡為詩友。
慈雲				從諫	《佛祖統紀》卷第十四	無傳記
智堅				從諫	《佛祖統紀》卷第十四	無傳記
清月				從諫	《佛祖統紀》卷第十四	無傳記
普賢				從諫	《佛祖統紀》卷第十四	無傳記
明義		上竺院	上竺院	從諫	《佛祖統紀》卷第十四、《佛祖統紀》卷第十五〈了然傳〉	從諫會下首座，無傳記，了然曾來參學。

義天	高麗國	延慶寺、慧因院、天竺寺		從諫	《佛祖統紀》卷第十四	
智普				泰初	《佛祖統紀》卷第十四	無傳記
仲閔	衢州	祥符寺、南屏	衢州浮石寺	用文	《佛祖統紀》卷第十四	參學用文之前，久依扶宗繼忠，座下有五百眾。
彥倫		法明寺	仙潭寺、	會賢	《佛祖統紀》卷第十四	賜號妙慧
蘊齊	杭州	法明寺	錢塘道林院、常熟上方、姑蘇東靈寺、南屏、姑蘇廣化院、衢州浮石寺	會賢	《釋門正統》卷第六、《佛祖統紀》卷第十四	賜號清辨
彥端		法明寺	寶積寺	會賢	《佛祖統紀》卷第十四	無傳記
善嵩		婺州景雲院	慈覺院	溫其	《佛祖統紀》卷第十三〈溫其傳〉、《佛祖統紀》卷第十四	無傳記，有普月大師之名。
居式	婺州	婺州景雲院	景德寺	溫其	《佛祖統紀》卷第十四	有虎子之稱
覺先	明州	延慶院、南屏、天竺寺	寶林寺、延慶院	中立	《釋門正統》卷第七、《佛祖統紀》卷第十五	賜號澄照
法鄰	明州	延慶院	三學院	中立	《釋門正統》卷第七、《佛祖統紀》卷第十五	賜號慧照，與義天為友。
智謙		延慶院	寶雲寺	中立	《佛祖統紀》卷第十五	賜號圓澄
法雅	明州	延慶院	延慶院	中立	《佛祖統紀》卷第十四〈中立傳〉、《佛祖統紀》卷第十五	無傳記
介然	明州	福泉山、延慶院	延慶院、北地	中立	《佛祖統紀》卷第十五	人稱定慧尊者
晁說之		延慶院		中立	《釋門正統》卷第七、《佛祖統紀》卷第十五	為明智撰碑，與了然為方外友。
陳瓘		延慶院		中立	《釋門正統》卷第七、《佛祖統紀》卷第十五	號了翁，為明智作觀堂淨土記。
道淵	溫州	西湖法明寺	西湖永明寺	處元	《佛祖統紀》卷第十五	號息庵，久依扶宗。

了然	台州	祥符寺、天竺、安國寺、延慶寺、白蓮寺	廣嚴院、白蓮寺	元惠	《釋門正統》卷第七、《佛祖統紀》卷第十五	賜號智湧，曾依明智中立。居白蓮二十四年，學眾常五六百人。
智偘	台州			元惠	《佛祖統紀》卷第十五	賜號真教
梵章		白蓮寺	白蓮寺	元惠	《佛祖統紀》卷第十五	為首座
淨侁		白蓮寺	白蓮寺	道卿	《佛祖統紀》卷第十五	無傳記
惠深		姑蘇大慈寺	姑蘇大慈寺	淨梵	《佛祖統紀》卷第十五	
智忱		姑蘇大慈寺		淨梵	《佛祖統紀》卷第十五	無傳記
子文		姑蘇大慈寺		淨梵	《佛祖統紀》卷第十五	無傳記
慧明		姑蘇大慈寺		淨梵	《佛祖統紀》卷第十五	無傳記
慧道		姑蘇大慈寺	超果寺	淨梵	《佛祖統紀》卷第十五	無傳記
思淨	杭州	秀州德藏院	北關妙行精舍	擇瑛	《佛祖統紀》卷第十五	精於畫佛，人稱喻彌陀。
有全		壽安寺	教藏院	良弼	《佛祖統紀》卷第十五	無傳記
可觀	秀州	寶雲寺、南屏、秀州壽聖院、湖州寶藏院、橫山寺	壽聖院、德藏院、祥符寺、姑蘇北禪、延慶院、秀州竹庵	擇卿	《釋門正統》卷第七、《佛祖統紀》卷第十四〈擇卿傳〉、《佛祖統紀》卷第十五、《補續高僧傳》卷第三	號竹庵
有朋	婺州	善因寺、能仁寺、秀州壽聖院	仙潭寺、能仁寺、延慶寺	擇卿	《釋門正統》卷第七、《佛祖統紀》卷第十四〈擇卿傳〉、《佛祖統紀》卷第十五、《補續高僧傳》卷第三	曾參蘊慈圓覺，自號牧庵。
道忻		秀州壽聖院	祥符寺	擇卿	《佛祖統紀》卷第十五	無傳記
法久	越州	龍泉寺、廣嚴院、觀音院、天竺寺、徑山	明州圓湛庵、越州清修院	齊玉	《釋門正統》卷第七、《佛祖統紀》卷第十五	曾參了然、大慧，後講禪於教苑。
神煥	湖州	廣嚴院	覺悟院	齊玉	《釋門正統》卷第七、《佛祖統紀》卷第十五	
如湛	溫州	東靈院、普慈院、秀州壽聖院、橫山寺	秀州壽聖院	齊玉	《佛祖統紀》卷第十五	
修慧					《佛祖統紀》卷第十五	無傳記
曇應				齊玉	《佛祖統紀》卷第十四〈擇卿傳〉、《佛祖統紀》卷第十五	無傳記，曾參車溪，時有徒三十人。

道倫				齊玉	《佛祖統紀》卷第十五	無傳記
法榮			姑蘇北禪	齊玉	《佛祖統紀》卷第十五	無傳記
文俊			姑蘇北禪	齊玉	《佛祖統紀》卷第十五	無傳記
淨圭				齊玉	《佛祖統紀》卷第十五	無傳記
中皎	明州	永明寺、延慶寺、天竺寺	台州能仁寺、藏密庵	蘊慈	《釋門正統》卷第七、《佛祖統紀》卷第十五	賜號法照，曾參明智，爲蘊慈下首座。
敏齊			台州能仁寺	蘊慈	《佛祖統紀》卷第十五	無傳記
文		台州能仁寺	台州能仁寺	蘊慈	《釋門正統》卷第六〈蘊慈傳〉、《佛祖統紀》卷第十五	無傳記
能		台州能仁寺	台州能仁寺	蘊慈	《釋門正統》卷第六〈蘊慈傳〉、《佛祖統紀》卷第十五	無傳記
思梵	杭州	淨社、覺悟院、上竺寺	覺悟院、歸雲庵	如靖	《釋門正統》卷第七、《佛祖統紀》卷第十五	賜號圓通
善期		上竺寺	上竺寺	如靖	《佛祖統紀》卷第十五	無傳記
懷志		上竺寺		應如	《佛祖統紀》卷第十五	無傳記
慧偁		上竺寺		應如	《佛祖統紀》卷第十五	無傳記
普證		上竺寺		應如	《佛祖統紀》卷第十五	無傳記
道遵		上竺寺		應如	《佛祖統紀》卷第十五	無傳記
行澄	越州	上竺寺		應如	《佛祖統紀》卷第十五	無傳記
蔣之奇				宗敏	《佛祖統紀》卷第十五	
淨通				慈雲	《佛祖統紀》卷第十五	無傳記
覺寧				智堅	《佛祖統紀》卷第十五	無傳記
慧序			等慈院	智堅	《佛祖統紀》卷第十五	無傳記
梵光	明州	梵慈院、湖心寺、延慶院、海慧寺	廣壽院、延慶院、	智普	《佛祖統紀》卷第十五	賜號圓照，在南湖眾及五百。
智欽	姑蘇	梵慈院	東靈寺	智普	《佛祖統紀》卷第十五	有徒五百
道存		衢州浮石院		仲閔	《佛祖統紀》卷第十五	
法雲	姑蘇	廣化院	景德寺	蘊齊	《釋門正統》卷第六〈蘊齊傳〉、《佛祖統紀》卷第十五	賜號普潤
法清	蘇州	常熟上方院	常熟上方院	蘊齊	《釋門正統》卷第六〈蘊齊傳〉、《佛祖統紀》卷第十五	無傳記

處廉			淨社	道淵	《佛祖統紀》卷第十五	無傳記
道琛	溫州	法明寺、延慶院	溫州廣濟院、廣慈院、資福院、延慶院	道淵	《釋門正統》卷第七、《佛祖統紀》卷第十六	賜號圓辨，繼其師梵光為延慶院主。
智連	明州	棲心院、延慶院、白蓮寺	延慶院	了然	《釋門正統》卷第七、《佛祖統紀》卷第十六、《補續高僧傳》卷第三	賜號覺雲，初從梵光。
與咸	台州	香積院、白蓮寺	白蓮寺、赤城	了然	《釋門正統》卷第七、《佛祖統紀》卷第十六	賜號明祖
中益		白蓮寺	越州等慈院、台州赤城	了然	《佛祖統紀》卷第十六	
智圓		白蓮寺	白蓮寺	了然	《佛祖統紀》卷第十六	
元性		白蓮寺	白蓮寺	了然	《佛祖統紀》卷第十六	號山堂
妙璘		白蓮寺	白蓮寺	了然	《佛祖統紀》卷第十六	無傳記
清悟		白蓮寺	白蓮寺	了然	《佛祖統紀》卷第十六	無傳記
子侔		白蓮寺	白蓮寺	了然	《佛祖統紀》卷第十六	
本空	明州	尊勝寺、白蓮寺	永明寺、治平寺、資教院	了然	《佛祖統紀》卷第十六	號虛堂
圓智	台州	慶善院、白蓮寺	東山、日山、白蓮、赤城、慶善、無相、上竺	智仙	《釋門正統》卷第七、《佛祖統紀》卷第十六	
從進		超果寺	秀州德藏院	惠道	《佛祖統紀》卷第十六	
蘊堯			報慈院	慧明	《佛祖統紀》卷第十六	無傳記
宗印	台州	德藏院、延慶院、象田寺	資教院、正覺院、雷峰毛氏庵、德藏院、超果寺、圓通寺、北禪、靈山	可觀	《釋門正統》卷第七、《佛祖統紀》卷第十六、《補續高僧傳》卷第三	號北峰，賜號慧行，嗣法有聞者十餘人。
守旻		德藏院		可觀	《佛祖統紀》卷第十六	無傳記
清一		德藏院		可觀	《佛祖統紀》卷第十六	無傳記
法昌			顯庵	有朋	《佛祖統紀》卷第十六	無傳記
法輝	台州	多福西茶院、能仁寺	延慶院、能仁寺、香積寺、赤城、聖水寺	有朋	《佛祖統紀》卷第十六	號月溪

太然		能仁寺	隱學院	有朋	《佛祖統紀》卷第十六	無傳記
子慧		能仁寺	浮石寺	有朋	《佛祖統紀》卷第十六	無傳記
智亨		能仁寺	永福寺	有朋	《佛祖統紀》卷第十六	無傳記
道用		能仁寺		有朋	《佛祖統紀》卷第十六	無傳記
懷寶		能仁寺	能仁寺	有朋	《佛祖統紀》卷第十六	無傳記
善榮	湖州	法忍寺、祥符寺	太湖寶林寺、慧通寺、壽聖院、越州圓通寺	道忻	《釋門正統》卷第七、《佛祖統紀》卷第十六	賜號悟空
妙雲	明州	清修院	清修院、永明寺、延慶院、吳氏庵	法久	《佛祖統紀》卷第十六	號慈室
晰顏	明州	清修院	清修院、桃園厲氏庵	法久	《佛祖統紀》卷第十六	號雪溪
簡言		湖州覺悟院		神煥	《佛祖統紀》卷第十六	號覺庵
智欽		秀州壽聖院	壽聖院	如湛	《佛祖統紀》卷第十六	
明哲	明州	能仁寺、天童寺、育王寺、國清寺	昌國院、超果寺、覺海院、隱學院、永明寺、延慶院	中皎	《佛祖統紀》卷第十六	號則庵
道山		能仁寺	能仁寺	中皎	《佛祖統紀》卷第十六	無傳記
行環		能仁寺		中皎	《佛祖統紀》卷第十六	無傳記
覺先		能仁寺		中皎	《佛祖統紀》卷第十六	無傳記
宗肇	明州	延慶院	興教院、壽聖院	梵光	《佛祖統紀》卷第十六	
利淵		東靈寺	楊尖院	智欽	《佛祖統紀》卷第十六	
法舟		淨社		處廉	《佛祖統紀》卷第十七	無傳記
文節		淨社	法明寺	處廉	《佛祖統紀》卷第十七	無傳記
法雲		淨社	寶積寺	處廉	《佛祖統紀》卷第十七	無傳記
師楷		淨社	妙果寺	處廉	《佛祖統紀》卷第十七	無傳記
文柄		淨社	水陸院	處廉	《佛祖統紀》卷第十七	無傳記
道深		淨社	常明院	處廉	《佛祖統紀》卷第十七	無傳記
文佾		淨社	福昌院	處廉	《佛祖統紀》卷第十七	無傳記
慧詢	明州	祖印院、延慶院、東披山	法昌院、淨名院、普和院、延慶院	道琛	《釋門正統》卷第七、《佛祖統紀》卷第十七、《補續高僧傳》卷第三	號月堂，其祖先溫州人，曾參中皎。制學者，未二十夏不許出世。

處躬	溫州	延慶院	延慶院	道琛	《佛祖統紀》卷第十七	號一庵
戒應	明州	延慶院	東掖山、白蓮寺	道琛	《佛祖統紀》卷第十七	號雪堂
法蓮	明州	延慶院	辯利院、廣嚴院、永明寺、悟眞院	道琛	《佛祖統紀》卷第十七	號止庵
仲韶	明州	延慶院	金布院	道琛	《佛祖統紀》卷第十七	
文統			慈雲院	道琛	《佛祖統紀》卷第十七	無傳記
清湛	越州			道琛	《佛祖統紀》卷第十七	無傳記
則約	明州	延慶院、上竺	月波寺	智連	《佛祖統紀》卷第十七	號元庵，賜號智海。
清哲		延慶院		智連	《佛祖統紀》卷第十七	無傳記
若訥	秀州	德藏院、赤城、上竺	上竺寺、興福寺	圓智	《釋門正統》卷第七、《佛祖統紀》卷第十七、《補續高僧傳》卷第三	賜號慧光
元粹		杭州靈山寺		宗印	《佛祖統紀》卷第十七	無傳記
法照		杭州靈山寺		宗印	《佛祖統紀》卷第十七	無傳記
梵奎		杭州靈山寺		宗印	《佛祖統紀》卷第十七	無傳記
思壽		杭州靈山寺		宗印	《佛祖統紀》卷第十七	無傳記
清杲		杭州靈山寺		宗印	《佛祖統紀》卷第十七	無傳記
文圭		杭州靈山寺		宗印	《佛祖統紀》卷第十七	無傳記
了源		杭州靈山寺		宗印	《佛祖統紀》卷第十七	無傳記
道源		杭州靈山寺		宗印	《佛祖統紀》卷第十七	無傳記
覺先		杭州靈山寺		宗印	《佛祖統紀》卷第十七	無傳記
懷坦		杭州靈山寺		宗印	《佛祖統紀》卷第十七	無傳記
思誠		杭州靈山寺		宗印	《佛祖統紀》卷第十七	無傳記
俊芿	日本國	杭州靈山寺		宗印	《佛祖統紀》卷第十七	
如寶		杭州靈山寺		宗印	《佛祖統紀》卷第十七	無傳記
行果		杭州靈山寺		宗印	《佛祖統紀》卷第十七	無傳記
趙彥肅	杭州	靈山寺		宗印	《佛祖統紀》卷第十七	
吳克己	婺州	靈山寺		宗印	《佛祖統紀》卷第十七	號鎧庵
如寶		能仁寺		懷寶	《佛祖統紀》卷第十七	無傳記
法通		壽聖院		善榮	《佛祖統紀》卷第十七	無傳記
正皎	明州	辯利院、清修院	延慶院、觀音院、悟眞院、廣壽院	妙雲	《佛祖統紀》卷第十七	號月窻

了宣	明州	寶林寺、清修院	延慶院	妙雲	《佛祖統紀》卷第十七、《補續高僧傳》卷第三	與同修善榮爲心友。
思義				簡言	《佛祖統紀》卷第十七	無傳記
妙心				簡言	《佛祖統紀》卷第十七	無傳記
法開				簡言	《佛祖統紀》卷第十七	無傳記
法希	台州	能仁寺	白蓮寺	道山	《佛祖統紀》卷第十七	號畢庵
法雄	台州	能仁寺	白蓮寺	道山	《佛祖統紀》卷第十七	
了生	越州	東靈寺、楊尖寺	頂山寺	利淵	《佛祖統紀》卷第十七	
法欽		楊尖寺	楊尖寺	利淵	《佛祖統紀》卷第十七	無傳記
淨悟	溫州		飛泉寺、台州淨土院	法舟	《佛祖統紀》卷第十八、《補續高僧傳》卷第三	
子眞	溫州	法明院	法明院	文節	《佛祖統紀》卷第十八	號閑林
法登	明州	延慶院	天封院、資教院、清修院	慧詢	《佛祖統紀》卷第十八	號逸堂
善月	明州	正覺寺、月波、延慶院、	辯利寺、寶嚴寺、月波寺、延慶院、衍慶精舍、上竺寺	慧詢	《佛祖統紀》卷第十八、《補續高僧傳》卷第三	號柏庭
淨惠	明州	正覺寺、延慶院	法華寺、治平寺、寶嚴寺、延慶院	慧詢	《佛祖統紀》卷第十八、《補續高僧傳》卷第三	號悅庵，稟法者六七人。
正榮		延慶院	隱學院	慧詢	《佛祖統紀》卷第十八	無傳記，曾分座淨惠。
宗曉		延慶院		慧詢	《佛祖統紀》卷第十八	無傳記
善榮	明州	延慶院		慧詢	《佛祖統紀》卷第十八	
端信		白蓮寺		處躬	《佛祖統紀》卷第十八	無傳記
良琰		白蓮寺		處躬	《佛祖統紀》卷第十八	無傳記
垂拱		白蓮寺		處躬	《佛祖統紀》卷第十八	無傳記
景遷				法蓮	《佛祖統紀》卷第十八	無傳記
如晦				法蓮	《佛祖統紀》卷第十八	無傳記
戒樞				法蓮	《佛祖統紀》卷第十八	無傳記
士橫		上竺寺		若訥	《佛祖統紀》卷第十八	無傳記

有宏		上竺寺		若訥	《佛祖統紀》卷第十八	無傳記
妙珪		上竺寺		若訥	《佛祖統紀》卷第十八	無傳記
師安		上竺寺		若訥	《佛祖統紀》卷第十八	無傳記
師覺		上竺寺		若訥	《佛祖統紀》卷第十八	無傳記
從戒		上竺寺		若訥	《佛祖統紀》卷第十八	無傳記
慧明		上竺寺		若訥	《佛祖統紀》卷第十八	無傳記
如坦		上竺寺		若訥	《佛祖統紀》卷第十八	無傳記
師訓				法照	《佛祖統紀》卷第十八	無傳記
智迴				法照	《佛祖統紀》卷第十八	無傳記
德聞				法照	《佛祖統紀》卷第十八	無傳記
信硜				法照	《佛祖統紀》卷第十八	無傳記
時學				法照	《佛祖統紀》卷第十八	無傳記
太度				法照	《佛祖統紀》卷第十八	無傳記
育才				法照	《佛祖統紀》卷第十八	無傳記
忘新				法照	《佛祖統紀》卷第十八	無傳記
時舉				法照	《佛祖統紀》卷第十八	無傳記
景荃				法照	《佛祖統紀》卷第十八	無傳記
正因				法照	《佛祖統紀》卷第十八	無傳記
妙聲				法照	《佛祖統紀》卷第十八	無傳記
法言				法照	《佛祖統紀》卷第十八	無傳記
思恭				法照	《佛祖統紀》卷第十八	無傳記
文拱				法照	《佛祖統紀》卷第十八	無傳記
行海				法照	《佛祖統紀》卷第十八	無傳記
可度				法照	《佛祖統紀》卷第十八	無傳記
正吾				法照	《佛祖統紀》卷第十八	無傳記
文人				法照	《佛祖統紀》卷第十八	無傳記
慧日			東山	法照	《佛祖統紀》卷第十八	無傳記
如願				法照	《佛祖統紀》卷第十八	無傳記
志在				法照	《佛祖統紀》卷第十八	無傳記
文珍				法照	《佛祖統紀》卷第十八	無傳記
永清				懷坦	《佛祖統紀》卷第十八	無傳記
文珣				懷坦	《佛祖統紀》卷第十八	無傳記
允澤				覺先	《佛祖統紀》卷第十八	無傳記
允憲				道源	《佛祖統紀》卷第十八	無傳記

若濟				道源	《佛祖統紀》卷第十八	無傳記
元悟			螺溪	道源	《佛祖統紀》卷第十八	無傳記
妙銛				梵奎	《佛祖統紀》卷第十八	無傳記
如月				梵奎	《佛祖統紀》卷第十八	無傳記
如海				思義	《佛祖統紀》卷第十八	無傳記
道生				思義	《佛祖統紀》卷第十八	無傳記
宗曄				思義	《佛祖統紀》卷第十八	無傳記
淨岳				思義	《佛祖統紀》卷第十八	無傳記
文杲				思義	《佛祖統紀》卷第十八	無傳記
從覺				思義	《佛祖統紀》卷第十八	無傳記
文杲				妙心	《佛祖統紀》卷第十八	無傳記
法英				法希	《佛祖統紀》卷第十八	無傳記
祖意				法雄	《佛祖統紀》卷第十八	無傳記
文虎			嘯巖寺	淨悟	《佛祖統紀》卷第十九	無傳記
師昶		法明寺	法明寺	子真	《佛祖統紀》卷第十九	無傳記
允憲		清修院		法登	《佛祖統紀》卷第十九	無傳記
元啓		清修院		法登	《佛祖統紀》卷第十九	無傳記
如約		清修院		法登	《佛祖統紀》卷第十九	無傳記
正己		清修院		法登	《佛祖統紀》卷第十九	無傳記
若參		清修院		法登	《佛祖統紀》卷第十九	無傳記
師贊		清修院		法登	《佛祖統紀》卷第十九	無傳記
師岳		清修院		法登	《佛祖統紀》卷第十九	無傳記
有鄰		清修院		法登	《佛祖統紀》卷第十九	無傳記
清賜		延慶院	香林寺	善月	《佛祖統紀》卷第十八〈善月傳〉、《佛祖統紀》卷第十九	爲善月座下上首,無傳記。
了圓				善月	《佛祖統紀》卷第十九	無傳記
妙慧				善月	《佛祖統紀》卷第十九	無傳記
行儒				善月	《佛祖統紀》卷第十九	無傳記
大方				善月	《佛祖統紀》卷第十九	無傳記
元真				善月	《佛祖統紀》卷第十九	無傳記
士堯				善月	《佛祖統紀》卷第十九	無傳記
如啓				善月	《佛祖統紀》卷第十九	無傳記
文慧				善月	《佛祖統紀》卷第十九	無傳記

文節				善月	《佛祖統紀》卷第十九	無傳記
道謙				善月	《佛祖統紀》卷第十九	無傳記
善庭				善月	《佛祖統紀》卷第十九	無傳記
與俱				善月	《佛祖統紀》卷第十九	無傳記
士雲				善月	《佛祖統紀》卷第十九	無傳記
了彬	延慶院			淨惠	《佛祖統紀》卷第十九	無傳記
道英	延慶院			淨惠	《佛祖統紀》卷第十九	無傳記
可止	延慶院	雲屋寺		淨惠	《佛祖統紀》卷第十九	無傳記
正己	延慶院			淨惠	《佛祖統紀》卷第十九	無傳記
了因	延慶院			淨惠	《佛祖統紀》卷第十九	無傳記
了己	延慶院	茅屋		淨惠	《佛祖統紀》卷第十九	無傳記
志昌	延慶院	竹悉寺		淨惠	《佛祖統紀》卷第十九	無傳記
正宗				從戒	《佛祖統紀》卷第十九	無傳記
慧辯				文虎	《佛祖統紀》卷第二十	無傳記
智覺				文虎	《佛祖統紀》卷第二十	無傳記
善助				文虎	《佛祖統紀》卷第二十	無傳記
妙暉				文虎	《佛祖統紀》卷第二十	無傳記
夔公		東山寺		文虎	《佛祖統紀》卷第二十	無傳記
皎公		東山寺		文虎	《佛祖統紀》卷第二十	無傳記
義問				文虎	《佛祖統紀》卷第二十	無傳記
行依		法明寺		師昶	《佛祖統紀》卷第二十	無傳記
智尙				師昶	《佛祖統紀》卷第二十	無傳記
行果				允憲	《佛祖統紀》卷第二十	無傳記
覺先		東山寺		允憲	《佛祖統紀》卷第二十	無傳記
唯一		香山寺		允憲	《佛祖統紀》卷第二十	無傳記
惠川				允憲	《佛祖統紀》卷第二十	無傳記
法介				允憲	《佛祖統紀》卷第二十	無傳記
本悟		柯山寺		允憲	《佛祖統紀》卷第二十	無傳記
行珪				允憲	《佛祖統紀》卷第二十	無傳記
文藻				允憲	《佛祖統紀》卷第二十	無傳記
清寧				允憲	《佛祖統紀》卷第二十	無傳記
若訥				允憲	《佛祖統紀》卷第二十	無傳記
善濟		聖水寺		允憲	《佛祖統紀》卷第二十	無傳記
普聞				允憲	《佛祖統紀》卷第二十	無傳記

可昇				允憲	《佛祖統紀》卷第二十	無傳記
宗淨				元啓	《佛祖統紀》卷第二十	無傳記
說明	一、法智知禮中興天台之道，其後以廣智、神照、南屏三家爲有傳。 二、南屏下第三世車溪擇卿出世，下出嗣子可觀、有朋、齊玉、如湛、善榮，燈燈相續，學侶皆龍象，到南宋之時吳越講宗仍多車溪之派系。 三、知禮卒後，山外之學仍盛，至廣智下第五世圓辯道琛出世，嗣子月堂慧詢、止庵法蓮、一庵處躬、雪堂戒應等，中興四明之宗。 四、南宋建炎中，國事艱難，江浙罹兵火，禪衲多避地入閩，教苑人稀。

二、知禮的功業

　　除了山家、山外之學分宗而行之外，知禮（960～1028）與遵式的發展，從貌合到最後也產生分宗的現象。南宋之後，天台的山家宗最後就只剩知禮系的學人。知禮生在北宋初年，研究其所撰《妙宗鈔》中首倡的「台淨融合」思想，必不能忽略其所處的時代，以及當時的相關學術背景，主要有三：一是儒、釋、道三教合一的融會思潮，二是教內本身各宗派間相互吸收影響，尤其當時普徧受到圭峰宗密（780～841）和會禪教思想的影響，故多「兼講華嚴」，此是造成山家、山外諍論的主因；三是各宗派匯歸淨土的趨勢，這些都是與知禮「教崇天台，行歸淨土」的主張，以及撰《妙宗鈔》駁斥山外的觀點有關。山外傾向台教與禪宗、台教與華嚴的融會傾向。而山家則有台教與淨土融攝的趨勢，此由四明知禮的行實得見。

　　此外，知禮在台淨融會上，貢獻也大。天台的淨土法門，本就其來有自；智者創立天台教觀，其行止已有顯著的淨土傾向；如襁褓中即知「臥即合掌，坐必面西」；而臨命終時亦右脇西向，聞唱《法華》、《無量壽》二經，並讚勸彌陀淨土，自謂其「師友，侍從觀音來迎」自在而逝。〔註151〕且在其豐富的著述中，或理論部份、或實踐部份，亦多所涉及；如《摩訶止觀》述四種三昧，其中常行三昧，即是專持念阿彌陀佛之淨土行；其他如《觀無量壽經疏》、《阿彌陀經義記》、《淨土十疑論》、《五方便念佛門》等亦多偏讚淨土，相傳均是他所撰述〔註152〕。可見智者本人確實信向淨土，且求生西方。可惜後來

〔註151〕智顗臨終，聽《無量壽》竟，讚曰：「四十八願莊嚴淨土，華池寶樹易往無人，火車相現能改悔者尚得往生，況戒慧熏修，行道力故，實不唐捐。」末云：「吾諸師友，侍從觀音，皆來迎我。」等，其事蹟見志磐《佛祖統紀》卷第六〈智顗傳〉。

〔註152〕對智顗《觀無量壽經疏》、《阿彌陀經義記》、《淨土十疑論》、《五方便念佛門》

其弟子章安灌頂（561～632）以下數代（按章安臨終亦稱彌陀及二大士），都只是保守著傳承，但偏重在天台教觀的修持之上，少有學人專研淨土；即使九祖荊溪湛然（711～782），雖號有唐中興之祖，但其志趣仍在闡釋天台教部（以《法華玄義》、《法華文句》、《摩訶止觀》三大部為主），精簡當世興崇之華嚴、法相、禪門諸宗之異同，以顯揚天台教觀之殊勝，故亦少涉及淨土。唯於所著《止觀輔行》卷六中，解釋「常坐一行三昧」時有云：「隨向之方，必須正西，若障起念佛，所向便故。經雖不局令向西方，障起即令專稱一佛，諸教所讚，多在彌陀，故以西方而為一準。」其又於所撰《法華文句記》卷十釋「藥王菩薩本事品」文末亦云：「問：同居類多，何必極樂？答：教多說故，由物機故，是攝生故，令專注故，宿緣厚故，約多分故。」可見他於彌陀淨土，亦多表示推崇、具正見；然畢竟於此種法門，並無相應的修證表現，因此近代日本學者有人懷疑智顗《淨土十疑論》或為湛然偽托之作〔註153〕，藉以闡揚淨土，但卻終究缺少文獻來加以佐證，所以《淨土十疑論》是湛然所作的事並不為世人所信。

知禮對淨土的實踐，自行方面，其一生但修《彌陀懺法》（俗云打佛七）即有五十遍之多；在度眾方面，創建「念佛施戒會」，每年結合僧俗男女萬人，倡導勤修念佛，求生西方，度人無數。至其對淨土理論的闡述，專書方面有《觀經融心解》、《觀經疏妙宗鈔》、《料簡十三科》等；若單篇論述則有〈結念佛會疏〉、〈法智復楊文公書〉等，均為淨土法門之重要開示。其中尤以《觀經疏妙宗鈔》對於充實淨土的理論標顯法門之殊勝，居功最是宏偉。在李炳南（1890～1986）所撰〈趙居士祝壽印施觀經妙宗鈔序中〉即云：

> 宋四明《妙宗鈔》出，為《觀經》諸注精英，所詮皆第一義諦，於焉淨旨大明。古有病其繁深者，欲節而略之，蕅祖直謂「不可動其一字」〔註154〕，其要可知矣！然有此一《鈔》，非謂《觀經》即可

等著作，近代日本學者或疑為後人假托之作，參望月信亨作、釋印海譯：《中國淨土教理史》（台北：慧日講堂，1974年3月），頁76～77。

〔註153〕日本學者望月信亨在《中國淨土教理史》第二十章第三節，頁196云：「《淨土十疑論》在天寶、大曆之頃已流行於世，究係何人之作不明。最澄（日僧，767～822）之《臺州錄》中未出作者之名，延曆寺玄日之《天台宗章疏》說是湛然述。湛然是建中三年（782）以七十二歲示寂，年代大致相當，然另外無文獻可證明。」

〔註154〕釋智旭《蕅益大師全集》第17冊（台北：佛教書局，1989年2月）《靈峰宗論》卷五之二〈復唐宜之書〉，頁10977。

誦可講，因以可修可證，及眾能變根器也。蓋修淨任採何法，應明乎四土橫豎之超，否則理路不清，或不免於扞格焉。祖（蕅祖）又曰：「淨土的旨，全在《妙宗》一書。」〔註155〕是此一《鈔》，又不純爲《觀經》所作矣。〔註156〕

蓋知禮的《妙宗鈔》是以天台圓宗判釋淨土法門，既義理周延地充實了淨土的思想內容，且強而有力地凸顯了法門的特異與殊勝，是以自《妙宗鈔》一出，而淨土的教理大備。由於《妙宗鈔》一書，既爲知禮晚年時（62 歲）的力作，且是在與山外派論諍與指斥智圓《闡義鈔》之後所作，是以書中所詮顯的思想義理及修證方法，都足以代表其最後的定見。其不但對於兩番論諍的焦點問題，如「觀心眞妄」、「別理隨緣」等義理順加楷定；且針對後來第三番論諍中所關涉的「理毒性惡」、「生身尊特」等論題，亦詳加辨釋。其內容幾乎囊括山家全部的義理，所謂「凡章安、荊溪未暇結顯諸深法門，悉表而出之」；尤其書中將天台圓頓教義與淨土念佛法門作緊密之結合，確立後代天台子孫「教演天台，行歸淨土」之修行方向，可謂不但大有功於天台，亦大有功於淨土。一、據宗曉《四明尊者教行錄》記載，此「念佛施戒會」自大中祥符六年（1013），創建以來，年年舉辦，直至南宋末年，雖施行有一百九十多年之久，仍存而不廢。這不但對有宋一代開啓結社念佛的方式與風氣有大影響，甚至晚近台灣一些佛教團體組織「念佛班」，圈點《九品蓮臺圖》，並組成「助念團」實施臨終關懷與助念；這些構想及辦法，似乎亦當以知禮爲濫觴。二、知禮撰《妙宗鈔》一書，融合天台與淨土，既爲後人確立「教演天台，行歸淨土」的修學方向，且爲釐定「當約《法華》，跨節而談」的判釋原則，復爲開啓「結社念佛，相互助念」的共修方式；其對後代佛教發展的影響，可說既深且遠。而其書中所揭示「約心觀佛」和「歷九品位，感四淨土」的主張，以及所提出「有分別色」與「究竟蛣蜣」等新義，對於元、明以來六、七百年間以天台妙宗闡述淨土勝異的幽溪傳燈與靈峰蕅益，實有諸多的啓示。

三、天台宗內部課題

雖然天台宗在傳統上以山家宗爲正統，而以山外爲異端，但實際上無論

〔註155〕釋智旭《蕅益大師全集》第 17 冊，頁 10957。
〔註156〕李炳南《李炳南老居士全集》（台中：青蓮出版社，1991 年 1 月），詩文類之四《雪廬寓臺文存》，頁 139。

是山家、山外或後山外諸師均對天台教典都有深入研究，且敢於堅持自己獨立的見解，勇於開拓新的理論空間，在整體上豐富了天台宗的思想內容，契合祖道之精神。兩家諍論的結果，雖然論者皆說是以法智之學勝出而告終了。但這些爭論，給天台宗帶來了不好的後果，因爲它不僅造成了天台教義上的分歧，且對天台宗發展產生重大的影響。元、明兩朝時期天台宗的再度衰微，實與宋初天台宗內部的這些大論戰大有關係。有關山家與山外的諍論後問題的浮現，一般可歸納爲數點：一是，山家派的聲勢，蓋過山外派，逐漸取得天台宗正統的地位。二是，山家派從此講學，不墜師道，所以其傳承與法脈綿延不斷，影響到日本與現代的台灣佛教傳承。三是，北宋中葉，山家派得意之後，山家派有立祖之說與爭取正統是合法性的舉動，其聲勢日大，影響到其他流派的發展以及各學派間難以互相交流，而衍生不出應世或獨特的法味來。四是，山家派史傳的出現，配合著《高僧傳》的記載，尤其是《宋高僧傳》，敘述師說、傳承，並刪改史實，致使晚唐到宋初天台宗的發展狀況被省略許多，而或以爲當時的清竦、義寂、義通、知禮一系爲主流學派，而忽略了其他弘揚法華經或天台止觀傳承者的眞實地位與功業。五是，山家派的立祖與正統之說，影響最爲深遠的是山外派的祖師的傳承與功業被模糊化了。這種情狀，從《宋高僧傳》就已經開始了，經過《釋門正統》、《佛祖統紀》的刪定之後，要從事山家派祖師地位及其傳承與發展的建立有其困難性。但配合其他史料去考證，依然可以勾勒出當時的大致輪廓。這一點，贊寧在作《宋高僧傳》時當已經可以預料到後來的結果，所以他在該書「後序」文中說：「前代諸家或云，僧傳、僧史記錄，乃題號不一，亦聲跡有殊。至梁沙門慧皎，云《高僧傳》蓋取高而不名者也，則開其德業。文爲十科，見於傳內。厥後有唐《續高僧傳》，倣仰梁之大體而以成之。洎乎皇朝，有《宋高僧傳》之作也，清風載揚，盛業不墜。贊寧自至道二年奉叡恩，掌洛京教門事。事簡心曠之日，遂得法照等行狀，撰已易前來之闕如。尋因治定其本，雖大義無相乖，有不可者以修之。先者所謂，加我數年，於僧傳則可矣已。斯幸復治之，豈敢以桑榆之年爲辭耶。時方徹簡，咸平初承詔入職東京右街僧錄，尋遷左街。乃一日顧其本末及繕寫，命弟子輩緘諸篋笥，俾將來君子知我者以僧傳，罪我者亦以僧傳，故於卷後而書之云耳。」〔註157〕

　　天台宗山家爭正統之緣起，當在義寂時代就已經產生了，此由《宋高僧

〔註157〕《宋高僧傳》「後序」，《大正新脩大藏經》第 50 冊，頁 900a。

傳》有關湛然到清竦的師說傳承、義寂傳、晤恩傳可以看出一些訊息出來。
首先是，贊寧因爲僧人有官職在身，還有他跟天台僧人與四明學僧關係不
淺；其人多文才、好思辨，跟錢塘慈光院被稱爲義虎的晤恩、學養極佳的文
備，想必有隔閡在。因此，在其對於清竦會下志因、義寂兩系的正統問題，
其心是偏向或看好義寂一系的。基此，從湛然到清竦間的師說傳承在《宋高
僧傳》中就有所布局，後來的《佛祖統紀》多根據他的說法。據山家宗的論
點，會昌法難下的師說傳承是湛然傳廣修，而元浩、行滿與志遠被忽略過去
了。再次，則是清竦傳志因、義寂的問題，志因在吳越有國時跟清竦受學，
後到杭州慈光院行化，人稱義虎，晉開運初（944）晤恩來親近〔註158〕，周
廣順元年（951）通名數的文備前來就學，後晤恩接踵開法，道名大播。晉
開運初時，清竦當已不在人間，不然晤恩在天福初（936）從皓端受學之後，
微聞天台三觀六即之說後，就造志因之門，想必清竦寂於天福二年（937）
到開運初年（944）間，因爲《佛祖統紀》說天福二年「竦法師於國清寺爲
義寂法師說止觀」。〔註159〕義寂生於貞明五年（919），天福二年時義寂與贊
寧才19歲，晤恩26歲。依據《宋高僧傳》卷第七晤恩傳與〈錢唐慈光院備
法師行狀〉，晉開運初到周廣順元年（944～951），志因在杭州慈光院講訓學
徒，由智圓的〈錢唐慈光院備法師行狀〉知得，文備「既而遊刃融宗，攻堅
至理，孜孜然，翼翼然，不捨晝夜，其耽玩也如此。至是法華、止觀、淨名、
金光明等，凡曰一家之教，悉搜抉祕要，洞曉指歸，慧解燦然，難乎倫等。
時因有上首弟子晤恩師者（大宋高僧傳義解科中有傳），高節不群，清風肅
物，每與法師覆述心觀，而神領意得，不俟終日。」清竦下志因、晤恩、文
備一系的門風，不僅在杭州一地知名，且是聲名遠播的。但何以贊寧只爲晤
恩作傳，而志因與文備行實卻不見了，只能在智圓的《閑居編》卷第二十一
〈錢唐慈光院備法師行狀〉中得見文備其人一生的行實。〈錢唐慈光院備法
師行狀〉中說，作此行狀是爲了將來的僧傳而準備的。

　　依據《佛祖統紀》所載，唐昭帝龍紀元年（889），「（元）琇法師於國清
寺爲清竦法師說止觀。〔註160〕」錢氏有國時〔註161〕，清竦在天台山國清寺臨

〔註158〕關於晤恩造慈光院親近志因法師，《宋高僧傳》卷第七〈宋杭州慈光院晤恩傳〉
　　　　　上說是漢開運中，《佛祖統紀》卷第十「法師悟恩傳」則說是晉開運初。
〔註159〕《佛祖統紀》卷第四十二〈高祖天福二年〉條下，前引書，頁726；《佛祖統
　　　　　紀》卷第八〈十五祖淨光尊者義寂傳〉，前引書，頁345。
〔註160〕《佛祖統紀》卷第四十二〈昭帝龍紀元年〉條，前引書，頁722。

座高論，到天福二年（937）義寂來學，以此推知清竦約當生於懿宗咸通十年
（869），卒於晉天福二年（937）以後，享年近七十。其門下，據宗鑑的《釋
門正統》〈清竦傳〉，有「志因、義寂、覺珍（彌之誤）。」〔註162〕傳法譜系，
亦把志因列爲上首。〔註163〕到志磐的《佛祖統紀》〈清竦傳〉，則改爲「門人
世業者，義寂、志因、覺彌。」〔註164〕依佛教史傳之例，弟子列前者當爲首
座或上首弟子，或許當時是志因爲上首弟子，而清竦是否有傳鑪拂給義寂只
能推知〔註165〕；志因後來在錢塘慈光院行化，那誰繼清竦在禪林寺或國清寺
講學的，還有志因與義寂、義寂與晤恩之間的關係也不明的；只知義寂傳鑪
拂給國清宗昱，宗昱傳契能鑪拂，契能傳座給神悟處謙，而契能欲傳鑪拂給
扶宗繼宗遭到拒絕〔註166〕。得到契能傳座的神悟處謙，不列入契能傳法譜系
之中，契能的法脈在山家看來是斷絕了；宗昱的其他法子的譜系，也沒有被
建立。清竦會下的覺彌，在錢塘龍興寺行化，其系下無宗匠或學人，這也是
疑情，因爲龍興寺是有名的佛教道場。或許爲了表示清竦會下志因與義寂的
譜系，覺彌被淡化了；還是覺彌僅住龍興寺，因爲沒有演教而自然會下無法
子出世。

　　吳越國時代，天台宗算是在復甦的階段，人才也算不少。會昌法難（841
～846）以後，由於天台山與五台山僧人亡奔，傳承模糊，很多法系難以追續，
贊寧的《宋高僧傳》獨鍾愛於湛然、道邃、廣修、物外、元琇、清竦一系的
傳承，對於其他如志遠、行滿、元浩一系則不贅述，這或許與其所處的時代
只見晤恩與義寂、皓端足堪傳授有關，其他如清觀、玄燭則不述說他們法緣

〔註161〕吳越何時建國，李唐在《五代十國》〈吳越國〉（台北：國家出版社，民國80
　　　　　年9月），頁64中說：「吳越國雖然是建立於後梁末帝朱友貞龍德三年（923），
　　　　　但事實上吳越國的獨立形勢，已自唐昭宗李曄景福二年（893）就開始了。所
　　　　　以吳越國的存在，應從景福二年算起，計傳五主，錢鏐、錢元瓘、錢弘佐、
　　　　　錢弘倧、錢弘俶，歷時八十六年（893～978）。它橫貫唐末以及整個五代，直
　　　　　到北宋開朝建國才完結，它算是十國中最長命的一個國家。」
〔註162〕釋宗鑑《釋門正統》卷第二「山門授受遠脩外琇竦寂通七祖師世家」〈清竦傳〉，
　　　　　《卍續選輯史傳部二十》，頁761上。
〔註163〕《釋門正統》卷第三「弟子志」，前引書，頁784。
〔註164〕《佛祖統紀》卷第八〈十四祖高論尊者清竦傳〉，前引書，頁345。
〔註165〕《佛祖統紀》卷第十「國清昱法師法嗣」〈法師契能傳〉，前引書，頁374。
〔註166〕釋宗鑑《釋門正統》卷第二「山門授受遠脩外琇竦寂通七祖師世家」〈義寂
　　　　　傳〉，《卍續選輯》史傳部20，頁762上。另見《釋門正統》卷第六〈中興
　　　　　二世──繼忠傳〉，《卍續選輯》史傳部20，頁857上。

的延續。這種現象，或許因為天下離亂，道法的承續難得其人；或者是因為真的難以考察這些法脈的發展，故只能付之闕如。

　　山家獨領天台正宗之後，志因一系被淡化了。淡化志因最佳的方式，如《宋高僧傳》中不立志因傳，有模糊法統的意味在。《釋門正統》中也無志因傳，但《佛祖統紀》則列志因為旁出世家，也同樣無傳記。對於義寂來說，清竦是傳其止觀者，而《釋門正統》與《佛祖統紀》對於清竦的生平，也僅是數語帶過，不禁讓人起疑。清竦與志因之生平之所以如此的缺乏，或許是當時晤恩與義寂參學時都還年輕之故，且清竦與志因留下的事跡不多，但為了敘述晤恩與義寂的師承，必然要提及這兩位人物。山家派除了在清竦傳法上動一些手腳之外，也把義寂門人的順序給更動了，如義寂的門下在《釋門正統》卷第三的傳承表上是以宗昱為上首〔註167〕；該書卷第二「山門授受邃脩外琇寂通七祖師世家」，在談及義寂弟子時則說：「得法弟子百餘人，海東來學者十人，義通其上首也。又天台宗昱下溫州契能者，神悟（處）謙之師也，住台之常寧，神悟（處謙）嘗繼其席。晚年以天台十四代所傳爐拂付扶宗（繼）忠，（繼）忠不受，乃緘藏於天台云。〔註168〕」義寂門下誰為上首，贊寧在《宋高僧傳》〈義寂傳〉僅說：「說法之功，所謂善建，由是堂室間可見者，曰澄彧，曰寶翔，曰義通。」〔註169〕義寂的門下有宗昱，其門下弟子很多，贊寧卻不提他的門室，是可疑的。更奇怪的是宗昱是得祖師鑪拂者，卻無傳記傳世，或許宗昱得的門風與義寂有別之故，所以後來義寂、義通一系的天台學人把此流派歸為異類，在山家、山外之爭時受真心思想影響的宗昱列為山外派，契能自然也受到影響，後來法脈傳不下去。

　　晚唐到宋初之時，天台宗頗有一些講學的師匠，但以晤恩、義寂為傑出。因為有《宋高僧傳》的出世，其他流派的事跡就被淡化了，尤其在山家、山外諍論之後更甚。《釋門正統》僅說義寂門下，有海東學者十人，以義通為上首；義通下出知禮與遵式兩神足，且引《草庵教苑遺事》云：「當是時台道既微，賴師持之授法智、慈雲起家焉，此所謂台宗之命脈也。」〔註170〕這只是

〔註167〕《釋門正統》卷第三，前引書，頁783～784。
〔註168〕《釋門正統》卷第二「山門授受邃脩外琇寂通七祖師世家」〈義寂傳〉，前引書，頁762。
〔註169〕《宋高僧傳》卷第七〈宋天台山螺溪傳教院義寂傳〉，《大正新脩大藏經》第50冊，頁752c。
〔註170〕《釋門正統》卷第二「山門授受邃脩外琇寂通七祖師世家」〈義通傳〉，前引

說明一個事實，即義寂之時，此法系不盛，到義通在四明傳教院收了知禮與慈雲之後，此家宗風乃盛。之前，天台宗的法緣，在諸流派中還是以清竦、志因、晤恩、文備一派爲盛。到了釋志磐出世，其在《佛祖統紀》卷第八《義寂傳》則云：「傳法弟子百餘人，外國十人，義通實爲高弟，而澄昱、寶翔爲之亞焉。」〔註171〕其跟贊寧一樣，在義寂傳沒有提及宗昱事。而在《佛祖統紀》卷第八，把宗昱列在淨光旁出世家，這是根據宗鑑的《釋門正統》的體例延伸來的；《釋門正統》把義通尊爲祖師，列在世家，而把宗昱列在傳後，貶斥之意深濃。對於宗昱之事，《佛祖統紀》卷第十〈契能傳〉說：「法師契能，永嘉人。神悟謙公之師，得教旨於（宗）昱法師，主天台常寧，講道不倦。自智者而來，以鑪拂傳授爲信，至師嫡承爲十四代，晚年以授扶宗（繼）忠師，扶宗（繼忠）曰：『吾得法廣智（尚賢）矣，敢辭。』（契能）師乃藏之天台道場，遂不復傳。述曰：『螺溪門弟子以百數，而本傳指寶雲爲高弟，不載（宗）昱師名。疑（宗）昱師見螺溪在最先，故早傳鑪拂。寶雲（義通）後至，而其道大振，故傳中推爲上首。以此言之，在道不在鑪拂也。夫鑪拂祖師之信，器傳之久，不能無弊。或以情得，或以力取，於道何預焉。能師欲傳之扶宗（繼忠），而辭不受，固也。藏之祖師行道之場而去，宜也。向使扶宗（繼忠）妄受復妄傳，適足以起後人之紛諍，於道何在焉。」〔註172〕由繼忠的出生徵兆，可以預見未來他走的方向。《釋門正統》說：「父母禱天台章安佛祠，同夢僧授以子云：『螺溪尊者（義寂）寄汝養之。』」〔註173〕繼忠的出生，跟夢見義寂授子有關，所以其志趣是向山家宗，在山家學人看來是必然的，因爲有祖師授記。宗昱下的契能與晤恩下的文備一樣，都不是好爭之輩。人問文備：「盍誨人於一方乎？」答曰：「師匠且眾，講授頗多，祖宗之風，未墜地也。抗跡閑居，從吾所好。」即韜其深解，隱其多能；三十餘年坐忘一室，陶神妙觀。繼想淨方，疏遠眾流，介然自得，故時罕知其解行矣，唯懷道者默而識之。智圓贊之曰：「古人云：『實行潛光，高而不名。』有是哉！」〔註174〕從文備行狀看來，晚唐宋初的天台宗，「師匠且眾，講授頗

書，頁 763。

〔註171〕《佛祖統紀》卷第八〈十五祖淨光尊者義寂傳〉，前引書，頁 346。

〔註172〕《佛祖統紀》卷第十「國清昱法師法嗣」〈法師契能傳〉，前引書，頁 374～375。

〔註173〕《釋門正統》卷第六〈繼忠傳〉，前引書，頁 856 下。

〔註174〕《閑居編》卷第二十一〈錢唐慈光院文備法師行狀〉，《卍新纂續藏經》第 56
　　　　冊，頁 897b。

多，祖宗之風，未墜地也。」而晤恩與文備他們因為妙契圓教之旨，或離塵閑居而從其所好，這已經跟山家的宗風有所差異了，所以後來都被貶為山外是可想而知的。

山家宗在教內取得優勢之後，有學人開始編寫其一家的教史。立祖開宗之外，《釋門正統》建立起天台教主智者、山門結集祖師章安、山門傳持教觀三尊者、山門記主荊溪、山門授受七祖師與中興教觀法智大師等事跡，以表示正統。之後的《佛祖統紀》中，更列有諸師止觀傳授之年代。山家宗的正統性，由是揚舉開來，使得晚唐到宋初中葉的天台教史，時光越往後推移就變得越是刻版而模糊。究史事言之，會昌法難之後的晚唐，天台宗的法緣極其衰微，廣修於文宗大和四年（830），於天台禪林寺為物外說止觀法門，廣修於會昌三年（843）二月寂禪林寺。而物外碰到會昌法難，度荒入禪定，僖宗中和五年（885）三月終於國清寺，有弟子元琇、敬休、慧凝繼承家學。昭帝龍紀元年（889），元琇法師於國清寺為清竦說止觀法門〔註175〕，天福五年（940）義寂到國清寺依清竦與玄廣學天台教法。〔註176〕因此，得知會昌法難之後，弘揚天台教法者，除了五台山僧人亡奔，志遠之後有元堪繼踵說法。在少林寺，有天台教法在弘傳。在天台山，則有廣修門下的物外一系尚存法脈，物外的弟子除了元琇之外，有天台慧凝、處源、玄廣，後義寂來國清寺就學於玄廣與清竦，時在天福五年（940）。元琇在僖昭之際，天下方亂，學教之徒不定，唯有清竦與常操，承事日久，洞達無遺。國寧常操下傳義從、德儔，德儔會下有四明定水慧斌、法性修雅。清竦會下有志因、義寂與覺彌，義寂在天台行化，覺彌在錢塘龍興寺，志因在錢塘慈光院，天福到廣順年間（936～953）法緣以志因的慈光院為盛。志因、晤恩、文備一系在杭州，至少從晉開運初（944）晤恩依志因受學到雍熙三年（986）晤恩圓寂，四十多年間在杭州行化，聲勢甚大；而晤恩的另一個師父，於秀州靈光寺講天台與南山律經論，於建隆二年（961）寂於山房，然其在志因、晤恩、文備一系在杭州行化時，效法慧遠（334～416）的不渡虎溪，不出山門二十餘年，其事跡高尚矣，贊寧在《宋高僧傳》〈皓端傳〉後為之贊誦曰：「端性耿介，言無苟且。一坐之間，不談世論，唯以佛法為己務，可謂傳翼之象王矣。」〔註177〕

〔註175〕《佛祖統紀》卷第四十二〈唐昭帝龍紀元年〉條，前引書，頁722。
〔註176〕錢易〈淨光大師行業碑〉，《卍新纂續藏經》第56冊《螺溪振祖集》，頁7。
〔註177〕《宋高僧傳》卷第七〈宋秀州靈光寺皓端傳〉，《大正新脩大藏經》第50冊，頁751a。

皓端的德行，也顯現在晤恩與文備身上，成為後來山外學人的風範。

由上述推知，在吳越地區除了講《法華經》的僧家之外，天福之前，有清竦在國清寺高論天台教法，又有皓端於錢氏有國時依台教師玄燭學一心三觀，天福六年（941）後皓端隱居秀州靈光寺。而義寂於天福五年（940），到國清寺依清竦受學止觀，其到宋乾德二年（964）八月螺溪道場建立，義寂率徒二十人居之〔註178〕，「四方學侶，霧擁雲屯。」〔註179〕其於雍熙四年（987）十一月寂於方丈。從乾德二年（964）到雍熙四年（987），二十三年間義寂的法緣很盛，這跟其博學多識以及為人謙卑乃得德韶之助有關，因此天台教法大為盛行，深得王公大臣的護持。至於山家宗的另一祖師義通，《佛祖統紀》義通傳上說：「師敷揚教觀幾二十年，升堂受業者不可勝紀。常呼人為鄉人，有問其故。曰：『吾以淨土為故鄉，諸人皆當往生，皆吾鄉中之人也。』端拱元年（988）十月二十一日，右脅而化。闍維之日，舍利盈滿骨中。門人奉葬於阿育王寺之西北隅（育王未為禪時，其徒嘗請寶雲諸師，屢建講席。寶雲（義通）既終，因葬骨於此地），壽六十二。治平元年（英宗，1064），主南湖法孫宗正，累為方墳，石塔作記以識之（後七十七年）。宣和七年（徽宗，1125），主育王昌月堂，以地無塔壞，與寶雲威師，徙骨於烏石山。其骨晶熒有光，考之琅琅其聲，舍利五色滋生骨上，有盈匊得之者。其後主者智謙，重刊石塔記於烏石菴中（見《振祖集石塔記》）。曉石芝曰：『石塔記謂師著述，逸而不傳。然考諸四明章記，則嘗秉筆為《觀經疏記》、《光明玄贊釋》矣。蓋四明稟承其義，用之於記鈔諸文，非為無傳。贊釋一部存，但不廣行耳。」〔註180〕山家的私立祖師，在史法來看算是僭越了，但就山家宗一家之學來說，那是隨其便了，但不免對山外之學與諸法傳承有所貶抑，這對釋志磐來說他應該也是心知肚明的。

此外，由於知禮撰《妙宗鈔》，是以天台圓頓的教理去詮釋淨土勝異的觀行，且其一生的行止表現，又與此互相符應，遂確立了後來天台子孫乃至於一般學人，以「教演天台而行歸淨土」，為修學佛法的大方向。如有宋一代，知禮而下的天台子孫，固皆步武其風，其後歷經元、明，乃至民初天台健將諦閑（1858～1932）尚依《觀經》，建十六觀堂，以修觀行，且特名其寶剎為「觀宗寺」，可見仍一遵四明知禮的芳規。甚至，晚近的台灣，其弘揚傳統佛

〔註178〕錢儼〈建傳教院碑銘〉，《卍新纂續藏經》第56冊《螺溪振祖集》，頁2。
〔註179〕《宋高僧傳》卷第七〈宋天台山螺溪傳教院義寂傳〉，前引書，頁752b。
〔註180〕《佛祖統紀》卷第八〈十六祖寶雲尊者義通傳〉，前引書，頁347～348。

教的道場，如新竹斌宗（1911～1958）主持的南天台法源講寺、台南慧峰（1909
～1973）主持的湛然寺、台北覺光（1919～？）主持的正覺蓮社、南投樂果
（1884～1979）創建的佛光寺，以及兩位業師李炳南（1890～1986）主持的
台中蓮社「內典研究班」，和屏東會公宗律（1928～？）所主持的普門講堂等，
都是一直遵循著這個修學的大方向。然學台教者，苟學利根行者參禪，自然
走上會合著華嚴，「會同一性」的結果，山外宗的影子似會再現，然求解行行
之輩恐是多見。而習台教不成，心行急歸淨土者，容易轉成唸佛禪行者，這
些都不似宋初宗匠們的志行與節操。習禪觀行而發慧，同會一性歸向淨土，
如晤恩與文備；方便度世，而生說善巧的「性具」、「觀心義」與懺法的行持，
最後在體、相、用一如的情況下行人悟取入圓頓止觀，而直入淨土行，如山
家宗的知禮與遵式。

　　總之，山家、山外之爭後，兩宗以無交集而分流。但兩宗的基本理論架
構，在知禮與智圓時代大致就確定下來。智圓之後，山外派乏宗主出現，法
緣逐漸衰微。而知禮儼然成為山家派的中興人物，自知禮之後歷三代除了從
義（1042～1091）、處元（1030～1119）以外，知禮門下對知禮教學也曾加以
檢討。依林鳴宇在〈宋代天台研究序說〉「結論」文中所說的，此後知禮系的
學說約可分為三個時期。〔註181〕第一期，自知禮至繼忠的四明教學，為安定
期。即結束了與前山外的對決後，仁岳離開四明教團，獨自一人在吳興繼續
其教學活動，除了「一念三千」以外，未見其與四明門下有直接的論手。第
二期是，繼忠以後至宗曉以前的四明教學，為確認期。繼忠的弟子從義，對
知禮學說詳細地檢查，試圖打破知禮教學的權威性。受其影響，使得活躍於
同時期的神煥、如湛、法久、可觀、宗印等諸師，對知禮教學積極地作確認
工作，以避免對知禮教學的盲從，並各自對天台教學發表了自己的意見。但
說法種種，玉石混淆，反而給後來學者在教學理解上留下多樣的課題。第三
期是，自宗曉至志磐的四明教學，為復權期。宗曉《四明尊者教行錄》的編
集，促使了四明教學復權期的開始。為了再樹立知禮的權威，宗曉蒐集了大
量知禮的關連文獻，在《教行錄》當中，強烈地主張知禮才是天台教學的中
興教主。對此評價，給後世學者起了很大的暗示性作用。使後來的普容，以
及《教觀撮要論》的撰者，均稱知禮為中興教主，亦承認其教學的權威性。

〔註181〕林鳴宇〈宋代天台研究序說〉「結論」，《中華佛學研究》第 7 期（台北：法鼓
　　　　山，2000 年 3 月），頁 224。

志磐在《佛祖統紀》當中，更把反對知禮教學者稱作「破祖」、「背宗」。但是，由於知禮教學被立於權威的地位，反而使天台教學的發展有所停滯。亦即是，其後來的教理研究未能出現超越知禮的教義與山外的學風，所以天台宗慢慢走向了衰頹之路。山外宗因為跟禪、華嚴與淨土合會，其學人易染上他宗習氣，或轉向他宗而去，所以山外宗從晤恩開始流傳至第四代就衰微了，一部份原因是山外宗內部的問題，一部份原因是遭受到山家宗的排斥。總之，天台宗山外宗派的沒落，除了本身禪法的特質所引起發展上的局限性，以及佛教他宗法緣盛旺引起學人的流失，還有跟當時山家法智知禮系出了許多宗匠在行化，而慈雲遵式系與淨覺仁岳系的法緣在宋代中葉也極為盛行等因素，有著極大的關連。

山家、山外的諍論，跟學派思想的歧異脫離不了關係，他們在觀行上的不同主要是在觀心與性具問題；而後山外與山家的諍論，則偏重在對天台宗佛法的知見，宗匠們的時代也有所斷續。所以，後山家、山外所論爭的課題，就與前山家、山外的幾大論爭相較之下，內容更是極為豐富，論爭的主題亦可被詳細地劃分出來。除了與其他宗派論爭之外，他們的主要論爭點如下：一是，對《金光明經》教理的解釋。依照現存知禮的《金光明經玄義拾遺記》、《金光明經文句記》、從義的《金光明經玄義順正記》、《金光明經文句新記》中所記述的種種對立說，在當時引起很大的波紋。其他，關於金光明懺法的實行亦有所論爭。二是，對《法華經》教理的解釋。由於「十不二門」所引起的前山家、山外論爭，產生了仁岳對「一念三千」的異義，從義的《止觀義例纂要》和處元的《義例隨釋》之間的論爭，以及從義的《三大部補注》中，與知禮的見解相違，這種種皆給後山家、後山外的學人帶來新的研究課題。三是，《觀無量壽經》教理的解釋。晚年的知禮與仁岳之間的論爭，多數未能得到解決，所以知禮圓寂之後仍然留下不少懸而未決的課題。後來的從義（1042～1091），也對《觀無量壽經疏》作了《往生記》的注釋書，更把論爭引導到新的層次。環視整個宋代天台教學，後山家、後山外當中引發最多爭議的是關於《觀無量壽經》教義解釋中所產生的問題。此外，他們對於性具思想也有所發揮，所以後世有學者認為後山外的學人如仁岳、從義等師應該如同志磐的分類，把他們列在雜傳中以示跟山家宗與山外宗在學風上有別。〔註182〕

〔註182〕對於仁岳與從義在天台宗譜系的分類，參見塩入良道〈天台思想的發展〉，《佛

　　透過對晤恩及天台分宗與後山家、山外爭論的史實來看，我們更加明白幾個事實。一是，山家教義原指傳統的天台教義，且廣被天台諸師如湛然、晤恩、義寂、知禮、遵式、智圓等所闡述的天台教學，這不像一般我們所認知的或誤以為當時已經區分為山家派與山外派；但同是天台山僧人在教內卻有山內、山外的俗稱卻也不是偶然的，其必然有主客觀條件以及義學發展上的因素存在。天台流派的發展，還有地域以及人為的因素，最後形成把他們說成是山家與山外、山內或山外、山家宗或山外宗諸名稱，然山家、山外名稱的確定當在兩宋之際產生的。二是，他們所出的文義，在南宋還通稱為山家教典，這一事實連志磐都必需承認；承認這個事實，就等於山外宗匠也本是山家中人，只是山家學人必須強調山外學人或列入雜傳者也是心歸本宗的。三是，山家教典中，排除了皓端的著作，但志磐的《佛祖統記》還是列有皓端及其師玄燭的傳記，承認他們跟天台宗有關係。四是，山外派或後山外學人，原非派系名稱，乃是強加在與四明教學對立者或與四明學風不同者身上的一種蔑稱，其結果卻演變出他們是天台學的分宗，由是後世的山家宗人乃通稱晤恩系下學人為山外宗或山外派，而被《佛祖統紀》列入雜傳的仁岳系則變成是後山外。

　　教思想（二）在中國的開展》，頁 149；至於他們對於天台教學的開展，參見塩入良道〈天台思想的發展〉，《佛教思想（二）在中國的開展》，頁 155。

第六章　天台分宗的影響

　　早期的天台宗，是門人分支並流，但是存在著九世付授的現象，這在釋道宣的《續高僧傳》以及釋贊寧的《宋高僧傳》中得見。九世之後的傳法與付囑問題，在湛然之後就出現了紛爭。如義寂得法於誰，其法付給何人是不明的，但山家宗曉在所編集的〈台州淨光法師傳〉上說：「義通實高弟者也，如澄彧或寶翔皆亞焉。」還有義通是否付法給知禮也是個問題，然宗曉的《寶雲振祖集》序文中卻云：「（義通）講貫二紀，以大法付法智（知）禮公。」這個傳法的正統性問題，因為知禮的地位，而追溯義通的德業以及義寂的成就，到了南宋初年逐漸成型以說義寂是「一家教乘重興之人」，義通是「天台宗主」〔註1〕，義通得到知禮與遵式兩神足，其道法得以流傳江浙。到了釋宗鑑的《釋門正統》與釋志磐的《佛祖統紀》的出現，因為天台宗逐漸以山家宗為主流的趨勢得以確定而獲得後世的承認；但這未必就是原來的歷史真相，而僅能視為是山家宗一派傳承的說法。因為在以知禮系山家宗為主的史書內，還是不得不承認山外派或乃至於從知禮處叛出的仁岳系為山家，他們的著作也稱山家教典。〔註2〕

　　唐武宗的會昌法難，影響著後來天台宗的發展甚深，而天下離亂的因素以及諸宗的發展也要加進去一并討論。晚唐之時，天台宗的傳承，除了天台山所出的宗匠與會下學人之外，其他如五台山系、少林寺系以及唸《法華經》系、通天台、禪教的一些相關學人的出身都存在著傳承不明的狀況，使得重建當時的天台教史有極大的缺失。因此，後世所說的晚唐五代間的天台宗史

　〔註1〕　釋道昌〈寶雲通法師移塔記〉，《大正新脩大藏經》第 46 冊《四明尊者教行錄卷第七寶雲振祖集》，頁 930b。
　〔註2〕　《佛祖統紀》卷第二十五〈山家教典志〉，前引書，頁 475～484。

大都是以天台山系爲主流。宋初之後，天台宗的教學從天台山、杭州、秀州逐漸轉移到以明州法智之學爲主，而以杭州的遵式之學爲輔，山外宗之學爲旁出、爲扶宗。到了南宋法智之學取得正統地位後，由於禪教合流與淨土信仰的發達，影響到後來天台宗的發展；天台宗在宋代中葉之後，不敵禪門與淨土的氣勢，跟天台山家宗排斥山外學風有所關連。下文分祖師地位、禪教思想、行化地緣、教界形勢等四節，來探究天台分宗對天台宗的影響。

第一節　祖師的地位

湛然之後，天台宗的祖師問題，因爲涉及宗教內部傳習與公認問題，歷代帝王都很謹慎處理。晚唐之時，天台宗已有十祖之說，下至吳越有國，天台山螺溪傳教院的義寂深得忠懿王的崇信與國師德韶的大力護持，曾請諡祖師，但得尊號的僅從智者到湛然爲止。九祖之後的道邃、廣修、物外、元琇、清竦、義寂、義通、知禮的尊號，是南宋時山家宗釋志磐的私諡〔註3〕，所以《四庫提要》說其僭越。但一般不明瞭天台宗發展史者，會以爲《佛祖統紀》的說法是天台宗的正史，而不知此乃是當時山家宗一家之學的歷史。更嚴重的是，此種山家宗的歷史與史觀，卻列入佛學院的教材之中，也是哲學家們認以爲眞的史實。南宋之後，天台宗叢林的說詞變成天台教史，對於這種現象我們實有必要加以釐清。

一、玄燭與皓端

天台宗在晚唐之時，因爲遭逢到會昌法難以及天下離亂，師資傳授不易，傳承有不明的傾向。九祖湛然之後，天台山、五台山的宗匠還在講學不墜。而玄燭在帝京傳道，人稱十祖，其門下出秀州靈光寺皓端。關於玄燭，在釋贊寧的《宋高僧傳》中無傳記，僅在〈皓端傳〉中有云：「於時有台教師玄燭者，彼宗號爲第十祖，（皓）端依附之，果了一心三觀。」〔註4〕《釋門正統》也無玄燭傳，其在〈荷負扶持傳——皓端傳〉上說：「時台宗有玄燭師者，學者號稱爲第十祖，（皓端）復依之，遂悟一心三觀之學。」〔註5〕贊寧談到玄燭，則說彼宗號其爲十祖，此彼宗當然是泛指天台宗。山家宗的釋宗鑑則貶

〔註3〕　《佛祖統紀》卷第八〈興道下八祖紀第四〉，前引書，頁343。
〔註4〕　《宋高僧傳》卷第七〈宋秀州靈光寺皓端傳〉，《高僧傳三集》，頁174。
〔註5〕　《釋門正統》卷第五〈皓端傳〉，前引書，頁826下。

低玄燭的地位，而說「學者號稱爲第十祖」，到了釋志盤的《佛祖統紀》則列玄燭在〈未詳承嗣者傳〉，而云：「法師玄燭，戒德、定品、慧業法門，講唱宗乘當世特立。大順初（890），傳法帝京，學徒數百悅隨，時謂其可繼荊溪（湛然），尊稱爲十祖云。」〔註 6〕玄燭在天台宗人的地位，從天台宗人號其爲第十祖到了南宋變成「時謂可繼荊溪」，而有尊稱其爲十祖的說法。山家宗學人如承認玄燭爲十祖，則湛然會下的學人道邃、元浩與行滿又當如何對待，這是天台宗內部的大問題。解決此問題的方式，就山家宗人來說是簡單的，不承認玄燭在台教的正統性，只要說玄燭是傳承不明者，玄燭系下的學人就更不用說了。但山家們這種行爲或看法，就影響到皓端以及晤恩的傳承與祖師地位了。山家學人對玄燭的觀感，皓端受到波及，晤恩也不能不對此現象加以留意。因爲，就中國人來說，道法的正統性蠻重要的。

至於玄燭的弟子皓端（890～961），是晤恩（912～986）向志因參學前的師父。釋贊寧的《宋高僧傳》說皓端，學南山律於希覺之後又參玄燭，「遂撰《金光明經隨文釋》十卷，由是兩宗（台教與南山律）法要一徑路通」，得吳越忠獻王的禮重。贊寧將其與晤恩、義寂同列在「義解篇」中，可以發現皓端對天台宗的貢獻以及其身份、地位重要。學得皓端門者，有八十餘人。〔註7〕而《釋門正統》，列皓端在「荷負扶持傳」〔註8〕。至於志磐的《佛祖統紀》，則將皓端列在〈未詳承嗣者傳〉中，其傳記擺在〈玄燭法師傳〉之後，而云：「法師皓端，嘉禾張氏，聞玄燭時稱十祖，遂往參學，即悟一心三觀之學。誓心山居二十餘年，身無長衣，口無異味，坐唯一榻，門不設關。本朝建隆初，無寂坐亡，火浴舍利不計其算，得法者八十人。」〔註9〕志磐在〈玄燭傳〉用字遣詞貶低玄燭的地位，而在〈皓端傳〉雖也是有所貶抑，但卻稱玄燭「時稱十祖」。山家宗談到玄燭的地位，字字用心，但不能抹滅掉玄燭曾有十祖之稱號，這充份透露出山家宗學人雖以自家傳承是尚，但也不能過份地抹滅掉天台宗其他祖師的地位與歷史功業。

二、志因與晤恩

天台宗在北宋的發展，尤其是山家與山外宗之爭以及南宋之後法智之學

〔註 6〕　《佛祖統紀》卷第二十三〈法師玄燭傳〉，前引書，頁 446。
〔註 7〕　《宋高僧傳》卷第七〈宋秀州靈光寺皓端傳〉，前引書，頁 174～175。
〔註 8〕　《釋門正統》卷第四〈皓端傳〉，前引書，頁 826 下～827 上。
〔註 9〕　《佛祖統紀》卷第二十二〈法師皓端傳〉，前引書，頁 446。

的獨興，影響到志因與晤恩的祖師地位，因爲山家宗以晤恩爲山外宗之祖的
緣故。山外宗的祖師既然是晤恩，而晤恩當然受到會下學人的崇敬，尤其是
孤山智圓埋其靈骨、設其塔位而祭之，其事跡見諸於智圓的《閑居編》、宗鑑
的《釋門正統》卷第五〈智圓傳〉與志磐的《佛祖統紀》卷第十〈法師晤恩
傳〉中。至於志因，因爲義寂被列爲山家正統，其地位由《釋門正統》所說
的首參〔註10〕，到了《佛祖統紀》變成被列在義寂之後的門人〔註11〕，清竦
會下門人世業者以義寂爲上首，志因次之。清竦會下的志因、義寂與覺彌，
本來都是天台嫡系，但山家宗爲了表明知禮的天台教學是正宗，就把義寂列
爲祖師，把志因、覺彌說成是旁出世家。志磐的《佛祖統紀》真的把天台宗
僧家間的嫡庶、輩份與稱謂給弄亂了；這不僅給讀其書者有所錯覺，也造成
重建天台教史的困難性。

在贊寧（919～1002）的時代，天台宗的正統論還沒有真正的出現，天台
宗師匠們所重視的是止觀的傳習問題。天台宗是注重止觀之學，也就是說一
心三觀是他們的法門。而志因、晤恩在錢塘被稱爲義虎，而文備被晤恩稱讚
說：「（文）備雖後進，與吾並驅於義解之途，諒無先後矣！」則慈光院一門，
出三義虎，其氣勢至少從後晉開運中（944～946）到宋雍熙三年（986）五十
多年間是蓋過當時其他宗匠的聲名多矣。但由贊寧的《宋高僧傳》皓端、晤
恩與義寂諸師的傳記來看，贊寧是很維護天台宗的。由禪學發展上來看禪宗
的南、北之學與牛頭學，這種情況很像晤恩、義寂與皓端之學，有所謂天台
嫡傳與庶出問題。贊寧在《宋高僧傳》卷第八〈宏忍傳〉上說：

> 初（宏）忍於咸享初，命二三禪子各言其志。神秀先出偈，惠能和
> 焉，乃以法服付慧能，受衣化於韶陽。神秀傳法荊門洛下，南、北
> 之宗，自茲始矣。又（道）信禪師嘗於九江遙望雙峰，見紫雲如蓋，
> 下有白氣，橫開六岐。信謂忍曰：「汝知之乎？」曰：「師之法，旁
> 出一枝，相踵六世。」信甚然之。及法融化金陵牛頭山，貽厥孫謀，
> 至于慧忠，凡六人號牛頭六祖，此則四祖法又分枝矣。然融望忍，
> 則庶孽耳，安可匹嫡乎？！〔註12〕

贊寧說牛頭禪學，就達磨禪學來說是旁出、是庶，而對於南、北禪宗，其則

〔註10〕《釋門正統》卷第二〈清竦傳〉，前引書，頁761上。
〔註11〕《佛祖統紀》卷第八〈十四祖高論尊者清竦傳〉，前引書，頁345。
〔註12〕《宋高僧傳》卷第八〈唐蘄州東山宏忍傳〉，前引書，頁189～190。

一視同仁，看作是達磨禪學的嫡系，這在神秀傳〔註13〕與神會傳〔註14〕中已經講得很明白了。佛學貴一門專擅，乃能得力，但到通人之際，則不捨一法，不專一味，不犯時忌，佛法眞正的外護者當如是。在湛然會下嫡系之間，贊寧實以道邃爲上首，這部份是以法緣來看待的。這或許也給了後世山家學人不少啓示，即道在得其人且能弘傳。贊寧爲吳越國的僧官，雖然護持義寂，但其贊賞晤恩說：「使法華大旨全美於代者，（晤）恩之力也。」〔註15〕當時天台宗流派很多，但在義學上以皓端、晤恩與義寂爲盛；就天台教學來說，義寂與晤恩都是嫡傳，贊寧在寫《宋高僧傳》時要一視同仁看待他們。皓端雖也學過台教、宣講台教，但其於台教與南山律學一路徑通，在天台學人看來是旁出是庶出，在傳承與天台教學上不能與嫡系的義寂與晤恩相比美。顯然站在贊寧的立場，他還不能判斷此後是義寂系還是晤恩系的法緣爲盛，但站在衡嶽觀行的立場上來說，其隱約地指出義寂系往後當是正宗。贊寧的史觀，對山家派學人來說，是有鼓勵性的，或可以說贊寧的天台史觀是促成宋初山家、山外諍論的因素之一。對山外學人來說，晤恩的定、慧與觀行被贊寧說成是完美的，所以他們被山家派說成是「當途繼祖者」，是一項榮耀，他們的志行只在於如何體會宗元、如何更加完備地發揚祖道而已。兩家之爭，造就了一些傑出的宗匠，以及諸師在義學上有所創發，而影響到後世學人。

　　天台分宗的現象，或許在晚唐五代就已經存在，此由義寂請謚天台祖師可以見到徵兆，但因爲吳越國對於宗教管制極爲嚴格，義寂與晤恩雙方都還保持著平實的謙謙君子風度。至於後來的山家宗學人，對晤恩亦有美言。釋宗鑑在《釋門正統》延續贊寧的思維說：「先是一家教典，經會昌毀廢，文義殘缺，談妙遺音，固已掃地。師尋繹十妙始終，研覈五重旨趣，講演大部二十餘周。解行兼明，目足雙運，使法華大旨昭著于世，師之力也。」〔註16〕而志磐在《佛祖統紀》卷第十〈法師悟恩傳〉說：「初是一家教典，自會昌毀廢，文義殘闕。師尋繹十妙，研覈五重，講演大部二十餘過，《法華》大意昭著於世，師之力也。」〔註17〕宗鑑將晤恩一系列入「扶宗」的行列，志磐列其爲「旁出世家」。然錢謙益在《楞嚴經疏解蒙鈔》，則說晤恩一系是「通賢

〔註13〕《宋高僧傳》卷第八〈唐荊州當陽山度門寺神秀傳〉，前引書，頁195〜198。
〔註14〕《宋高僧傳》卷第八〈唐洛京荷澤寺神會傳〉，前引書，頁198〜201。
〔註15〕《宋高僧傳》卷第七〈宋杭州慈光院晤恩傳〉，前引書，頁180。
〔註16〕《釋門正統》卷第五〈晤恩傳〉，前引書，頁827上。
〔註17〕《佛祖統紀》卷第十〈法師悟恩傳〉，前引書，頁370。

宗以輔教」，而說山家派的苛責是擔板之見。韓愈的排佛思想雖在儒者間發酵，然在五代乃至於宋初的帝王因為崇佛、迎佛骨求護祐，而不會冒然採信佛教對國家與世法不利的說詞；然儒家的正統論以及排斥異端的行徑、性善與性惡說的教化等，卻也在天台宗內部產生了作用，宋初山家宗的崛起與興發，爭祖道正統的結果就影響到玄燭、皓端師徒在天台宗的名份問題，也影響到清竦系下志因、晤恩以及他們會下學人的歷史地位。

至於志因，雖無傳記傳世。但由〈晤恩傳〉以及文備的行業記中得知，其是遵守傳統的台教師，似無兼講的行徑，也無義學著作傳世。其會下晤恩、可榮、文備都是來自禪、教的寺院，也有兼講的習性，但他卻能服眾，並以晤恩為上首弟子，後將法座讓給晤恩去承繼演教，這當是他看到晤恩的優點與卓越處，以及見識到當時錢塘僧家的風尚等有以致之的。總之，志因有識人之明，以及擁有能審時以度世的寬容大量，晤恩乃能在慈光院禪講、課徒，並發揮義學而開宗立派。志因跟師父清竦相較之下，志因是更有其獨特之處，所以慈光院的法緣能盛極數十年之久。

三、義寂與義通

吳越國時期，廣義的天台宗有三大流派。一是，即玄燭、皓端一系；二是，清竦會下志因、晤恩與文備一系；三是，清竦會下義寂一系。以地域來分，是以秀州、錢塘與天台山為主流。而皓端與晤恩兩人，都是守戒而嚴謹的僧家，義寂雖受王恩但也是一位簡約而持重的宗匠，雖然他曾請諡天台諸祖，有破壞山家流派均衡的迹象。贊寧在《宋高僧傳》卷第七中沒明言把皓端比作牛頭學為庶出，也沒把晤恩或義寂當作是天台宗唯一的正統者，其用字遣詞是謹慎的，但由三師傳記字裡行間中可以看出蛛絲馬跡的。由贊寧的禪教史觀上來看，其說從貞觀到宋初，山頭主義很是盛行，禪與教「不能兼者，互相非斥」；「若相互推重，佛法增明。」如此，能「酬君王度己之恩，答我佛為師之訓。」〔註18〕這已經說得很明白了，禪與教之間存在著隔閡，而晤恩系的教學有朝向禪、教合流的趨勢，這一點跟遵守傳統教學的義寂是不同調的。

會昌法難以後，天下離亂，群雄割據，產生了五代十國的趨勢，這對天台宗的興衰影響頗大。會昌法難以下，天台宗的幾個法系傳承忽然不見了，

〔註18〕《宋高僧傳》卷第八「習禪篇‧論曰」，前引書，頁342。

如五台山志遠、元堪一系，湛然會下元浩、重巽一系，湛然會下無姓、懷遠
一系，湛然會下行滿一系。會昌以後，物外下有兩系爲盛，一是物外會下元
琇、清竦一系，一是物外會下天台慧凝、處源、玄廣，兩系都在天台山行化。
元琇門下除了清竦之外，另有國寧常操、義從、德儔、四明慧贇與修雅一系。
清竦會下有志因、義寂與覺彌。唐昭帝龍紀元年（889）元琇在國清寺爲清竦
說止觀法門，當清竦主國清寺講席時，正好錢氏有國，志因先來就學，後開
法於錢塘慈光院。至於義寂，於後晉天福五年（940）之後來禪林寺依清竦與
玄廣受學，到後周廣順中（951～953）忠懿王爲其建立法華道場，宋乾德二
年（964）居螺溪道場，道法開始轉盛。〔註19〕時義通參德韶有所契悟，轉到
螺溪傳教院依義寂受學多年，後到四明傳教院行化。吳越有國時，天台宗人
的行跡，大抵在天台山、錢塘、四明與秀州、蘇州、溫州行化。初時，清竦
會下義寂這一系的法緣是不如清竦會下志因、晤恩、文備，乃至於不如玄燭、
皓端一系的法緣爲盛。待到義寂在天台山螺溪傳教院、義通在四明傳教院行
化，這一系下的學僧勢力日漸茁壯，然義寂會下宗昱系的學僧受到眞心說的
影響；而寶雲義通，其會下出法智知禮與慈雲遵式兩法子，山家宗的法緣逐
漸增強。因爲吳越入宋，隨著王朝的更換，政治中心轉移到北方，天台宗人
不必如錢氏有國時般的謙讓、拘謹，爭正統的時機出現了，所以知禮勇敢地
對晤恩系會下的學人發難。天台宗有知禮與遵式的出世，不僅改變了吳越有
國時義寂、義通一系在教學上與行化上的劣勢，待到宋代中葉之後法智知禮
之學獨盛，山家宗的史家輩出，南宋之後因爲有《釋門正統》與《佛祖統紀》
的流傳，天台宗人逐漸接受以清竦、義寂、義通、知禮爲祖師的說法，變成
牢不可破。義通的地位，從贊寧的《宋高僧傳》所云的義寂會下堂室可見者
三人中之一僧家〔註20〕，到了宗鑑的《釋門正統》卻變成「海東來學者十人
義通其上首也〔註21〕」；而志磐的《佛祖統紀》更進一步說義寂，「傳法弟子
百餘人，外國十人，義通實爲高第，而澄彧、寶翔爲之亞焉。」〔註22〕有了
山家宗的出現，義寂會下上首的弟子宗昱被埋沒了，宗昱會下的法緣除了契
能系之外，大多不詳而只留存師匠的住處與師名。

〔註19〕 錢易〈淨光大師行業碑〉，《卍新纂續藏經》第56冊《螺溪振祖集》，頁6。
〔註20〕 《宋高僧傳》卷第七〈宋天台山螺溪傳教院義寂傳〉，《大正新脩大藏經》第
50冊，頁752c。
〔註21〕 《釋門正統》卷第二〈義寂傳〉，前引書，頁762上。
〔註22〕 《佛祖統紀》卷第八〈十五祖淨光尊者義寂傳〉，前引書，頁346。

　　義寂會下的天台系，真正在義學上有發展的是宗昱與義通，而宗昱受到禪、教合一的影響，其思想與山外宗接近，所以在知禮之學興起時，宗昱、契能一支雖得祖師鑪拂為嫡傳，但其法緣被神照本如會下的處謙所取代了。〔註23〕而義通被山家宗人認為在義學上有所發展，且「貢獻到大於其師（義寂）」〔註24〕，所以義通在山家宗人的眼中其地位是重要的。如宗曉曰：「惟寶雲鼻祖（義通），與吾四明（知禮），為賢父子，表裏像運，中興一家。若其德業不傳於世，則教失宗元，後昆奚究因，考覈碑實。洎諸簡編，得師事跡，與厥後繼之者，凡二十篇。別為一帙詺，題《寶雲振祖集》，蓋取是院祖堂之扁，曰振祖故也。覽斯文者，當知吾祖遺德之美，不可以采摭人微，而見棄焉。」據《寶雲振祖集》所云，說當時「台道既微，賴義通持之授法智（知禮）、慈雲（遵式）以起家」，義通因此被山家宗學人稱為「台宗之命脈」〔註25〕。山家宗為了揚舉義通、知禮的重要性，而說五代宋初之間「台道衰微」，這可能與史實是不合的，連帶也貶抑了山外派學人的地位與功業。所謂五代宋初台教是衰微的，應該是僅限於清竦會下義寂、義通一系的教學與行化而說的。那個時代，法緣極盛的有晤恩、源清系，而義寂會下的宗昱、契能系氣勢也頗大，法緣之盛都超過義通。

　　山家宗確立了知禮的地位後，往上追溯義通、義寂、湛然的正統傳承。義寂的另一師承玄廣被捨棄了，玄廣下的傳承因此不聞於世。山家宗們重視義寂會下的義通傳承，義寂的其他法子如宗昱、澄彧、寶翔以旁出來加以處理。而處理義寂會下大弟子的方式，在山家、山外宗之爭時，獲得到很大的效果，如宗昱會下契能系的法緣轉到廣智尚賢與神照本如系去了，台州、溫州、錢塘偏向真心說的宗昱系下山家從此轉向知禮的教學。山家宗以義通會下的知禮為主、遵式為輔，共同對抗山外學者獲得到很大的回響，到南宋之後知禮一系逐漸取得天台宗正統的地位，山家祖師的傳承從此以《佛祖統紀》的說法為準。總之，義通被後世山家們稱其為台宗之命脈，明州寶雲寺被稱為「台宗中興發源處〔註26〕」。因義通「乃寶雲啓教之宗主」〔註27〕，其會下

〔註23〕釋契能是處謙的本師，契能的法席後由處謙繼之，參見《釋門正統》卷第六〈處謙傳〉，前引書，頁762上。
〔註24〕潘桂明、吳忠偉《中國天台宗通史》，頁393。
〔註25〕《釋門正統》卷第二〈義通傳〉，前引書，頁763上。
〔註26〕《寶雲振祖集》〈法雨堂題名〉，《卍新纂續藏經》第56冊，頁707b。
〔註27〕《寶雲振祖集》〈寶雲通法師移塔記〉，《卍新纂續藏經》第56冊，頁703c。

在當時被稱爲門人之上足者有知禮、遵式、子衿〔註 28〕，而接台山墜緒興衰
的兩神足則是知禮與遵式〔註 29〕。至於義通會下的法緣，宗曉在〈法雨堂題
名〉云：

> 吾祖（義）通公大法師，負高明之識，來自三韓，得淨光（義寂）
> 法道。於此地洪通，四明（知禮）、天竺（遵式）二尊者蟠英蓄秀，
> 能荷傳斯宗，迄今垂二百載，其道未艾，此非雨法雨沃群生乎？昔
> 楊無爲嘗贊宗門陳尊宿曰：「叢林處處蒙霑潤，莫測風雷起老龍。」
> 今於寶雲（義）通公，亦云也。〔註 30〕

義寂在天台山清竦與玄廣兩師會下參學，沒接法席開講，而另立道場演教。
義通在螺溪義寂會下，領宗得意，後到明州寶雲院開山。這表示衡嶽與螺溪
的法席，是許多門人在觀望的，而義寂與義通的各自行化，造就了山家宗的
威名與法脈之得以弘傳。衡嶽觀行的一線生機，端賴義寂與義通師徒，到了
宋初知禮與遵式出世，其宗風就顯發開來。

四、知禮與遵式

　　義寂則於後晉高祖天福五年（940）到天台山依清竦與玄廣受學，宋太祖
乾德二年（964）居螺溪傳教院而聲名大振。義通於漢周之際入中國，先至天
台雲居院參德韶契悟之後，可能受到德韶的點撥前往螺溪傳教院依義寂受學
幾年，宋太祖開寶元年（968）住四明傳教院行化。義寂於雍熙四年（987）
卒，從雍熙二年八月到四年末，天台宗連續失去了文備、晤恩與義寂三位宗
匠，新時代的來臨對天台宗也行將產生重大的變化。

　　義寂會下的義通、知禮一系，從開寶元年（968）始盛。其後的天台宗，
在寶雲義通之下，匯歸成知禮與遵式兩系，由於南湖（延慶院）、靈山（天竺
寺）同開，故有浙江東、西並講山家之學的盛事。〔註 31〕天台山家的教法，

〔註 28〕《寶雲振祖集》〈四明圖經紀院事跡〉，《卍新纂續藏經》第 56 冊，頁 702b。
〔註 29〕《釋門正統》卷第二〈義通傳〉，前引書，頁 763 上。
〔註 30〕《寶雲振祖集》〈法雨堂題名〉，《卍新纂續藏經》第 56 冊，頁 707b。
〔註 31〕《佛祖統紀》卷第十〈法師遵式傳〉，前引書，頁 378 云：「鏡菴曰：『道藉人
　　　弘，人必依處。此三者，不可不畢備也。』吾道始行於陳隋，盛於唐，而替
　　　於五代。逮我聖朝，此道復興。螺溪寶雲振於前，四明慈雲大其後。是以法
　　　智之創南湖，慈雲之建靈山，皆忘軀爲法，以固其願。而繼之以神照啓白運，
　　　辯才兆上竺。於是，浙江東西並開講席，卒能藉此諸剎，安廣眾以行大道。
　　　孰謂傳弘之任，不在於處耶。」

大行於宋初之後，在於有人（宗匠）有處（道場），佛法要長住於世，教學、宗匠與道場三者缺一不可，這是歷史的實情。《佛祖統紀》卷第十〈法師遵式傳〉後引鏡菴景遷的話說：「吾道始行於陳隋，盛於唐，而替於五代。逮我聖朝，此道復興，螺溪（義寂）、寶雲（義通）振於前，四明（知禮）、慈雲（遵式）大其後。」從九祖湛然（711～782）之後到宋初之間的天台佛學，在山家人宗鑑的眼中，則依靠志遠、皓端、晤恩三師、智圓諸師來荷負了。所以在《釋門正統》卷第五，他把志遠、皓端、晤恩三師、智圓、文備、慶昭、繼齊與咸潤，列在〈荷負扶持傳〉中，其在序文說：「會昌籍沒，五代分崩，不有大士起而救之，則中興正派不可待而授也。障狂瀾，弭酷燄，功豈淺哉！」〔註32〕所謂的中興正派，是指知禮所領導的山家宗。知禮在山家學人眼中的地位可想而知。

　　至於懺主遵式一系，《釋門正統》卷第五則在〈荷負扶持傳〉之後另立〈本支輝映傳〉談到遵式，序文且云：「法智（知禮）之中興也，矩如克家之子。淨覺（仁岳）骨鯁之臣，而慈雲（遵式）皆以真子養之。凡所著述，若記、若鈔、或序、或刊，惟恐其道，一日不行於天下。則其用心視彼為本，而自視為支，以全芘其根柢者，豈不盛哉。撰慈雲懺主列傳。」〔註33〕宋初山家宗一派，不僅是門風、德行與山外宗派有別，連懺法的風格都大不相同。山家派所推行的懺法是與社會相結合，而持戒自悔則是山外派的立場。山外派不似山家學人多與大眾接近，他們強調隱居而不參與俗務如智圓，主張懺儀應與止觀結合的傳統。〔註34〕山家宗在山家、山外諍論過後，爭取到了看似優勝的局面之後，遵式一系在後來山家宗學人釋宗鑑的眼中說是義通一幹所出兩枝之一枝，且又被說成是本下的支，充當輝映耳；遵式及會下學人的傳記還列在志遠、皓端、晤恩、智圓、文備、慶昭、繼齊、咸潤等人的傳記之後。而志磐的《佛祖統紀》則列遵式在「寶雲旁出世家」；談到遵式的兒孫，志磐說：「夫慈雲（遵式）一家，（文）昌、（祖）韶諸師之後，五世而蔑聞。今備敘列傳，而先慈雲（遵式）之派者，將以順其承襲，而不使紊雜乎四明（知禮）三家（尚賢、本如、梵臻）之子孫也。」〔註35〕

〔註32〕《釋門正統》卷第五「荷負扶持傳」序，前引書，頁826下。

〔註33〕《釋門正統》卷第五「本支輝映傳」，前引書，頁834下～835上。

〔註34〕蔣義斌〈宋初天台宗對請觀音懺的檢討〉，《法鼓佛學學報》第3期（台北：法鼓佛學學院，民國97年），頁67～100。

〔註35〕《佛祖統紀》卷第十一「天竺式法師法嗣」，前引書，頁380。

　　山家法智知禮之學，上承寶雲院義通，但其行持與學養與義通有別，與晤恩一系更是不同處甚多。志磐在《佛祖統紀》〈遵式傳〉中引鏡菴景遷文曰：「道藉人弘，人必依處，此三者不可不畢備也。吾道始行於陳隋，盛於唐，而替於五代，逮我聖朝，此道復興。螺溪（義寂）、寶雲（義通）振於前，四明（知禮）、慈雲（遵式）大其後。」〔註36〕由於義通會下出兩神足知禮與遵式，其法系的道法大振。至於天台宗的教學受到重視，《釋式稽古略》卷第四上說：「汴京自周朝毀寺，太祖建隆間復興，兩街止是南山律部、慈恩、賢首疏鈔義學而已。士大夫聰明超軼者，皆厭聞名相因果，而天台止觀、達磨禪宗未行也。淳化（太宗年號）以來，四明尊者知禮、天竺懺主遵式行道東南，而觀心宗眼照耿天下，翰林楊億、晁迥首發明之。至是，內侍李允寧奏施汴宅一區創興禪席，帝賜額曰十方淨因禪院。帝留意空宗，下三省定議，召有道者住持。歐陽公修陳公師孟奏請廬山圓通寺居訥，允寧親自馳詔下江州，訥稱目疾不起，常益敬重聽舉自代，訥乃以懷璉應詔。」〔註37〕宋朝一統天下之後，因王公大臣的推許、護持，禪門與天台宗深獲矚目而轉趨興盛。時遵式與知禮因爲行懺法，受到了朝廷的重視，知禮且被眞宗賜以法智之號，因此知禮的名聲更加遠播，這也促成了山家宗教學的普及。

　　四明知禮的法緣在宋初興盛之後，經過前山家、山外宗的諍論的發展，「四明系取代了錢塘系，成爲天台義學的正統，欲學天台教義者惟瞻四明，聞風而動。」不過慈雲遵式所領導的靈山系統並未受到影響，藉著懺法的實踐，其勢力範圍從天台山逐漸拓展到錢塘，而天竺、靈山法席並開，宗風極盛。〔註38〕知禮卒（1028）後，天台宗主要由接慈雲遵式東山法座的神照本如系、法智會下的廣智尚賢爲首的後山家派，以及以淨覺仁岳爲核心的後山外派爲主流。〔註39〕到了廣智下第五世息菴道淵的法嗣圓辯道琛（1096～1153）出世，「自是山家言教觀者，皆稟（道琛）師爲正。」〔註40〕至於知

〔註36〕《佛祖統紀》卷第十〈法師遵式傳〉，前引書，頁378。

〔註37〕《釋氏稽古略》卷第四，《大正新修大藏經》第四十九卷，頁867b。淳化初年眾請遵式居明州寶雲寺，事見《釋門正統》卷第五〈遵式傳〉。其從淳化元年（990）到咸平四年（1001），凡十二年居四明開法行化，後歸天台主東掖。而知禮則以淳化二年初主乾符寺，四年後遷住保恩院行化，大中祥符三年其院賜額延慶，事見《佛祖統紀》卷第八〈十七祖法智尊者傳〉。

〔註38〕《佛祖統紀》卷第十一〈法師遵式傳〉後「鏡菴曰」，前引書，頁378。

〔註39〕吳忠偉〈宋代天台佛教的復興——山家山外之爭〉，《中國天台宗通史》，頁441。

〔註40〕《釋門正統》卷第七〈道琛傳〉，前引書，頁870下～871上；另見《佛祖統

禮何以被稱爲山家派的祖師,《釋門正統》說:「原夫寶雲(義通)出二弟子,解行略同,而唯四明(知禮)得中興祖師者,弘護之功深也。」〔註41〕而山家在南宋孝宗淳熙十四年(1187)之時,寶雲教院住持傳天台教觀宗瑩在東廡作振祖堂,塑繪智者、寶雲、法智、慈雲四祖師像作新斯刹,以發明祖師骨體,亦開四方觀聽。〈明州寶雲四祖師贊〉後云:「法智(知禮)、慈雲(遵式)二尊者,得非此老親出乎?至今,邦人目爲(義)通師翁道場蓋爲二弟子設也。」〔註42〕義通會下出兩神足,而寶雲院之建立是爲知禮與遵式建立,這已經成爲山家教界們的通說,一般學、教界亦如是看待。

　　總之,天台宗初行雖有兩大祖庭,一爲荊州玉泉寺,一爲天台國清寺。但在晚唐之後,天台宗的義學發展主要在吳越地區,初時以天台山爲主要根據地,逐漸轉移到錢塘與四明。以「別子傳宗」的結果,其祖庭意識與地域觀念就顯得特別強烈,這一點與禪宗門徒四處傳法有異。義通會下的山家透過《釋門正統》與《佛祖統紀》,首先排除了以晤恩爲首山外宗的正統性,同時解決義寂、宗昱、契能系的傳法問題;再次是,對於從知禮處叛出的淨覺仁岳以及神智從義、草庵道因系的問題,最後回過頭來畫分法智與慈雲系的傳法系譜。宗鑑的《釋門正統》建立本紀與世家,列法智知禮在義通之後,爲中興教觀者。而志磐的《佛祖統紀》把法智知禮列爲十七祖,且贊曰:「唐之末造,天下喪亂,台宗典籍,流散海東。當是時爲其學者,至有兼講《華嚴》以資說飾。暨我宋龍興,此道尚晦。螺溪(義寂)、寶雲(義通)之際,遺文復還,雖講演稍聞,而曲見之士氣習未移。故(晤)恩、(源)清兼業於前,(慶)昭、(智)圓異議於後,(繼)齊、(咸)潤以他黨而外務,淨覺(仁岳)以吾子而內畔,皆足以淴亂法門、壅塞祖道。四明法智(知禮),以上聖之才,當中興之運,東征西伐,再清教海;功業之盛,可得而思。是以立陰觀妄、別理隨緣、究竟蛣蜣、理毒性惡、唯色唯心之旨、觀心觀佛之談、三雙之論佛身、即具之論經體、十不二門之指要、十種三法之觀心,判實判權,

紀》卷第十六〈法師道琛傳〉,前引書,頁418。《佛祖統紀》卷第十七〈法師法蓮傳〉後引鏡菴曰:「先賢有云,四明中興天台之道,圓辯中興四明之宗。蓋謂四明之後,有派爲知解之學,近似山外者。而圓辯者出,獨能發揮祖意以起四明,盛矣哉。或謂月堂得觀行,止菴得宗旨,一菴雪堂得辯說,皆有師家之一體云。」月堂慧詢、一菴處躬、止菴法蓮皆爲圓辯道琛的法嗣。

〔註41〕《釋門正統》卷第二〈中興教觀法智大師世家〉序言,前引書,頁763下。
〔註42〕《寶雲振祖集》〈明州寶雲四祖師贊〉後宗瑩識言,《卍新纂續藏經》第56冊,頁705b。

說修說性；凡章安、荊溪未暇結顯，諸深法門悉表而出之，以爲駕御群雄之
策，付託諸子之計。自荊溪而來，九世二百年矣，弘法傳道何世無之。備眾
體而集大成，闢異端而隆正統者，唯法智（知禮）一師耳。是宜陪位列祖稱
爲中興，用見後學歸宗之意。今澌河東西，號爲教黌者，莫不一遵四明之道。
回視山外諸師，固已無噍類矣。然則法運無窮之繫，其有在於是乎。」〔註43〕
由志磐之言，可以知道到了南宋山外宗以及遵式系的法緣都沒落了，此後能
代表天台宗的就只剩下法智知禮系的教學。

　　法智知禮對於天台教學的貢獻，除了其兒孫立其爲祖師、延慶寺被尊爲
祖庭之外，曾其海在〈山家派知禮對天台佛學思想的開展〉文中說：「在重建
天台法統這點上，知禮的功勞應大書一筆，宋代天台宗通過知禮的一番清肅、
整頓，其身後的寺院代代素業天台教乘，勿事兼講。直到北宋末年，江浙之
間，講席盛者，無不傳天台之教。在重建天台法統的過程中，知禮也表達了
自己的一些思想。」〔註44〕宋代佛教與唐代佛教相比，各宗的思想界限模糊
了，知禮通過對山外派的「直顯心性」的批判，把矛頭直指禪宗的頓悟說，
於是遭到天童山景德寺子凝禪師的反擊。〔註45〕知禮在教導本如時，亦用禪
宗慣用的「直顯心性」問答法，知禮卒後教門異論還是諠動江浙〔註46〕，雖
然其系下學人不事兼講，但不免亦受薰習，或有棄止觀禪講而轉攻淨教者，
這些現象所在多見。關於四明派的傳承，吳忠偉說：「山家鼻祖寶雲義通創於
四明，雖然經過苦心經營，聲名遠播，畢竟局限一隅，影響有限。最終使四
明派得以振興發展，成爲天台正統的，有賴於義通之兩神足——四明知禮、
慈雲遵式。學、教界一般的說法是：知禮以義學見長，遵式則以德行明世（故
有天竺懺主之譽），兩人情同手足，互爲補充，因此並行不悖。」〔註47〕但兩
者在行化上與人緣上，還是有不同之處。宗鑑在《釋門正統》〈知禮傳〉序文
說：「原夫寶雲（義通）出二弟子，解行略同，而惟四明（知禮）得稱中興祖
師者，弘護之功深也，惟賜不如。則陋巷爲疏附之友，惟參所畏，則負米掌

〔註43〕《佛祖統紀》卷第八〈十七祖法智尊者知禮傳〉，前引書，頁351。
〔註44〕曾其海《天台佛學》，頁233。
〔註45〕《佛祖統紀》卷第八〈十七祖法智尊者知禮傳〉，前引書，頁349〜350。
〔註46〕《釋門正統》卷第五〈慧才傳〉云：「天台教門異論尤多，師資相戾，諠動江
　　　　浙。師獨循循講訓，善否短長，未嘗形齒。高而不介，和而不流。往來錢塘
　　　　四十年，養高任緣，四事自饒，非福慧兼備者耶！」另見《佛祖統紀》卷第
　　　　十二〈法師慧才傳〉，前引書，頁390。
〔註47〕潘桂明、吳忠偉《中國天台宗通史》，頁405〜406。

禦侮之權。蓋一人敬服，則千萬人皆敬服矣。天上無雙月，人間祇一僧，是誰句耶？章安（灌頂）既往，荊溪（湛然）次亡，誕此人師，紹彼烈光。一家大教，鐘此三良，是誰語耶？」〔註48〕法智知禮被兒孫比擬成「克家之子」，而慈雲遵式在山家宗學人眼中僅如「母弟以藩屏周」、用心於道「以全茈其根抵者。」〔註49〕

山家宗的設立祖師與追諡，在史法來看算是有所僭越的，就山家一家之學來說，那是隨其便了，但不免對山外之學及其他傳承有所貶抑，這對釋志磐來說他應該也是心知肚明的。對於山外宗，他在〈慶昭傳〉中暗藏伏筆以說。《佛祖統紀》〈慶昭傳〉談及知禮著《十義書》論戰時說：「而四明之學者，始指（晤）恩、（源）清、（慶）昭、（智）圓之學，稱為山外，蓋貶之辭云。」〔註50〕他們揚舉法智知禮的一家之學而貶斥山外宗的同時，也漠視非法智的流派，尤其是義寂會下的宗昱系以及義通會下的遵式系，還有後山外學者也一併在討伐、貶抑之列，因為他們跟法智之學與其傳承無關涉的緣故。

總之，山家人說義通實為義寂會下的高弟，那是後驗的。而義通在世時曾付講給知禮，那是事實，但法付給知禮則也是後驗的。山家派教學之所以能夠傳習下去，是因為得其人；也就是說義寂之下有法子義通，義通到明州寶雲院行化，得知禮與遵式承其宗本，使山家教觀能行於兩浙。然後世所云的高弟、天台宗主或道法付囑之說，也因為其人能弘揚一家之學的緣故，在當時未必真有這種實情存在。

表十四：山家慈雲系的行化表

法名	出生地	參　學	住山寺剎	師承	引　據	備　考
遵式	台州	台州禪林寺、明州寶雲寺	明州寶雲寺、台州東掖山、杭州靈山	義通	《釋門正統》卷第五、《佛祖統紀》卷第十	住台杭垂四十年，其門下稟法者有二十五人，度弟子若虛備鍾百人。
文昌	溫州	明州寶雲寺、明州延慶寺	溫州妙果寺	遵式	《佛祖統紀》卷第十一	慈雲門弟子授講者二十餘人，師為上首。
祖韶	台州	台州東掖山、杭州靈山	杭州靈山	遵式	《佛祖統紀》卷第十一	慈雲在靈山時，師為第一座。

〔註48〕《釋門正統》卷第二〈知禮傳〉序，前引書，頁763下。
〔註49〕《釋門正統》卷第五〈遵式傳〉序，前引書，頁833下～834上。
〔註50〕《佛祖統紀》卷第十〈法師慶昭傳〉，前引書，頁380。

清鑑	秀州	台州東掖山、杭州靈山		遵式	《佛祖統紀》卷第十一	賜號禪慧
思永	秀州	秀州勝果寺、台州東掖山、杭州靈山		遵式	《佛祖統紀》卷第十一	號真淨
法潤			杭州保慶寺	遵式	《佛祖統紀》卷第十一	無傳記
本融		杭州天竺寺	杭州天竺寺	遵式	《佛祖統紀》卷第十一	無傳記
思悟	杭州	錢塘欽慈院、杭州天竺寺	杭州天竺寺	遵式	《釋門正統》卷第五、《佛祖統紀》卷第十一	侍慈雲講最久，善持咒法。
天授		溫州妙果寺	溫州妙果寺	文昌	《佛祖統紀》卷第十一	無傳記
慧辯	秀州	秀州普照寺、杭州天竺寺、衢州浮石院	杭州天竺寺	祖韶	《佛祖統紀》卷第十一、《補續高僧傳》卷第二	為明智下第一座，後為杭之都僧正。講授二十五年，學者常及千人。與東坡至好，卒後得其銘文作讚。
思義	湖州	杭州天竺寺	杭州天竺寺	祖韶	《佛祖統紀》卷第十一、《補續高僧傳》卷第二	賜號淨慧，《釋門正統》卷第五遵式與慧辯傳皆云是慧辯的弟子。
元淨	杭州	杭州天竺寺	杭州天竺寺、上天竺靈感觀音院、龍井、南屏	祖韶	《釋門正統》卷第五、《佛祖統紀》卷第十一、《補續高僧傳》卷第二	賜號辯才，其名聞於吳越之地，秀州、越州人有魅疾或心病找師呪濟。
載昇	越州	杭州天竺寺	越州興福寺	祖韶	《佛祖統紀》卷第十一	賜號神智
居白		杭州天竺寺		祖韶	《佛祖統紀》卷第十一	無傳記
從雅	杭州	錢塘淨住院、杭州天竺寺	南山天王院	慧辯	《釋門正統》卷第五、《佛祖統紀》卷第十一	賜號法寶
智深	秀州	秀州崇福西寺、杭州天竺寺	秀州崇福西寺	慧辯	《佛祖統紀》卷第十一	賜號慈行
德賢	杭州	杭州天竺寺	杭州天竺寺	思義	《佛祖統紀》卷第十一	賜號圓應，為淨慧下第一座。

仲元		杭州天竺寺	杭州天竺寺	思義	《佛祖統紀》卷第十一	賜號神智
永堪		杭州天竺寺	杭州天竺寺	思義	《釋門正統》卷第五〈遵式傳〉、《佛祖統紀》卷第十一	賜號慈覺，爲仲元會下首座，居天竺二十一年。其受山外宗勿觀心的影響，又祖述孤山之說。
慧日		杭州天竺寺	杭州天竺寺	思義	《佛祖統紀》卷第十	賜號寂照，居天竺十餘年。
思尙		杭州天竺寺	杭州上竺寺	思義	《佛祖統紀》卷第十	賜號圓悟
若愚	秀州	杭州龍井寺	湖州仙潭寺	元淨	《佛祖統紀》卷第十	賜號法鑑
則章		杭州龍井寺	杭州靈山寺	元淨	《佛祖統紀》卷第十	
如杲	杭州	杭州南天王院		從雅	《佛祖統紀》卷第十	紹興十二年述《指源集》。
慧觀		杭州天竺寺		仲元	《佛祖統紀》卷第十	
子琳		杭州天竺寺	杭州天竺寺	永堪	《佛祖統紀》卷第十、《補續高僧傳》卷第二	曾爲首座十八年，住天竺二十八年，與大慧宗杲禪師過往甚密。
說明	一、慈雲遵式一家，文昌、祖詔之後五世而蔑聞。 二、其法緣行化區，初以杭州、台州爲主，拓展到溫州、秀州、越州、湖州之地。 三、南宋孝宗乾道之後，法緣逐漸斷絕。					

第二節　行化的地緣

　　吳越有國之時，天台宗在境內行化的有諸多流派，而以秀州皓端、台州義寂與錢塘志因系爲主流。這時候的天台宗人，受了時代風氣的影響，有禪、教融合與禪、律以及禪、淨合一的傾向，因爲受到宗教政策的影響，宗匠之間的往來也是謹慎的，對內、對外的關係保持著平和的狀態，無大的爭端出現。即使有爭端，在僧史上，也是諱而不談，贊寧的《宋高僧傳》中有許多實例。當時高僧的行化，不是受到淄伍與王臣所請如寶雲義通，就是受到錢王的召請與遷住如皓端、義寂，所以僧人們多如皓端「言無苟且，一坐之間

不談世論，唯以佛法爲己務。」〔註51〕即使是參學之後，回到本師處行化如晤恩的法子秀州靈光寺的洪敏、錢塘開化寺的慶昭、明州寶雲寺的遵式、越州等慈院的咸潤，也都要受到王法的限制。天台宗開山的寺院，多從舊寺中建立，如明州保恩院、錢塘梵天寺〔註52〕；新寺院或從廢寺中建立，如孤山寺；而寺院的修建或建立，都必須向朝廷請示；新寺成立之後，則或有向朝廷或國王請額之舉如義寂的螺溪傳教院、義通的寶雲寺、知禮的延慶院〔註53〕，這就是佛教史上所謂的「以官轄寺、以寺轄僧」的僧官制度所造成的。〔註54〕

　　吳越管理宗教與僧人極其嚴格，一個宗派想要生存發展，就得遵從王法與佛制。天台宗就在此情境下，各流派平和地發展，有的能得到王室與王臣、淄素的護持；在這種環境下，晤恩在錢塘講學使法華大旨全美於代，並爲僧人樹立典範；而義寂被留在天台山、義通被留在四明行化，都是因爲王法與王臣的關係。義寂得錢王與國師德韶的護持，天台山的祖道得以弘揚，但國清寺在當時已不是天台人弘法的道場，此外天台宗九祖之下的傳承還沒有被認同。義寂在天台宗扮演的角色，贊寧在《宋高僧傳》〈義寂傳〉上說：「自智者捐世，六代傳法，湛然之後二百餘齡，（義）寂受遺寄最克負荷。」〔註55〕然振興山家祖道，在義寂再傳弟子、義通會下的知禮身上才得見光彩。

一、山外宗

　　錢塘晤恩一系，發展到宋初，其勢力從錢塘拓展到蘇州、秀州、越州與溫州，並與天台山僧家有密切的往來。而山家宗的祖師義寂在天台山行化，門下有台州、杭州、蘇州、溫州與越州、明州僧家，其會下禪、教合一的門徒不少，這是因爲其得到王室與官宦、僧官護持的緣故；學人之中，有的慕名來學，有的受點撥來參的，有的性喜台教，有的跟義寂是同鄉。後來四明寶雲寺的義通，承襲義寂的教學，其會下出知禮與遵式開出山家宗門派。當

〔註51〕《宋高僧傳》卷第七〈宋秀州靈光寺皓端傳〉，《大正新脩大藏經》第50冊，頁751a。
〔註52〕《釋門正統》卷第五〈慶昭傳〉，前引書，頁832。
〔註53〕《佛祖統紀》卷第八〈十七祖法智尊者知禮傳〉，前引書，頁347～348。
〔註54〕有關中國的僧官制度的由來與情形，參見釋明復：《中國僧官制度研究》，（台北：明文書局印行，民國70年3月）。至於吳越國的宗教政策，參見賴建成：《吳越佛教之研究》第二章，頁19～46。
〔註55〕《宋高僧傳》卷第七〈宋天台山螺溪傳教院義寂傳〉，前引書，頁182。

時的天台宗人，他們的學養都跟參學處、本師或出生地、交遊的道友等因素
有所關連。所以有的學者認為，山家、山外之爭的因素複雜，在地緣與地盤
上也是一大要素。吳忠偉說：「因此，將山家、山外之爭，僅僅還原為台、賢
之爭，又顯得過分簡化了。」〔註56〕以山外宗的祖師晤恩來說，他是姑蘇常
熟人，在蘇州學律宗，於秀州靈光寺參學，後到錢塘慈光院依止志因，後繼
志因的法席行化。晤恩的弟子源清，在錢塘奉先寺行化近二十年。而文備從
福州來，到越州、錢塘習《百法論》，後到錢塘慈光院安住，先依志因後依晤
恩為師。慈光院還有晤恩的弟子可嚴。晤恩的另一弟子洪敏，為秀州靈光寺
判官，長水子璿前來受學。蘇州的雍熙寺，有志因弟子可榮法師，在錢塘行
化者有義清。在晤恩之時，錢塘派系的範圍以錢塘慈光院為主，其勢力推及
到蘇州與秀州，乃至於南海有懷贄法師在行化。

　　至於晤恩之後，山外宗的宗匠是奉先寺的源清，依智圓的〈故梵天寺昭
闍梨行業記〉所載，源清（？～999）在錢塘行化至少十七年（983～999）之
久〔註57〕。其於晤恩在世時就在奉先寺開講台教，其門下有越州開元寺德聰、
錢塘崇福院慶巒、錢塘梵天寺慶昭、錢塘孤山瑪瑙院智圓，咸潤也在座下學
習。慶昭與智圓都是錢塘人；慶昭的弟子咸潤是越州人，另一弟子繼齊是溫
州人。在山家、山外宗諍論之時，加入陣營的宗昱是義寂的大弟子，居天台
山國清慧光寺，其弟子契能是溫州永嘉人，主天台常寧寺。助咸潤批判知禮
的，有天台元穎與嘉禾子玄，也都跟山外派有所交情者。天台元穎是湖州吳
興人〔註58〕，而秀州的嘉禾子玄是受智圓邀請來論戰的。〔註59〕山外宗從晤
恩到孤山智圓與永福寺的咸潤之時，其交遊圈也只局限於錢塘、秀州、越州、
湖州、溫州、衢州、蘇州、台州之地，初期以錢塘、秀州為核心，後期以錢
塘、越州為主要行化之地。在吳越有國之時，海東學人向義寂請益，到宋初

〔註56〕潘桂明、吳忠偉《中國天台宗通史》，頁395。
〔註57〕《閑居編》卷第十五，前引書第56冊，頁888a。
〔註58〕《佛祖統紀》卷第二十三〈法師元穎傳〉，前引書，頁446。
〔註59〕《閑居編》卷第二十一〈與嘉禾玄法師書〉云：「有四明知禮法師者，先達之
　　　　高者也，嘗為天台別理立隨緣之名，而鯨吞起信之義焉。有永嘉繼齊上人者，
　　　　後進尤者也，謂禮為濫說耳，繇是並形章藻二說偕行如矢石焉。杭諸宗匠莫
　　　　有評者，翩爾學徒甚以為惑，刓茲爭論。是佛境界，惟法師業天台之道，窮
　　　　理盡性，傳起信之義，微顯闡幽，庶幾乎用為法之心，詳其得失，揮彌天之
　　　　筆，定彼是非，俾無窮之機識，正真之路，是所願焉。夫如是，則豈忝法王
　　　　之優寄，亦如來之所使哉。謹以二公之文，咨呈金風正高道體安否，秋八月
　　　　望日書。」

晤恩會下的宗匠奉先源清出世，其著作流傳至日本國，引發日本國台教寺院僧家們的矚目與批判，因為日本所學的是唐朝的天台祖道教學，與中國師匠們的學風有別。源清圓寂（999）之後，知禮在延慶院講學訓徒，聲名大播，日本國轉向知禮申問教義，高麗國僧統義天則向知禮兒孫廣智下三世的明智中立〔註60〕與南屏下三世慈辯從諫請益，這種情況可以見到天台宗學派之間其法緣盛衰的情形。

山外宗對天台宗最大的貢獻，是他們深入到禪宗、律宗或山家宗的寺院去開講本門教法，因為他們的本師不是律師就是禪師，所以學成之後能回到本師之處演教或住持行化，如奉先源清、靈光洪敏、開化慶昭、永福咸潤；山家寺院請他們去開講，或許是因為其學風新穎的緣故，或許是潮流之所趨，或許是他山之石可以攻錯，或許同是從禪門寺院出身的緣故而加以護持；錢塘石壁寺就是一個實例，對山家、山外一視同仁。山外宗人回本師處講學的大有人在，但開山的只有梵天慶昭與孤山智圓。慶昭開山於禪、淨雙修的處所，而智圓則買地於孤山瑪瑙院開山。

山家宗匠多是自己開山建寺，而山外祖師晤恩則繼師法席以終老，其弟子源清在奉先寺也是一樣。到了慶昭就出現問題，繼源清講席不久就遷住石壁山，後回本師開化院開講，後才開山於梵天寺。有了梵天寺之後，方才安心辦道，遠離與知禮的諍論。智圓也是一樣，幾番波折後，在孤山建寺辦道，門徒、道友增多。山外派宗匠依師承寺院、在非自己建立的道場講學，其結果或如晤恩卒後的處境。依智圓的《閑居編》所云，晤恩卒後，「弟子遷于他郡，靈骨寄于民舍凡二十餘載，有沙門廣鈞、保隆者訪而得之，留于淨住院者又將十年。」〔註61〕山外宗沒落之後，淨住院與孤山瑪瑙院，成為山家派的地盤。宋神宗熙寧中（1068～1077），淨住院成為南屏梵臻法嗣慈辯從諫的道場〔註62〕，此寺院所出的學人多依法智之學如擇瑛〔註63〕、從雅、〔註64〕、

〔註60〕《佛祖統紀》卷第十四〈法師中立傳〉，前引書，頁399；同前書卷第十四〈僧統義天傳〉，前引書，頁405。

〔註61〕《閑居編》卷第十七〈祭祖師文〉，《卍新纂續藏經》第56冊，頁890c。

〔註62〕《釋門正統》卷第五〈從諫傳〉，前引書，頁854下；《佛祖統紀》卷第十三〈法師從諫傳〉，前引書，頁396。

〔註63〕《佛祖統紀》卷第十四〈法師澤瑛傳〉，前引書，頁401。

〔註64〕《釋門正統》卷第五〈從雅傳〉，前引書，頁841上；《佛祖統紀》卷第十一〈法師從雅傳〉，前引書，頁383；《補續高僧傳》卷第二〈從雅少康傳〉，前引書，頁26上。

思照〔註65〕。杭州的開化院本為慶昭、咸潤演教之所，在蘇軾主杭之時，改為十方住持寺院，錢塘梵天寺在宋仁宗末年亦然。〔註66〕而智圓所創建的孤山寺，在智圓卒後無宗匠出世，變成法智與慈雲法子的道場，如慧才（998～1083）在宋英宗治平初（1064）之前曾到孤山領眾，時天台異論喧動江浙，但其不加入論辯。宋哲宗元符中（1098～1100）山家派慈辯從諫的法嗣法雲宗敏從杭州菩提寺遷住孤山瑪瑙院，樞密蔣之奇來謁問《楞嚴》心要，為談心要之妙。可見到了北宋末年，雖然換了山家宗當住持，但此山僧人還具有山外派學人的一些特質在。

　　山外宗之學，到北宋末年其義學發展成了絕響，其往日風采讓旅客為之追憶。如南宋理宗淳祐初年（1241～1252）有節菴元敬來主孤山，其云：「（元敬）濫尸祖席，起廢興墜乃其職也。始來此山，荒涼特甚，首創塔亭，且新祖像，又思遺文湮沒，募緣重刊。（中略）經始於淳祐戊申（1248），訖工於寶祐癸丑（1253）。吁，力微難成，遲遲若此。此編之行，蓋欲彰祖道而播餘芳，資微潤而續餘燄耳。紙墨工食之外，以其所得為殿宇、塔亭、僧閣諸處，燈油之助，收贖之士仗此亦可以發自己靈光，真所謂一舉而兩得矣。後之住此山者，當體此意毋忽焉。瑪瑙住山節菴（元敬）題。」其又云：「《閑居編》，孤山雜著也，歲久亡版。夷齊居士章氏，樂善好施，崇孤山之行，而貴孤山之文，慨然作偈，捐金貳阡緡，命工重刊于西湖瑪瑙。然是編，特孤山緒餘耳，其扶掖宗教，詮釋群經，有《十疏》別行於世云。淳祐戊申（1248）秋季瑪瑙住山（元敬）書。」〔註67〕元敬的傳承不明，其說智圓「扶掖宗教」，

〔註65〕《佛祖統紀》卷第十四〈法師思照傳〉，前引書，頁402。
〔註66〕《閑居編》卷第五十一後說：「吳待制（遵路）撰法師行狀云：『《閑居編》六十卷，雖目其言終，不能見其全集。今開之本，訪諸學校及遍搜求得四十八卷，病課集仍在編外。今恐遺墜，遂將添入，總成五十一卷，有求之未盡者，俟後人以續之。（浩肱）孤陋寡學，不能考按謬誤，且貴乎先賢博達之文，存其本而免失墜耳。又得信士搖君，大有因聞法師之清名，賦性雅尚，欣然願施財，及導同人刻版模印以廣斯文。時聖宋嘉祐五年歲次庚子八月既望，於錢唐梵天寺十方講院了空大師（浩肱）字（仲輔）記。」
〔註67〕《寶雲振祖集》〈台州螺溪淨光法師傳〉，《卍新纂續藏經》第56冊，頁705b云：「先是天台智者教跡，遠則安祿兵殘，近則會昌焚毀，殘編斷簡，本折枝摧，傳者何憑以正其學。師於是每思鳩集，因適金華古藏中得《淨名疏》而已。後時忠懿王以教相咨問德韶國師，師指授尊者，因是奏王請出金門建講，欽若敬奉，為之造寺，今螺溪定慧院是也。王又遣十人，往日本國取天台教藏迴，賜師以淨光大師之號，追諡九祖名銜，皆師之力為。由是，一家教乘以師為重興之人矣。」

這是山家宗的口吻，但其住孤山卻謙遜地說「濫尸祖席」，在他的心目中孤山智圓是祖師。可見智圓在山家人心中，其地位是崇高的。

此外，從山家宗分裂出來的淨覺仁岳（法智知禮的門人）與神智從義（扶宗繼忠的法嗣）、草庵道因（祥符文璨的後身）三系，被視爲後山外派。《佛祖統紀》判他們爲「逆路之說」。〔註68〕但對台宗而言，「（溫州）永嘉法道中興」實淨覺仁岳之力也。〔註69〕神智從義（1042～1091）在晚年居秀州壽聖院，大振宗教。〔註70〕草庵道因（？～1167）在四明行化，曾主禪悅、永明、寶雲、廣壽與治平等寺，晚年主祖庭延慶院，學徒滿堂〔註71〕；其卒後，薛澄爲祭文，贊曰：「我翁能於兩宗（禪與教），洞達妙玄。」忌疏且云其「於道最高。」〔註72〕山家宗重視「師資世系之相攝」，其後世頗排斥淨教。如《佛祖統紀》批判慧覺齊玉嗣子假名如湛，述曰：「法智（知禮）之記觀經光明也，當時同宗之輩親炙之徒，如孤山（智圓）、淨覺（仁岳）飾辭抗辨，卒莫能勝。謂之陽擠陰助，猶可爲說。至於假名（如湛），以天資之高、德業之美，爲四明（知禮）四世孫，當教觀中興後，不思光贊乃祖之功，而反事筆削，忍爲淨業護國之記。白晝操戈，背宗破祖，自墮山外之侶，可悲也夫。」〔註73〕天台與禪宗，相較於慈恩、賢首、律宗，同樣屬於禪門且有禪講，卻又分裂成禪與教之區別；而禪與教的融通，就天台宗而言，最可貴的是產生所謂的山外宗或山外派。但台教內部分宗的結果，後來法智一系法緣綿長，卻影響台教在教法上多元性的發展。到了南宋，山家宗的法智系史家，首先以山外宗爲扶宗、旁出，其次是討伐「逆出者」，列仁岳、從義入雜傳中；再次是非議僅說淨教者，並與慈雲系畫分界限，避免其「紊亂四明三家之子孫」。〔註74〕台教山家宗匠們的格局，後來變得越來越狹窄，這不僅喪失了從上所傳的許多特質，也降低了與他宗合會的競爭力，從而影響到後世學人的生存與發展空間。

〔註68〕《佛祖統紀》卷第二十一「諸師雜傳第七」序言，前引書，頁437。
〔註69〕釋仁岳住溫州淨社十年，大弘法化，參見《釋門正統》卷第五〈仁嶽傳〉，前引書，頁842下；《佛祖統紀》卷第二十一〈法師仁岳傳〉，前引書，頁437。
〔註70〕《佛祖統紀》卷第二十一〈法師從義傳〉，前引書，頁439。
〔註71〕《佛祖統紀》卷第二十一〈法師道因傳〉，前引書，頁440。
〔註72〕《佛祖統紀》卷第二十一〈薛澄傳〉，前引書，頁441；《補續高僧傳》卷第三〈道因傳〉，前引書，頁38下～39上。
〔註73〕《佛祖統紀》卷第十五〈法師如湛傳〉，前引書，頁415。
〔註74〕《佛祖統紀》卷第十一〈諸師列傳第六之一〉序言，前引書，頁380。

二、山家宗

　　山家宗人初時以知禮為首，遵式為輔，以對抗錢塘系晤恩會下的學人為主要目標。義寂在錢忠懿王之時，受到天台山學人與王公的護持最力，所以贊寧說：「自智者捐世，六代傳法，湛然師之後二百餘齡，寂受遺寄，最克負荷。」〔註75〕其法緣雖盛，但當時的吳越國的台教支派繁多，錢塘慈光寺的志因、晤恩與秀州靈光寺的皓端都是當時台教的宗匠，他們勢力龐大，所居寺院也歷史悠久且跟王室關係密切。皓端所傳的是台、律並弘傳之學，被正統的山家視為「不詳承嗣者」，所以欲學正統台教最出名的是錢塘的慈光院，不然就要遠赴天台山的禪林寺、國清寺或者是螺溪傳教院去參學。志因與晤恩在錢塘被稱為義虎，此派系最遲在漢開運中（944～946）就頗有一些聲名〔註76〕，比義寂出世早上二十年之久，依據《釋門正統》的記載，志因且為清竦的上首弟子。〔註77〕所以吳忠偉說：「志因所傳天台一系，在當時是頗有影響的，其聲譽甚至超過了義寂系統。」〔註78〕但山外派諸宗匠卒後，山門內無人繼續禪講，徒眾必然四散或回本師處所，慈光寺與奉先寺之先後沒落主因或許在此。義寂會下的天台系與四明系，則後世代有傳人繼踵禪講，尤其是四明系與遵式系取代了國清宗昱、契能系與其他台州各地的法緣。

　　義寂的螺溪傳教院，成立於宋太祖乾德二年（964），其卒於雍熙四年（987），經過二十多年的行化，得法弟子百餘人，以國清寺宗昱法師為上首，而錢塘廣教院的澄彧、寶翔與義通三者其堂室可觀。其他如石壁寺的行靖、行紹與願齊則遊走於禪、教或禪、淨之中，且為法眼宗的門人。諦觀卒於螺溪寺，其所著《四教儀》混引永嘉玄覺之言，後來受到山家宗學人的詬病。〔註79〕天台國清宗昱的法緣，在當時極盛，其門人分布在天台山、溫州、錢塘、蘇州與越州。〔註80〕吳越入宋（太平興國三年，978）之後的北宋初年，尤其在晤恩（雍熙三年八月二十五日卒）與義寂（雍熙四年十一月四日卒）的晚年雍熙年間（984～987），天台山一系的法緣逐漸轉向明州寶雲寺，而

〔註75〕　《宋高僧傳》卷第七〈宋天台山螺溪傳教院義寂傳〉，《高僧傳三集》，頁182。

〔註76〕　《宋高僧傳》卷第七〈宋杭州慈光院晤恩傳〉，前引書，頁178。

〔註77〕　《釋門正統》卷第二〈清竦傳〉，前引書，頁761上。

〔註78〕　潘桂明、吳忠偉《中國天台宗通史》，頁396。

〔註79〕　《佛祖統紀》卷第十〈法師諦觀傳〉，前引書，頁373。

〔註80〕　依據《佛祖統紀》卷第十所載，宗昱的門人有天台常寧契能、錢塘千頃通照覺明、安國寺至臻、寶山寺懷慶、明教曉乘、寶藏悟眞、靈鷲寺志倫、安國寺肅閑、姑蘇頂山懷至與越州慈惠寺慶文法師等。

錢塘慈光院的法緣轉到奉先寺去。天台宗的義學按地域與宗匠來畫分，有三系在發展：一是錢塘奉先寺一系〔註81〕，二是天台國清寺宗昱一系，三是四明寶雲義通一門。三支比較起來，宗昱一系因爲得到傳法之器——鑪拂，故從制度面來看是屬於正傳的，但在思想上他跟慈光晤恩與奉先源清比較起來，同受賢首宗的影響且有相似之處，但在義學方面無甚發展且不如山外宗。義通一系初期自立門戶（開寶元年到端拱元年，968～988），草創唯艱，頗有潛力〔註82〕，在學養上除了台教方面，對於《起信論》與華嚴思想、禪法、淨教也頗有接觸。〔註83〕錢塘志因、晤恩、源清、慶昭一系之所以有其優勢，吳忠偉說：「眞正當時教界發揮影響的天台支派，是錢塘晤恩一系（即後來所謂的山外派）。晤恩一系在當時之所以一支獨秀，因素頗多，但最重要的也許與它較早離開天台祖庭，進入到教派林立、諸宗並競的錢塘有關。」天台佛教由叢林向城市轉化，山外派捷足先登〔註84〕，但山外派還具有叢林僧人的特質，嚴守清規而自懺苦修、勤於禪講的特質，還自稱山家，喜歡禪講。

　　天台義學的分裂，在義寂與義通時代就已經出現了，爲維護本支的正統性，義寂與義通都努力過。義寂是通過追諡諸祖的方式以及網羅教典使去珠復還〔註85〕，而義通的作爲，據《佛祖統紀》〈義通傳〉說：「曉石芝曰：『石塔記謂師著述，逸而不傳。然考諸四明章記，則嘗秉筆爲《觀經疏記》、《光明玄贊釋》矣。』蓋四明稟承其義，用之於記鈔諸文，非爲無傳。贊釋一部尚存，但不廣行耳。螺溪網羅教典，去珠復還。寶雲二紀敷揚，家業有付。而世方尊法智爲中興者，以其有著書立言、開明祖道、觝排山外、紹隆道統之功也。故慈雲贊之曰：『章安既往，荊溪亦亡，誕此人師，紹彼耿光。一家大教，鍾此三良。』又爲之辭曰：『一家教部，毘陵師所未記者，悉記之。四種三昧，人所難行者，悉行之。』敬繹名言，誠爲實錄。」〔註86〕四明系的振興有賴於知禮與遵式，故當義通（927～988）去世後兩人就擔負起傳教弘

〔註81〕 吳忠偉則說是以錢塘慈光晤恩一派，但其說法矛盾，另一派爲何不說是天台螺溪寺義寂一門，所以用義寂與晤恩卒後來畫分法緣是較爲妥當的作法。吳忠偉的說法，參見潘桂明、吳忠偉：《中國天台宗通史》，頁404。
〔註82〕 潘桂明、吳忠偉《中國天台宗通史》，頁404。
〔註83〕 關於義通的學養與行持，參見《佛祖統紀》卷第八〈十六祖寶雲尊者傳〉，前引書，頁346。
〔註84〕 潘桂明、吳忠偉：《中國天台宗通史》，頁405。
〔註85〕 《寶雲振祖集》〈草菴紀通法師舍利事〉，《卍新纂續藏經》第56冊，頁704a。
〔註86〕 《佛祖統紀》卷第八〈十六祖寶雲義通傳〉，前引書，頁347。

法的大任，〈草菴紀通法師舍利事〉乃云：「當是時，台道既微，賴師持之授法智、慈雲以起家焉，此所謂台宗之命脈也。」〔註87〕義寂被後來的山家宗稱為在吳越國末期是「一家教乘重興之人」〔註88〕，宋初的義通則被稱為「台宗之命脈」，義通會下的知禮成為台教的中興教主，遵式則是輝映山家本枝以全芘其根柢者〔註89〕，而志遠、皓端以及晤恩與智圓等山家宗學人變成荷負扶持台教本宗者，其功業亦偉大。〔註90〕這全然是山家宗學人的天台教史，跟史實還是有些許的差別。

（一）慈雲遵式系

從淳化初年（990）起，遵式在明州寶雲寺開講，凡十二年，咸平四年（1001）歸天台主東掖山，後到台州景德寺、杭州昭慶寺、蘇州開元寺開講，刺史薛顏以靈山命師居之。綜其一生行化，住台、杭兩寺垂四十年，長用十方為意。〔註91〕其行化較之於山外宗，更具城市化與庶民化的色彩，尤其是懺法的施設。至於遵式系與知禮系之異同，宗鑑在《釋門正統》卷第五〈遵式傳〉引草菴與寂照書云：「切念在昔慈雲（遵式），法智（知禮）同學寶雲（義通），各樹宗風，化行南北，更相照映，克于一家。而法智宗，傳方今委弊，分肌析體，壞爛不收，中下之材，固難扶救。切聆慈雲（遵式）法道，淳正之風，簡易之旨，綿綿尚存，斯由代不乏賢，謹守不失。是以賊馬所及，寶界蓮宮巍然獨存留，為邦家植福之地，固其驗矣。」〔註92〕遵式弟子垂百人，稟法者二十人，門學不啻數千。〔註93〕登其門者以千數，其廣納後進的心行盛於知禮，所以其法緣甚盛。《釋門正統》卷第五〈元淨傳〉上說：「十八就學於天竺慈雲（遵式），時門人方盛，眾欲卻之。慈雲（遵式）曰：『疇昔吾夢甚異，此子殆法器也，勿卻。』日夜勤力學與行進，不數年而齒其高弟。慈雲沒後，事明智（祖）韶。」〔註94〕慈雲遵式一家，文昌、祖韶之後五世而蔑

〔註87〕　《寶雲振祖集》〈草菴紀通法師舍利事〉，《卍新纂續藏經》第56冊，頁704a。

〔註88〕　《寶雲振祖集》〈台州螺溪淨光法師傳〉，《卍新纂續藏經》第56冊，頁705b。

〔註89〕　《釋門正統》卷第五〈本枝輝映傳〉序，前引書，頁833下～834上。

〔註90〕　《釋門正統》卷第五〈荷負扶持傳〉序，前引書，頁826下。

〔註91〕　《釋門正統》卷第五〈遵式傳〉，前引書，頁836下；《佛祖統紀》卷第十〈法師遵式傳傳〉，前引書，頁375。

〔註92〕　《釋門正統》卷第五〈遵式傳〉，前引書，頁837下。

〔註93〕　《釋門正統》卷第五〈遵式傳〉，前引書，頁836下～837上。而《佛祖統紀》卷第十〈法師遵式傳傳〉，前引書頁375則云：「稟法者，文昌等二十五人，登門學者以千數，度弟子若盧輩垂百人。」

〔註94〕　《釋門正統》卷第五〈元淨傳〉，前引書，頁839下。

聞。〔註95〕其法緣行化區，初以杭州、台州爲主，拓展到溫州、秀州、越州、湖州之地。南宋孝宗乾道之後，永堪系受山外宗勿觀心的影響，又祖述孤山之說〔註96〕，法緣逐漸斷絕。關於慈雲系之盛衰，《釋門正統》卷第五〈遵式傳〉上說：「師之後有明智（祖）韶，（祖）韶後有海月（慧）辨。（慧）辨後有慧淨（思）義。（思）義四弟子繼主法席，謂圓應（德）賢、神智（仲）元、慈覺永堪、寂照（慧）日也。鎧菴曰：『（永）堪謂十不二門，乃跡門十妙，勿觀心耳。又謂修二各三，即三止三觀，共發性三即三諦三觀。又祖述孤山之說，謂今家以三觀爲宗，實見諸師所未見也。』（仲）元弟子慈明（慧）觀繼（慧）日住持，結集《金園集》等。（永）堪弟子慈受（子）琳相承講演，不墜祖風。獨休、果二僧錄，借監總之權攘取，及瑞峰修行賄得之，而師風烈掃地。」〔註97〕遵式一系，跟知禮系相較，是貫徹十方住持的，所以明州寶雲院的住持後來被延慶院第五代明智中立系所取代了〔註98〕，台州的東掖山亦然由本如所繼承〔註99〕。因遵式而復寺爲教的天竺寺，後爲神照本如〔註100〕與處謙的道場〔註101〕，以及竹庵可觀法子宗印〔註102〕的道場。越州龍泉寺的覃異，習教觀於天竺祖韶（慈雲遵式的法嗣）與雷峰慧才（法智知禮的法嗣），後成爲慧才的法嗣。〔註103〕因元淨（遵式法嗣祖韶的弟子）而易禪爲教的上天竺靈感觀音院，也曾爲從諫（知禮法嗣梵臻的弟子）〔註104〕

〔註95〕《佛祖統紀》卷第十「天竺式法師法嗣」序言，前引書，頁380。

〔註96〕釋永堪與山家宗思想貼近，而其法嗣子則深悟圓旨，又與佛智裕禪師重研心要，並與大慧宗杲過往甚密。其通金剛經、圓覺經，且知參禪法要，參見《佛祖統紀》卷第十一〈法師子琳傳〉前引書，頁385。

〔註97〕《釋門正統》卷第五〈遵式傳〉，前引書，頁837下。

〔註98〕《寶雲振祖集》〈明智法師寶雲住持〉，《卍新纂續藏經》第56冊，頁706c；《寶雲振祖集》〈鉅宋明州寶雲通公法師石塔記〉王伯庠書，《卍新纂續藏經》第56冊，頁703b。

〔註99〕《釋門正統》卷第五〈本如傳〉，前引書，頁850上。

〔註100〕《釋門正統》卷第六〈本如傳〉，前引書，頁858；另見《佛祖統紀》卷第十三〈法師處謙傳〉，前引書，頁394。

〔註101〕釋處謙的本師是契能，其曾就學於慈雲遵式，參見《釋門正統》卷第六〈處謙傳〉，前引書，頁858上；另見《佛祖統紀》卷第十三〈法師處謙傳〉，前引書，頁394。

〔註102〕《佛祖統紀》卷第十六〈法師宗印傳〉序言，前引書，頁422。

〔註103〕釋覃異在天竺明智與雷峰慧才處，皆爲登門入室者，參見《釋門正統》卷第六〈覃異傳〉，前引書，頁855上；另見《佛祖統紀》卷第十三〈法師覃異傳〉，前引書，頁397～398。

〔註104〕釋從諫的本師是辯才元淨，參見《釋門正統》卷第六〈從諫傳〉，前引書，頁

及其系下宗匠如車溪法子齊玉〔註 105〕、如靖〔註 106〕與應如〔註 107〕的道場。到了南宋孝宗之時，慈雲系下的學人失卻祖風，法緣隨之被法智系給取代去了。

（二）法智知禮系

天台宗從湛然之時，已經吸收《起信論》的思想來跟諸宗抗衡。會昌法難之後，到晚唐之時，天台宗除了天台山根據地的傳承之外，許多傳承因爲天下離亂，記載不明，傳承跟天台山的關係無從考察。因此，晚唐到宋初，廣義的天台宗主要流派有三支。一是，玄燭會下皓端、晤恩與洪敏系，以秀州靈光寺爲根據地；二是，清竦會下志因、晤恩、源清系，以錢塘爲據點。三是，清竦會下義寂與弟子宗昱、義通系，在天台山與四明行化。三系在某種程度上，都受到律宗與賢首思想的影響，或對於華嚴、《起信論》與禪門的教學有所接觸，這也是時代風尚造成的。

義寂會下的義通，出弟子知禮與遵式，使得天台教學在宋初之後出現了嶄新的面貌。在義寂之時，此派系受到寄望最深，而知禮的出世則部份受到同學善信的催促。〔註 108〕源清之世，日本國台教見其著作，多所問難，而知禮與高弟尚賢主延慶寺，日本國則遣僧人前來問難並受學〔註 109〕，可以見得此時的山家宗在義學上比山外宗有進一步的發展，能吸引外國僧人前來受學。尚賢會下神智鑑文的弟子明智中立主延慶院之時，高麗僧統義天於元祐初入中國問道，到四明郡，僧家以明智慧照館迎接他〔註 110〕，義天問難之後以明智中立爲師〔註 111〕，而跟法鄰爲友〔註 112〕；義天求天台教法，郡守以知

---

854 上：另見《佛祖統紀》卷第十三〈法師從諫傳〉，前引書，頁 396。

〔註 105〕宣和六年齊玉邁上竺，參見《釋門正統》卷第六〈齊璧傳〉，前引書，頁 866 下：另見《佛祖統紀》卷第十四〈法師齊玉傳〉，前引書，頁 403。

〔註 106〕釋如靖於建炎二年邁上竺，參見《佛祖統紀》卷第十四〈法師如靖傳〉，前引書，頁 404。

〔註 107〕釋應如於紹興三年邁上竺，參見《佛祖統紀》卷第十四〈法師應如傳〉，前引書，頁 404。

〔註 108〕《佛祖統紀》卷第八〈十七祖法智尊者知禮傳〉，前引書，頁 348。

〔註 109〕日本國遣紹良等齋金字《法華經》爲贄，請學輪下三年學成，辭日本國大弘斯道，參見《佛祖統紀》卷第十二〈法師尚賢傳〉，前引書，頁 387。

〔註 110〕《佛祖統紀》卷第十四〈僧統義天傳〉，前引書，頁 405。

〔註 111〕《佛祖統紀》卷第十四〈法師中立傳〉，前引書，頁 399；《佛祖統紀》卷第十五〈法師法鄰傳〉，前引書，頁 405。

〔註 112〕《釋門正統》卷第七〈法鄰傳〉，前引書，頁 869 上；《佛祖統紀》卷第十五

禮會下南屏梵臻的弟子上竺從諫應命。〔註113〕至於山家宗的拜懺，到了明智中立主延慶院後，宗鑑的《釋門正統》上說：「歲懺行江浙，延慶為最盛。」〔註114〕天台宗人不論山家宗或者是山外宗，對於懺法都是很重視的。

寶雲義通的墳塔，後由知禮系尚賢會下神智鑑文的弟子宗正所新修，其並作〈石塔記〉以識其事。知禮聲名大著之後，寶雲系的法緣與寺廟住持，逐漸被知禮系下的弟子所取代。其同學異聞依知禮經理延慶院事〔註115〕，「凡法智（知禮）所修三昧，未嘗不預。」〔註116〕寶雲義通會下的有基，住錢塘太平興國寺，後由令祥住持，令祥後遣弟子文粲參學知禮，天聖四年令祥付講之。〔註117〕至於寶雲院，遵式住持十二年，後由知禮之孫明智中立〔註118〕與圓澄智謙主之〔註119〕。天台僧人也前來依止，而義寂系宗昱會下契能在溫州與天台山長寧寺的法緣，也被知禮會下廣智尚賢的法子扶宗繼忠，以及神照本如的法子神悟處謙所取代了。契能與處謙、繼忠都是永嘉人，契能是神悟處謙的本師，而繼忠可能是參學過契能，所以契能要傳法器給他。《釋門正統》〈繼忠傳〉上說：「天台自陳隋世以爐拂相傳者，十四世有契能師，請（繼忠）師繼紹，（繼忠）師辭以得法廣智（尚賢），（契）能緘爐拂而歸。」〔註120〕後來繼忠在溫州與西湖法明寺的法緣極盛，傳法弟子及百人。〔註121〕而處謙從神照本如處得法，後歸鄉邑繼契能的法席，後歷主杭州、台州等十大道場閱四十年，晚年行化東吳。其一生講唱不倦，「登門三千人，稟法者三十人」，於宋神宗熙寧八年（1075）卒。〔註122〕

曾暫放山外宗祖師晤恩靈骨的淨住寺，後來所出的僧人如元淨是慈雲遵式會下明智祖韶的法子，而淨住僧人從雅則是明智祖韶會下海月慧辯的法

〈法師法鄰傳〉，前引書，頁405。

〔註113〕《佛祖統紀》卷第十五〈法師從諫傳〉，前引書，頁396。

〔註114〕《釋門正統》卷第五〈中立傳〉，前引書，頁861下；《佛祖統紀》卷第十四〈法師中立傳〉，前引書，頁400。

〔註115〕《佛祖統紀》卷第八〈十七祖法智尊者知禮傳〉，前引書，頁347。

〔註116〕《佛祖統紀》卷第十〈法師異聞傳〉，前引書，頁378。

〔註117〕《佛祖統紀》卷第十二〈法師文粲傳〉，前引書，頁390。

〔註118〕《佛祖統紀》卷第十四〈法師中立傳〉，前引書，頁399。

〔註119〕《佛祖統紀》卷第十五〈法師智謙傳〉，前引書，頁409。

〔註120〕《釋門正統》卷第六〈繼忠傳〉，前引書，頁857上；《佛祖統紀》卷第十〈法師契能傳〉，前引書，頁374。

〔註121〕《佛祖統紀》卷第十〈法師繼忠傳〉，前引書，頁393。

〔註122〕《釋門正統》卷第六〈處謙傳〉，前引書，頁858～859上；《佛祖統紀》卷第十三〈法師處謙傳〉，前引書，頁394～395。

子。後來的淨住寺，法緣從慈雲遵式系轉向法智知禮系，如法師思照。據《佛祖統紀》〈法師思照傳〉云：「錢塘楊氏，十四歲從淨住從雅，聽《法華》、《方等》於南屏，復往東掖參神悟，大有契入。」〔註123〕錢塘淨住寺，後曾由神照本如的法子神悟處謙〔註124〕，以及南屏梵臻的法子慈辯從諫所住持。〔註125〕

至於知禮、遵式出世之後的台教情勢，山家宗的勢力以四明延慶院、寶雲禪寺以及台州東掖山的承天寺、杭州的靈山爲基礎，逐漸發展到杭州、蘇州、衢州、溫州、明州、台州、越州各地寺院，能與山外宗相抗衡，並吸收了原本是山外宗勢力範圍的秀州、蘇州、越州與錢塘等地的學人來參學，其氣勢爲之大振。當時的狀況，據《佛祖統紀》〈覺琮傳〉云：「法師覺琮，受業會稽之圓智，依南湖學成言歸。法智知禮寄帖勉之曰：『既學山家，必當異於常流。理事合修，自他兼濟，如此是爲智者之子孫。』」〔註126〕知禮頗能訓勉後學，但後來其門下淨覺仁岳「因疾有閒，宴坐靜室，恍如夢覺，自謂：『向之所學皆非！』」，其道乃與知禮不合，雙方互相詰難，於是仁岳投慈雲遵式爲法嗣。之後仁岳受杭州昭慶寺的邀請，慈雲遵式門人從之者大半，後移石壁寺、靈芝寺、慧安與清修院，住溫州淨社十年，後在湖州祥符寺，於宋英宗治平元年（1064）卒，法嗣雪川慈梵、瑩珂、秀州超果靈照（元豐五年卒，1082）、永嘉乃仁、錢塘可久（元符二年卒，1099）等，尚能振舉宗綱作人天師。知禮卒（天聖六年，1028）後，宗昱、契能一系在天台、溫州的法緣雖被契能的門人神照本如的法子神悟處謙所取代了〔註127〕，但不接契能鑪拂而爲廣智尚賢法子扶宗繼忠會下出神智從義，卻成爲後山外派。所以在知禮晚年及其卒後，到北宋末年乃至於南宋初年，後山外派的聲勢如淨覺仁岳、神智從義與草庵道因三系在明州、溫州、湖州與秀州、錢塘的聲勢仍然很大，衝擊著法智系的教學。延慶院的教學，在知禮之世有戒辭在，但知禮的禪教亦不免援引禪門之喝、呼以直顯本心，事見《釋門正統》與《佛祖統紀》〈本

〔註123〕《佛祖統紀》卷第十四〈法師思照傳〉，前引書，頁402。

〔註124〕趙清獻公請處謙住淨住寺，參見《釋門正統》卷第六〈處謙傳〉，前引書，頁858下：另見《佛祖統紀》卷第十三〈法師處謙傳〉，前引書，頁395。

〔註125〕釋從諫於熙寧中，講於明慶院，以徒眾日蕃乃遷住淨住寺，參見《佛祖統紀》卷第十三〈法師從諫傳〉，前引書，頁396。

〔註126〕《佛祖統紀》卷第十二〈法師覺琮傳〉，前引書，頁390。

〔註127〕《釋門正統》卷第六〈處謙傳〉，前引書，頁858：《佛祖統紀》卷第十三〈法師處謙傳〉，前引書，頁394。

如傳）。知禮系的傳法，不似志磐在《佛祖統紀》〈契能傳〉所說的，只重視天台之道而不重視祖師所傳授的器〔註 128〕，其傳法之具似慈雲有香鑪與如意，學子出世住持道場並有授辭或寄書勉勵，如浮石崇鉅〔註 129〕、慧因擇交〔註 130〕、四明文粲〔註 131〕、願彬〔註 132〕、天台慧舟等。法智知禮之時，寶雲義通會下的有基住杭州太平興國寺，學者常數百人，後由弟子令祥住持。而令祥是文粲的本師〔註 133〕，其代令祥講法智知禮之授辭。有基卒於大中祥符八年（1015）六月，則是年之後杭州的太平興國寺已是法智知禮思想的傳播之地，天聖四年（1026）令祥付講於文粲，法智作授辭勉之，並授以傳道之器。而文粲的後身道因，出家興國寺，後到寶雲寺參明智中立，曾主寶雲寺，後主延慶寺，於南宋孝宗乾道三年（1167）卒。〔註 134〕由此可見，寶雲義通會下其他流派的法緣，包括慈雲遵式系在內，在法智知禮出世之後逐漸被法智系所消融了。

此外，從行化的寺院，也可以考察天台宗諸學派的興衰。在五代宋初之際，在吳越地區弘揚台教的宗匠，除了義寂在天台山螺溪寺開山之外，在秀州靈光寺的皓端、錢塘慈光院的晤恩，其所居寺院，都不是親自開山的。晤恩後來的法子源清講學於錢塘奉先寺，洪敏在靈光寺當判官，也是一樣。到了源清的弟子慶昭與智圓，情況就有所改變。他們初出世時，也在別人住持的寺院開講或者是在本師的寺院當住持。如慶昭，源清寂後繼之開講於奉先

〔註 128〕《佛祖統紀》卷第十〈法師契能傳〉，前引書，頁 374～375。

〔註 129〕《釋門正統》卷第六〈崇矩傳〉云：「衢州景德僧，得法智之傳，行輩畏伏，居第一座。啟講，法智坐聽。歎曰：『吾後有賴矣。』黃巖東禪請夏講，未幾還里轉講受業，仍董院事，法智付手爐、如意。」後到天竺寺參慈雲多年欲回故里，慈雲授以香鑪、如意與手書誠辭獎勉之，事亦見《佛祖統紀》卷第十二〈法師崇矩傳〉，前引書，頁 389。

〔註 130〕《佛祖統紀》卷第十二〈法師擇交傳〉云：「台之黃巖人，學法智得其道。天聖二年，章安慧因始易為講院，請師主其席。法智作授辭與之，其略云：『今授汝香鑪、如意，用為傳法之具，欲汝三學芳馨藹乎自己，四悉巧意適彼物，宜汝其懋之，勿妄揮秉。』」

〔註 131〕《佛祖統紀》卷第十二〈法師文粲傳〉云：「四明薛氏，初依興國令祥師，久之遣入法智室。孜孜教觀，綿歷多載。天聖四年，祥師以經理塔寺有妨示徒，乃付講於師，法智作授辭以勉之曰：『吾觀汝為傳法之器，故授汝手鑪暨鬱多羅僧，欲汝一秉、一披使德香芳郁，寂忍成就。』」

〔註 132〕《佛祖統紀》卷第十二〈法師願彬傳〉，前引書，頁 391。

〔註 133〕《佛祖統紀》卷第十二〈法師文粲傳〉，前引書，頁 390。

〔註 134〕《釋門正統》卷第六〈法師文粲傳〉，前引書，頁 852 下～853 上。

寺，不久到石壁寺，後回本師處講學。慶昭後來到梵天寺開山，智圓也幾番奔波後開山於孤山瑪瑙坡。山外派，到了慶昭、智圓與咸潤出世不久，能夠興發起來，也就是有自家寺院的關係，可安心辦道、課徒與接機。但他們的根本道場，跟山家宗比較之下，是少了許多。山家宗之祖義寂開山於螺溪傳教院，其門下義通開山於明州寶雲院，這兩家僧徒雖然初時不能與晤恩系爭長短，但其後知禮在明州延慶院開山戒徒、講學，加上遵式居寶雲院，後遷天台東山修寺與興建杭州靈山寺，有基主持杭州太平興國寺，義通門下的氣勢爲之大振，乃能與慶昭與智圓等山外諸師爭盛。山家宗除了勤於訓徒、禪講之外，也勤於經理塔寺〔註135〕與開闢新的道場，所以其行化的法緣逐漸蓋過山外宗。天台宗，因爲勤於經理塔寺與禪講，所以在宋初興發起來，到北宋末年天下離亂，寺院被燬之後又遭受到嚴重的打擊，而僧徒有的轉向參禪，有的專修淨土，氣勢隨之不及禪宗爲盛。

第三節　教界的形勢

　　吳越有國之時，由於錢王保境安民較他國有力，各地避難僧侶聞風而至，建道場興教法。時值天下離亂之際，人民畏亂心虛而群求冥福、不吝檀施，因此會昌法難之後苟延殘存的教法，得以在吳越地區生根。當時，佛教諸宗派在吳越境內發展，但依然要受到王法的管制，而律僧大德與異行僧或高僧同樣受到錢王的禮重。宗派之中，以禪門與淨土信仰逐漸繁興。禪門五宗的發展也跟吳越地區有所關連，而吳越地區是以潙仰宗與法眼宗爲盛。天台宗因爲喪師祖師道場國清寺，乃轉移根本道場於天台山禪林寺，又從之發展出錢塘慈光院以及天台山螺溪定慧院兩大系統，兩大系統之外還有台、律並弘的秀州靈光寺，而靈光寺系跟慈光院系因爲晤恩與皓端、洪敏的緣故，關係極爲密切，且爲當時宣講台教的重鎮之一。當時的義學人物，則以皓端、晤恩與義寂爲代表，且以晤恩會下的法緣最盛。當時的天台宗，也多唸佛往生者，學人又大量吸收密教儀軌行懺法，並有祈雨之舉。法眼宗的永明延壽倡

〔註135〕如異聞與覺圓經理延慶寺務，事見《佛祖統紀》卷第十〈法師異聞傳〉，前引書，頁 378。義通門下有基系亦善於經理寺務，事見《佛祖統紀》卷第十一〈法師持悟傳〉，前引書，頁 386；另見《佛祖統紀》卷第十二〈法師文粲傳〉云：「天聖四年（1026），（令）祥師以經理（杭州太平興國寺）塔寺有妨示徒，乃付講於師。」

禪、淨雙修，其他諸宗亦多有兼弘淨土之舉，而天台宗人禪講之餘兼行淨土與修懺法在宋初蔚成風尚，後來淨土信仰轉變成佛教的一大宗派，跟天台宗人有的專弘淨教大有關連。

五代之時，中國北方的佛教發展以華嚴、唯識為盛，但這兩個宗派的學人逐漸失卻了禪觀，而以教義見長；而天台宗則因教本失傳甚多，師弟之間以止觀傳習，並兼修淨土行。到了宋初，因王公以及帝王的喜好是從繁瑣的教義轉移到簡易的禪行，禪宗以及天台宗獲得甚多的賞識與尊崇。禪宗則以雲門宗為盛，天台宗的山家宗由是獲得新的轉機，大力剖清與禪宗以及華嚴宗的糾葛，極力地抨擊贊同受真心論影響的山外宗，並嚴正其門庭施設，因此在宋代中葉之後能逐漸取代了山外宗的氣勢，成為天台宗的主流學派。

一、法眼宗

法眼宗之盛，跟法眼文益及其系下禪匠，受到江南國主以及吳越王的護持有極大的關連。德韶卒後，其法子延壽主禪、淨雙修以及禪、教合會，其唯心淨土思想，對後世的天台宗人的淨土觀行尤其是山外宗祖師晤恩及弟子文備是有所影響的。永明延壽的《宗鏡錄》曾引用過《佛說無量壽佛經疏》，顯然延壽是受到天台觀心的影響。〔註136〕但知禮一系反對援引禪與賢首教義入台教的教學之中，所以在知禮的約心觀佛或尚賢的攝心歸佛、仁岳的攝佛歸心，都未曾提及永明延壽的看法。這或許是義寂系的山家們認為「天台韶國師、永明壽禪師皆待義寂以師禮」，而知禮後乃得專中興之名，推究其源頭則實出於錢忠懿王護教之功。〔註137〕而山外宗的行法，雖同會於一性，但學人仍不忘止觀的傳習，只是觀心義上合會禪教與淨土意，而其禪相則用仰山法，圓相則指淨土事，這當是禪法中「即境作佛」、「即境即佛」、「是境是佛」、「是心是佛」、「見性成佛」、「非心非佛」與仰山示圓相意的一種融通性的踐行。〔註138〕山外祖師晤恩與文備的行法，跟他們所處的時代風尚以及講學寺院的教法大有關係，顯然他們可能融會台教、律宗、賢首、禪門溈仰宗與淨土信仰的行法而發展出獨特的教學與觀行。

〔註136〕王鳳珠〈永明禪師禪淨融合思想研究〉（台北：師大國文研究所博士論文，民國93年7月），頁272。

〔註137〕《佛祖統紀》卷第十〈吳越忠懿王錢弘俶傳〉，頁374。

〔註138〕關於真性下的學風，影響到山家、山外宗，參見賴建成：〈華嚴與禪的交涉〉，《法光》第179期（台北：法光文教基金會，民國93年8月），第三版。

　　法眼宗的衰落，除了因為失去王法的護持，加上天台宗的轉盛而學人被吸納過去，法眼宗的道場轉變成宣講台教的寺院。此外，也因為僧徒謝絕院務，不喜歡討論佛法，宗眼難悟、學人難以契入的結果，必然轉向台教與淨土信仰。而禪門家風如志昇禪師所說的：「若論佛法，更有事。所以，道古今山河、古今日月、古今人倫、古今城郭，喚作平等法門。絕前後際，諸人還信得否？」〔註139〕如惟一禪師說的：「若論家風，與境不易，酬對多見；指定處所，教也，不得自在。」〔註140〕如惟正禪師不談禪，只說這「徒費言語，吾懶。寧設曲折，但日夜煩萬象為敷演耳。語有間，而此法無盡，所謂造物無盡藏也。」〔註141〕法眼文益之時，其弟子有高麗國慧炬國師〔註142〕與靈鑒禪師〔註143〕。而德韶在天台雲居寺，則有義通來參學，義通後入義寂之門〔註144〕。延壽居永明道場，高麗國覽其言教，遣使齎書，敘弟子之禮，彼國僧三十六人來親承印記，前後歸國各化一方。〔註145〕由高麗國跟法眼宗文益、德韶、延壽三代禪師的關係，得見法眼宗之盛況。但德韶與延壽的門徒，有受到兩師點撥而參學義寂者如行靖與行紹，行靖與行紹後來回到錢塘石壁寺弘揚台教。宋初之後，法眼宗徒大抵是文益系下在流傳，從青原下九世到十二世，經五世法緣約在宋仁宗嘉祐年間（1056～1063）就斷絕了。

表十五：法眼宗的傳承表

法名	出生地	參　　學	住山寺剎	師承	引　　據	備　　考
文益	昇州	青原下七世	清涼院	桂琛	《宋高僧傳》卷第十三、《景德傳燈錄》卷第二十四	卒於周顯德五年
法瑰	杭州	青原下八世	奉先寺	文益	《景德傳燈錄》卷第二十六、《五燈會元》卷第十	後晤恩的法子台教源清，曾住此寺禪講。

〔註139〕《五燈會元》卷第十〈蘇州吳江聖壽志昇禪師傳〉（台北：昌德出版社，民國65年1月），頁239下；另見《卍新纂續藏經》第80冊。

〔註140〕《五燈會元》卷第十〈杭州南山興教院惟——禪師傳〉，頁240上。

〔註141〕《五燈會元》卷第十〈杭州淨土院惟正禪師傳〉，頁240下。

〔註142〕《五燈會元》卷第十〈高麗國道峰山慧炬國師禪師傳〉，頁227下。

〔註143〕《五燈會元》卷第十〈高麗國靈鑒禪師傳〉，頁229下。

〔註144〕《佛祖統紀》卷第八〈十六祖寶雲義通傳〉，頁346。

〔註145〕《景德傳燈錄》卷二十六〈杭州慧日永明寺智覺禪師傳〉，頁131；另見《大正新脩大藏經》第51冊。

清聳	杭州	青原下八世	四明山、靈隱寺	文益	《景德傳燈錄》卷第二十五	
紹巖	杭州	青原下八世	越州法華山、眞身寶塔寺	文益	《景德傳燈錄》卷第二十五、《五燈會元》卷第十、《宋高僧傳》卷第二十三〈宋杭州眞身寶塔寺紹巖傳〉、《釋門正統》卷第五〈慶昭傳〉	卒於開寶四年（971），景德元年（1004）慶昭在南塔上方開山。
道潛	杭州	青原下八世	永明寺	文益	《景德傳燈錄》卷第二十五	
道鴻	杭州	青原下八世	永明寺	文益	《景德傳燈錄》卷第二十六	
慧明	杭州	青原下八世	大梅山、報恩寺	文益	《景德傳燈錄》卷第二十五	
紹明	蘇州	青原下八世	薦福院	文益	《景德傳燈錄》卷第二十六	
敬遵	台州	青原下八世	般若寺	文益	《景德傳燈錄》卷第二十五	
德韶	台州	青原下八世	天台山	文益	《宋高僧傳》卷第七〈義寂傳〉、同前書卷第十三〈德韶傳〉、《景德傳燈錄》卷第二十六	興智者道場數十所，助義寂尋教觀與興建螺溪傳教院。卒於開寶五年，出弟子傳法百許人。
永安	杭州	青原下九世	報恩寺	德韶	《景德傳燈錄》卷第二十六	
行明	杭州	青原下九世	開化寺、能仁寺	德韶	《景德傳燈錄》卷第二十六	開化寺，原名大和寺，忠懿王所建，尋改名六和寺。開化寺名，爲宋太宗所賜號。師於咸平四年（1001）卒，後慶昭與弟子咸潤先後在此禪講。
志逢	杭州	青原下九世	五雲山	德韶	《景德傳燈錄》卷第二十六	
延壽	杭州	青原下九世	永明寺	德韶	《宋高僧傳》卷第二十八、《景德傳燈錄》卷第二十六、《佛祖統紀》	錢塘石壁寺行靖與行紹，同依延壽出家，後參德韶與義寂。台教視師爲護法傳外護

					卷第十〈行明與行紹傳〉、《釋門正統》卷第五、《佛祖統紀》卷第二十六、《人天寶鑑》	者，其卒於開寶八年。
希辯	杭州	青原下九世	普門寺	德韶	《景德傳燈錄》卷第二十六	
法端	杭州	青原下九世	報恩寺	德韶	《景德傳燈錄》卷第二十六	
洪壽	杭州	青原下九世	興教寺	德韶	《天聖廣燈錄》卷第二十七	
奉諲	杭州	青原下九世	西山	德韶	《天聖廣燈錄》卷第二十七	
處先	杭州	青原下九世	靈隱寺	德韶	《景德傳燈錄》卷第二十六	
紹光	杭州	青原下九世	靈隱寺	德韶	《景德傳燈錄》卷第二十六	
紹安	杭州	青原下九世	報恩寺	德韶	《景德傳燈錄》卷第二十六	
紹巒	杭州	青原下九世	龍華寺	德韶	《景德傳燈錄》卷第二十六	
清昱	杭州	青原下九世	奉先寺	德韶	《景德傳燈錄》卷第二十六、《五燈會元》卷第十	其卒年，一說是淳化初年（990）卒，一說是開寶中。慶昭在奉先寺跟源清十七年（983～999）、智圓則跟源清二、三年（997～999）。
遇安	杭州	青原下九世	光慶寺	德韶	《景德傳燈錄》卷第二十六	
慶祥	杭州	青原下九世	觀音院	德韶	《景德傳燈錄》卷第二十六	
慶蕭	杭州	青原下九世	功臣院	德韶	《天聖廣燈錄》卷第二十七《景德傳燈錄》卷第二十六	
曉榮	杭州	青原下九世	龍冊寺	德韶	《景德傳燈錄》卷第二十六	
德謙	杭州	青原下九世	報恩寺	德韶	《景德傳燈錄》卷第二十六	

慧居	杭州	青原下九世	龍華寺	德韶	《景德傳燈錄》卷第二十六	
清表	蘇州	青原下九世	瑞光寺	德韶	《景德傳燈錄》卷第二十六	
道原	蘇州	青原下九世	永安院	德韶	《天聖廣燈錄》卷第二十七	
朋彥	蘇州	青原下九世	長壽院	德韶	《景德傳燈錄》卷第二十六	
友蟾	台州	青原下九世	般若寺	德韶	《景德傳燈錄》卷第二十六	
省義	台州	青原下九世	善建寺	德韶	《景德傳燈錄》卷第二十六	
智勤	台州	青原下九世	普聞寺	德韶	《景德傳燈錄》卷第二十六	
自廣	越州	青原下九世	大禹	德韶	《景德傳燈錄》卷第二十六	
行新	越州	青原下九世	碧泉寺	德韶	《景德傳燈錄》卷第二十六	
五峰	越州	青原下九世	諸暨	德韶	《景德傳燈錄》卷第二十六	
重曜	越州	青原下九世	雲門寺	德韶	《景德傳燈錄》卷第二十六	
敬璡	越州	青原下九世	稱心寺	德韶	《景德傳燈錄》卷第二十六	
道孜	越州	青原下九世	何山院	德韶	《景德傳燈錄》卷第二十六	
義員	越州	青原下九世	開善寺	德韶	《景德傳燈錄》卷第二十六	
道圓	越州	青原下九世	清泰院	德韶	《景德傳燈錄》卷第第二十六	
安	越州	青原下九世	觀音院	德韶	《景德傳燈錄》卷第第二十六	
朗	越州	青原下九世	觀音院	德韶	《景德傳燈錄》卷第二十六	
榮	越州	青原下九世	大禹	德韶	《景德傳燈錄》卷第二十六	
默	越州	青原下九世	象田	德韶	《景德傳燈錄》卷第二十六	

瓊	越州	青原下九世	地藏院	德韶	《景德傳燈錄》卷第二十六	
本先	溫州	青原下九世	瑞鹿寺	德韶	《景德傳燈錄》卷第二十六	
可弘	溫州	青原下九世	大寧院	德韶	《景德傳燈錄》卷第二十六	
遇安	溫州	青原下九世	光慶寺	德韶	《景德傳燈錄》卷第二十六	
願齊	溫州	青原下九世	雁蕩山	德韶	《景德傳燈錄》卷第二十六、《佛祖統紀》卷第十	初傳台教義寂之道，也為紹巖之弟子。後為義寂建螺溪傳教院之法堂與廚屋。
全肯	婺州	青原下九世	智者寺	德韶	《景德傳燈錄》卷第二十六	
遇臻	婺州	青原下九世	齊雲山	德韶	《景德傳燈錄》卷第二十六	
澤	婺州	青原下九世	仁壽院	德韶	《景德傳燈錄》卷第二十六	
守威	福州	青原下九世	廣平院	德韶	《景德傳燈錄》卷第二十六	
師述	福州	青原下九世	嚴峰	德韶	《景德傳燈錄》卷第二十六	
義隆	福州	青原下九世	玉泉寺	德韶	《景德傳燈錄》卷第二十六	
子蒙	杭州	青原下十世	富陽	延壽	《景德傳燈錄》卷第二十六	
津	杭州	青原下十世	朝明院	延壽	《景德傳燈錄》卷第二十六	
希圓	杭州	青原下十世	瑞龍院	清聳	《景德傳燈錄》卷二十六、《五燈會元》卷第十	
道慈	杭州	青原下十世	功臣院	清聳	《景德傳燈錄》卷第二十六、《五燈會元》卷第十	
道瑞	杭州	青原下十世	光考院	清聳	《景德傳燈錄》卷第二十六、《五燈會元》卷第十	
遇寧	杭州	青原下十世	保清民	清聳	《景德傳燈錄》卷第二十六、《五燈會元》卷第十	

德文	杭州	青原下十世	國泰院	清聳	《景德傳燈錄》卷第二十六	
壞省	杭州	青原下十世	千光王寺	道潛	《景德傳燈錄》卷第二十六、《五燈會元》卷第十	開寶五年卒
法齊	蘇州	青原下十世	長壽院	明彥	《景德傳燈錄》卷第二十六	
願昭	秀州	青原下十世	羅漢院	清聳	《景德傳燈錄》卷第二十六	
隆一	台州	青原下十世	般若寺	友蟾	《景德傳燈錄》卷第二十六	
慶祥	明州	青原下十世	崇福院	道潛	《景德傳燈錄》卷第二十六、《五燈會元》卷第十	曾學台教，天台門下推爲傑出。
志澄	衢州	青原下十世	鎮境寺	道潛	《五燈會元》卷第十	
胡智	越州	青原下十世	上林寺	希辯	《景德傳燈錄》卷第二十六	
如晝	溫州	青原下十世	瑞鹿寺	本先	《景德傳燈錄》卷第二十六	
紹忠	婺州	青原下十世	智者寺	全肯	《景德傳燈錄》卷第二十六	
師智	處州	青原下十世	報恩寺	清聳	《景德傳燈錄》卷第二十六	
可先	衢州	青原下十世	瀫寧寺	清聳	《景德傳燈錄》卷第二十六	
辯隆	福州	青原下十世	支提山	清聳	《景德傳燈錄》卷第二十六	
道慈	杭州	青原下十世	功臣院	清聳	《五燈會元》卷第十	
願昭	秀州	青原下十世	羅漢院、杭州香嚴寺	清聳	《五燈會元》卷第十	
道誠	福州	青原下十世	保明院	慧明	《景德傳燈錄》卷第二十六、《五燈會元》卷第十	
新	明州	青原下十世	天童山	義柔	《五燈會元》卷第十	
覺軻	杭州	青原下十世	功臣院	義柔	《五燈會元》卷第十	

清簡	明州	青原下十世	天童山、雪竇寺	義柔	《五燈會元》卷第十	
德興	蘇州	青原下十世	萬壽寺	道恆	《五燈會元》卷第十	
求	越州	青原下十世	雲門山雍熙寺	道恆	《五燈會元》卷第十	
瑰省	杭州	青原下十世	千光王寺	道恆	《五燈會元》卷第十	溫州人，早年精究律部，聽天台文句，棲心於圓頓止觀。
圓進	杭州	青原下十世	資國寺	契稠	《五燈會元》卷第十	
從進	台州	青原下十世	般若寺	清錫	《五燈會元》卷第十	
志超	越州	青原下十世	清化院	清錫	《五燈會元》卷第十	
法齊	蘇州	青原下十一世	長壽寺	朋彥	《五燈會元》卷第十	婺州人，始講明門、因明兩論。
文勝	杭州	青原下十一世	靈隱寺	道齊	《五燈會元》卷第十	
義海	明州	青原下十一世	瑞巖寺	道齊	《五燈會元》卷第十	
志全	明州	青原下十一世	廣慧寺	道齊	《五燈會元》卷第十	
居煦	明州	青原下十一世	大梅保寺	道齊	《五燈會元》卷第十	
玄本	杭州	青原下十一世	靈隱寺	辯隆	《五燈會元》卷第十	
顯遷	蘇州	青原下十一世	堯峰寺	覺軻	《五燈會元》卷第十	
志昇	蘇州	青原下十一世	吳江壽聖院	覺軻	《五燈會元》卷第十	
守如	杭州	青原下十一世	功臣開化院	覺軻	《五燈會元》卷第十	開化院為慶昭、咸潤講台教之所。
惟一	杭州	青原下十一世	南山興教院	澄湜	《五燈會元》卷第十	
惟正	杭州	青原下十一世	淨土院	惟素	《五燈會元》卷第十	秀州人，曾學三觀於天台，以皇祐元年（1049）卒。
延珊	杭州	青原下十二世	靈隱寺	文勝	《五燈會元》卷第十	

嗣元	明州	青原下十二世	翠巖院	義海	《五燈會元》卷第十	
說明	一、雲門宗的明教契嵩於仁宗嘉祐四年（1058）年完成《傳法正宗記》，其於是書卷第九云：「雲門、臨濟、法眼三家之徒，於今尤盛。」《石門文字禪》的作者覺範禪師，於宋哲宗元符初（1098），遊臨川承天寺，見寺基宏偉，可集萬指，而食堂有蕭然，殘僧三四輩而已。（事見《林機後錄》，《卍續藏經》第148冊，頁327）法眼宗的法脈，到宋代中葉後，法緣逐漸斷絕。 二、吳越有國時，佛教宗派之中在忠懿王因德韶與延壽之故，法眼宗極盛，時忠懿王、德韶與延壽護持天台宗甚力，致使天台宗在宋初得以振興。 三、國清寺、奉先寺、開化寺、螺溪寺、石壁寺的台教僧人，皆與法眼宗有關係，而法眼宗人跟台教有關係的有天台山德韶、寶塔寺紹岩、雁蕩山願齊、九曲觀音院慶祥、千光王寺瑰省、淨土院惟正。法眼宗的寺院，後來變成天台宗山外派禪講之處的有奉先寺、開化寺、眞身塔院、石壁寺。					

　　吳越入宋以後，法眼宗的餘續仍在流傳，但轉瞬間其法緣就被他宗所消融去了。賴建成在〈吳越之佛教情勢〉一文中談到法眼宗時，說：「宋初，法眼文益禪師一派，於吳越大興玄旨，而僅六、七傳法統即絕，然在高麗國因慧炬（文益之法嗣）等人之弘化，呈現昌隆氣象。此宗人物多由他教中轉來，念佛或兼修《法華》、《華嚴》、《首楞嚴》、《圓覺》等經文，或依諸經文發省者甚多，因此可說法眼宗依禪、教一致之思想，從各宗吸收不少人物，致使一時隆盛；另方面，雖然法眼宗以隨人根器，平易施設，乃至句下投機，攝化學人，垂教可謂巧妙，而其接引學人不僅在禪的教學法上，且吳越版籍入宋，不如往昔得王室大力護持，因大力提倡禪教、禪淨合一之故，禪法不精純，會下罕見宗匠而使法脈至宋代中業斷絕，法運被雲門、臨濟二宗取代。」〔註146〕因爲以別子爲宗與師出多門的特性，宋初以後國清寺、奉先寺、開化寺、螺溪寺、石壁寺的台教僧人，皆與法眼宗有關係。而法眼宗人跟台教有關係的有天台山德韶、寶塔寺紹岩、雁蕩山願齊、九曲觀音院慶祥、千光王寺瑰省、淨土院惟正。法眼宗的寺院後來變成天台宗山外派禪講之處的，有杭州奉先寺、開化寺、眞身塔院、石壁寺。總之，從五代末年到宋初之際，法眼宗的法緣逐漸被清竦會下的志因、晤恩系與義寂系所取代了。而法眼宗的禪淨雙修、禪教并弘之舉，對後來的天台宗發展是有影響的，這在晤恩以及知禮、遵式的行實與會下學人身上得見。

〔註146〕賴建成《吳越佛教之發展》，頁55。

二、潙仰宗

法眼宗在宋初之時極盛，延壽在永明寺時，寺眾盈兩千，其住寺十四年（961～975），度弟子一千七百人。後傳其法者，僅見杭州富陽子蒙與朝明院津禪師，但不見兩禪師機緣語句。這或許跟宋太平興國三年（978）吳越國入宋，還有宋朝的宗教政策有所關連。如太平興國五年（980）朝廷條貫淄伍經業，天台螺溪寺的義寂都要從天台山入住州治太平興國寺。〔註 147〕宋朝自建隆開國到南渡期間，名德高行者皆要先策試經業，然後得度。〔註148〕宋太宗雍熙二年（985），還有更具體的作為，即規定：「天下應系二年所供帳有名者，並許剃度。僧尼自今須讀經及二百紙，差官考試。所業精熟，方許系帳。」〔註 149〕宋朝的條貫僧尼制度，影響最深的當是不習經教、不慣於言說的禪徒，而禪門潙仰宗法緣的息滅以及法眼宗在宋初的衰微，跟這個因素大有關係。

潙仰宗到南岳下八世，其法緣就斷絕，時在宋初太祖建隆年間（960～963）。〔註 150〕潙山靈祐會下的洪諲系，到再傳弟子法緣即息，在兩浙只有功臣院令達大行道化。〔註151〕而功臣院，後來變成德韶弟子慶蕭〔註 152〕與清聳弟子道慈〔註153〕講禪之處，此寺院的家風從潙山家風，轉變成法眼門風。而仰山慧寂系下文喜禪師住龍泉寺開法，於光化二年（899）寂，後龍泉寺改名慈光院，台教師志因、晤恩在此禪講。仰山系下光湧會下有清化院全付，得文穆王與忠獻王的禮重，全付下出弟子應清十餘人，在杭州行化。〔註 154〕潙仰宗的衰微，當與志因與晤恩在錢塘傳法之盛以及錢忠懿王之時法眼宗得到王室的護持而其道法大盛有所關連。潙仰宗之衰而法眼宗之盛印證了一個事

〔註 147〕《宋高僧傳》卷第七〈宋天台山螺溪傳教院寂傳〉，《大正新脩大藏經》第 50 冊，頁 752b。

〔註 148〕孟憲皖〈度牒制度下的政教關係——以唐代至清代之現象為例〉（新竹：玄奘大學宗教系碩士學位論文，民國 96 年 6 月），頁 34。

〔註 149〕徐松輯《宋會要輯稿》第 8 冊「道釋一之一四」（北京：中華書局，1987 年），頁 7875。

〔註 150〕據《宋高僧傳》卷第十三〈全付傳〉所載，全付寂於開運四年（947），弟子應清等十餘人，奉師遺訓，不墜其道焉。僧主彙征為塔銘，建隆二年（961）立。

〔註 151〕《宋高僧傳》卷第十二〈唐餘杭徑山院釋洪諲傳〉，《高僧傳三集》，頁 304。

〔註 152〕《景德傳燈錄》卷第二十六〈杭州臨安縣功臣院慶蕭禪師傳〉，頁 138。

〔註 153〕《景德傳燈錄》卷第二十六〈杭州臨安功臣院道慈禪師傳〉，頁 145。

〔註 154〕《宋高僧傳》卷第十三〈晉會稽清化院全付傳〉，前引書，頁 332。

實，即如贊寧所說的興替之數，也就是說法在得人，其興衰也在王法的護持與否。溈仰宗衰落之時當在錢忠懿王以德韶爲國師時，德韶爲國師即法眼宗盛起的機會。而眞正促成溈仰宗與法眼宗法緣的斷絕，在於宋朝的宗教政策。溈仰宗文喜系衰落之處，正是天台宗山外派祖師晤恩發跡之地。入宋以後，天台宗山外派趁著溈仰與法眼兩宗的衰微，而氣勢轉盛。跟法眼宗有關的寺院如錢塘奉先寺、石壁寺、開化寺與梵天上方淨土院，先後成爲源清、慶昭、咸潤諸師禪講之所。

三、天台宗

　　晚唐五代的天台宗，受到律宗、禪宗、華嚴與法相宗的影響，雖然天台宗人不忘止觀之學，但其行徑與思想顯然有禪、教合流的趨勢，這在慈光志因與螺溪義寂會下行人的傳記中得見。宋初以後，天下歸宋，大一統時代來臨，儒學復興，天台宗人受到儒學的影響轉深，性善性惡、眞心妄心與人性佛心以及傳法正宗問題成了天台宗人教學上以及心性上的話題。有了這些課題，加上清修、度眾問題，還有他宗在吳越地區的發展導致禪教合流的趨勢加深，使得天台宗人必然要在針對這些疑情上加以解決與反省。宋初義通的門生知禮首先發難之後，使得原本都稱山家的天台宗人分裂成山家與山外宗兩個學派，門庭由是大爲不同，而被當時的流派所矚目。山家宗的祖師，由法智知禮上推寶雲義通與螺溪義寂，山外宗的祖師則是慈光晤恩。宋仁宗之後，山外宗式微，南宋之後慈雲遵式的法系也逐漸沒落，法智知禮的兒孫卻一直延續下去，妄心觀成了天台宗的主流思想。至《釋門正統》與《佛祖統紀》出世，晤恩會下的學人被貶斥爲山外宗，或列爲旁出世家，其因只是扶宗有功，或說：「昭、圓之於四明，無師資世系之相攝，後人概以山外指之，亦足懲之矣。」〔註155〕而十祖玄燭、靈光皓端、嘉禾子玄、天台元穎則被列爲不詳承嗣者。山家宗嚴正其門戶，將淨覺仁岳、吳興子昉、神智從義諸師列在雜傳之中，以示諸師之學「未醇正」。就歷史事實觀之，五代宋初，天台宗的皓端、晤恩、義寂之學頗爲盛行，這由《宋高僧傳》爲三人立傳可以窺知。而宋初以後，《釋門正統》所云的山外宗學風的流傳頗盛，而引起寶雲義通會下的四明知禮出世，振興祖業，廓清異學之侵蝕天台教學，因此產生了山家、山外宗諍論。而廣義的山家宗，則包括知禮系、遵式系、仁岳系在內。

〔註155〕《佛祖統紀》卷第二十一，前引書，頁437。

知禮系的門徒，到了南宋依然以廓清山外思想為己任，山外宗以及遵式系四五世之後因為缺乏宗匠出世，而轉趨衰微，這種結果影響到天台宗在後世的發展甚大，因為山家宗教學與氣度缺乏包容性，而失卻了禪、教合流的機會以及從中學習新知識的趨勢；此外，以別子為宗、深入他教義講的機緣，也逐漸喪失，這勢必也影響到天台宗地盤的發展。天台宗在宋初發展上的局限性，應該跟宋初天台分宗大有關連，而重要的是山家宗的教學後來成為天台教學之正宗所造成的一些影響。

四、雲門宗

雲門宗在五代之時勃興，雖在韶州行化，然其創始者文偃（864～949）所持的宗風皆來自浙江。〔註156〕宋初，雲門宗除了在金陵、廣州之外，也在吳越境內行化，如青原下八世、金陵奉先深禪師的法子天台蓮華峰祥庵主〔註157〕，青原下九世、五祖師戒的法子明州天童懷清〔註158〕、越州寶嚴叔芝〔註159〕，福昌重善的法子明州育王常坦〔註160〕，智門光祚的法子明州雪竇重顯（987～1053）〔註161〕，德山慧遠的法子秀州資聖院盛勤〔註162〕；青原下十世、洞山曉聰的法子杭州佛日契嵩〔註163〕，泐潭懷澄的的法子明州育王山懷璉〔註164〕、臨安府靈隱雲知慈覺〔註165〕、婺州承天惟簡〔註166〕、婺州西塔顯殊〔註167〕、明州九峰鑒昭〔註168〕、天台崇善用良〔註169〕、福州雪峰象敦〔註170〕，

〔註156〕賴建成《吳越佛教之發展》「第三章吳越之佛教情勢——四、雲門宗」，頁15～116。

〔註157〕《五燈會元》卷第十五〈天台蓮華峰祥庵主傳〉，頁366。

〔註158〕《五燈會元》卷第十五〈明州天童懷清禪師傳〉，頁368下。

〔註159〕《五燈會元》卷第十五〈越州寶嚴叔芝禪師傳〉，頁368下。

〔註160〕《五燈會元》卷第十五〈明州育王常坦禪師傳〉，頁368下。

〔註161〕《五燈會元》卷第十五〈明州雪竇重顯禪師傳〉，頁369上。

〔註162〕《五燈會元》卷第十五〈秀州資聖院盛勤禪師傳〉，頁372上。

〔註163〕《五燈會元》卷第十五〈杭州佛日契嵩禪師傳〉，頁373上。宰相韓琦、大參歐陽修皆延見而尊禮之，著有《鐔津文集》二十卷盛行於世。

〔註164〕《五燈會元》卷第十五〈明州育王山懷璉禪師傳〉，頁373。

〔註165〕《五燈會元》卷第十五〈臨安府靈隱雲知慈覺禪師傳〉，頁374下。

〔註166〕《五燈會元》卷第十五〈婺州承天惟簡禪師傳〉，頁374下。

〔註167〕《五燈會元》卷第十五〈婺州西塔顯殊禪師傳〉，頁375上。

〔註168〕《五燈會元》卷第十五〈明州九峰鑒昭禪師傳〉，頁375上。

〔註169〕《五燈會元》卷第十五〈天台崇善寺用良禪師傳〉，頁375上。

〔註170〕《五燈會元》卷第十五〈福州雪峰象敦禪師傳〉，頁375上。

四祖端的法子福州廣明常委〔註171〕，上方齊岳的法子越州東山國慶順宗〔註172〕，雪竇重顯的法子越州天衣義懷〔註173〕、越州稱心省倧〔註174〕、越州稱心守明〔註175〕、天台寶相蘊觀〔註176〕、雪竇惠金〔註177〕，百丈智映的法子臨安府慧因懷祥與義懷禪師〔註178〕，北禪智賢的法子福州廣因擇要〔註179〕，開化善暹的法子越州天章元楚〔註180〕；青原下十一世、雲居曉舜的法子明州天童澹交〔註181〕，育王懷璉的法子臨安府佛日淨慧戒弼〔註182〕、福州天宮慎徽〔註183〕，靈隱雲知的法嗣靈隱正童〔註184〕，承天惟簡的法子婺州智者山利元〔註185〕，九峰鑒韶的法子明州大梅法英〔註186〕，天衣義懷的法子蘇州承天宗本〔註187〕、臨安府佛日智才〔註188〕、台州瑞巖子鴻〔註189〕、越州淨眾梵言首座〔註190〕、越州天章元善〔註191〕、臨安府法雨慧源〔註192〕、秀州崇德智澄〔註193〕、安吉州報本法存〔註194〕、福州衡山惟禮〔註195〕、臨安府北山

〔註171〕《五燈會元》卷第十五〈福州廣明常委禪師傳〉，頁376上。

〔註172〕《五燈會元》卷第十五〈越州東山國慶順宗傳〉，頁376上。

〔註173〕《五燈會元》卷第十六〈越州天衣義懷禪師傳〉，頁380。遊方時，曾遇言法華，拊其背曰：「雲門、臨濟去！」後七坐道場行化，崇寧中諡振宗禪師。

〔註174〕《五燈會元》卷第十六〈越州稱心省倧禪師傳〉，頁381下。

〔註175〕《五燈會元》卷第十六〈雪竇顯禪師法嗣〉，頁376下。師不列傳次。

〔註176〕《五燈會元》卷第十六〈天台寶相蘊觀禪師傳〉，頁376上。

〔註177〕《五燈會元》卷第十六〈平江府水月寺惠金典座傳〉，頁381下～382上。

〔註178〕《五燈會元》卷第十六〈臨安府慧因懷祥禪師傳〉與〈臨安府慧因義懷禪師傳〉，頁382上。

〔註179〕《五燈會元》卷第十六〈福州廣因擇要禪師傳〉，頁384上。

〔註180〕《五燈會元》卷第十六〈越州天章元楚禪師傳〉，頁385上。

〔註181〕《五燈會元》卷第十六〈明州天童澹交禪師傳〉，頁385下。

〔註182〕《五燈會元》卷第十六〈臨安府佛日淨慧戒弼禪師傳〉，頁386下。

〔註183〕《五燈會元》卷第十六〈福州天宮慎徽禪師傳〉，頁386下。

〔註184〕《五燈會元》卷第十六〈臨安府靈隱正童禪師傳〉，頁386下。

〔註185〕《五燈會元》卷第十六〈婺州智者山利元禪師傳〉，頁386下。

〔註186〕《五燈會元》卷第十六〈明州大梅法英祖鏡禪師傳〉，頁386下。

〔註187〕《五燈會元》卷第十六〈東京慧林宗本圓照禪師傳〉，頁387下。禪師本師為姑蘇承天永安道昇，參天衣義懷之後，曾住蘇州承天寺與興教寺，又住杭之淨慈寺，後為慧林寺第一祖。

〔註188〕《五燈會元》卷第十六〈臨安府佛日智才禪師傳〉，頁389下。

〔註189〕《五燈會元》卷第十六〈台州瑞巖子鴻禪師傳〉，頁389下。

〔註190〕《五燈會元》卷第十六〈越州淨眾梵言首座傳〉，頁390上。

〔註191〕《五燈會元》卷第十六〈越州天章元善禪師傳〉，頁390下。

〔註192〕《五燈會元》卷第十六〈臨安府法雨慧源禪師傳〉，頁390下。

〔註193〕《五燈會元》卷第十六〈秀州崇德智澄禪師傳〉，頁391上。

顯明善孜〔註196〕、明州啓霞思安〔註197〕、越州雲門靈侃〔註198〕、天台太平元坦〔註199〕與臨安府佛日文祖〔註200〕，報本有蘭的法子福州中際可遵〔註201〕，廣因擇要的法子福州妙峰如璨〔註202〕、臨安府百丈慶善淨悟〔註203〕，雲居了元的法子婺州寶林懷吉〔註204〕，智海本逸的法子福州大中德隆〔註205〕；青原下十二世、蔣山法泉法子趙汴居士〔註206〕，慧林宗本的法子淨慈善本〔註207〕、秀州本覺守一〔註208〕、福州地藏守恩〔註209〕、台州瑞巖有居〔註210〕、衢州靈曜佛慧〔註211〕、明州香山延泳〔註212〕、安吉州道場慧印〔註213〕、臨安府西湖妙慧〔註214〕、處州靈泉山宗一〔註215〕、越州石佛曉通〔註216〕，法雲法秀的法子建康軍保寧子英〔註217〕、溫州僊巖景純〔註218〕，常蘆應夫的法

〔註194〕《五燈會元》卷第十六〈安吉州報本法存禪師傳〉，頁391上。

〔註195〕《五燈會元》卷第十六〈福州衡山惟禮禪師傳〉，頁391下。

〔註196〕《五燈會元》卷第十六〈臨安府北山顯明善孜禪師傳〉，頁39下。

〔註197〕《五燈會元》卷第十六〈明州啓霞思安禪師傳〉，頁391下。

〔註198〕《五燈會元》卷第十六〈越州雲門靈侃禪師傳〉，頁391上。

〔註199〕《五燈會元》卷第十六〈天台太平元坦禪師傳〉，頁391下。

〔註200〕《五燈會元》卷第十六〈臨安府佛日文祖禪師傳〉，頁391下。

〔註201〕《五燈會元》卷第十六〈福州中際可遵禪師傳〉，頁392下。

〔註202〕《五燈會元》卷第十六〈福州妙峰如璨禪師傳〉，頁393上。

〔註203〕《五燈會元》卷第十六〈臨安府百丈慶善淨悟禪師傳〉，頁393上。

〔註204〕《五燈會元》卷第十六〈婺州寶林懷吉眞覺禪師傳〉，頁393上。

〔註205〕《五燈會元》卷第十六〈福州大中德隆海印禪師傳〉，頁393下。

〔註206〕《五燈會元》卷第十六〈清獻公趙抃居士傳〉，頁394下。法泉佛慧禪師居衢州南禪時，公親進之，佛慧未嘗容措一詞。

〔註207〕《五燈會元》卷第十六〈東京法雲善本大通禪師傳〉，頁394下～395上。師於嘉祐八年與弟善思往京師地藏院選經得度，習毗尼。東遊至姑蘇，禮圓照於瑞光。圓照特顧之，於是契旨，經五年益躋微奧。圓照令依圓通秀師去，又盡其要。元豐七年，渡淮，留太守嚴久之，出住雙林，遷淨慈，尋被旨徙法雲。

〔註208〕《五燈會元》卷第十六〈秀州本覺守——法眞禪師傳〉，頁395下。

〔註209〕《五燈會元》卷第十六〈福州地藏守恩禪師傳〉，頁395下。

〔註210〕《五燈會元》卷第十六〈慧林本禪師法嗣〉條下，頁378上。師不列傳次。

〔註211〕《五燈會元》卷第十六〈衢州靈曜寺佛慧禪師傳〉，頁396上。清獻公命開法於越州福果、衢州超化、海會、靈曜四刹。

〔註212〕《五燈會元》卷第十六〈明州香山延泳正覺禪師傳〉，頁396上。

〔註213〕《五燈會元》卷第十六〈安吉州道場慧印禪師傳〉，頁396上。

〔註214〕《五燈會元》卷第十六〈臨安府西湖妙慧禪師傳〉，頁396上。

〔註215〕《五燈會元》卷第十六〈處州靈泉山宗——禪師傳〉，頁396下。

〔註216〕《五燈會元》卷第十六〈越州石佛曉通禪師傳〉，頁396下。

〔註217〕《五燈會元》卷第十六〈建康軍保寧子英禪師傳〉，頁396下。

子明州雪竇道榮〔註219〕，瑞巖子鴻的法子明州育王曇振〔註220〕；青原下十三世、法雲善本的法子臨安府淨慈楚明〔註221〕、福州雪峰思慧〔註222〕、婺州寶林果昌〔註223〕、越州延慶可復〔註224〕、安吉州道場慧顏〔註225〕、溫州雙峰普寂〔註226〕、越州五峰子琪〔註227〕與臨安府上竺從諫慈辯講師〔註228〕，金山善寧的法子婺州普濟子淳〔註229〕、福州越峰粹珪〔註230〕、台州天台如庵主〔註231〕，瑞巖有居的法子台州萬年處幽〔註232〕，廣靈希祖的法子處州縉雲仙巖懷義〔註233〕，淨因惟岳的法子福州鼓山體淳〔註234〕，長蘆崇信的法子越州天衣如哲〔註235〕、婺州智者法詮〔註236〕與臨安府徑山智訥〔註237〕，法雲惟白的法子婺州智者紹先〔註238〕，保寧子英的法子臨安府廣福院惟尚〔註239〕與明州雪竇法寧〔註240〕，雪竇道榮的法子福州雪峰大智〔註241〕，元豐清滿的法子福州雪峰宗演與隆禪師〔註242〕，長蘆道和的法子臨安府甘露達珠〔註243〕、

〔註218〕《五燈會元》卷第十六〈溫州儒巖景純禪師傳〉，頁396下。

〔註219〕《五燈會元》卷第十六〈明州雪竇道榮覺印禪師傳〉，頁389上。

〔註220〕《五燈會元》卷第十六〈明州育王曇振真戒禪師傳〉，頁399上。

〔註221〕《五燈會元》卷第十六〈臨安府淨慈楚明寶印禪師傳〉，頁399下。

〔註222〕《五燈會元》卷第十六〈福州雪峰思慧妙湛禪師傳〉，頁400上。

〔註223〕《五燈會元》卷第十六〈婺州寶林果昌寶覺禪師傳〉，頁400下。

〔註224〕《五燈會元》卷第十六〈越州延慶可復禪師傳〉，頁401下。

〔註225〕《五燈會元》卷第十六〈安吉州道場慧顏禪師傳〉，頁401下。

〔註226〕《五燈會元》卷第十六〈溫州雙峰普寂宗達佛海禪師傳〉，頁401下。

〔註227〕《五燈會元》卷第十六〈越州五峰子琪禪師傳〉，頁401下。

〔註228〕《五燈會元》卷第十六〈臨安府上竺從諫慈辯講師禪師傳〉，頁401下。

〔註229〕《五燈會元》卷第十六〈婺州普濟子淳禪師傳〉，頁401下。

〔註230〕《五燈會元》卷第十六〈福州越峰粹珪妙覺禪師傳〉，頁402上。

〔註231〕《五燈會元》卷第十六〈台州天台如庵主禪師傳〉，頁402上。

〔註232〕《五燈會元》卷第十六〈台州萬年處幽禪師傳〉，頁402下。

〔註233〕《五燈會元》卷第十六〈處州縉雲仙巖懷義禪師傳〉，頁403上。

〔註234〕《五燈會元》卷第十六〈福州鼓山體淳禪師傳〉，頁403上。

〔註235〕《五燈會元》卷第十六〈越州天衣如哲禪師傳〉，頁403下。

〔註236〕《五燈會元》卷第十六〈婺州智者法詮禪師傳〉，頁403下。

〔註237〕《五燈會元》卷第十六〈臨安府徑山智訥妙空禪師傳〉，頁404上。

〔註238〕《五燈會元》卷第十六〈婺州智者紹先禪師傳〉，頁404上。

〔註239〕《五燈會元》卷第十六〈臨安府廣福院惟尚禪師傳〉，頁404上。

〔註240〕《五燈會元》卷第十六〈明州雪竇法寧禪師傳〉，頁40下。

〔註241〕《五燈會元》卷第十六〈福州雪峰大智禪師傳〉，頁404下。

〔註242〕《五燈會元》卷第十六〈福州雪峰宗演圓覺禪師傳〉，頁404下；《五燈會元》卷第十六〈福州雪峰隆禪師傳〉，頁405上。

〔註243〕《五燈會元》卷第十六〈臨安府甘露達珠禪師傳〉，頁405上。

臨安府淨慈月堂道昌〔註244〕，育王曇振的法子明州岳林眞〔註245〕，招提惟湛的法子秀州華亭觀音和尚〔註246〕；青原下十四世、淨慈處明的法子臨安府淨慈象〔註247〕、臨安府徑山照堂了一〔註248〕，慧林懷深的法子臨安府靈隱寂室慧光〔註249〕、台州國清愚谷〔註250〕、台州國清垂慈〔註251〕，報恩決然的法子秀州資聖元祖〔註252〕，雪峰宗演的法子福州西禪慧舜〔註253〕；青原下十五世、淨慈到昌的法子臨安府五雲悟〔註254〕，靈隱慧光的法子臨安府中竺癡禪〔註255〕，中竺元妙的法子光孝已庵深禪師〔註256〕等。

入宋以後，雲門宗在江南轉盛，在吳越地區行化的僧人漸多、地盤愈廣。據《五燈會元》卷第十五、第十六所載，從青原下八世到十六世，僧家近百人。而禪律、台教、淨土並行的阿育王山寺與國清寺，以及原爲潙仰宗道場的徑山、法眼宗的淨慈寺都有雲門宗的門徒在行化。而山外宗智圓的好友兜率擇梧律師，也曾參學於雲門宗的徑山惟琳〔註257〕，而惟琳則是蘇軾的道友。契嵩曾遊石壁寺，與天台宗人多所往來。而蘇東坡主杭州之時，亦多與天台宗、雲門宗禪家時相往來。連天台宗南屏梵臻的法子從諫慈辯講師，常與禪衲交遊，嘗以道力扣於法雲善本大通禪師處。〔註258〕雲門宗在北宋，因爲得帝王與大臣的護持，在吳越地區發展迅速，幾乎各州皆有禪匠的蹤跡。

〔註244〕《五燈會元》卷第十六〈臨安府淨慈月堂道昌佛行禪師傳〉，頁405上。
〔註245〕《五燈會元》卷第十六〈明州岳林眞禪師傳〉，頁456下。
〔註246〕《五燈會元》卷第十六〈秀州華亭觀音和尚禪師傳〉，頁405下。
〔註247〕《五燈會元》卷第十六〈臨安府淨慈象禪師傳〉，頁405下。
〔註248〕《五燈會元》卷第十六〈臨安府徑山照堂了——禪師傳〉，頁406上。
〔註249〕《五燈會元》卷第十六〈臨安府靈隱寂室慧光禪師傳〉，頁406上。
〔註250〕《五燈會元》卷第十六〈台州國清愚谷妙印禪師傳〉，頁406上。
〔註251〕《五燈會元》卷第十六〈台州國清垂慈普紹禪師傳〉，頁406下。
〔註252〕《五燈會元》卷第十六〈秀州資聖元祖禪師傳〉，頁406下。
〔註253〕《五燈會元》卷第十六〈福州西禪慧舜禪師傳〉，頁406下。
〔註254〕《五燈會元》卷第十六〈臨安府五雲悟禪師傳〉，頁407上。
〔註255〕《五燈會元》卷第十六〈臨安府中竺癡禪元妙禪師傳〉，頁407上。
〔註256〕《五燈會元》卷第十六〈光孝已庵深禪師傳〉，頁407下。
〔註257〕《卍新纂續藏經》第87冊，頁2b。
〔註258〕《五燈會元》卷第十六〈臨安府上天竺從諫慈辯講師傳〉，頁401下。

表十六：五代宋初雲門宗在吳越地區的行化表

法　名	州　名	世　代	主要住山寺剎	師　承	引　據	備　考
文偃	韶州	青原下六世	雲門山	義存	《五燈會元》卷第十五	秀州嘉興人，初參睦州陳尊宿。
峰	台州	青原下八世	蓮華峰	道謙	《五燈會元》卷第十五	
懷清	明州	青原下九世	天童山	師戒	《五燈會元》卷第十五	師戒被視爲東坡前身。
叔芝	越州	青原下九世	寶嚴寺	師戒	《五燈會元》卷第十五	
常祖	明州	青原下九世	育王山寺	重善	《五燈會元》卷第十五	
重顯	明州	青原下九世	雪竇寺	光祚	《五燈會元》卷第十五	賜號明覺
盛勤	秀州	青原下九世	資聖院	慧遠	《五燈會元》卷第十五	
契嵩	杭州	青原下十世	佛日寺、永安藍若	曉聰	《五燈會元》卷第十五	賜號明教，著《原教論》以抗宗韓愈排佛之說。韓琦、歐陽修皆尊禮之，著《鐔津文集》二十卷盛行於世。
懷璉	明州	青原下十世	淨因禪院、育王山寺	懷澄	《五燈會元》卷第十五	賜號大覺
惟簡	婺州	青原下十世	承天寺	懷澄	《五燈會元》卷第十五	
鑒昭	明州	青原下十世	九峰寺	懷澄	《五燈會元》卷第十五	
顯殊	婺州	青原下十世	西塔寺	懷澄	《五燈會元》卷第十五	
用良	台州	青原下十世	崇善寺	懷澄	《五燈會元》卷第十五	
象敦	福州	青原下十世	雪峰寺	懷澄	《五燈會元》卷第十五	
常委	福州	青原下十世	廣明寺	端	《五燈會元》卷第十五	

順宗	越州	青原下十世	東山國慶寺	齊岳	《五燈會元》卷第十五	
義懷	越州	青原下十世	天衣寺、杉山庵、佛日寺	重顯	《五燈會元》卷第十六	七坐道場行化，崇寧中諡振宗禪師。
省倧	越州	青原下十世	稱心寺	重顯	《五燈會元》卷第十六	
蘊觀	台州	青原下十世	寶相寺	重顯	《五燈會元》卷第十六	
惠金	平江府	青原下十世	雪竇寺、水月寺	重顯	《五燈會元》卷第十六	依明覺於雪竇寺
擇要	福州	青原下十世	廣因寺	智賢	《五燈會元》卷第十六	
元楚	越州	青原下十世	天章寺	善暹	《五燈會元》卷第十六	
澹交	明州	青原下十一世	天童山	曉舜	《五燈會元》卷第十六	
戒弼	臨安府	青原下十一世	佛日寺	懷璉	《五燈會元》卷第十六	
惟琳	臨安府	青原下十一世	大明寺、徑山寺	懷璉	《續傳燈錄》卷第十一	一稱維琳
愼微	福州	青原下十一世	天宮寺	懷璉	《五燈會元》卷第十六	
資	杭州	青原下十一世	臨平勝因寺	懷璉	《續傳燈錄》卷第十一	
正彥	溫州	青原下十一世	彌陀菴	懷璉	《續傳燈錄》卷第十一	
正童	臨安府	青原下十一世	靈隱寺	雲知	《五燈會元》卷第十六	
利元	婺州	青原下十一世	智者山	惟簡	《五燈會元》卷第十六	
法英	明州	青原下十一世	大梅山	曉舜	《五燈會元》卷第十六	
宗本	蘇州	青原下十一世	承天寺、興教寺	義懷	《五燈會元》卷第十六	
子鴻	台州	青原下十一世	瑞巖院	義懷	《五燈會元》卷第十六	
梵言	越州	青原下十一世	淨眾寺	義懷	《五燈會元》卷第十六	

元善	越州	青原下十一世	天章寺	義懷	《五燈會元》卷第十六	
慧源	臨安府	青原下十一世	法雨寺	義懷	《五燈會元》卷第十六	
智澄	秀州	青原下十一世	崇德寺	義懷	《五燈會元》卷第十六	
法存	安吉州	青原下十一世	報本寺	義懷	《五燈會元》卷第十六	
惟禮	福州	青原下十一世	衡山寺	義懷	《五燈會元》卷第十六	
善孜	臨安府	青原下十一世	北山顯明寺	義懷	《五燈會元》卷第十六	
思安	明州	青原下十一世	啟霞寺	義懷	《五燈會元》卷第十六	
靈侃	越州	青原下十一世	雲門寺	義懷	《五燈會元》卷第十六	
元坦	台州	青原下十一世	太平寺	義懷	《五燈會元》卷第十六	
文祖	臨安府	青原下十一世	佛日寺	義懷	《五燈會元》卷第十六	
可遵	福州	青原下十一世	中際寺	省倧	《五燈會元》卷第十六	
如璨	福州	青原下十一世	妙峰寺	擇要	《五燈會元》卷第十六	
淨悟	臨安府	青原下十一世	百丈善權寺	了元	《五燈會元》卷第十六	
懷吉	臨安府	青原下十一世	佛日寺	了元	《五燈會元》卷第十六	
德隆	福州	青原下十一世	大中寺	本逸	《五燈會元》卷第十六	
善本	蘇州	青原下十二世	瑞光寺、圓通寺、雙林寺、淨慈寺、法雲寺	宗本	《五燈會元》卷第十六	
擇悟	杭州	青原下十二世	兜率寺	惟琳	《人天寶鑑》、《續傳燈錄》卷第十三	與台教的孤山智圓爲至交。
守一	秀州	青原下十二世	本覺寺	宗本	《五燈會元》卷第十六	

守恩	福州	青原下十二世	地藏院	宗本	《五燈會元》卷第十六	
辯良	衢州	青原下十二世	越州福寺、衢州超化、海會與靈曜寺	宗本	《五燈會元》卷第十六	
延泳	明州	青原下十二世	香山寺	宗本	《五燈會元》卷第十六	
慧印	安吉州	青原下十二世	道場寺	宗本	《五燈會元》卷第十六	
文義	臨安府	青原下十二世	西湖妙慧寺	宗本	《五燈會元》卷第十六	
曉通	越州	青原下十二世	石佛寺	宗本	《五燈會元》卷第十六	
子英	建康府	青原下十二世	保寧寺	法秀	《五燈會元》卷第十六	
景純	溫州	青原下十二世	仙巖寺	法秀	《五燈會元》卷第十六	
道榮	明州	青原下十二世	雪竇寺	應夫	《五燈會元》卷第十六	
曇振	明州	青原下十二世	育王山寺	應夫	《五燈會元》卷第十六	
楚明	臨安府	青原下十三世	淨慈寺	善本	《五燈會元》卷第十六	
思慧	福州	青原下十三世	雪峰寺	善本	《五燈會元》卷第十六	
果昌	婺州	青原下十三世	寶林寺	善本	《五燈會元》卷第十六	
有規	安吉州	青原下十三世	道場寺	善本	《五燈會元》卷第十六	
可復	越州	青原下十三世	延慶寺	善本	《五燈會元》卷第十六	
慧顏	安吉州	青原下十三世	道場寺	善本	《五燈會元》卷第十六	
宗達	溫州	青原下十三世	雙峰寺	善本	《五燈會元》卷第十六	
子琪	越州	青原下十三世	五峰寺	善本	《五燈會元》卷第十六	

						師亦爲台教南屏梵臻的法嗣。禪門謂其具大知見，聲播講席，於止觀深有所契，每與禪衲遊。
從諫	臨安府	青原下十三世	上天竺寺	善本	《五燈會元》卷第十六、《佛祖統紀》卷第十三	
子淳	婺州	青原下十三世	普濟寺	善寧	《五燈會元》卷第十六	
粹珪	婺州	青原下十三世	越峰寺	守一	《五燈會元》卷第十六	
如	台州	青原下十三世	天台山	守一	《五燈會元》卷第十六	
處幽	台州	青原下十三世	萬年寺	有居	《五燈會元》卷第十六	
體淳	福州	青原下十三世	鼓山寺	惟岳	《五燈會元》卷第十六	
如哲	越州	青原下十三世	天衣寺	崇信	《五燈會元》卷第十六	
法詮	婺州	青原下十三世	天衣寺	崇信	《五燈會元》卷第十六	
智訥	臨安府	青原下十三世	徑山寺	崇信	《五燈會元》卷第十六	
紹先	婺州	青原下十三世	智者寺	惟白	《五燈會元》卷第十六	
惟尙	臨安府	青原下十三世	廣福院	子英	《五燈會元》卷第十六	
法寧	明州	青原下十三世	雪竇寺	子英	《五燈會元》卷第十六	
大智	福州	青原下十三世	雪峰寺	道榮	《五燈會元》卷第十六	
宗演	福州	青原下十三世	雪峰寺	清滿	《五燈會元》卷第十六	
隆	福州	青原下十三世	雪峰寺	清滿	《五燈會元》卷第十六	
惠淳	臨安府	青原下十三世	靈隱寺	道和	《五燈會元》卷第十六	
道昌	臨安府	青原下十三世	淨慈寺	道和	《五燈會元》卷第十六	
眞	明州	青原下十三世	岳林寺	曇振	《五燈會元》卷第十六	

觀音和尚	秀州	青原下十三世	華亭	曇振	《五燈會元》卷第十六	
象	臨安府	青原下十四世	淨慈寺	楚明	《五燈會元》卷第十六	
了一	臨安府	青原下十四世	徑山寺	楚明	《五燈會元》卷第十六	
慧光	臨安府	青原下十四世	靈隱寺	懷深	《五燈會元》卷第十六	
妙印	台州	青原下十四世	國清寺	懷深	《五燈會元》卷第十六	
普紹	台州	青原下十四世	國清寺	懷深	《五燈會元》卷第十六	
元祖	秀州	青原下十四世	資聖寺	覺海	《五燈會元》卷第十六	
慧瞬	福州	青原下十四世	資聖寺	宗演	《五燈會元》卷第十六	
悟	臨安府	青原下十五世	五雲寺	道昌	《五燈會元》卷第十六	
元妙	臨安府	青原下十五世	中竺寺	慧光	《五燈會元》卷第十六	
深	溫州	青原下十六世	光孝寺已庵	元妙	《五燈會元》卷第十六	
說明	一、五代之時，雲門宗人尚無宗匠在吳越地區行化。到了宋初之後，方有青原下八、九世的僧家在台、明、越、秀諸州行化。仁宗皇祐元年（1049）之後青原下十世大覺懷璉受詔主十方淨因禪院。二、在青原下九世雪竇重顯以及大覺懷璉等諸禪師的行化之下，宋代中葉之後雲門宗在吳越地區大為盛行。					

五、臨濟宗

吳越有國之時，黃蘗希運的法子多人曾在此行化，而臨濟會下在行化者尚寡，僅見浙西善權山的徹禪師〔註259〕、臨安良山護國禪院的智厚。而餘杭人的延沼（896～973），在杭州學天台止觀，後參南院慧顒得法，住汝州風穴〔註260〕，下出首山省常（926～993），後世其兒孫大展宗風。〔註261〕

〔註259〕《景德傳燈錄》卷第十二〈鎮州臨濟義玄禪師法嗣〉，頁20；《五燈會元》卷第十一〈常州善權山徹禪師〉，前引書，頁248下。《景德傳燈錄》僅在鎮州臨濟義玄禪師法嗣條下載浙西善權徹禪師之名，無機緣語錄。而《五燈會元》於師有機緣語錄在，但卻標名為常州善權山徹禪師。

〔註260〕《五燈會元》卷第十一〈汝州風穴延沼禪師傳〉，頁252下～253。

　　臨濟宗亦在吳越地區行化的，有南岳下十世、汾陽善昭的法子舒州全舉
〔註 262〕、安吉州天聖皓恭〔註 263〕，神鼎洪諲法子天台山妙智光雲〔註 264〕，
谷隱蘊聰的法子蘇州洞庭翠峰慧月〔註 265〕、明州仗錫山修己〔註 266〕、安吉州
景清居素〔註 267〕、處州仁壽嗣珍〔註 268〕與越州雲門顯欽〔註 269〕，南岳下
十一世、石霜楚圓的法子蔣山贊元〔註 270〕、蔣山保心〔註 271〕、明州香山蘊
良〔註 272〕、蘇州南峰惟廣〔註 273〕、安吉州廣法源〔註 274〕與靈隱德章〔註 275〕，
瑯琊慧覺的法子蘇州定慧超信〔註 276〕、越州姜山方〔註 277〕、福州白鹿顯瑞
〔註 278〕、興教坦〔註 279〕與秀州長水子璿〔註 280〕，大愚守芝的法子蘇州瑞光
月〔註 281〕，浮山法遠的法子秀州本覺若珠〔註 282〕，石門守進的法子明州瑞巖

〔註 261〕有關吳越國時期黃檗希運門下及其法子臨濟義玄法系在兩浙的行化，參見賴
　　　　建成：《吳越佛教之發展》「第三章吳越佛教之情勢——臨濟宗」，頁 52～53。
〔註 262〕《五燈會元》卷第十二〈舒州法華院全舉禪師傳〉，頁 269 下。師曾到杭州西
　　　　庵，與庵主論機鋒。
〔註 263〕《五燈會元》卷第十二〈安吉州天聖皓恭禪師傳〉，頁 270 下。
〔註 264〕《五燈會元》卷第十二〈天台山妙智寺光雲禪師傳〉，頁 272 上。
〔註 265〕《五燈會元》卷第十二〈蘇州洞庭翠峰慧月禪師傳〉，頁 273 上。
〔註 266〕《五燈會元》卷第十二〈明州仗錫山修己禪師傳〉，頁 273 上。嘗卓庵廬山佛
　　　　手巖，後至四明山獨居十餘載，道俗聞風而至，遂成禪林。
〔註 267〕《五燈會元》卷第十二〈安吉州景清院居素禪師傳〉，頁 273 下。
〔註 268〕《五燈會元》卷第十二〈處州仁壽嗣珍禪師傳〉，頁 273 下。
〔註 269〕《五燈會元》卷第十二〈越州雲門顯欽禪師傳〉，頁 273 下。
〔註 270〕《五燈會元》卷第十二〈蔣山贊元覺海禪師傳〉，頁 276 下。出世蘇台州之龍
　　　　華、天峰、白雲，府帥請居誌公道場。受宰相王安石重其德望，奏章服師號，
　　　　後與師蕭散林下清談終日。師於元祐元年寂，王安石為之贊。
〔註 271〕《五燈會元》卷第十二〈蔣山保心禪師傳〉，頁 277 下。
〔註 272〕《五燈會元》卷第十二〈明州香山蘊良禪師傳〉，頁 278 上。
〔註 273〕《五燈會元》卷第十二〈蘇州南峰惟廣禪師傳〉，頁 278 上。
〔註 274〕《五燈會元》卷第十二〈安吉州廣法源禪師傳〉，頁 278。師卒於元豐八年十
　　　　月十二日。
〔註 275〕《五燈會元》卷第十二〈靈隱德章禪師傳〉，頁 278～279 上。師初住大相國
　　　　寺，皇祐二年乞歸山林養老，御批杭州靈隱寺住持，賜號明覺。
〔註 276〕《五燈會元》卷第十二〈蘇州定慧超信禪師傳〉，頁 279 上。
〔註 277〕《五燈會元》卷第十二〈越州姜山方禪師傳〉，頁 279 上。
〔註 278〕《五燈會元》卷第十二〈福州白鹿山顯瑞禪師傳〉，頁 279 下。
〔註 279〕《五燈會元》卷第十二〈宣州興教坦禪師傳〉，頁 280 上。永嘉牛氏子，參瑯
　　　　琊後依雲門宗的天衣義懷，為第一座，後繼其席，有雪竇化主宗悰來參。
〔註 280〕《五燈會元》卷第十二〈秀州長水子璿禪師傳〉，頁 280 下。
〔註 281〕《五燈會元》卷第十二〈蘇州瑞光月禪師傳〉，頁 282 上。
〔註 282〕《五燈會元》卷第十二〈秀州本覺若珠禪師傳〉，頁 282 下。

智才〔註283〕，金山曇穎的法子越州石佛顯忠〔註284〕、杭州淨住居說〔註285〕、安吉州西余洪辰〔註286〕、蘇州般若善瑞〔註287〕，洞庭慧月法子蘇州薦福亮〔註288〕，仗錫修己的法子台州黃巖保軒〔註289〕，龍華齊岳的法子安吉州西余子淨〔註290〕；南岳下十二世、蔣山贊元的法子明州雪竇法雅〔註291〕，定慧超信的法子蘇州穹窿智圓〔註292〕，淨因道臻的法子福州長慶惠暹〔註293〕與福州棲勝繼超〔註294〕；南岳下十三世、雪竇法雅的法子衢州光孝普印〔註295〕，慶喜宗震的法子杭州慶善普能〔註296〕，淨土善思的法子杭州萬壽法詮〔註297〕、杭州慶善守隆〔註298〕。宋初，臨濟宗在石霜楚圓（998～1040）下出黃龍慧南與楊岐方會（992～1049）兩大宗匠，法席很盛，於是臨濟宗分為黃龍與楊岐兩派，和原來的禪門五家宗派合稱五家七宗。從南岳下十三世，楊岐派在吳越地區行化的宗匠由少變多，到了南宋初年其聲勢逐漸蓋過黃龍派。

黃龍派在吳越地區的行化，有南岳下十三世、黃龍祖心法嗣溫州護國寺寄堂景新禪師〔註299〕、福州興福院康源禪師〔註300〕與內翰東坡居士蘇軾〔註301〕，以及寶峰克文的法嗣衢州超化淨禪師〔註302〕與婺州雙溪印首座〔註303〕，雲居元祐禪師的法嗣台州寶相元禪師〔註304〕，福嚴慈感禪師的法嗣

〔註283〕《五燈會元》卷第十二〈明州瑞巖智才禪師傳〉，頁283。
〔註284〕《五燈會元》卷第十二〈越州石佛寺顯忠禪師傳〉，頁283下。
〔註285〕《五燈會元》卷第十二〈杭州淨住居說真淨禪師傳〉，頁284下。
〔註286〕《五燈會元》卷第十二〈安吉州西余山洪辰禪師傳〉，頁284上。
〔註287〕《五燈會元》卷第十二〈蘇州般若善瑞禪師傳〉，頁284上。
〔註288〕《五燈會元》卷第十二〈蘇州薦福亮禪師傳〉，頁284下。
〔註289〕《五燈會元》卷第十二〈台州黃巖保軒禪師傳〉，頁284下。
〔註290〕《五燈會元》卷第十二〈安吉州西余師子淨瑞禪師傳〉，頁284下。
〔註291〕《五燈會元》卷第十二〈明州雪竇法雅禪師傳〉，頁285下。
〔註292〕《五燈會元》卷第十二〈蘇州穹窿智圓禪師傳〉，頁285下。
〔註293〕《五燈會元》卷第十二〈福州長慶惠暹文慧禪師傳〉，頁286上。
〔註294〕《五燈會元》卷第十二〈福州棲勝繼超禪師傳〉，頁286上。
〔註295〕《五燈會元》卷第十二〈衢州光孝普印慈覺禪師傳〉，頁287。
〔註296〕《五燈會元》卷第十二〈杭州慶善院普能禪師傳〉，頁287下。
〔註297〕《五燈會元》卷第十二〈杭州靈鳳山萬壽法詮禪師傳〉，頁287下。
〔註298〕《五燈會元》卷第十二〈慶善守隆禪師傳〉，頁287下。
〔註299〕《五燈會元》卷第十七〈溫州護國寺寄堂景新禪師傳〉，頁421下。
〔註300〕《五燈會元》卷第十七〈福州興福院康源禪師傳〉，頁423下。
〔註301〕《五燈會元》卷第十七〈內翰東坡居士蘇軾傳〉，頁423下。
〔註302〕《五燈會元》卷第十七〈衢州超化淨禪師傳〉，頁429上。
〔註303〕《五燈會元》卷第十七〈婺州雙溪印首座傳〉，頁429下。
〔註304〕《五燈會元》卷第十八〈台州寶相元禪師傳〉，頁433。

慶元府育王法達寶鑑禪師〔註305〕，雲蓋守智禪師的法嗣安吉州道場法如禪師
〔註306〕與福州寶壽最樂禪師〔註307〕，玄沙合文禪師的法嗣福州廣慧達杲禪師
〔註308〕，寶寧圓璣禪師的法嗣慶元府育王無竭淨曇禪師〔註309〕與台州眞如戒
香禪師〔註310〕。南岳下十四世，則有黃龍悟心的法嗣嘉興府華亭性空妙普庵
主〔註311〕，黃龍惟清的法嗣溫州光孝曇清〔註312〕，泐潭善清的法嗣台州萬年
雪巢法一禪師〔註313〕、福州雪峰東山慧空禪師〔註314〕與慶元府育王野堂普崇
禪師〔註315〕，泐潭應乾的法嗣福州東禪祖鑑從密禪師〔註316〕、慶元府天童普
交禪師〔註317〕與二靈知和庵主〔註318〕，開先行瑛的法嗣紹興府慈氏瑞仙禪師
〔註319〕，圓通可僊的法嗣溫州淨光了威佛日禪師〔註320〕，象田梵卿的法嗣慶
元府雪寶持禪師〔註321〕與紹興府石佛益禪師〔註322〕。黃龍派下傳至南岳下十
七世、萬年曇賁的法子溫州龍鳴在庵賢禪師〔註323〕與會稽人的潭州大溈唉庵
鑑禪師〔註324〕為止。北宋之時，黃龍派法緣極盛，宗匠甚多，但不數傳而法
統斷絕；楊岐派在南岳下十四世圓悟克勤（1063～1135）〔註325〕得宋高宗褒
寵之後，在江南地區轉盛，此後楊岐派獨擅臨濟宗之名。

　　宋初，臨濟宗的滁州琅琊山慧覺禪師與雲門宗的明州雪寶重顯禪師，同

〔註305〕《五燈會元》卷第十八〈慶元府育王法達寶鑑禪師傳〉，頁435上。
〔註306〕《五燈會元》卷第十八〈安吉州道場法如禪師傳〉，頁435上。
〔註307〕《五燈會元》卷第十八〈福州寶壽最樂禪師傳〉，頁435上。
〔註308〕《五燈會元》卷第十八〈福州廣慧達杲禪師傳〉，頁435上。
〔註309〕《五燈會元》卷第十八〈慶元府育王無竭淨曇禪師傳〉，頁436上。
〔註310〕《五燈會元》卷第十八〈台州眞如戒香禪師傳〉，頁436上。
〔註311〕《五燈會元》卷第十八〈嘉興府華亭性空妙普庵主傳〉，頁437上。
〔註312〕《五燈會元》卷第十八〈溫州光孝曇清傳〉，頁440上。
〔註313〕《五燈會元》卷第十八〈台州萬年雪巢法——禪師傳〉，頁440下。
〔註314〕《五燈會元》卷第十八〈福州雪峰東山慧空禪師傳〉，頁440下。
〔註315〕《五燈會元》卷第十八〈慶元府育王野堂普崇禪師傳〉，頁441上。
〔註316〕《五燈會元》卷第十八〈福州東禪祖鑑從密禪師傳〉，頁440上。
〔註317〕《五燈會元》卷第十八〈慶元府天童普交禪師傳〉，頁440上。
〔註318〕《五燈會元》卷第十八〈慶元府二靈知和庵主傳〉，頁440上。
〔註319〕《五燈會元》卷第十八〈紹興府慈氏瑞仙禪師傳〉，頁443上。瑞先禪師初習
　　　　毘尼，後探台教又閱諸法有省，至投子依廣鑑參學。
〔註320〕《五燈會元》卷第十八〈溫州淨光了威佛日禪師傳〉，頁443下。
〔註321〕《五燈會元》卷第十八〈慶元府雪寶持禪師傳〉，頁443下。
〔註322〕《五燈會元》卷第十八〈紹興府石佛益禪師傳〉，頁443上。
〔註323〕《五燈會元》卷第十八〈溫州龍鳴在庵賢禪師傳〉，頁453下。
〔註324〕《五燈會元》卷第十八〈潭州大溈唉庵鑑禪師傳〉，頁453下。
〔註325〕《五燈會元》卷第十八〈成都府昭覺寺克勤佛果禪師傳〉，頁464下～466。

時倡道，四方皆謂爲兩甘露〔註326〕，來參學者頗多。兩浙學僧早聞琅琊之名，如全舉禪師遊方兩浙之後來汾陽參琅琊。〔註327〕淨住院曾是放晤恩靈骨之處，此寺多出山家學人，而金山曇雲會下的居說禪師也在淨住院行化。〔註328〕依天台宗山外派靈光洪敏法師（晤恩法子）學《楞嚴》的子璿，後參琅琊禪師有省，依琅琊之教住長水弘揚賢首教，嘗示眾曰：「道非言象得禪，非儗議知；會意通宗，曾無別致。」由是兩宗仰之，世稱其楞嚴大師。華嚴宗在北宋之盛行，其源頭是天台山外宗講師以及臨濟禪匠的點撥與開示有以致之；其不忘洪敏講師之恩，自稱長水子璿，人稱長水法師。〔註329〕天台宗山外派禪教合流的特質，卻造就出華嚴宗的振興，這也是隨根器示教與無佛處慢行的一個實例。五代至宋初，秀州原是台教、律宗並弘的靈光寺獨擅之所；靈光寺跟天台宗的山外宗淵源很深，晤恩初學台教於靈光皓端，晤恩的弟子洪敏住靈光寺行化。自從宋初山家、山外諍論之後，雲門與臨濟的宗匠們以及天台宗的山家宗在此州行化甚力，秀州逐漸形成諸宗派角立的局面。

表十七：五代宋初臨濟宗在吳越地區的行化表

法 名	州 名	世　　代	主要住山寺剎	師 承	引　　據	備　　考
徹	常州	南岳下六世	善權山	義玄	《景德傳登錄》卷第十二、《五燈會元》卷第十一	一說在浙西行化
智厚	杭州		崇福寺		《崇福寺》卷一	建於晉開運三年，爲臨濟祖庭之一。
延沼	汝州	南岳下七世	風穴寺	慧顒	《景德傳登錄》卷第十三、《五燈會元》卷第十一	依杭州開元寺智恭披剃，受具後習天台止觀，年二十五參越州鏡清。
皓恭	安吉州	南岳下十世	天聖寺	善昭	《五燈會元》卷第十二	
光雲	台州	南岳下十世	天台山妙智寺	洪諲	《五燈會元》卷第十二	

〔註326〕《五燈會元》卷第十二〈滁州琅琊山慧覺廣照禪師傳〉，頁 268 上。
〔註327〕《五燈會元》卷第十二〈舒州法華院全舉禪師傳〉，頁 269 下。
〔註328〕《五燈會元》卷第十二〈杭州淨住居說真淨禪師傳〉，頁 284 下。
〔註329〕《補續高僧傳》卷第二〈長水法師傳〉，前引書，頁 29。

慧月	蘇州	南岳下十世	洞庭翠峰寺	蘊聰	《五燈會元》卷第十二	
修己	明州	南岳下十世	仗錫山寺	蘊聰	《五燈會元》卷第十二	
居素	安吉州	南岳下十世	景清院	蘊聰	《五燈會元》卷第十二	
嗣珍	處州	南岳下十世	仁壽院	蘊聰	《五燈會元》卷第十二	
顯欽	越州	南岳下十世	雲門寺	蘊聰	《五燈會元》卷第十二	
贊元	台州	南岳下十一世	天峰、龍華、白雲、定林寺、蔣山寺	楚圓	《五燈會元》卷第十二	賜號覺海，受王安石所禮敬，元祐元年卒。
保心	台州	南岳下十一世	蔣山寺	楚圓	《五燈會元》卷第十二	
蘊良	明州	南岳下十一世	香山寺	楚圓	《五燈會元》卷第十二	
惟廣	蘇州	南岳下十一世	南峰寺	楚圓	《五燈會元》卷第十二	
源	安吉州	南岳下十一世	廣法院	楚圓	《五燈會元》卷第十二	於元豐八年卒
德章	杭州	南岳下十一世	大相國寺、靈隱寺	楚圓	《五燈會元》卷第十二	皇祐二年乞歸山林
超信	蘇州	南岳下十一世	定慧院	慧覺	《五燈會元》卷第十二	
方	越州	南岳下十一世	姜山寺	慧覺	《五燈會元》卷第十二	
顯瑞	福州	南岳下十一世	白鹿山寺	慧覺	《五燈會元》卷第十二	
祖	宣州	南岳下十一世	興教院	慧覺	《五燈會元》卷第十二	溫州人，後參天衣義懷，繼其法席。
子璿	秀州	南岳下十一世	長水	慧覺	《五燈會元》卷第十二	從天台宗靈光寺的洪敏學楞嚴。
月	蘇州	南岳下十一世	瑞光寺	守芝	《五燈會元》卷第十二	
若珠	秀州	南岳下十一世	本覺寺	法遠	《五燈會元》卷第十二	

智才	明州	南岳下十一世	瑞巖院	守進	《五燈會元》卷第十二	
顯忠	越州	南岳下十一世	石佛寺	疊穎	《五燈會元》卷第十二	
居說	杭州	南岳下十一世	淨住院	疊穎	《五燈會元》卷第十二	
拱辰	安吉州	南岳下十一世	西余山寺	疊穎	《五燈會元》卷第十二	
善端	蘇州	南岳下十一世	崑山般若寺	疊穎	《五燈會元》卷第十二	
亮	蘇州	南岳下十一世	薦福寺	慧月	《五燈會元》卷第十二	
保軒	台州	南岳下十一世	黃巖寺	慧月	《五燈會元》卷第十二	
淨端	安吉州	南岳下十一世	吳山、華亭	齊岳	《五燈會元》卷第十二	
法雅	明州	南岳下十二世	雪竇寺	贊元	《五燈會元》卷第十二	
宗震	杭州	南岳下十二世	善慶院	贊元	《五燈會元》卷第十二	
智圓	蘇州	南岳下十二世	穹窿寺	超信	《五燈會元》卷第十二	
惠暹	福州	南岳下十二世	長慶寺	道臻	《五燈會元》卷第十二	
繼超	福州	南岳下十二世	棲勝寺	道臻	《五燈會元》卷第十二	
仁勇	金陵	南岳下十二世	保寧寺	道臻	《五燈會元》卷第十二九	屬楊歧系。師明州人，通天台教。曾參雪竇重顯不契合，後參楊歧方會與白雲守端。
慧元	安寂州	南岳下十三世	報本寺	慧南	《五燈會元》卷第十七	屬黃龍系
普印	衢州	南岳下十三世	光孝寺	法雅	《五燈會元》卷第十二	
普能	杭州	南岳下十三世	善慶院	宗震	《五燈會元》卷第十二	
法詮	杭州	南岳下十三世	靈鳳山萬壽寺	善思	《五燈會元》卷第十二	

守隆	杭州	南岳下十三世	善慶院	善思	《五燈會元》卷第十二	
景新	溫州	南岳下十三世	護國寺	祖心	《五燈會元》卷第十七	屬黃龍系
梵卿	紹興府	南岳下十三世	象田寺	常聰	《五燈會元》卷第十七	屬黃龍系
康源	福州	南岳下十三世	象田寺	常聰	《五燈會元》卷第十七	屬黃龍系
靜	衢州	南岳下十三世	超化寺	克文	《五燈會元》卷第十七	屬黃龍系
印	婺州	南岳下十三世	雙溪寺	克文	《五燈會元》卷第十七	屬黃龍系
元	台州	南岳下十三世	寶相寺	元祐	《五燈會元》卷第十七	屬黃龍系
法達	慶元府	南岳下十三世	育王寺	慈感	《五燈會元》卷第十八	屬黃龍系
法如	安寂州	南岳下十三世	道場寺	守智	《五燈會元》卷第十八	屬黃龍系
最樂	福州	南岳下十三世	寶壽寺	守智	《五燈會元》卷第十八	屬黃龍系
慧明	紹興府	南岳下十三世	寶壽寺	守智	《五燈會元》卷第十八	屬黃龍系
達杲	福州	南岳下十三世	廣慧寺	合文	《五燈會元》卷第十八	屬黃龍系
淨曇	福州	南岳下十三世	育王寺	圓躋	《五燈會元》卷第十八	屬黃龍系
戒香	台州	南岳下十三世	眞如寺	圓躋	《五燈會元》卷第十八	屬黃龍系
德昇	台州	南岳下十四世	鴻福寺	景祥	《五燈會元》卷第十二	
道淵	明州	南岳下十四世	香山寺	善思	《五燈會元》卷第十二	
法眞	明州	南岳下十四世	蘆山寺	慧蘭	《五燈會元》卷第十二	
妙普	嘉興府	南岳下十四世		悟新	《五燈會元》卷第十八	屬黃龍系，紹興十年（1140）卒。
德週	溫州	南岳下十四世	光孝寺	惟清	《五燈會元》卷第十八	屬黃龍系

法一	台州	南岳下十四世	萬年寺	善清	《五燈會元》卷第十八	屬黃龍系
慧空	福州	南岳下十四世	雪峰東山寺	善清	《五燈會元》卷第十八	屬黃龍系
道隆	嚴州	南岳下十四世	鍾山寺	悟新	《五燈會元》卷第十八	屬黃龍系
普崇	慶元府	南岳下十四世	育王野堂	善清	《五燈會元》卷第十八	屬黃龍系
從密	福州	南岳下十四世	東禪寺	應乾	《五燈會元》卷第十八	屬黃龍系
普交	慶元府	南岳下十四世	天童寺	應乾	《五燈會元》卷第十八	屬黃龍系
知和	慶元府	南岳下十四世	二靈寺	應乾	《五燈會元》卷第十八	屬黃龍系
瑞先	紹興府	南岳下十四世	慈氏寺	行瑛	《五燈會元》卷第十八	屬黃龍系
了威	溫州	南岳下十四世	淨光寺	了僊	《五燈會元》卷第十八	屬黃龍系
持	慶元府	南岳下十四世	雪竇	梵卿	《五燈會元》卷第十八	屬黃龍系
益	紹興府	南岳下十四世	石佛寺	梵卿	《五燈會元》卷第十八	屬黃龍系
如勝	台州	南岳下十五世	瑞巖寺	繼成	《五燈會元》卷第十二	
元素	福州	南岳下十五世	普賢寺	本才	《五燈會元》卷第十八	屬黃龍系
僧洵	福州	南岳下十五世	鼓山寺	本才	《五燈會元》卷第十八	屬黃龍系
祖珍	福州	南岳下十五世	鼓山寺別峰	本才	《五燈會元》卷第十八	屬黃龍系
介諶	慶元府	南岳下十五世	育王寺	守卓	《五燈會元》卷第十八	屬黃龍系
慧琳	安吉州	南岳下十五世	道場寺	守卓	《五燈會元》卷第十八	屬黃龍系
智圓	臨安府	南岳下十五世	顯寧松堂	守卓	《五燈會元》卷第十八	屬黃龍系
居慧	安吉州	南岳下十五世	道場寺	守卓	《五燈會元》卷第十八	屬黃龍系
良範	安吉州	南岳下十五世	唯庵	守卓	《五燈會元》卷第十八	屬黃龍系

文觀	溫州	南岳下十五世	靈光寺	守卓	《五燈會元》卷第十八	屬黃龍系
法常	溫州	南岳下十五世	報恩寺	法一	《五燈會元》卷第十八	屬黃龍系
圓	慶元府	南岳下十五世	蓬萊山	普交	《五燈會元》卷第十八	屬黃龍系
智策	臨安府	南岳下十五世	徑山	天遊	《五燈會元》卷第十八	屬黃龍系
宗杲	臨安府	南岳下十五世	徑山	克勤	《五燈會元》卷第十九	屬楊歧系，師卒於孝宗乾道元年（1165）。
端裕	慶元府	南岳下十五世	育王寺	克勤	《五燈會元》卷第十九	屬楊歧系，師吳越王之裔，六世祖守會稽，因家焉。
景元	台州	南岳下十五世	護國寺此庵	克勤	《五燈會元》卷第十九	屬楊歧系
昭	福州	南岳下十五世	玄沙	克勤	《五燈會元》卷第十九	屬楊歧系
慧遠	臨安府	南岳下十五世	靈隱寺	克勤	《五燈會元》卷第十九	屬楊歧系，師以南宋孝宗淳熙三年（1176）寂。
子文	台州	南岳下十五世	鴻福寺	克勤	《五燈會元》卷第十九	屬楊歧系
中仁	臨安府	南岳下十五世	中天竺寺	克勤	《五燈會元》卷第十九	屬楊歧系
梵思	衢州	南岳下十五世	天寧寺訥堂	克勤	《五燈會元》卷第十九	屬楊歧系
覺	紹興府	南岳下十五世	東山寺	克勤	《五燈會元》卷第十九	屬楊歧系
覺	台州	南岳下十五世	天封寺	克勤	《五燈會元》卷第十九	屬楊歧系
守珣	安吉州	南岳下十五世	何山寺	慧懃	《五燈會元》卷第十九	屬楊歧系
本	台州	南岳下十五世	寶藏寺	慧懃	《五燈會元》卷第十九	屬楊歧系
士珪	溫州	南岳下十五世	龍翔寺竹庵	清遠	《五燈會元》卷第二十	屬楊歧系
法忠	隆興府	南岳下十五世	黃龍牧庵	清遠	《五燈會元》卷第二十	屬楊歧系，師四明人，初習台教。

道行	衢州	南岳下十五世	烏巨寺雪堂	清遠	《五燈會元》卷第二十	屬楊歧系
明辯	衢州	南岳下十五世	道場寺正堂	清遠	《五燈會元》卷第二十	屬楊歧系
慧溫尼	溫州	南岳下十五世	淨居寺	清遠	《五燈會元》卷第二十	屬楊歧系
曇貫	台州	南岳下十六世	萬年寺	介諶	《五燈會元》卷第十八	屬黃龍系
了朴	慶元府	南岳下十六世	天童寺	介諶	《五燈會元》卷第十八	屬黃龍系
坦然	高麗國	南岳下十六世	育王寺	介諶	《五燈會元》卷第十八	屬黃龍系
本	臨安府	南岳下十六世	龍華寺	介諶	《五燈會元》卷第十八	屬黃龍系
道樞	臨安府	南岳下十六世	靈隱寺懶庵	居慧	《五燈會元》卷第十八	屬黃龍系，師於南宋孝宗淳熙三年（1173）卒。
鼎需	福州	南岳下十六世	西禪寺懶庵	宗杲	《五燈會元》卷第二十	屬楊歧系
思岳	福州	南岳下十六世	西禪寺蒙庵	宗杲	《五燈會元》卷第二十	屬楊歧系
守淨	福州	南岳下十六世	西禪寺懶庵	宗杲	《五燈會元》卷第二十	屬楊歧系
吉	台州	南岳下十六世	光孝寺、靈隱寺	宗杲	《五燈會元》卷第二十	屬楊歧系
淨全	慶元府	南岳下十六世	天童寺	宗杲	《五燈會元》卷第二十	屬楊歧系
曇懿	福州	南岳下十六世	玉泉寺	宗杲	《五燈會元》卷第二十	屬楊歧系
遵璞	慶元府	南岳下十六世	育王寺	宗杲	《五燈會元》卷第二十	屬楊歧系
善直	建康府	南岳下十六世	蔣山寺一庵	宗杲	《五燈會元》卷第二十	屬楊歧系
了演	臨安府	南岳下十六世	靈隱寺誰庵	宗杲	《五燈會元》卷第二十	屬楊歧系
蘊聞	福州	南岳下十六世	雪峰崇聖寺	宗杲	《五燈會元》卷第二十	屬楊歧系
道能	處州	南岳下十六世	連雲寺	宗杲	《五燈會元》卷第二十	屬楊歧系
道印	臨安府	南岳下十六世	靈隱寺	宗杲	《五燈會元》卷第二十	屬楊歧系

妙道尼	溫州	南岳下十五世	淨居寺	宗杲	《五燈會元》卷第二十	屬楊歧系
曇華	明州	南岳下十五世	天童寺應庵	紹隆	《五燈會元》卷第二十	屬楊歧系，師於孝宗乾道元年（1165）卒。
祖	福州	南岳下十六世	清涼寺	端裕	《五燈會元》卷第二十	屬楊歧系
師一	臨安府	南岳下十六世	淨慈寺	端裕	《五燈會元》卷第二十	屬楊歧系
法全	安吉州	南岳下十六世	道場寺無庵	端裕	《五燈會元》卷第二十	屬楊歧系
行機	台州	南岳下十六世	國清寺簡庵	景元	《五燈會元》卷第二十	屬楊歧系
師禮	鎮江府	南岳下十六世	焦山寺或庵	景元	《五燈會元》卷第二十	屬楊歧系，師台州人，於孝宗淳熙六年（1179）卒。
齊己	慶元府	南岳下十六世	東山寺金庵	慧遠	《五燈會元》卷第二十	屬楊歧系
覺阿	日本國	南岳下十六世	靈隱寺、叡山寺	慧遠	《五燈會元》卷第二十	屬楊歧系。其跟法弟金慶航海來參靈隱佛海禪師，其云：「我國無禪宗，唯講五宗經論。」
寶印	臨安府	南岳下十六世	徑山寺別峰	安民	《五燈會元》卷第二十	屬楊歧系
了斌	婺州	南岳下十六世	義烏稠巖寺	守珣	《五燈會元》卷第二十	屬楊歧系
德用	婺州	南岳下十六世	雙林寺	善悟	《五燈會元》卷第二十	屬楊歧系
道閑	台州	南岳下十六世	萬年寺	善悟	《五燈會元》卷第二十	屬楊歧系
善能	福州	南岳下十六世	中際寺	善悟	《五燈會元》卷第二十	屬楊歧系
守仁	眞州	南岳下十六世	衢州烏巨寺、長蘆寺且庵	道行	《五燈會元》卷第二十	屬楊歧系，師越州人。
然	安吉州	南岳下十六世	何山寺	明辯	《五燈會元》卷第二十	屬楊歧系
法燈尼	安吉州	南岳下十六世	淨居寺	惠溫	《五燈會元》卷第二十	屬楊歧系

賢	溫州	南岳下十七世	龍鳴寺在庵	曇賁	《五燈會元》卷第十八	屬黃龍系
曇密	臨安府	南岳下十七世	淨慈寺	彌光	《五燈會元》卷第二十	屬楊歧系，曾習台教。
彥充	臨安府	南岳下十七世	淨慈寺肯堂	道顏	《五燈會元》卷第二十	屬楊歧系
眞慈	婺州	南岳下十七世	智者寺元堂	道顏	《五燈會元》卷第二十	屬楊歧系
安永	福州	南岳下十七世	鼓山寺木堂	鼎需	《五燈會元》卷第二十	屬楊歧系
南雅	溫州	南岳下十七世	龍翔寺柏堂	鼎需	《五燈會元》卷第二十	屬楊歧系
志清	福州	南岳下十七世	龍翔寺柏堂	鼎需	《五燈會元》卷第二十	屬楊歧系
宗逮	福州	南岳下十七世	鼓山寺	思岳	《五燈會元》卷第二十	屬楊歧系
宗穎	福州	南岳下十七世	乾元寺	守淨	《五燈會元》卷第二十	屬楊歧系
咸傑	慶元府	南岳下十七世	天童寺密庵	曇華	《五燈會元》卷第二十	屬楊歧系
有權	安吉州	南岳下十七世	道場寺	法全	《五燈會元》卷第二十	屬楊歧系，住後於常州黃藏寺伊庵開法，淳熙七年寂（1180）。
印	婺州	南岳下十七世	三峰寺	行	《五燈會元》卷第二十	屬楊歧系
說明	一、五代之時，臨濟宗已有僧徒在吳越國境內行化，但僧家不多，氣勢不盛。 二、宋初，南岳下十世的僧家始在湖、台、蘇、明、處、越等州行化。 三、五代宋初之際，阿育王山寺屬於台、律並弘的寺院，宋代中葉之後雲門宗與臨濟宗興起，天台宗失卻了在此禪講的機會。 四、宋代中業之後，黃龍慧南（1002～1069）、楊岐方會（992～1049）與雲門宗的雪竇重顯、大覺懷璉、圓通居訥，同爲傑出的禪師。南宋初年，黃龍系到南岳下十七世後逐漸衰微，臨濟宗乃以楊岐系獨盛於世。 五、南宋初年，高麗國坦然國師嗣法於育王寺介諶，而日本國覺阿上人亦依靈隱寺慧遠學禪，歸國後傳法通書。由此可見，南宋之後，高麗與日本國僧家對於中國佛法的重心已轉向臨濟宗。 六、子璿、仁勇、法忠與曇密，都由天台宗的門下轉來學臨濟禪法。					

六、曹洞宗

至於五代之時曹洞宗在吳越地區的行化，依據賴建成《吳越之佛教發展》

「吳越佛教之情勢」〈曹洞宗〉一文所云：「此宗在吳越弘化之禪師，有道幽、咸啟、乾峰、義（以上皆良价門下）、幼璋（白水本仁門下）、本空及眞（兩人皆雲居道膺門下）、廣利容（曹山本寂門下），然僅幼璋、本空之事跡可尋，道幽、咸啟、乾峰、眞禪師與廣利容僅存機語。」〔註330〕當時曹洞宗的宗匠，爲青原下五世與六世。本空爲天台國清寺僧，年十三入參雲居道膺（848～902）之室，後主杭州佛日寺而終。〔註331〕五代末年到宋初，吳越國境內的法眼宗與天台宗，在錢王的護持之下以及禪匠與法師的行化之下而相繼興盛起來，曹洞與潙仰宗的法緣隨之沒落。

表十八：吳越國時期曹洞宗的傳承表

法　名	州　名	世　　代	主要住山寺剎	師　承	引　　　據
咸啟	明州	青原下五世	初住蘇州寶華山後住天童山	良价	《景德傳燈錄》卷十七
義	明州	青原下五世	天童山	良价	《景德傳燈錄》卷十七
道幽	台州	青原下五世	幽棲道場	良价	《景德傳燈錄》卷十七
乾峰	越州	青原下五世		良价	《景德傳燈錄》卷十七
幼璋	杭州	青原下六世	瑞龍院	本仁	《景德傳燈錄》卷二十
本空	杭州	青原下六世	佛日寺	道膺	《景德傳燈錄》卷二十
眞	蘇州	青原下六世	永光院	道膺	《景德傳燈錄》卷二十
容	處州	青原下七世	廣利院	本寂	《景德傳燈錄》卷二十
說明	一、此宗在吳越弘化的禪師，有道幽、咸啟、乾峰、□義（以上皆良价門下）、幼璋（白水本仁禪師門下）、本空及□眞（兩人皆雲居道膺門下）、廣利容（曹山本寂門下），然僅幼璋、本空之事跡可尋，道幽、咸啟、乾峰、眞禪師、廣利容僅存機語。 二、曹洞宗在吳越國弘化，僅兩代法系即不明，此或與法眼宗得王室護持而大興有關係。				

此表錄自賴建成《吳越佛教之發展》表十五——曹洞宗傳承表

　　宋代中葉之後，曹洞宗在吳越地區方見有宗匠行化，如青原下十世、大陽警玄（948～1027）的法子越州雲門靈運〔註332〕；青原下十二世、芙蓉道楷

〔註330〕賴建成《吳越之佛教發展》，頁51；至於其傳承表，參見前引書，頁52。
〔註331〕《五燈會元》卷第十三〈杭州佛日本空禪師傳〉，頁311。
〔註332〕《五燈會元》卷第十四〈越州雲門山靈運寶印禪師傳〉，頁330上。

（1043～1181）法子福州普賢善秀〔註333〕。至南宋初年，有青原下十三世、丹霞子淳法子長蘆清了〔註334〕、明州天童正覺（1099～1157）〔註335〕與處州治平渭〔註336〕，以及淨因法成的法嗣台州天封子歸〔註337〕、台州護國守昌〔註338〕，寶峰惟照的法嗣台州眞如道會〔註339〕、興國軍智通景深〔註340〕與婺州天寧智朋〔註341〕，大洪智的法嗣越州天章樞〔註342〕；青原下十四世、長蘆清了的法嗣明州天童宗珏福州龜山義初〔註343〕，天童正覺的法嗣明州雪寶聞庵嗣宗〔註344〕、杭州淨慈慧暉〔註345〕、明州瑞巖法恭〔註346〕、明州光孝思徹〔註347〕、福州雪峰慧深〔註348〕、蘇州慧日法安〔註349〕、溫州護國欽〔註350〕；青原下十五世、天童宗珏的法嗣明州雪寶智鑒〔註351〕與越州超化藻。〔註352〕

　　由曹洞宗的傳承，得知北宋之時曹洞宗在吳越地區行化的僧家僅越州雲門山的靈運禪師與福州普賢善秀禪師。南宋之初曹洞宗始盛於吳越地區，丹霞子淳的法子長蘆清了於建炎末遊四明，主補陀、台之天封、閩之雪峰，後

〔註333〕《五燈會元》卷第十四〈福州普賢善秀禪師傳〉，頁336上。
〔註334〕《五燈會元》卷第十四〈眞州長蘆清了禪師傳〉，頁336下～337上。
〔註335〕《五燈會元》卷第十四〈天童宏智正覺禪師傳〉，頁337下～338。
〔註336〕《五燈會元》卷第十四〈處州治平渭禪師傳〉，頁338下。
〔註337〕《五燈會元》卷第十四〈台州天封子歸禪師傳〉，頁338下。
〔註338〕《五燈會元》卷第十四〈台州護國守昌禪師傳〉，頁338下。
〔註339〕《五燈會元》卷第十四〈台州眞如道會禪師傳〉，頁339下。
〔註340〕《五燈會元》卷第十四〈興國軍智通大死翁景深禪師傳〉，頁339下。建元初開法智通，紹興初歸住台之寶藏巖。
〔註341〕《五燈會元》卷第十四〈衡州華藥智朋禪師傳〉，頁340上。紹興初，初住華嚴、婺州天寧，後遷清涼，晚退明州瑞巖。
〔註342〕《五燈會元》卷第十四〈越州天章樞禪師傳〉，頁341上。
〔註343〕《五燈會元》卷第十四〈福州龜山義初禪師傳〉，頁341上。
〔註344〕《五燈會元》卷第十四〈明州雪寶聞庵嗣宗禪師傳〉，頁341下。
〔註345〕《五燈會元》卷第十四〈杭州淨慈自得慧暉禪師傳〉，頁342。紹興丁巳開法補陀徙萬壽及吉祥、雪寶寺；淳熙三年，敕補淨慈寺，七年秋退歸雪寶，十年仲冬二十九日中夜沐浴而卒。
〔註346〕《五燈會元》卷第十四〈明州瑞巖石憲法恭禪師傳〉，頁342下～343上。
〔註347〕《五燈會元》卷第十四〈明州光孝了堂思徹禪師傳〉，頁343上。
〔註348〕《五燈會元》卷第十四〈福州雪峰慧深禪師傳〉，頁343上。
〔註349〕《五燈會元》卷第十四〈蘇州慧日法安禪師傳〉，頁343下。
〔註350〕《五燈會元》卷第十四〈溫州護國欽禪師傳〉，頁343下。
〔註351〕《五燈會元》卷第十四〈明州雪寶智鑒禪師傳〉，頁344上。
〔註352〕《五燈會元》卷第十四〈越州超化藻禪師傳〉，頁344上。

詔住育王，又徙溫之龍翔、杭之徑山，皇太后命開山於皋寧崇先寺，諡悟空禪師。〔註353〕而瑞巖法恭從天台教下受學，後在禪宗與台教寺院住持。《五燈會元》卷第十四〈明州瑞巖石毶法恭禪師傳〉云：「師郡之奉化林氏子，於棲真院下髮受具。往延慶（寺）講下，一夕誦《法華》至父母所生眼悉見三千界時，聞風刺梭櫚葉聲，忽然有省。棄依天童，始明大旨。凡當世弘法者，悉往姿決。出住能仁、光孝、瑞巖。」〔註354〕

　　台州能仁寺原是天台宗的大道場，卻由宏智正覺禪師所住持〔註355〕，後又由其門下通台教與曹洞禪的法恭所住持，可以見得天台宗到了南宋之後逐漸步入衰微之境。而五代時為臨濟宗徹禪師所住持的善權寺，也由正覺禪師的法子嗣宗與法智所住持。〔註356〕

表十九：宋初曹洞宗在吳越地區的行化表

法　名	州名	世　　代	主要住山寺剎	師承	引　　據
靈運	越州	青原下十世	雲門山	警玄	《五燈會元》卷十四
善秀	福州	青原下十二世	普賢寺	道楷	《五燈會元》卷十四
清了	明州	青原下十三世	補陀、台之天封、閩之雪峰、育王、溫之龍翔、杭之徑山，皇太后命開山於皋寧崇先寺。	子淳	《五燈會元》卷十四
正覺	明州	青原下十三世	天童山	子淳	《五燈會元》卷十四
子歸	台州	青原下十三世	天封寺	法成	《五燈會元》卷十四
守昌	台州	青原下十三世	護國寺	法成	《五燈會元》卷十四
道會	台州	青原下十三世	真如寺	道膺	《五燈會元》卷十四
景深	台州	青原下十三世	智通寺、寶藏巖	惟照	《五燈會元》卷十四
智朋	明州	青原下十三世	婺州天寧寺、清涼寺、明州瑞巖寺	惟照	《五燈會元》卷十四
樞	越州	青原下十三世	天章寺	智	《五燈會元》卷十四

〔註353〕《五燈會元》卷第十四〈真州長蘆清了禪師傳〉，頁336下～337上。
〔註354〕《五燈會元》卷第十四〈明州瑞巖石毶法恭禪師傳〉，頁342下～343上。
〔註355〕《五燈會元》卷第十四〈天童宏智正覺禪師傳〉，頁338上。
〔註356〕《五燈會元》卷第十四〈明州雪寶聞庵嗣宗禪師傳〉，頁341下；《五燈會元》卷第十四〈常州善權法智禪師傳〉，頁342上。

宗珏	明州	青原下十四世	天童山	清了	《五燈會元》卷十四
義初	福州	青原下十四世	龜山	清了	《五燈會元》卷十四
嗣宗	明州	青原下十四世	雪竇寺聞庵	清了	《五燈會元》卷十四
慧暉	杭州	青原下十四世	補陀、萬壽、吉祥、淨慈寺	正覺	《五燈會元》卷十四
法恭	明州	青原下十四世	能仁、光孝、瑞巖寺	正覺	《五燈會元》卷十四
思徹	明州	青原下十四世	光孝寺	正覺	《五燈會元》卷十四
慧深	福州	青原下十四世	雪峰	慶預	《五燈會元》卷十四
法安	蘇州	青原下十四世	慧日寺	法聰	《五燈會元》卷十四
欽	溫州	青原下十四世	護國寺	法聰	《五燈會元》卷十四
智鑑	明州	青原下十五世	雪竇寺	宗珏	《五燈會元》卷十四
藻	越州	青原下十五世	超化寺	宗珏	《五燈會元》卷十四
說明	一、此宗在宋初弘化的禪師，只有大陽警玄（948～1027）法嗣雲門靈運、芙蓉道楷（1043～1118）的法嗣普賢善秀禪師，而道楷的法子淨因法成是嘉興崇德人，下出台州天封子歸與護國守昌。雲門的契嵩在《傳法正宗記》卷第九上說：「雲門、臨濟、法眼三家之徒，於今尤盛。溈仰已息，而曹洞者僅存，綿綿然若猶大旱之引孤泉。」 二、到了南宋，曹洞宗在清了與正覺的行化下，獲得一時的興盛。				

　　晚唐宋初之間，天台宗在吳越地區的發展，因爲受禪教合流、禪淨并修的影響，吸收了佛教其他宗派的思想與行法，尤其是律宗的戒儀、禪宗的行法以及眞言宗的懺法，致使這一階段天台宗的義學與行法跟唐代有很明顯的不同。律宗法師受到重視，禪宗行人在吳越地區的發展，以及華嚴宗在宋初的復興，也使得天台宗學人面臨到他宗環伺的處境，他們重新思量祖道、義學以及行法上的善巧問題是當務之急。儘管山外宗在天台宗發展史上有極大的貢獻，因爲其是天台宗止觀義學發展以及禪教合流趨勢下的產物，對當時天台宗學人來說是一種可行的新主流學派，因此山外派的宗匠輩出，能吸引傑出的僧人前來參學，其道法大行於世，這實有助於天台宗的聲勢與發展；天台宗在宋初逐漸壯大了，趁著他教勢力還未眞正威脅到他們的生存空間時，他們反省未來的進路，這也是義通及會下學人長久以來的心志。但天台宗在北宋眞宗之時，面臨到外部的濟化競爭問題卻遠比去思量、包容山外宗貢獻問題來得輕微多了，所以正本清源成了時代的大事，這給了義寂系下義通的門人開啓了大好機會。法不孤立，仗緣以生，一個艱巨的志業要一些同

心的助緣者以及可以堅信的義學與持續的心行來加以完成，知禮與遵式的出世，山家與山外之爭及其分流由是產生。

宋初，禪宗、華嚴宗在秀州逐漸地發展，天台宗因為排斥山外思想而失去了原先與律宗在靈光寺同領風騷的地位了。而雲門宗在吳越地區，也有所發展。據《釋氏稽古略》卷第四云：「己丑皇祐元年、大契丹重熙十七年，西夏汴京自周朝毀寺，太祖建隆間復興，兩街止是南山律部、慈恩賢首疏鈔義學而已。士大夫聰明超軼者，皆厭聞名相因果。而天台止觀、達磨禪宗，未行也。淳化（太宗年號）以來，四明尊者知禮、天竺懺主遵式，行道東南，而觀心宗眼照耿天下。翰林楊億、晁迥首發明之。至是，內侍李允寧奏施汴宅一區創興禪席，帝賜額曰十方淨因禪院。帝留意空宗，下三省定議，召有道者住持。歐陽公修、陳公師孟奏請廬山圓通寺居訥，允寧親自馳詔下江州，（居）訥稱目疾不起。常益敬重，聽舉自代，（居）訥乃以懷璉應詔。」「英宗治平二年（1065），（懷璉）師上疏乞歸。帝附以箚子曰：『大覺禪師懷璉，受先帝聖眷，累錫宸章，屢貢款誠。乞歸林下，今從所請，俾遂閑心。凡經過小可庵院隨他住持，或十方禪林不得逼抑堅請。』師攜之東歸，鮮有知者。既渡江少留金山西湖，四明郡守以阿育王山廣利禪寺虛席迎之。九峰韶公作疏勸請，師乃赴之（九峰鑒韶嗣泐潭澄）。四明之人相與出力建大閣，藏所賜御製詩頌，榜之曰宸奎，翰林學士兼侍讀端明殿學士蘇軾為記。」「大覺年八十二歲，哲宗元祐五年無疾而化。師嗣泐潭澄，澄嗣五祖戒，戒嗣雙泉寬，寬嗣雲門偃禪師。」〔註357〕因為王公的喜好以及帝王對於禪宗與觀心之學的大力護持，致使禪宗雲門宗派以及天台宗的山家宗受得世人的重視，這對於天台宗以及禪門在吳越地區派系勢力的發展影響極為深廣。

吳越入宋之後，晤恩系所出的山外宗盛行一時，後來義通會下的知禮、遵式出世，共同與山外宗爭勝，山外派在智圓與咸潤之後因缺乏宗匠出世而沒落。而知禮得擅中興教主之名，其門下極力地在四明與三吳之地宏揚天台祖道與淨土法門〔註358〕。而遵式在台、杭兩地垂四十年，因為其倡禪教合一之說，亦廣行淨土法門，因此天台的風教益發盛行於吳越地區，蓋亦慈雲遵

〔註357〕《釋氏稽古略》卷第四，頁869b；另見《五燈會元》卷第十五〈明州育王山懷璉大覺禪師傳〉，頁373。

〔註358〕天台一宗盛於三吳自知禮門下尚賢的法子惟湛開始，參見《釋門正統》卷第六〈惟湛傳〉，前引書，頁858上；另見《佛祖統紀》卷第十三〈法師惟湛傳〉，前引書，頁393。

式之德所造成的。〔註359〕然天台異說，在北宋之時不因山家派宗匠們的宣講與韃伐而平息，山外派沒落之後還有後山外派宗匠的出現。在皓端、晤恩與義寂的時代，天台宗是跟其他宗派平和地往來，還獲得律宗以及禪宗僧侶護持，在禪、教、律、淨融會的歲月裡，他教人士到天台宗匠門下修學之後能回到本師的寺院開講祖道與淨教。禪宗門徒進入吳越地區行化時，各派會下學僧也是四處參學，吸引了通天台教者成為禪人，當時的禪家是隨根器受學以及只重開悟而不論他人行履。反觀天台宗，山家派為了清整門風逐漸染上了抨擊他教的習性，隨著禪宗各宗派僧人進入吳越地區發展，天台宗發展的生態與教行逐漸變得狹隘，最後淨土行人也與台教分流而獨立成為佛教的一大宗派。天台宗在山家、山外諍論之後，兩宗分宗並流，從此天台宗在觀行與義學上不能有進一步的進展，其沒落不僅在於缺乏宗匠出世，而是時間性的佛法遷流問題。但自從山家宗以義寂系為正宗之後，到近代中、日、韓天台宗的祖師像以及他們的地位更加確定了〔註360〕，晤恩系宗匠在天台宗發展史上該擁有的地位與功業自然被後世學人所忽略。

〔註359〕董平《天台宗研究》「第六章天台宗在宋代的發展及山家、山外之諍研究」，頁264～265。

〔註360〕劉明明在〈韓國天台宗與中國的國際交流〉一文中說:「韓國天台宗和中國天台宗有著法乳一脈的歷史因緣和深厚傳統，天台宗是韓國佛教主要宗派之一，傳自中國的天台宗，以浙江天台山國清寺為祖庭。韓國天台宗僧人，早在 1400 年前就與中國佛教界結下了法緣。韓國高麗時期的義天大覺（1055–1101）國師，被認為其開祖。（中略）在智者大師圓寂1400周年之際中韓日三國天台宗徒於1996年5月15日在中國天台山國清寺第一次共同舉辦了智者大師涅槃一千四百周年追慕大法會，1996年10月1日在日本天台宗總本山比叡山延曆寺舉行了第二次追慕大法會；1997年6月10日在韓國天台宗總本山小白山救仁寺舉行了第三次追慕大法會。三國天台宗通過在三國舉行的三次智者大師追慕法會，加深了法緣，提高了信心，擴大了影響。」

第七章　天台宗發展上的特質

　　從會昌法難後的晚唐之時，除了玄燭於唐昭帝大順初（890）在帝京行化之外，天台宗的發展主要以吳越地區爲主，尤其是天台山、錢塘與秀州之地。吳越有國，對於宗教的管理在於保境安民，所以佛教的各宗派得以在此生根發展。喪失祖庭國清寺而以止觀傳習的天台宗，其勢力逐漸在復甦當中。當時天台宗的流派雖多，但以皓端、晤恩與義寂等爲主流，因爲他們的德行、聲望皆佳，且在義學上都有所成就，對天台宗來說是大有貢獻的。從五代到南宋初年，天台宗產生了分宗的現象，其問題如同吳忠偉所說的：「一個宗派在某一地區經年累月地發展後，無論在教義，還是在僧眾的組成上較諸草創期都要複雜，其內部的紛爭和分化是不可避免的。」〔註1〕會昌法難之後，天台宗的勢力不如往昔，但從晚唐到宋代初年，其發展約略可分爲分化期、競爭期與爭正統期。然天台宗不論在分化期、競爭期與爭正統期，其內部都存在著許多特性與問題，其中部份問題是天台宗發展上的特質，以及他們爲了折抗他宗的教學。關於天台宗在晚唐到北宋時的特質，本文以「祖庭與別子」、「止觀與義學」、「器與道」、「正統與旁枝」、「行化與形勢」等單元來加以論述。

第一節　祖庭與別子

　　天台宗發展到唐朝，有兩大祖庭，一爲荊州玉泉寺，一爲天台國清寺。後來的荊州玉泉寺，因爲北禪宗的發達，台教的僧家與禪師合會在一塊，土

〔註1〕　潘桂明、吳忠偉《中國天台宗通史》，頁403。

泉寺成爲諸宗並弘的道場，少林寺亦然。唐德宗貞元以後，五台山的台教也興盛起來，有法興、行嚴、志遠諸人在弘化台教。在日僧圓仁入中國巡禮之時，曾見天台山僧人不斷往返於五台山與天台山之間，表明了天台祖庭與五台山僧眾保持著密切的關係。天台宗在玉泉寺、少林寺與五台山盛傳的時間都不長，會昌年間唐武宗滅佛，天台宗跟佛教其他宗派一樣遭到滅頂之災。〔註 2〕大中復教之後，國清寺變成以律宗爲主的寺院，時天台宗人的根本道場在禪林寺。

晚唐之後，天台宗的義學發展主要在吳越地區，初時以天台山禪林寺爲主要根據地，後來又拓展到錢塘與四明之地。天台宗在晚唐五代期間，吸引不少佛教其他宗派的學子來參學，以「別子傳宗」的結果，僧家們對祖庭的意識與受地域限制的觀念就顯得格外地強烈，這一點與禪宗門徒四處傳法有異。天台宗雖然與法眼宗一樣，有的從他宗轉來，唸佛或兼修《法華》唸佛，或兼修《法華》、《華嚴》、《首楞嚴》等經文；但禪以發省爲主，而天台宗則以修習止觀爲主，兩者在禪講上同指向心性並論及境相問題，這使得兩宗學人有合會的情況發生，由是天台宗內部出現了主眞心說的山外派，因此與天台山的山家在觀行上有別。

禪門的法眼宗，在永明延壽（904～975）之後，僧家的禪行偏向淨土行，因此宋初之後吳越地區法眼宗學人隨著其宗師的隕落而轉向天台宗。天台宗在錢塘的發展，吸引許多寺院的學僧來參學。天台宗以別子爲宗、以得道爲先的結果，產生了六種現象。一是，優秀的弟子，得本師授予講席如皓端、志因、慶昭與咸潤、尙賢與處謙。二是，道法融通的弟子，會別開生面，產生新的學派，吸引更多的學人來就學如晤恩與義寂。三是，在山家寺院或本師道場繼席開講，但未必就能獲得僧眾的護持如慶昭。四是，自行開山建立根本道場，其乃能更自在課徒並弘化本宗學說，如義寂、義通、知禮與慶昭、智圓。五是，繼台教師匠講席，卒後其學徒四散如晤恩。六是，在山家或山外宗寺院開講，而備極辛苦如智圓與仁岳。這六種狀況中，能繼師講席終老而聲名卓著者，首推山外派祖師晤恩。山家宗與山外宗人，許多宗匠都是以別子來傳宗的，而山家宗法緣之所以比山外宗來得綿長，其中的一項要素是他們的宗匠很早就體會到建立根本道場的重要性。

山家與山外的問題，要從晚唐的玄燭與清竦談起。清竦在天台山禪林寺

〔註 2〕　朱封鰲《天台宗史迹考察與典籍研究》，頁 332～336。

傳止觀之學，其會下出志因、義寂與覺彌。玄燭出弟子皓端，皓端後回秀州在本師的靈光寺住持、說法，於台、律兩宗並行弘化；有晤恩前來受學，晤恩後轉去參學錢塘慈光院的志因，後繼志因法席開講。而晤恩的弟子洪敏與洪敏的子璿，也都是出自靈光寺，可見慈光院與靈光寺關係密切。志因在錢塘慈光院開講，或許他原先是法眼宗學人的門生，乃得回到本師之處演教。而義寂在清竦與玄廣座下修學之後，他不接受僧家的慰留，卻被郡守留在天台山另立道場修習；宋初，螺溪傳教院建立之後，義寂在此講學，參學者日多。因此，從五代到宋初，也就是說從清竦在天台山禪林寺講學到知禮出世之前，天台宗祖庭的觀念從天台山禪林寺分流到錢塘慈光院、錢塘奉先寺與天台山螺溪傳教院（定慧院）、四明寶雲禪院，山家與山外之別、山家宗與山外宗學風的源頭是從這些現象開始的。

　　宋初義通離開螺溪傳教院，欲回高麗卻被留在四明寶雲寺開山講學，知禮與遵式前來受學，遵式後主寶雲院多年。有了寶雲院的成立，開啟了後來山家宗與山外宗諍論之端。對後來的山家宗來說，知禮所創建的延慶院，對知禮系的門人來說這是他們參學之處，也是他們最貼近的祖庭。而寶雲院雖也是他們的祖庭之一，但其跟遵式系較為貼近，因為遵式曾在此寺院住持多年。晤恩卒後，山外宗的根本道場一直在改變，晤恩的弟子源清在錢塘奉先寺開講，源清圓寂（999）之後慶昭在奉先寺繼席不久就轉向別處講學，之後在錢塘梵天寺開山，其間慶昭在石壁寺與開化寺開講過台教。慶昭可能出身於開化寺，他也是天台宗以別子為宗的例子。源清的另一弟子智圓，幾經波折後則在孤山開山講學。慶昭的弟子咸潤，在等慈院出家，後到開化院依慶昭修學，乃能繼慶昭在開化院與梵天寺開講；其亦曾被迎回本師的等慈院講學，所以咸潤亦是天台宗以別子為宗的實例。山家宗以別子為宗的例子更多，如遵式本是天台山僧人，往四明參學於寶雲院義通；知禮初從四明太平興國寺洪選專探律部，後到寶雲寺義通處研習教觀；而知禮會下的仁岳是湖州開元寺僧人，從知禮會下叛出之後依遵式受學，遵式視之為猶子。仁岳也是天台宗以別子為宗的例子。當時的僧人，學出多門，依台教師匠學成之後，常返回本師處行化；本師會請其在寺院內開講，其他寺院或郡守、士夫聞其聲名也會前來迎請，這促成天台宗在吳越地區的氣勢轉盛。總之，天台宗歷經晚唐五代師匠們的行化，到了宋初人才輩出，各方慕名來學者眾。僧人學成之後，被本師或寺眾迎回講學，當時以別子為宗的風氣很是盛行，這種現象

可以知曉天台宗人的止觀之學、禪講與淨土行法很受到吳越地區僧家們的仰重。天台宗學人有的繼承師匠法席，有的回到本師寺院或道場去開講，有的另立山寺課徒、興學，因之其祖庭數目從宋初逐漸增多，這是別子爲宗產生的效果，師匠們從他教吸收人才爲台教所用，這種現象是天台宗逐漸復興的徵兆。

第二節　止觀與義學

　　天台宗從智者大師以來，是止觀雙運、禪教並行的佛教宗派，使之能爲國人所仰重。初期的天台高僧，在禪行上能獲致成就，所以在僧傳上被稱爲禪師。禪宗初行之時，達摩禪與天台禪並行，而禪宗大量吸收天台宗人的禪教觀念，轉而發展出其獨特的禪行，但禪宗的禪行與天台宗的止觀在行持上是不同的。禪宗不是不重視經教與義學，而是更重視藉教悟宗、藉師悟道。而天台宗人修習止觀之學，則必須藉著經教以及祖師的論著，方能不背離傳統與師承。禪宗在晚唐五代之際大行於世，天台宗在禪講的氣勢上不及禪門中人，而在義學上卻有所發展，從此之後有了禪與教、禪師與法師的分別，禪宗被稱爲宗門，而天台家則是教下。這種現象，在贊寧的《宋高僧傳》以及志磐的《佛祖統紀》中得見。

　　晚唐以後到宋初之際，是天台宗缺乏經籍、論著等義學以輔助其修學之時。當時的學人，得「定慧之學者艱其人」、「精思止觀」而世業者不多見。由是靈光皓端、錢塘志因與晤恩、天台螺溪義寂與四明寶雲義通等人受到矚目，然唯有靈光皓端、慈光晤恩以及螺溪義寂三人得以列入贊寧的《宋高僧傳》的「義解篇」中。三人各有其獨到之處，對天台宗也是大有貢獻的，而晤恩會下經過奉先源清、梵天慶昭，開出了《釋門正統》所說的山外宗。

　　山外宗匠，多是別子爲宗，與佛教其他門派時相往來，所以能深入其他教派的寺院開講，對當時天台宗教的弘揚，是有所助益的，使之能成爲當時天台宗的主流學派，這是在四明知禮與慈雲遵式之學在宋代中葉逐漸盛行前的史實。然在知禮與遵式的努力行化之下，山家宗逐漸打出響亮的門號，首先推舉寶雲義通的傳承，後學從而又上推螺溪義寂，又從螺溪義寂上接高論清竦，又從《宋高僧傳》之說而援引出祖師傳承。這種傳承與授受的情形，在《釋門正統》與《佛祖統紀》中得見，由是山家宗的遵式系從「本支輝映」

轉被列爲「寶雲旁出」。《佛祖統紀》中，爲了加強十七祖間的傳授正統性，在〈法運通塞志〉提到師弟相傳的「說止觀法門」年代。但不論是山家宗或山外宗，天台宗學人對於止觀以及義學都是極爲重視的，且也不免受到禪宗的影響，在教學上融會禪法。以批判晤恩系融會眞心說與兼講的知禮爲例，其亦曾用禪宗的教學法課徒。依《佛祖統紀》卷第十二〈法師本如傳〉云：

> 法師本如，四明句章人，受業本郡國寧。初依法智（知禮），於千衆中有少俊聲，史典詞翰有法則，爲世所愛。嘗請益經正義，法智曰：「爲我作知事三年，卻向汝道。」暨事畢，復以爲請。法智屬聲一喝，復呼云本如！師豁有悟，爲之頌曰：「處處逢歸路，頭頭復故鄉；本來成現事，何必待思量。」法智肯之，曰：「向來若爲汝說，豈有今日。」〔註3〕

因爲天台宗人在教學法上如禪師，也主張悟入，在觀行上則是主張圓融，所以需要義學或借助經教來修行與課徒。所以，山外宗匠如晤恩、洪敏都曾用過禪法示徒，源清、慶昭、智圓在禪講之外，也都擅長義學。知禮在這方面深有所感，因知禮與慶昭及其會下還有智圓論戰多年，並跟叛出的淨覺仁岳唇舌筆伐，很是費心。所以，知禮見來學能堪大用者必多給予鼓勵，勸其在義學上下功夫。《佛祖統紀》卷第十二〈法師崇矩傳〉云：

> 法師崇矩，三衢人。來學法智，妙達教觀之道居第一座。法智坐聽其講，曰：「吾道有寄矣。」初赴黃巖東禪講，法智寄書勉之，曰：「立身行道，世之大務。謙爲德柄，汝當堅執。此外，更宜博究五經雅言，俾於筆削之間不墮凡鄙，當效圓闍梨之作也。」〔註4〕

法智知禮在課徒上是嚴格的，門人要出世行化，必授與戒辭與法器，以示不忘本師與祖道。

當時禪宗大行於吳越境內，天台宗人不免也聽聞或學習到一些禪宗的話頭，而成爲禪宗所云的「知解僧人」。但禪宗之人與天台宗人的行持畢竟有別，其差別處在同樣是依師悟道、依經教慧解，但禪宗的禪行不同於止觀之學，而貴在僧家的領宗得意。這由晤恩會下的靈光洪敏與長水子璿的公案可以得知，據《補續高僧傳》卷第二〈長水法師傳〉云：

〔註3〕 《佛祖統紀》卷第十二〈法師本如傳〉，前引書，頁387；另見《大正新脩大藏經》第49冊。

〔註4〕 《佛祖統紀》卷第十二〈法師崇矩傳〉，前引書，頁389。

> 子璿，秀州人。自落髮誦《楞嚴經》不輟，從洪敏法師，講至動靜
> 二相了然不生，有省。謂（洪）敏曰：「敲空擊木上落詮蹄，舉目揚
> 眉已成儗議去。此兩途，方契斯旨。」（洪）敏拊而證之，然欲探禪
> 源罔知悠往。聞瑯瑯（慧）覺禪師，道重當世，即趨其席。〔註5〕

學佛法，有人從經教或唸佛下手，再從師之接引悟入，但有的人行履在律，
有的人在禪，有的人則在台教或淨土，這是法緣與根器問題。

第三節　法器與道法

　　初期天台宗的發展，在智者的時代裏除了教化之外，是追尋其道之所在
與重視傳法的法器，所以門徒雖眾卻一子難得，如同後來禪宗的發展，使得
其道法能得世人的仰重。門徒中，有得法者與得座者或住持寺院者，而其傳
承之所在是依據付囑與付授，這些特質也被後來興起的禪宗所繼承。會昌法
難前的天台宗傳承，依《續高僧傳》與《宋高僧傳》所載，是以付授為主，
而義學的闡發也佔了很大的關鍵。會昌法難之後，天台宗的義學發展遭受到
阻礙，所以止觀之傳習以及講學成了很重要的授徒課題。天台宗以鑪、拂的
傳授為傳承之根據〔註6〕，到了五代宋初還保存著這個傳統，外國僧人來華參
學亦要以得鑪、拂為信物。但以鑪、拂傳授為信的傳統，在五代宋初之時也
逐漸在改變中，因為義學對天台宗生存與發展的重要性提高之緣故。

　　天台宗人重視天台教學，也就是「祖道」，而祖道則在止觀的傳習與義理
的闡發之上，而道要靠師匠弘化，弘化依賴有適當的場所。而天台宗傳法的
「器」變成傳法的「人」的觀念，也可能受到玄燭、皓端、志因以及晤恩會
下宗匠輩出的影響。晤恩在天台宗發展史上的重要性，在道與器的轉折上也
可以發現，因為得其人，乃能使天台講說不墜而使法華大旨全美於世。器由
是轉變成是「傳法的人」，也就是「宗匠」，也可說器是「宗匠的信物」，器是
「傳法之具」，這在知禮以及遵式的行實中得見。

一、鑪拂的授受

　　天台宗到了晚唐之際，雖極其衰落，但師弟之間的傳授有止觀之學與授

〔註5〕　《補續高僧傳》卷第二〈長水法師傳〉，前引書，頁29上。
〔註6〕　《佛祖統紀》卷第十〈法師契能傳〉，前引書，頁334。

受之法器存在。清竦之世，其門下出志因、覺彌與義寂。志因可能也是有本師在的關係，所以學成之後回到錢塘慈光院講學，而較爲晚到禪林院參學的義寂，卻很受到矚目，其受錢王挽留於天台山，乃在螺溪傳教院開山。依《釋門正統》所言，義寂會下宗昱、契能一系得祖師所傳鑪拂。〔註7〕宗昱的鑪拂，是否來自義寂，無從考察，但觀《宋高僧傳》以及《螺溪振祖集》都無言及此事，讓人心生疑情。天台宗從上所傳的鑪拂，到宗昱爲嫡傳第十三代，契能爲第十四代，當契能要傳給門人永嘉繼忠時，卻不被繼忠所接受，因爲繼忠已得法於知禮會下的廣智尙賢。〔註8〕可以見得從慈光晤恩、奉先源清、梵天慶昭以及寶雲義通、四明知禮、明智中立等宗匠的出世，對於從上所傳的「天台之道與法器結合的觀念」被打破了。〔註9〕道在人不在法，道依處而生，因此晤恩、源清與慶昭在錢塘的法緣特盛，這一點想必也影響到當時天台宗的學人與師匠們，而對於錢塘之外的其他流派衝擊更大，尤其是天台山系與寶雲義通系下的學人，在山外勢力增強之下必有深刻的醒悟，所以義通會下的善信才會不斷地催促知禮趁機會對錢塘系問難。

　　晤恩在慈光院時，因「理長」的緣故，原在志因座下跟晤恩是同參的文備，在志因卒後依晤恩爲師。又因爲慈光院有晤恩在開講，文備退而「從己所好」、不誨人於一方。由兩師的行實，可以發現天台宗祖道的一些特質。但宋初之後的天台學人，就不一樣了，尤其是以山家正統自居的義通會下學人。山家、山外的諍論是從慶昭繼奉先寺講席不久後才發生的。時知禮在四明已稍有聲名，有不少學徒、道友悅隨。宋太宗至道元年（995）知禮住保恩院課徒，數年之後即與錢塘系產生書面論戰，論戰爲期七年（約從咸平三年到景德四年，1000～1007），論戰之後雙方以無交集收場〔註10〕，但後來的教界與學界都以爲這場論戰是四明系獲得勝利，山外宗因辭拙義短而落敗。這場論戰，對於寶雲系以及以天台山正統自居的學人是一種鼓勵，因爲他們匯集在延慶院等待出頭天已是很久了，「天台之道」的轉變也就在這個時機點上產生

〔註7〕　《佛祖統紀》卷第十〈法師契能傳〉，前引書，頁374。

〔註8〕　《釋門正統》卷第六〈繼忠傳〉，前引書，頁857上；另見《卍新纂續藏經》第75冊。

〔註9〕　山外宗亦有鑪拂之授受，《佛祖統紀》卷第十〈法師咸潤傳〉云：「昭師示寂，復授以鑪拂，嗣居梵天，講演無虛日。」

〔註10〕　雖然宗曉於《十義書》序說是破斥慶昭與智圓之學，但觀〈錢唐昭講主上四明法師書〉云：「其所構義，雖與愚不同，然亦各言其所解，顯其所承，斯何傷乎！知之者愚與足下，苦心爲法之至也，不知者以爲好諍求譽之至也。」

變化，雖然跟錢塘派的論戰還沒有結束。吳忠偉說：「爭論雖然不了了之，但四明系獲得勝利確係明顯之事實。」〔註11〕其又云：「通過上面所述的觀心論《別理隨緣》之爭，四明系擊敗了錢塘系，隨之由天台一小支，躍升為天台之大宗，山家、山外之分也由此而生。」〔註12〕跟山外派的論戰，確實給山家宗學人帶來很大的鼓舞，他們的聲勢是壯大不少，開山建寺不斷，來學者眾。

宋真宗大中祥符二年（1009），保恩院重建完成，三年十月得乞賜寺額為延慶。可能因為與山外宗論戰的經驗，必須約束徒眾，一齊來對付錢塘派。大中祥符五年（1012）知禮與同學異聞作戒、誓辭以授徒弟立誠等，其略曰：「吾始以十方之心受茲住處，逮乎改創安施棟宇，元為聚學何敢自私。但吾宗有五德者，無擇邇遐。吾將授以居之，後後之謀，莫不咸然。五德者，一曰舊學天台勿事兼講。二曰研精覃思遠於浮偽。三曰戒德有聞正己待物。四曰克遠榮譽不屈吾道。五曰辭辯兼美敏於將導。何哉，兼講，則畔吾所囑。浮偽，則誤於有傳。戒德，則光乎化道。遠譽，則固其至業。然後辯以暢義，導以得人。五者寧使有加，設若不及去辯矣。」〔註13〕法智之道，可以從其授徒之戒辭中得見。據《釋門正統》〈文粲傳〉云：「久預法智輪下，代（令）祥師講。法智授辭曰：『天台命宗，以偏圓一揆，示乎教以境智不二，明乎觀非教無以生解，非觀無以成行。解行俱備，則可登聖賢之域。吾久事斯道，靡有懈懷，四海學人，往往遝至。』」而如何立身行道，據《釋門正統》〈崇矩傳〉云：「其初領眾（衢州浮石寺），法智以書囑累者至十，有曰：『既受彼請，當聽吾言。立身行道，世之大務。雖儒、釋殊途，安能有異。先務立身，次謀行道。謙為德柄，當堅執之，使身從此立，道從此行。吾見學人，切於名利者，皆不能鳩徒演教。當視之如詐親，懼之如狼虎，先宜誡之，然後進行勤講，豈俟再言。此外，宜覽儒家文籍，博究五經、雅言，圖於筆削之間，不墮凡鄙之說。吾素乖此學，常所恨焉。汝既少年，不宜守拙，當效圓闍黎之作。」〔註14〕知禮之門，雖重視義學論著，更強調山門之學的一致性，而異於常流。《佛祖統紀》〈覺琮傳〉云：「法師覺琮，受業會稽之圓智。依南湖，

〔註11〕潘桂明、吳忠偉《中國天台宗通史》，頁 431。
〔註12〕潘桂明、吳忠偉《中國天台宗通史》，頁 434。
〔註13〕《佛祖統紀》卷第八〈十七祖法智尊者知禮傳〉，前引書，頁 346～347；另見《釋門正統》卷第二〈知禮傳〉，前引書，頁 746。
〔註14〕《佛祖統紀》卷第十二〈法師崇矩傳〉，前引書，頁 389。

學成言歸，法智寄帖勉勵曰：『既學山家，必當異於常流。理事合修，自他兼濟，如此是爲智者之子孫也。』〔註15〕其對於器的看法，《佛祖統紀》〈文璨傳〉中說：「法師文璨，四明薛氏。初依興國令祥師，久之遣入法智室，孜孜教觀綿歷多載。天聖四年，祥師以經理塔寺有妨示徒，乃付講於師。法智作授辭勉之，曰：『吾觀汝爲傳法之器，故授汝手鑪暨鬱多羅僧。欲汝一稟一披，使德香芳鬱，寂忍成就。』」〔註16〕知禮所重視的器，是指能傳天台宗教觀的僧侶，其視文璨是傳法之器所以授他手鑪與鬱多羅僧。而對於擇交，則是香鑪與如意，《佛祖統紀》〈文璨傳〉云：「法師擇交，台之黃巖人。學法智得其道。天聖二年，章安慧因始易爲講院，請師主其席。法智知禮作授辭與之，其略云：『今授汝香鑪、如意用爲傳法之具。欲汝三學芳馨，藹乎自己。四悉巧意適彼物，宜汝懃之，勿妄揮秉。』」〔註17〕知禮同遵式亦以香鑪、如意爲傳法之具〔註18〕，但其中的品目與戒辭則是根據得法者的根器而引發的。

　　天台宗的鑪、拂傳授，不論是義寂或晤恩系下的學人皆有這種行法，如宗昱傳契能與慶昭傳咸潤。在清竦的時代裡，其門下多人似無所謂的嫡、庶之別，說宗昱得祖師嫡傳之信物，當只是山家宗的說辭，借此以表明志因、晤恩系爲旁出，而玄燭、皓端無天台信物更當是「不明承嗣者」。之後，山家宗拋棄宗昱系的嫡傳信物，說道在人不在物。如是反推，晚唐五代至宋代中葉之時，天台宗之道從京師玄燭、秀州靈光寺皓端，而逐漸遷移到錢塘志因與晤恩會下學人身上，逮到宋代中葉知禮系方領宗得意。道在人不在信物，道在宗匠之闡發，不在繼祖者述說傳習。而道在人之有法，道在宗匠之敷揚，是晤恩所發揮出來的。而晤恩於皓端與志因處是否得到鑪、拂，無史事可以證明。以晤恩在志因處爲上首且得講席看來，依台宗傳統，是有鑪、拂與付授的。其於皓端處是否得到印可並得到鑪、拂，也是缺乏證據。但皓端處，至少是有法要的，玄燭也是一樣，師匠有法要，學人才會悅隨，而鑪、拂信物則是次之。

二、義學的發展

　　由知禮與遵式的行實來考察，他們不是不重視器與道的僧侶，他們本身

〔註15〕《佛祖統紀》卷第十二〈法師覺琮傳〉，前引書，頁390。

〔註16〕《佛祖統紀》卷第十二〈法師文璨傳〉，前引書，頁390。

〔註17〕《佛祖統紀》卷第十二〈法師擇交傳〉，前引書，頁390。

〔註18〕慈雲遵式授崇矩香鑪、如意與手書誡辭，參見《佛祖統紀》卷第十二〈法師從矩傳〉，前引書，頁389。

是否從寶雲義通處得到鑪、拂與法器都是問題，但他們後來發展卓越乃被公認爲是義通會下的兩神足。山家派在勢力增盛後，對於器與道有其新的詮釋是必然的。從天台教史上來探究，尤其是山家、山外之爭前的派系發展以及四明系的奮發，對於派系後來的歷史地位是有所影響的。吳忠偉說：

> 在爭論發生之前，天台國清宗昱系爲天台譜系上的正統，只是在義
> 學上無所成就；錢塘派則發明天台義學奧旨，聲勢極大，成爲實際
> 上的天台正統。四明一系雖不能説是天台的異端，至少屬於天台的
> 一小分支，要使本身發展壯大，就必須衝擊錢塘系的權威。當然挑
> 戰是無須兵戈的，就佛教而言，不戰而屈人之兵是通過義學上的爭
> 論，屈人之口舌以使對方理窮屈辭，當時四明派的優勢便是握有新
> 的天台佛教文獻以及對天台義學的新詮釋。〔註19〕

義學的闡發以及經疏的運用與掌握，成了山家派行化與判教的最佳利器，天台宗的山家們因此被定型爲法師。

宗匠透過義學來取勝，這在天台宗早有先例，道之行依靠寺院或法座，道之正宗依鑪、拂或是義學，都有蹤跡可尋的。最顯明的例子，就是湛然會下元浩與道邃的行實，兩人雖同爲禪師的囑累〔註20〕與委付，元浩雖然與湛然貼近而受學良多〔註21〕，但在義學與聲德上，其卻畏服於道邃不能與之爭長。〔註22〕持天台正統鑪、拂的宗昱之師義寂，是晤恩的師叔，義寂的行持雖受到天台山僧人以及錢王的仰重，而宗昱與義通在義學上也有所發揮，但在義學發展上使法華大旨昭著於世的卻是晤恩之力。〔註23〕後來在晤恩系下雖然不乏義學宗匠，但隨著知禮與遵式的出世，情況逐漸在轉變。董平說：

> 知禮與遵式均出於寶雲義通門下，在天台宗史的編纂家那裡，知禮
> 被視爲該宗繼荊溪湛然以後最爲傑出的代表人物，亦擅中興教主之
> 名。宋代天台宗的鬱勃而重興，的確在很大程度上須歸結爲知禮對
> 教義的重新詮釋，並在異義紛呈之際竭力維護了天台教義本身的統

〔註19〕潘桂明、吳忠偉《中國天台宗通史》「第十章宋代天台佛教的復興——山家山外之爭」，頁423。

〔註20〕《宋高僧傳》卷第六〈唐蘇州開元寺元浩傳〉，前引書，頁129；另見《大正新脩大藏經》第50冊。

〔註21〕《宋高僧傳》卷第六〈唐台州國清寺湛然傳〉，前引書，頁128。

〔註22〕《宋高僧傳》卷第二十九〈唐天台山國清寺道邃傳〉，前引書，頁777。

〔註23〕《宋高僧傳》卷第七〈宋杭州慈光院晤恩傳〉，前引書，頁180；《釋門正統》卷第五〈晤恩傳〉，前引書，頁827上。

一性與一貫性，知禮因此而被尊爲天台宗的第十七祖。在山家、山
外之諍以後，山外派漸後學無繼，故紹天台之學者，其實亦皆知禮
之法裔。〔註24〕

天台宗因知禮的出世，爭正統而產生教義的統一性與一貫性，加上山外宗在
宋代中葉之後缺乏宗匠出世，致使天台宗在義學上被後世批評爲無甚發展。
此後天台宗在教行上的發展，仍舊環繞在止觀與淨土行之上。至於遵式的行
持與地位，董平說：「遵式與知禮共出於義通之門，被視爲義通座下之二神足。
其居台州、杭州二地垂四十年，畢生以弘揚天台教觀爲務，講席未曾少輟，
同時有又勤修三昧，精進無已，今將天台止觀之教付諸實踐，乃至於燃指供
佛。非但如此，遵式又廣行各種懺法，制訂行懺的各種規則與法儀，推行念
佛三昧，進一步促進了天台宗與淨土宗的融合，爲此後『教在天台，行歸淨
土』之風的形成實有助成之功。」〔註25〕天台宗的道，是教、行合一，爲行
法華大旨致使「教在天台、行歸淨土」，因此不免有禪、教合一的趨勢，這在
晤恩、知禮與遵式的行實上可以見到。天台宗行人，重視止觀之外，也要「藉
教來悟宗」，因此所依經教與義學發展成了宗匠們的門風，「悟得透徹，化門
勢必圓融」，不然如同宋代的天台宗人，揚一家之學，視他家爲異端，自墮墮
他的結果使得這個佛教學派逐漸喪失活潑、多元的生機，學人也從此失卻了
一些可隨處參學、依止進學的機會。

　　總之，知禮系宗匠們的傳習，有法智的格言爲標竿〔註26〕，學人苟能善
巧運用可以破斥異端的謬解；此外，知禮系強調宗匠要講說不墜，因之能使
祖道不會墜落。尙賢會下的繼忠（1012～1082），其編集法智知禮的作品以成
《十義書》，以是書「用昭四明獨得祖道之正」〔註27〕，對法智之學在南宋之
後的流傳大有功勞〔註28〕。南宋之後，山家宗有《釋門正統》與《佛祖統紀》
兩史書，更增強他們在叢林間流傳的氣勢與地位，但他們立一家之學，也深
受中國正統論的影響。此外，其性具說以及一念無明法住心的佛法，應合中
國社會的需要；而止觀法門後雖衰落不振，但其結合淨土行與懺法使其信眾
更加廣大，流傳卻也久遠。其行人，有修氣、念佛、持咒的行持在，不僅使

〔註24〕董平《天台宗研究》，頁261。
〔註25〕董平《天台宗研究》，頁264。
〔註26〕《佛祖統紀》卷第十三〈法師希最傳〉，前引書，頁387。
〔註27〕《佛祖統紀》卷第十三〈法師繼忠傳〉，前引書，頁393。
〔註28〕《釋門正統》卷第六〈繼忠傳〉，前引書，頁857。

顯、密、道進一步融通，也應治三教合流的趨勢。

第四節　正統與旁枝

　　關於晚唐至宋代天台宗的發展，約可分為數個時期。會昌法難之前，天台宗已有九祖的說法，從智者到湛然是以付囑與法緣之流傳為主，傳法的根據以鑪、拂為信物，也就是說法器是重要的證據之一；這一階段的法子是多人，有的住持寺院，有的隨緣物化，他們很尊重祖庭天台山國清寺。第二階段，是會昌法難之後，國清寺遭到毀壞，僧侶受到沙汰，經籍、論著燬壞散佚殆盡；大中復教之後，國清寺變成諸教皆弘的狀態，而有律師住持，習台教者散諸各地山野及其他寺院，唯以止觀及禪講教導徒眾，但法子卻是難得。從晚唐到宋初，除了各地習誦《法華經》以及修淨土行人，還有少林寺、五台山僧人的傳承在發展之外，約略有三派系在弘傳天台止觀之學。一是唐昭帝大順初行化帝師的玄燭，後吳越國有僧人皓端依之受學，返國後在秀州靈光寺行化，皓端以宋建隆初無疾坐亡，其門派是南山、台教並弘，得法者八十多人；之後山外派祖師晤恩，曾依皓端學習，後再轉向志因參學。二是從湛然、道邃、廣修、物外、元琇、清竦、志因、晤恩、源清一系，此傳承是從廣修、物外經過會昌法難洗禮之後延續下來的，到志因在慈光寺講學，晤恩與文備先後前來受學，此門派學風因之鼎盛。三是義寂上承清竦與物外下第四世玄廣，會下出慈光宗昱與四明義通兩大支脈。

　　吳越有國之時，初以皓端與志因法緣為盛，而清竦與玄廣在天台山講學未受到囑目。這是因為當時吳越國武肅王、忠獻王禮敬學天台教僧人如皓端，而文穆王為子麟建院以安其眾。〔註29〕後晉天福年間到廣順初，對天台宗是關鍵的年代，之後吳越國內的天台兩大派系的主流人物在參學中逐漸成形。晤恩從皓端受學之後再轉向志因會下研習，而文備則從福州到會稽輾轉到志因之門，晤恩與文備時相論學，情同手足，志因寂後晤恩繼其席課徒；文備

〔註29〕《佛祖統紀》卷第二十三〈法師子麟傳〉云：「法師子麟，四明人。五代唐清泰二年（935），往高麗、百濟、日本諸國援智者教。高麗遣使李仁日，送師西還。吳越王鏐，於郡城建院以安其眾。」《佛祖統紀》卷第四十二〈唐末帝清泰二年〉條亦云：「四明沙門子麟，往高麗、百濟、日本諸國傳授天台教法。高麗遣使李仁日送麟還。吳越王錢鏐，令於郡城建院以安其眾。」錢鏐卒於唐長興三年（932），後文穆王（932～941）即位，所以為子麟建寺者當是文穆王。

對晤恩則以師禮奉之，因爲晤恩在義學上勝過他的緣故；文備於宋雍熙二年卒，次年（986）晤恩圓寂，晤恩門下出弟子十七人，以奉先源清爲上首。義寂則於天福五年（940）到天台山依清竦與玄廣受學，宋太祖乾德二年（964）居天台山螺溪傳教院聲名大振。義通於漢周之際入中國，先至天台雲居院參德韶契悟之後，可能受到德韶的點撥往螺溪傳教院依義寂受學幾年，於開寶元年（968）住四明傳教院行化。義寂於雍熙四年（987）卒，從雍熙二年八月到四年末，天台宗連續失去了三位宗匠，新時代的來臨對天台宗也行將產生重大的變化。就天台山的傳承來看，玄燭的傳承是不明的，就天台教學上說玄燭、晧端都是庶出是旁枝，只有在天台山禪林寺講學的清竦是嫡系。而清竦會下的志因與義寂也是嫡傳的弟子，所以晤恩參學晧端多年雖得一心三觀之旨，爲了天台教學之正宗以及傳承上的正統性，其必然要前往志因座下參學。而文備入錢塘，後到龍興寺參修，聽僧家說一心三觀的奧妙處，而前往慈光院志因會下，而沒去跟晧端學習台教；由文備這樣的行徑，可以推知錢塘慈光院的志因在時人眼中的地位。

就學台教的僧家來說，學習天台山嫡傳的教學是重要的。志因卒後，慈光院的講席由晤恩接踵禪講。宋初，義寂在天台山螺溪寺興學，學徒日多，有行靖與行紹、義通來參學。行靖與行紹的本師是延壽，兩師在參德韶之後，又往天台山螺溪傳教院義寂會下研習止觀之學，後回錢塘石壁寺講學。義通也是先參德韶之後，往螺溪傳教院義寂處學習台教。行靖、行紹與義通不參學於晤恩，而往天台山就學，他們捨近求遠，可能也是爲了學習正統的天台教學。他們不參學於晤恩，可能他們覺得晤恩的教學已經跟天台山的教學不同，因爲晤恩的教學受到禪與華嚴的影響，其會下眞心說盛行。義寂的法子宗昱，在天台山行化，也受到眞心說的影響，贊寧的《宋高僧傳》在提及義寂弟子的「門室可見」者時，不列宗昱之名，然宗昱會下學人頗眾，其門下在台州、杭州與溫州都有勢力。由上述諸師的行實，可以見到從晚唐到宋初，僧家們是極爲重視教學的正統與傳承。

宋初在新局面來臨之前，天台宗內部早有一些問題存在。一是，祖庭國清寺問題。錢忠懿王在位與德韶（891～972）在世之時都沒有去解決這個問題，或許德韶是法眼宗人，而當時國清寺以習南山律、禪門與淨土爲盛，當然還保留台教的講席，在諸宗並弘之下要把國清寺變回天台宗的道場實在有其難度。二是，天台宗的正統問題。義寂得到錢王與德韶的禮重，他曾請證

天台諸祖，但所得卻是有限的，因爲追諡的都是之前帝王所公開認定過的祖師。唐末之時，天台宗已有十祖玄燭的出世，追諡道邃以下到清竦爲祖師，所引發的問題會很大。因爲湛然之下的分支繁多，如追諡道邃爲十祖，那置行滿、元浩系於何地呢？如追諡清竦爲祖師，那又如何處理義寂的另一師承玄廣呢？還有如追諡到清竦，則義寂就取得了帝王所承認的正統性，那又如何處置被世人譽爲可承繼湛然之後的十祖玄燭及會下的皓端一系。此外，如聽從義寂所請去追諡清竦爲祖師，則清竦會下志因、晤恩、源清一系的顏面何在呢？在這種情狀之下，最後能追諡的僅到天台祖師第九祖湛然爲止，這已經給義寂很大的面子了。後來知禮山家宗會下的門徒大肆張揚這種功勳，表明他們的傳承是正統的。當時義寂與義通一系，最大的局面除了開山授徒使氣勢得以伸張之外，就是從國外取回的經論，也就是說他們掌握了傳統的典籍與疏文，這些舊東西瞬間變成新教學，同時也是天台祖道復興的一種表徵；此外，這一山家門派比錢塘晤恩、源清一系較佔優勢的是他們一向深獲王室與官宦的護持，並與阿育王山寺關係密切，因爲他們是傳統的佛教門派。這幾點優勢，也被後來自稱山家宗的知禮一系所繼承。

　　山家、山外之間諍論的眞正發起者，是寶雲義通會下的門徒。這些人有的支持同學知禮起而跟錢塘系爭天下如善信，有的支持知禮創建寺院如異聞，有的跟知禮修持懺法如遵式。他們知道請求帝王追諡諸祖的招術已經不管用了，所以他們採用的方式是以智者與湛然的思想爲旗幟，去批判晤恩、源清、慶昭及其會下學人的思想有訛誤，並宣說山外的禪法偏離了天台的傳統教學，希望山外學人痛改前非而歸隊到山家宗的陣營來。山家宗人的作爲還有兩種特點，第一是說不再以祖師的鑪、拂爲傳法的信物，而講求山家教義與道法，得之者爲山家，非我族類、助非我族類者當斥之爲山外；我之族類而思想有異論者，必然是叛出者，如仁岳與會下子昉以及繼忠會下的從義。再次是，天台山的山家宗講究傳法信物之外，也有其門風與家教，但他們爲了批判山外宗可以暫時捨棄信物而強調以道法爲重。如宗昱得祖師鑪、拂，爲義寂會下的嫡傳大弟子，其門室可觀處卻與澄彧、寶翔與義通不同，主因在宗昱系主眞心觀。因此，宗昱的傳承，在宋初的山家學人或者是後起的山家宗人看來，是義寂教法的旁出，而不是嫡傳。義寂在世之時，宗昱系都被山家人與贊寧所擯斥了，山外學人的正統性問題更不用說。義寂在開寶年間追諡祖師的動作，或許也存有正本清源的心思在。

　　知禮在明州努力興寺與教學，同時與慶昭產生論戰。宋眞宗大中祥符三年（1010），朝廷給保恩院額爲延慶院，五年（1012）「與異聞作戒誓辭，以授徒弟立誠。其略有曰：『吾始以十方之心，受茲住處，逮乎改創，安施棟宇，元爲聚學，何敢自私。但吾宗有五德者，無擇邇遐，吾將授以居之，後後之謀，莫不咸然。五德者：一曰，舊學天台，勿事兼講；二曰，研精覃思，遠於浮僞；三曰，戒德有聞，正己待物；四曰，克遠榮譽，不屈吾道；五曰，辭辯兼美，敏於將導。何哉？兼講，則畔吾所囑；浮僞，則誤於有傳；戒德，則光乎化道；遠譽，則固其至業。然後，辯以暢義，導以得人。五者，寧使有加，設若不及，去辯矣。』」〔註30〕天台宗從晚唐至宋初，從上所傳的宗風與操守，由知禮在延慶院的五德之說，可以明瞭。這五德者，一是舊學天台，勿事兼講；二是研精覃思，遠於浮僞；三是戒德有聞，正己待物；四是克遠榮譽，不屈吾道；五是辭辯兼美，敏於將導。這些正好也是晤恩一系所稟持的，或許也是清竦與玄廣傳下來的門風，而義寂與義通也盡心盡力在維持，所以師徒皆爲謙虛向道的行人。而知禮的性格不然，他說：「何哉？兼講，則畔吾所囑；浮僞，則誤於有傳；戒德，則光乎化道；遠譽，則固其至業。然後，辯以暢義，導以得人。五者，寧使有加，設若不及，去辯矣。」

　　五德之中，說浮僞的後果以及諍辯的重要性，這好像是指山外學人是浮僞者，所以誤以有傳。而知禮起而論辯，是引導後學得正法。然其所謂的法，卻是舊的天台教學，不是山外的教法。知禮強調，學人如果在文辭與義學上不能盡情發揮，就要去掉諍辯。這一點好像是針對慶昭而說的，因爲山家宗人老是認爲在諍論時山外學人是「五番墮負、四番轉計」，所論辯是別行玄義不是正宗。〔註31〕而尙賢的法子繼忠（1012～1082）則說知禮，有「性德之善」，且是「獨得祖道之正」者〔註32〕。

　　知禮是一個兼講，而又好辯論者，所以其說寧使有加，也就是儒家所說的：「過勝於不及！」學台教者要先遵守五德者，文辭不美者不能辯以暢義，導以得人，是至理名言。志因、晤恩與希最，先後被世人稱爲義虎，不是沒有原因的。清竦之學，出志因、晤恩一系，贊寧說是：「使法華之學，全美於代者，恩之力也。」而知禮之學，下出希最，淨覺仁岳乃云：「四明之說，

〔註30〕　《佛祖統紀》卷第八〈十七祖法智尊者知禮〉，前引書，頁348～349。
〔註31〕　釋繼忠《《十義書》序〉，《大正新脩大藏經》第四十六卷諸宗部 3，頁 831～832。
〔註32〕　《佛祖統紀》卷第十三〈法師繼忠傳〉，前引書，頁393。

其遂行乎！」宋初之後，跟從知禮學說者日眾，這跟其勇於講說、能提振祖道與常行懺法，又課徒認真，是大有關連的。知禮能在道友協助下興發一宗的學氣，門下高僧輩出。宋初之後的天台宗，在寶雲義通會下匯歸成知禮與遵式兩系，由於南湖、靈山同開，故有浙江東、西並講山家宗教學的盛事。〔註33〕天台山家宗的教學，大行於宋初的真宗仁宗之時，在於有人有處有道，三者缺一不可，這是歷史的實情。《佛祖統紀》卷第十〈法師遵式傳〉後引鏡菴景遷話說：「吾道始行於陳隋，盛於唐，而替於五代。逮我聖朝，此道復興，螺溪（義寂）、寶雲（義通）振於前，四明（知禮）、慈雲（遵式）大其後。」從湛然之後到宋初之間的天台佛學，在山家宗人宗鑑的眼中，則有賴志遠、皓端、晤恩三師、智圓諸師來荷負。所以在《釋門正統》卷第五，把志遠、皓端、晤恩三師、智圓、文備、慶昭、繼齊與咸潤，列在〈荷負扶持傳〉中，在序文則說：「會昌籍沒，五代分崩，不有大士起而救之，則中興正派不可待而授也。障狂瀾，弭酷燄，功豈淺哉！」〔註34〕依山家宗人的思路，清竦會下的義寂、義通、知禮一脈相承，是天台正派，而晤恩、源清、慶昭與智圓、咸潤，是別行玄義者，不是天台正宗，所以是山外，這種理路之下也影響到志因的地位，志因被列為清竦會下的旁出。知禮與遵式，同出義通會下，當是嫡系。然《釋門正統》卷第五在〈荷負扶持傳〉之後另立〈本支輝映傳〉，序文且云：「法智（知禮）之中興也，矩如克家之子。淨覺（仁岳）骨鯁之臣，而慈雲（遵式）皆以真子養之。凡所著述，若記、若鈔、或序、或刊，惟恐其道，一日不行於天下。則其用心，視彼為本，而自視為支，以全芘其根抵者，豈不盛哉。撰慈雲懺主列傳。」〔註35〕志磐以知禮系為本宗，而視遵式系為本宗之枝。因此，義通會下的天台正宗唯有知禮系可以稱之。

自從知禮的《十義書》在景德三年完成之後，浙右學釁講習其文者眾多，用之為指南；然以法智知禮之學為天台正宗，是從錢塘法明寺的繼忠（1012～1082）在宋神宗熙寧九年（1076）重編集知禮的著作開始的，因此繼忠有

〔註33〕《佛祖統紀》卷第十〈法師遵式傳〉，前引書，頁378云：「鏡菴曰：『道藉人弘，人必依處。此三者，不可不畢備也。吾道始行於陳隋，盛於唐，而替於五代。逮我。聖朝。此道復興。螺溪寶雲振於前。四明慈雲大其後。是以法智之創南湖。慈雲之建靈山。皆忌軀為法。以固其願而繼之以神照啟白運。辯才兆上竺。於是浙江東西並開講席。卒能藉此諸剎安廣眾以行大道。孰謂傳弘之任不在於處耶。」

〔註34〕《釋門正統》卷第五〈荷負扶持傳〉「序」，前引書，頁826下。

〔註35〕《釋門正統》卷第五〈本支輝映傳〉，前引書，頁834上。

功於山家宗的教門。《釋門正統》〈繼忠傳〉上說：「初天台立止觀二義，承而為說者，益以蔓衍；而（繼）忠、（師）昶各有論述，故妙真普濟。」〔註36〕宋初山家宗一派，不僅是門風、德行與山外派有別，連懺法的風格都大不相同。山家宗派所推行的懺法是與社會相結合，而持戒自悔則是山外派的立場，山外派不似山家學人多與大眾接近，他們強調隱居而不參與俗務如智圓，主張懺儀應與止觀結合的傳統。〔註37〕山家宗爭取到局面之後，遵式一系在山家派宗鑑的眼中，或說是義通下的一幹兩枝，且又被說成是本下的支，充當輝映知禮耳。山家派在宋初以來力伐山外派的義學之後，到了南宋志磐之時又開始檢討山家門戶中的慈雲遵式一系。志磐的《佛祖統紀》卷第十一序文則說：「四明法智（知禮）之作興也，天下學士靡然向風。嗣其業而大其家者，則廣智（尚賢）、神照（本如）、南屏（梵臻）三家，為有傳明佛意示家法，用廣垂裕無窮之謀中興教觀，逮今為有賴，此諸師列傳之所由作也。若夫慈雲（遵式）一家，（文）昌、（祖）韶諸師之後，五世而蔑聞。今備敘列傳，而先慈雲之派者，將以順其承襲，而不使紊雜乎四明三家之子孫也。」〔註38〕這是慈雲一系的門風使之然的，法智知禮一系重視「祖道」，而慈雲遵式臨謝世緣時說：「我住台、杭二寺，垂四十年，長用十方為意，非務私傳。今付講席，宜從吾志。命祖韶曰：『汝當紹我道場，持此鑪拂，勿為最後斷佛種人，汝其勉之！』遂作謝三緣詩，刻石示後。」〔註39〕慈雲遵式的道場，跟慶昭系的梵天寺與知禮的延慶寺的傳座方式不同，其所住過的寺院真的採用十方體制，而且是儘量提拔與關愛知禮會下的學人，如當承天寺住持的本如〔註40〕與在天竺寺貳講的崇矩〔註41〕、從知禮處叛出的仁岳。

在義寂、宗昱、契能之時，天台宗的傳承有傳法與傳座的兩種現象出現。而慈雲遵式一系，是融匯了天台宗傳法與傳座的兩種傳統，且長用十方之意，非務私傳，所以後來法智知禮會下的神照本如得以住持東山。從此，打破了法智所謂延慶教主的山家教義與家法，從遵式開始天台宗的寺院逐漸落實「長講天台教法、十方住持之地」。由此看來，志磐所撰的《佛祖統紀》一書所云

〔註36〕《釋門正統》卷第六〈繼忠傳〉，前引書，頁857下。
〔註37〕蔣義斌〈宋初天台宗對請觀音懺的檢討〉，《法鼓佛學學報》第 3 期（台北：法鼓佛學學院，民國 97 年 12 月），頁 67～100。
〔註38〕《佛祖統紀》卷第十一「諸師列傳第六之一」，前引書，頁 380。
〔註39〕《釋門正統》卷第五〈遵式傳〉，前引書，頁 836 下。
〔註40〕《佛祖統紀》卷第十二〈法師本如傳〉，前引書，頁 387。
〔註41〕《佛祖統紀》卷第十二〈法師崇矩傳〉，前引書，頁 389。

法智知禮與慈雲遵式的譜系，跟實際的傳承或許有所出入，且不合歷史實情。而慈雲遵式的鑪拂，是來自寶雲還是來自參學寶雲義通之前所居住過的國清寺或天台山僧家，史料是不明確的。或許遵式的鑪拂來自宗昱系也說不定，因爲他於宋太宗雍熙元年（984）才從天台山國清寺來依寶雲義通受學，端拱元年（988）十月義通卒後，他又返回天台山，而《釋門正統》與《佛祖統紀》對其在國清寺依誰受學沒有明說，且不爲宗昱立傳，其間眞的大有隱情在。總之，在吳越有國之時，天台宗諸流派中，雖以志因會下晤恩、文備與源清一系爲盛，然因爲當時的環境使得他們各自維持著自家獨特的門風，這種平和的狀態到宋初四明知禮出世之後被打破了。整體來說，山家、山外之爭使得天台宗的義學更加發達，但專施一味的家教，也使得天台宗的山家宗以法智之學爲中興教觀，其他諸家則各自行化，其結果使得後世的天台宗在義學上無大發展。其因如贊寧評慧能之法衣所說的，「稟祖法則有餘，行化行則不足，故後世致均部之流。」〔註 42〕後來北禪宗的法緣逐漸衰微，而南禪宗則被天台宗人判爲暗證之徒，這也是有根據的。而宋初的天台宗也是一樣，山外派式微之後，山家宗在義學上被判爲乏善可陳，法運也不敵棒喝的臨濟禪以及直趨清淨佛地的淨土行人，這是同門中人不「互相推重」的結果，使天台教學不能更加增明，天台宗在南宋之後雖有一時的興起，但盛況總是曇花一現。

第五節　行化與形勢

　　晚唐暨宋初，天台宗的發展的特色，是不分誰是正統而努力行化，還有以「別子傳宗」很是盛行，使天台宗在行化上更爲善巧，而能吸引許多學人前來修習，由是宗匠逐漸輩出，止觀之學之外，經教、論著的傳習獲得重視。所以，當時的天台宗在禪行與義解上，都有其顯著的特色與成就。吳越有國之時，禪宗的諸宗派在吳越境內皆有其蹤跡存在，而以法眼宗爲盛，然入宋之後法眼宗被他宗所消融了。而唯識宗、華嚴宗因經教喪失，其禪觀無甚發展，跟眞言宗一樣缺乏大師出世，其教義與儀行也大量被天台宗人所吸收，所以這個時期是天台宗吸收佛教各宗思想與儀軌以圖復興的最佳時機，同時透過別子爲宗的關係也有機會進入他教寺院開講義學與從事傳習止觀法門的活動。

〔註 42〕《宋高僧傳》卷第八〈唐韶州今南華寺慧能傳〉「系曰」，前引書，頁 195。

此外，透過天台德韶、永明延壽與僧官贊寧的關係，天台宗人在吳越國晚期獲得到極大的護持。吳越國入宋之後，法眼宗轉趨衰微，這使得天台宗在吳越地區有極好的發展機會，山外宗的發展就在這種情況下產生，當時禪宗的雲門、臨濟、曹洞的勢力在此地區尚未伸展開來。可惜天台宗在此時，爆發了山家宗與山外宗的諍論，這雖有助於天台宗義學的發展，並使得天台宗的特質被時人所認知，但也削弱了天台宗以別子爲宗、深入他教行化的勢力，山外宗在地盤上的發展變得大受限制，尤其在知禮系盛行之後的法緣。

五代宋初之際，禪門五宗中的潙仰宗、法眼宗因缺乏宗匠出世而法緣斷絕，其學人有的轉習天台，因別子爲宗的緣故，潙仰宗文喜所住的龍泉廨署轉變成志因講學的慈光院；以延壽爲師、參德韶與義寂的行靖與行紹，後來回石壁寺開講台教，而山外宗的慶昭亦曾在此寺院講學。錢塘奉先寺，原先也是法眼宗的道場，源清與弟子慶昭相繼在此講學。而慶昭開山的梵天上方，原是法眼文益弟子紹岩禪師的棲眞之所。慶昭回本師的開化院開講，而開化院原名是六和塔寺，是延壽弟子行明住持之所。而智圓的孤山瑪瑙院，也是買舊院重建的。由此可見，天台宗的山外宗在潙仰宗、法眼宗或其他門派的寺院中建立起其行化的重鎭，甚至取代他們的法運。

晚唐五代的天台宗，受到律宗、禪宗、華嚴與法相宗的影響，雖然天台宗人不忘止觀之學，但其行徑與思想顯然有禪、教合流的趨勢，這在慈光志因與螺溪義寂會下行人的傳記中得見。宋初以後，天下歸宋，大一統時代來臨，儒學復興，天台宗人受到儒學的影響轉深，性善性惡、眞心妄心與人性佛心以及傳法正不正宗問題，成了天台宗人教學上以及心性上的話題。有了這些課題，加上清修、度眾問題，使得天台宗必然要在這些疑情上有所發揮。宋初，知禮首先發難之後，使得原本都稱山家的天台宗人分裂爲山家宗與山外宗，門庭由是大爲不同。山家宗的祖師，由法智知禮上推寶雲義通與螺溪義寂，山外宗的祖師則是慈光晤恩。宋仁宗之後，山外宗示微，南宋之後慈雲遵式的法系也逐漸沒落，法智知禮的兒孫卻一直延續下去，妄心觀成了天台宗的主流思想。至《釋門正統》與《佛祖統紀》出世，晤恩會下的學人被貶斥爲山外宗，或列爲旁出世家，其因只是扶宗有功，或說：「（慶）昭、（智）圓之於四明（知禮），無師資世系之相攝，後人概以山外指之，亦足懲之矣。」〔註43〕而十祖玄燭、靈光皓端、嘉禾子玄、天台元穎被列爲不詳承嗣者。山

〔註43〕《佛祖統紀》卷第二十一，前引書，頁437。

家宗嚴其門戶,將淨覺仁岳、吳興子昉、神智從義諸師列在雜傳之中,以示諸師的天台教學「未醇正」。就歷史事實觀之,五代到宋初,天台宗的皓端、晤恩、義寂之學頗為盛行,這由《宋高僧傳》為三人立傳可以窺知。而宋初以後,《釋門正統》所云的山外宗之學流傳頗盛,而引發寶雲義通會下的四明知禮出世來振興所謂的山家宗祖業,廓清異學侵蝕天台教學,由是產生了山家、山外宗的諍論。而廣義的山家宗內部,則有知禮系、遵式系、仁岳系之別。知禮系的門徒,到了南宋依然以廓清山外思想為己任,山外宗以及遵式系四五世之後因為缺乏宗匠出世,而轉趨衰微,這種結果影響到天台宗的發展甚大,從此天台宗以法智之學為正宗,因而更缺乏包容性,失卻了禪、教合流的機會以及從中學習新知識以折抗他宗;此外,以別子為宗再深入他教寺院禪講的機緣,因為山外宗的沒落而逐漸消失了,勢必也影響到天台宗義學與地盤的發展,這應該是當時山家宗抨擊山外宗之時沒有料想到的後果。

從吳越有國之時,以及吳越入宋之後的宗派形勢,加以研究,可以得知五代到吳越入宋之前,吳越地區的佛教各宗派平和地在發展,各宗派或多或少都曾得到王室的護持。然吳越忠懿王之時(948～978),對於律宗、法眼宗以及天台宗護持甚力,天台宗因為與律宗、法眼宗關係密切,從他們獲取了許多發展上的資源與援助,因此晤恩與義寂能顯揚於世,從而下開後來山外宗與山家宗的門庭。吳越國入宋(978)之後到北宋末年,山外宗與山家宗因為論點與發展方向不同而各自發展,這也就是《釋門正統》所云的:「初天台立止觀二義,承而為說,益以蔓衍。」而山家宗,因為其行事風格能貼近王室與王公以及庶民的喜好,轉而興盛。反之,山外宗卻嚴守戒律,以清修、苦節、隱居山林而高尚其志為業,與山家宗形成強烈對比的態勢;因為門風的關係,山家宗的法子很多,而山外宗卻無多子,所以山外宗從晤恩下傳四世之後,因缺乏宗匠而轉趨衰微,法緣旋被山家宗的知禮、遵式與仁岳所取代了。

在天台宗爆發山家與山外之爭的同時,因為朝廷重視空宗與觀心,因而引發社會上習禪定的風氣。佛教禪門各宗派僧家逐漸進入吳越地區行化,連華嚴宗在長水子璿的敷揚下,也逐漸興旺起來。吳越地區的地盤,不再是天台宗獨自擅揚的場地。天台宗因為法智知禮之學的興旺,山外思想受到極端地排斥,致使以「別子為宗」特性所帶來的好處與影響給大大地降低了。天台宗人失卻了以往深入他宗寺院敷揚宗義與傳習止觀之學的機會,這不僅是

教界的損失，也限制了天台宗的發展，但卻給佛教其他宗派有更寬廣的發展空間。所以，不論山家宗如何嚴正地駁斥律宗、禪宗與華嚴宗，這些宗派的宗匠與學人們還是努力的行化與發展其勢力。隨著禪宗的盛行與淨土教的獨立門戶，天台宗的視野、禪行以及地盤越來越趨狹小。天台宗在後世的衰微，或許是山家宗排斥山外宗，而本身又分正宗與旁枝，又戮力於批判山外之學與叛出者，使其格局變得越來越小，影響其後世發展的氣勢。天台宗往後的發展趨勢，是知禮批判晤恩會下的教學與仁岳的異說時，所始料未及的。禪、教並行與禪、淨的合流，造就了天台宗山外派的形成與盛勢；而禪、教分流與禪、淨分離，促使天台宗的沒落。儘管學人論天台宗的止觀之學與藉教悟宗的不足處，但止觀與禪的修習、禪講與淨土行的合流問題，不僅是天台宗人的課題，也是後來佛教發展上常面臨到的行法問題。天台宗人無法解決此課題，後人也是一樣，而禪門中人在晚唐五代之時就發展出「悟入」、「會取」與「行履」、「途路」的善巧，看似同天台宗人強調「教在天台、行在淨土」的行持一樣；禪門「悟入」的教法與「途路」的教學法，可以分離，如悟在禪而行在淨土，悟在禪而行在禪講與密行。但對天台宗的山家宗來說，卻謹守傳統的教學法，只說教在天台、行在淨土，然天台宗的可貴之處，在其教法曾經有真心觀或不用觀心的行持，而其傳統的教學法則是妄心觀與淨土行。然不論是晤恩的真心觀或不用觀心，以及知禮的妄心觀與俱體俱用的行法，對於學人來說都是難行道，所以善巧的方便施設，是選擇淨土行以入妙道。外人批判天台宗，「說大乘教、行小乘法」，當是外行人的見解；或說「天台止觀在進路上，不如密宗的禪觀行圓密融通」，這種似是而非的說法，也是隔靴搔癢的說詞。

第八章　結　論

　　本論文以研究晤恩法師的行實與天台分宗爲主要議題，因爲晤恩法師跟宋初的山家與山外分宗有密切的關係，而且是山家宗主知禮要批判的義學對象。要研究此五代到宋代中葉的天台教史，勢必要往上追溯到會昌法難前後的天台宗，以及九祖湛然的中興教觀，甚至要再往前去談論天台宗的起源、創始者及其教觀的特質。此外，天台宗在五代到宋代中葉期間，面臨到內、外部問題，就佛教形勢上來說它要與其他宗派在法緣與義學上爭勝，所以本論文除了討論天台宗的流派以及學派間的興衰問題之外，也談到天台宗與其他教派的融攝問題，還有吳越地區教派的發展狀況，以瞭解天台宗在當時所處的環境，以及他們採取了甚麼對策讓法緣得以順利發展下去。本論文也談到天台宗在發展上的優勢，以及宋代中葉之後以山家宗爲主流學派的一些局限性。對於山家、山外的起源，以及兩家爭論的問題與焦點，也詳細地加以剖析，來看天台宗內部固守的一些傳統，以及他們如何處理法門改轉，如何敷揚道法，還有如何看待鑪、拂信物問題。

　　天台宗因智者大師（538～597）住天台山而得名，智者大師破斥南北行人，禪、義均弘，其教法乃當時南北佛法的結晶，因而樹立此一特殊的宗派。〔註1〕此佛教宗派立足於中國古來諸多思想和佛教思想交匯之處，使其在諸佛法中形成一個能動的體系與宗派，其禪法在慧思時初行而「南北禪宗罕不承緒」〔註2〕。天台宗之名與天台宗的創立並不同時，然天台思想的完備與系統化在智者大師之時大致已經完成。智者生於梁武帝大同四年（538），卒於隋

〔註1〕　湯用彤《隋唐佛教史稿》（台北：木鐸出版社印行，民國72年9月），頁172。
〔註2〕　《續高僧傳》卷第十七〈釋慧思傳〉，《大正新脩大藏經》第50冊，頁564a。

－465－

文帝開皇十七年（597），其思想開創了佛法的新面貌。慧思的禪法是由定發慧，其所發言無非致遠。然智顗在慧思座下，以義解見長，慧思謂門人說：「此吾之義兒，恨其定力少耳。」天台宗從智者以後，「師資改觀」〔註3〕；此後智顗勤於課徒，隨處教學，晚年他住山專治玄義，後來他明白了祖師的禪、慧跟他所學的差別，所以在圓寂之前說：「吾不領眾，必淨六根；為他損己，只是五品內位耳。」〔註4〕天台宗從智者之時，就已經面臨到自行與利物的問題，其會下學人「或易悟而早亡，或隨分而自益，」兼他的人才難得。〔註5〕因此，後世的禪師在傳法上有付囑與累囑的現象出現。

以天台宗整體佛法的宏觀來論，其中有五時八教判教論、一念三千實相論、三諦圓融真理論、定慧雙修實踐論，以及性善、性惡的宗教倫理論。因此後世論天台宗的特質，是教觀並弘，止觀不異，以求二諦圓融，統攝雙彰，使佛教般若淨化思想與方便濟世的菩薩精神，能實現於世〔註6〕。此外，此宗派以別子為宗，使法子能深入其本師或其他門派的寺院中去弘化，到後世逐漸發展出止觀雙義，更能收攝禪徒與淨土行人。智者晚年，在天台山傳法，已為僧眾立制法、定懺儀，儼然是一代教主，後禪門中人亦以智者為天台教主。〔註7〕天台宗既然成為中國佛教的一大教派，又自認為是佛教的正統，中晚唐以後有傳法、定祖之說，上推龍樹為高祖，且直承佛陀的教法，而山家宗祖師傳承則在釋宗鑑的《釋門正統》與釋志磐的《佛祖統紀》二書完成之後推展到極致。然在宋初贊寧作《宋高僧傳》之時，從九祖湛然之後，已有十祖玄燭之說的存在；湛然與玄燭之間，無師徒關係，兩人的年代也有所間隔。京師有十祖玄燭的出世，這表示了學派間有了興衰與更化問題，同時也是學子們因師匠的理長而趨就所造成的。天台宗的學派，從智者、灌頂以後，其後世子孫分枝蔓衍，產生了許多的流派。太虛大師說：「天台學成立之後，當時因時地交通的關係，只在天台山的一方面弘傳，其他的地區，並不十分

〔註3〕《高僧傳》卷第二十一〈釋智顗傳〉，《高僧傳二集》，頁572；另見《大正新脩大藏經》第50冊，頁564b。

〔註4〕《續高僧傳》卷第十七〈釋智顗傳〉，《大正新脩大藏經》第50冊，頁577b。

〔註5〕釋灌頂《國清百錄卷第三》〈遺書與晉王第五十六〉，《大正新修大藏經》卷第四十六諸宗部3，頁809下。

〔註6〕鄭幗英〈對天台宗湛然大師「佛法僧」之淺探及論述其與當代社會的關係〉，《香港佛教》月刊第522期（香港：香港佛教聯合會，2003年11月）「前言」。

〔註7〕釋道原《景德傳燈錄》卷第二十七〈天台智者禪師傳〉（台北：台灣真善美出版社，民國56年2月），頁56。

發達。可是到了後代就漸漸弘傳到各方，因此天台之學就有許多的演變了。」〔註8〕因為有了傳法與傳座的現象以及時代的變遷，天台禪法與教學產生了許多流派與演變，但這種多流派的情況在唐武宗會昌法難（841～846）下，卻嘎然而止，因為天台宗幾乎遭受到滅頂之災，許多流派斷續了。大中復教之後，天台宗的主要發展，又回歸到吳越地區，晚唐時以帝京與天台山為主流，到了五代以後轉變成以錢塘地區為盛，初時皓端（890～961）與志因為關鍵性的宗匠，兩人的台教不僅師承上是不相同的，在教學上也是有別的；皓端的師承來自京師的十祖玄燭，而志因則跟天台山的清竦。後有晤恩（912～986）出世，吸收皓端與志因的教法，而融會其獨特的觀行，下開山外宗派；住天台山禪林寺的清竦，在晚年時有義寂（919～987）前來參學，後義寂留在天台山建寺院興學行化。因此，宋初之後，天台宗的止觀產生了妄心觀與真心觀兩義的區別。

在晤恩法師（912～986）的時代，時當會昌法難後又經天下的離亂，僧徒四處流轉，宗教難以興發；使原本在會昌法難之前，向各方發展的天台宗學派逐漸隕落，這還包括五台山與少林寺的學派。會昌法難之後，天台山的教法只剩下京師與天台山之地的流派在發展，當中有玄燭系與湛然法孫廣修系在流傳。玄燭在大順初（890）於帝師行化，學徒數百，左右悅隨，時謂其可繼荊溪，而台教中人尊稱其為十祖。〔註9〕廣修之下的天台山僧家物外、元琇、清竦師弟，唯傳止觀之道〔註10〕，其道隱晦。因為玄燭名揚京師，曾學過南山律宗、通明數與《法華經》的靈光寺僧人皓端（890～961），於五代初年到玄燭處受學，皓端後撰《金光明經隨文釋》十卷；其於律、台兩宗法要，一路徑通，得到吳越國忠獻王（即位於 941～947）賜給紫衣與崇法之號，皓端後回本師處（秀州靈光寺）行化。〔註11〕人稱台教十祖的玄燭法師，是否曾在吳越地區行化，不得而知，但從《宋高僧傳》、《釋門正統》兩書所記載的〈皓端傳〉與《佛祖統紀》的〈玄燭傳〉來推測，從唐昭帝大順初年（890）到武肅王有國之初的後梁開平二年（908），玄燭的法緣很盛。〔註12〕皓端受

〔註8〕 釋太虛《中國佛學》，前引書，頁691。
〔註9〕 《佛祖統紀》卷第二十三〈法師玄燭傳〉，前引書，頁446。
〔註10〕 《佛祖統紀》卷第八，前引書，頁343。
〔註11〕 《宋高僧傳》卷第七〈宋秀州靈光寺皓端傳〉，前引書，頁174。
〔註12〕 釋皓端（890～961）於年登弱冠（908），依阿育王寺希覺律師受學。後兩浙武肅王請其宣講，復依玄燭為師，了一心三觀。如是其跟玄燭受學，當在開

到武肅王的禮重，被召到王府羅漢寺與眞身塔寺宣講，其聲名日隆；其還依玄爍受學台教，了一心三觀。後晉天福初（936），晤恩從皓端聽習經論，並聞天台宗三觀六即之說。時皓端與晤恩，可能都受到天台系學人質疑台教的正統性問題，所以漢開運中（944～946）晤恩離開靈光寺，到錢塘慈光院志因的座下，去學習天台系傳下來的禪法；多年後，晤恩洞曉玄微，後繼志因慈光院的法席，成爲後世所云的天台宗山外派祖師。其會下著名的法師，有洪敏、文備與源清。皓端曾依阿育王寺希覺學南山律，希覺會下出僧官贊寧（919～1001）〔註13〕，清竦會下出義寂（919～987），義寂年齡雖較晤恩爲輕，在天台宗佛法的傳承上卻成爲晤恩的師叔，而贊寧就南山律的傳承，也是晤恩的師叔。贊寧爲僧官，跟義寂較有往來，宋初贊寧爲皓端、晤恩與義寂作傳時，從《宋高僧傳》〈義寂傳〉以及義寂圓寂後的詩贊上，可以看出贊寧護持義寂系較爲深切。然義寂與晤恩的傳承，都來自天台山祖師，所以他們兩人可以說都是天台禪法的嫡系學人；這一點贊寧也是明白的，所以其爲兩師作傳時沒說誰才是天台正宗的問題，只提兩師生平、教學以及兩師的貢獻與弟子的行持、門室；贊寧說義寂會下學人門室可觀者有澄彧、寶翔與義通三家，而晤恩門下「求解而行行耳」，這似乎透露出晤恩門下的學人在禪慧上是不如晤恩「解行兼明、目足雙運」的氣勢。

帝王與國主的宗教政策，對於天台宗的發展是大有影響力的。晚唐之時，錢鏐在兩浙之地建立起吳越國，因爲吳越國諸王公的護持宗教，把天台山視同內地而使天台宗的許多流派得以在吳越地區延續發展。於時，禪宗、南山律學在吳越地區特別受到王室的禮重，其教法頗爲盛行。法眼宗的德韶（891～972），被視爲智者的後身，後漢乾祐元年（948）德韶被錢忠懿王奉爲國師，錢王申弟子之禮。〔註14〕時義寂在天台山清竦與玄廣座下學天台教法數年，頗具聲名，後周廣順中（951～953）受到錢王的留止而在天台山行化，這種情況可能也是受到德韶的影響，因爲德韶被認爲是智者的前身，其在天台山興修台教的道場多處，天台山系僧家們的氣勢也隨之轉盛，但義寂會下的國清宗昱系卻受到錢塘山外派學人眞心觀的影響。五代末年到宋初之際，天台止觀兩義說的學風，已經成形了；但吳越國諸王對佛教的政策，使得一些道

平二年（908）之後。
〔註13〕《宋高僧傳》卷第十六〈漢錢塘千佛寺希覺傳〉，前引書，頁431。
〔註14〕《景德傳燈錄》卷第二十五〈天台山德韶國師傳〉，頁96。

人得以潔身自愛而高尚其志，或有僧人與王公、僧官往來，但也都要心存謙卑與濟度之心，天台宗山家們也不例外。宋太宗太平興國三年（978）五月，吳越版籍歸宋，此後天台宗的形勢就大為不同。天台宗受到集權統治與正統論的影響，教內形勢由是轉變，產生了立祖道、爭正統的問題；而在教學法上，也對三教合一產生了一些對策。對於佛性與人性、性善與性惡、妄心與眞心、持咒與氣術的問題，天台宗人也在加以思索。這也就是說，從晚唐到宋代中葉，天台宗的法門不斷地在改轉，從止觀傳習到義學興起而走向禪、教合流，再從以山外派眞心觀的禪教轉向以山家教義及一家之學的強調，同時他們還要面對教外以及因應世學的發展趨勢。

　　慧思會下的其他禪師與智者分宗，關鍵在禪法上的根本問題，即禪、慧問題；定力深厚則發慧長遠如慧思，定力不足、義解見長在自行化他上則有不盡如意的現象發生如智者，贊寧說晤恩會下「求解行行」的現象，當在智者之時就已經產生了。山家、山外宗之爭，有其歷史源頭。在湛然（711～782）之世，其會下就出現道邃與元浩的問題；湛然為了解決兩者的問題，他則付授給道邃《摩訶止觀輔行傳弘決》，以敷揚教觀〔註15〕，因道邃素得玄微若神驥之可以致遠；至於元浩，雖常隨湛然而入其室，又輯撰教法，但湛然不時囑付他，因為元浩「感大果、成大行、歸大處以為大願」，「晏居三昧，長隨佛後，希夷自得，人莫能知。」〔註16〕這顯示元浩常入甚深禪定之中，其在湛然會下曾發問：「一心既具，但觀於心，何須觀具？」湛然答他：「一家觀門，永異諸說。」〔註17〕可見湛然雖然用《起信論》的思想來抗衡他教，但其會下受到眞心說的影響很深，尤其是吳門元浩與華嚴澄觀。因為會昌法難的關係，這個觀心問題延後到五代時才再度產生。而山家、山外的諍論，則在宋初知禮出世後引起的。天台宗經會昌滅法以及五代的離亂，教典多遭堙滅，山家派僅在觀行方面有物外、元琇、清竦等師弟相承，清竦之後才逐漸改變這種趨勢。此外，智者大師的著作歷經法難的摧殘和戰亂的洗劫，至五代末已是殘存無幾，僅剩《淨名經疏》一種。以天台山僧家來說，義寂的出世，意味著天台祖道後繼有人。因為之前有台教師玄燭、皓端與晤恩在行化台教，而台教到了慈光晤恩、奉先源清講學時有「合會於一性」的趨勢存在，連義寂會下的宗昱系也受到山外派眞心說的

〔註15〕《宋高僧傳》卷第二十九〈唐天台山國清寺道邃傳〉，前引書，頁 776～777。

〔註16〕《宋高僧傳》卷第六〈唐蘇州開元寺元浩傳〉，前引書，頁 129。

〔註17〕釋湛然述《止觀輔行傳弘行決》卷第五之二，《大正新脩大藏經》第四十六卷，頁 289 下。

影響，這大有礙於以天台山為主的禪教與系下寺院學派的發展。五代末年，義寂得錢王與國師的大力護持，或許他們也跟天台山僧家們有著同樣的期盼，希望天台山的佛法復興。義寂曾多方網羅佚典，因所得有限，乃請求德韶國師發慈悲心援助。德韶為此疏文給忠懿王，錢王遣使齎書赴日本、高麗國求取天台教典。高麗國令諦觀奉來教籍，教籍既取回，忠懿王助建螺溪道場，宋太祖乾德二年（964）寺成，錢王給額定慧，並賜義寂為淨光法師。〔註18〕天台宗教籍的搜羅，對義寂系的學僧起了很大的作用，因為掌握了較為完善的文本，這使號稱天台正宗的山家學派後來能與錢塘系山外學人爭勝。〔註19〕義寂在螺溪傳教院興教，是宋太祖乾德二年（964）以後的事，其教法逐漸興發開來，門人日多。吳越入宋之前，義寂曾想進一步的確定天台祖道，所以其請諡天台諸祖，但忠懿王向周世宗請諡的僅是從智者到湛然諸祖有尊號。〔註20〕由此可以見到錢王與德韶的謹慎，因為當時吳越國境內還有其他天台宗流派的盛行，尤其是晤恩與皓端兩系，此外皓端之師玄燭被稱為台教十祖，也是歷史事實，其會下學人的法緣也不容小覷。雖然義寂受到王、臣的厚愛與護持，但為了維持宗教界的平和，帝王對於天台諸祖的尊號問題只能從四祖智者起到九祖湛然為止。而龍樹、慧文與慧思未能得頒諡號〔註21〕，這可能是智者以上與湛然之下的教

〔註18〕 釋志磐《佛祖統紀》卷第八〈十五祖淨光尊者義寂傳〉，《佛教大藏經》第75冊史傳部2，頁345；釋贊寧《宋高僧傳》卷第七〈宋天台山螺溪傳教院義寂傳〉說及求取教籍事，與釋志磐的說法不同；關於求取教籍問題，另見賴建成：《吳越佛教之發展》「第四章吳越佛教對文化之貢獻——第四節與日韓文化之交流」，頁208、頁214～215。

〔註19〕 關於向日、韓求取教籍的問題，沈海波〈北宋初年天台教籍重歸中土的史實〉（《中華佛學研究》第4期，2000年3月），頁204云：「義寂求取的教籍並非完璧，還有若干種重要的經疏逸在海外，所以志磐在《佛祖統紀·諦觀傳》中便演繹出了高麗國王故意留下幾部經疏的故事。其實那是因為義寂得到的教籍中摻雜了偽書的緣故。偽書中包括了《仁王經疏》。義寂身後，天台宗僧人一直努力到日本訪求真本《仁王經疏》」；又前引文，頁202云：「隨著中日間文化交流的加深，在北宋時期，日本不斷有天台宗的有關經籍傳入中土，這其中既有日本天台宗僧人的著作，也有中土久佚的天台教籍。日本長保5年（公元1003年），源信遣弟子寂照攜《天台宗疑問二十七條》向知禮求教。寂照此行帶來了很多經籍，分贈各處。」「他帶來最多的是天台教籍，其中就有中土久佚的南岳大師所著《大乘止觀》。此書不久又告佚失。」「宋熙寧5年（公元1072年），日本大雲寺僧成尋攜弟子七人，搭乘宋人的商船入華巡禮，並攜帶了更大宗的天台教籍和法器。據《參天台五台山記》所載，成尋此行帶來的天台真言經書有六百餘卷。」

〔註20〕 釋志磐的《佛祖統紀》卷七諸人本傳。

〔註21〕 《佛祖統紀》卷第八「興道下八祖紀第四」，前引書，頁343。

法，跟智者實有不同處的緣故。除了龍樹是山家宗人遙追之外，山家人稱智者以下的禪法為法門改轉〔註22〕，因為慧文與慧思之學屬於定學，而智者以下的天台教法有偏重在義解的傾向存在，即所謂的一門教觀。

　　天台宗從會昌法難以後，產生了禪法傳承上與教學上的問題。學人如定學不足，則容易轉變成義解僧人，行多方便。會昌法難之前，湛然會下的元浩雖在天台教觀的承繼與弘傳上不能與道邃爭長，但在禪慧上是傑出的，後世的山家宗人也稱其為禪師，不同於後世天台教學的傳習者。贊寧在《宋高僧傳》〈元浩傳〉上說：「其（元浩）秘密深遠，如海印三昧，不言出處，常行佛事。與夫難行苦行，更相祖述，默傳心要，為論為記，靈芝、瑞草以為功德，傳於後世者，不同日而語也。」〔註23〕後世天台教學的傳習者，有的學人不修苦行，而互相祖述師說；有的學人默傳祖師心要，為論為記；有的學人或得到祖師的微旨，就廣為宣說；法師之名由是逐漸形成，與苦修禪法的學人大是不同。因此，湛然以下天台宗的傳人，從被尊為禪師而逐漸轉變為法師，有別於天台宗的禪師，也不同於禪門的禪師。此外，在教法上不如禪門善巧，所以少有學人悟入圓頓止觀，因之天台宗人的行法輔之以念佛、持咒、拜懺或念誦《法華經》，這關涉到行人的根器與修學的次第、悟與定慧的問題；由定發慧與由慧而求解行行是截然不同的，尤其在自行化他時兩者大是不同。這就如同智者對於其一生修持與教學上的體悟後，而說「自行前缺、利物次虛」是「空延教化」〔註24〕。智者已明白指出，「自我修持不足，會導致度人與教學的困境。」因此，對天台宗來說，有師匠與教主的出世，是蠻重要的。天台宗山外派為了解決上述的問題，並因應禪、教合流的趨勢而採取其獨特的教觀與禪講，因此在五代中葉山外宗的成立就逐漸成形了。此山外宗派除了保留《法華經》的思想與行持之外，進一步融攝了華嚴思想與禪宗的行法，在慈光晤恩與奉先源清兩師相繼傳道之下，「會同一性、抗折諸宗」，而成為五代中葉到宋代初年天台宗的主流學派。這個學派的宗匠，同樣受到時人的仰重，因此贊寧在撰《宋高僧傳》時，就沒有提及從物外以下元琇、清竦、義寂的付授問題，因為晚唐到宋初天台宗尚有其他流派的傳承在流行。廣修系下的物外、元琇、清竦、義寂、義通系，乃至於天台其他諸

〔註22〕《佛祖統紀》卷第六〈二祖北齊尊者慧思傳〉，前引書，頁323。
〔註23〕《宋高僧傳》卷第六〈唐蘇州開元寺元浩傳〉，前引書，頁129。
〔註24〕釋灌頂《國清百錄》卷第三〈遺書與晉王第五十六〉，《大正新修大藏經》第四十六卷諸宗部3，頁809下。

師會下的僧家系統，在當時都不是主流學派，但通稱山家；這些天台山僧家的法緣，從會昌法難之時延伸到宋初，還在吳越地區發展。就贊寧來說，物外以下到清竦諸師，僅是祖述師說與默傳心要者，實不能與元浩相比，更何況是道邃。因為天台山僧家法緣不盛，道邃的十祖地位，一時受到波及，此後天台宗內部有十祖玄燭的問題要面對。

天台宗對於祖師的認定，被認為是有問題的，如湛然因為中興天台教觀而被後來的山家宗稱為九祖。而會昌法難之後的玄燭，「戒德、定品、慧業法門，講唱宗乘，當世特立；」於「大順初（890），傳法帝京，學徒數百悅隨，」〔註25〕「彼宗號為第十祖。」〔註26〕贊寧稱玄燭在天台宗的地位是第十祖，是合乎當時的情形，因為當時湛然會下道邃系的法緣不盛，廣修、物外、元琇、清竦等只能祖述師說，這些山家們一直在等待中興教觀者出世。他們的情況，就如同湛然未出世之前大、小威唯傳止觀，而玄朗只稍弘解說而已〔註27〕，如是中興教觀者非玄燭莫屬了。以玄燭為台教十祖，這對天台系山家來說是顏面大失的情事，所以義寂出世後於宋太祖開寶中（968～976）想以追諡祖師的方式來爭回面子，但沒有成功。關於義寂受寄望，錢易的〈淨光大師行業碑〉〔註28〕及贊寧的《宋高僧傳》〈義寂傳〉都有記載。贊寧說：「自智者捐世，六代傳法，湛然師之後，二百餘齡，（義）寂受遺寄，最克負荷。」〔註29〕贊寧所說，雖是歷史的事實，但顯然他是站在山家付囑的立場在論事，有偏祖義寂譜系是正統的意味在，而贊寧似乎也透露出中興教觀要靠義寂系來完成的訊息。

吳越入宋之後，朝廷管制僧人也是嚴格的，所以義寂沒有進一步為山家派爭正統，只是努力課徒；其系下門徒在法緣上，確實是無法與山外派爭勝的，這種情況維持到知禮出世行化才逐漸被打破。知禮在山家宗人來說，是中興教觀的教主，宋初時問難、參學的日僧也如是地看待，這在宗鑑的《釋門正統》是有所陳述的。湛然以下，從第十祖道邃到第十七祖知禮，皆為山家派的志磐所私諡為某某尊者的。這種私諡祖師僭越的情事，在錢氏有國之時，是不可能存在的。到了南宋，山家派的企圖心居然得逞，這部份是宋代

〔註25〕《佛祖統紀》卷第二十三〈玄燭傳〉，前引書，頁446。
〔註26〕《宋高僧傳》卷第七〈宋秀州靈光寺皓端傳〉，前引書，頁174。
〔註27〕《釋門正統》卷第二〈湛然傳〉，前引書，頁756下～757上。
〔註28〕釋元悟《螺溪振祖集》，《卍新纂續藏經》第56冊，頁782b～782c。
〔註29〕《宋高僧傳》卷第七〈宋天台山螺溪傳教院義寂傳〉，前引書，頁182。

中葉以後王臣們縱容山家宗使之然的。山家宗強調，晚唐到宋初之間的祖道是衰微的，而天台宗山家的法脈係由義寂承自清竦，促成了台教的傳統不使墜落；而教法之所以能夠延續，則多賴王臣的護持。所以，山家宗學人除了讚誦錢王的仁慈與智慧之外，也表明了祖師清竦的地位與操持。然清竦的志行與節操，在贊寧的《宋高僧傳》卻不見記載，顯然這段歷史是追憶與添加的，而物外會下的元琇也是一樣，《宋高僧傳》中無傳。此外，山家宗的志磐把清竦門人義寂之名列在志因之前，這標示著清竦會下的上首弟子是義寂，貶抑山外宗的意味是很明顯的，因為山外宗祖師晤恩的法席與傳承是來自志因，貶低志因就是貶抑晤恩。此外，宗昱是義寂的嫡傳大弟子，後在天台山國清寺行化，這一法系的門下有的跟義寂一樣是溫州人，然宗昱系的山外學風卻是很盛；因為宗昱系的門風，跟其他天台山的僧家有別，而被時人判為山外。或許因為宗昱系僧家的學風，跟晤恩的思想貼近，宋初贊寧撰《宋高僧傳》時不列其為義寂的上首弟子，或不說其門室是可觀者。南宋時的《釋門正統》與《佛祖統紀》兩書，更逐步地排除其他堂室可觀的大弟子如澄彧與寶翔，而列義通為上首弟子。這種情況，是標示著南宋初年天台宗的正宗之學，是歸屬於山家宗的法智知禮；但山家的譜系，經過宗鑑與志磐的任意刪削與篡改之後，把山家們的稱謂給顛倒了，例如原先志因是義寂的師兄，因為排序的關係讓志因易被誤為是義寂的師弟；原先義寂是晤恩的師叔，卻因此會被誤認是晤恩的師伯；原先是義寂大徒弟後來連名份都隱晦了的宗昱，因為宗昱系跟山外派接近的緣故，山家派對這個學派的排斥很是激烈；志磐說道在法不在器，來表示得祖師嫡傳鑪拂者未必得天台正宗道法。《佛祖統紀》以義通為上首弟子，宗昱系除了被排除在義寂門室之外且被列為旁出世家。宗昱會下的契能，找不到一個溫州僧人來傳授其道法，對於祖師嫡傳的鑪拂，他只好收藏到天台道場之中。由此，也可以見到天台宗人在傳法上的謹慎。不得其人，道不妄傳，學人也不虛受，避免引起紛諍的緣故。不僅宗昱系遭受到山家們的默擯，後來知禮會下的仁岳也是一樣，遭受到家法的伺候。因為叛出的緣故，仁岳系被列入雜傳之中，以示諸師的禪法與教學「未醇正」〔註30〕。

從天台宗發展的歷史來看，天台宗人除了對於天台山以外的僧家，稱謂有別之外，對於他們在台教所作的貢獻，觀感也不一致，至於法門改轉的認

〔註30〕 《佛祖統紀》卷第二十一「諸師列傳第六之十」，前引書，頁 437。

可也不盡相同。九祖以前的僧家，也有不在天台山行化者，他們同樣可以被尊為山家的祖師如智威、慧威與玄朗，沒有被貶斥為山外。九祖湛然之時，天台宗的法門又有了改轉的傾向，「心具」與「觀具」成了其門下最關心的話題，元浩曾提出「一心既具何須觀具」的課題，其與道邃禪師的行持與義學已經有別。〔註31〕但經過會昌法難之後，元浩系沒落，道邃、廣修、物外、元琇、清竦等師弟相承，下開山家宗一脈的法系。到了五代，天台宗的法門改轉有了新的趨勢，因為有了皓端律師與晤恩法師的出世，這對一向以天台山祖道授受為主的山家僧人看來，是一種危險的傾向，但他們本身在義學與禪講上不如晤恩，所以他們只能耐心地等待有宗匠出世，如義寂。而義寂的出世行化，其實力是不足以跟錢塘山外僧家爭勝。義寂之後，他們把心思轉向四明的義通，然義通的義學與威名仍然不敵於慈光院的晤恩與奉先寺的源清。到晤恩與源清謝世（咸平二年，999）之後，義通門下才找出宗匠知禮（960～1028），並趁著源清謝世後錢塘系雖有慶昭繼承源清之道，尚無其他大宗匠問世，所以他們趁機發難了，想不到因此激盪出慶昭、繼齊、咸潤與智圓的聲名，以晤恩為祖師的山外宗由是成形。從此，讓山家宗學人疲於奔命，他們講學之外，還要討伐山外宗之學。山外宗的沒落，在宋代中葉之後，山家們還要攻詰受山外思想影響的台教人士，而稱呼他們為異學，以廓清與知禮系有別的行法以及其他學術風氣。最奇特的是，寶雲院的義通與延慶院的知禮，在明州行化，如從傳統天台山僧家的立場來看，他們應該被歸類為山外，而知禮的師弟遵式在天台山與錢塘行化，從地緣上看，他也不是純然的山家僧人。所以，宋初山家、山外之爭，嚴格地說是學派與義理之爭，當然不免帶有地域性與本師之不同等問題。

吳越國錢忠懿王時，法眼宗的德韶與延壽護持天台宗甚力，兩人的禪教也影響到天台宗人的行持。吳越歸宋之後，在吳越地區原本受到王公護持的禪宗，轉趨沒落，尤其是法眼宗，法脈到宋代中葉斷絕，法運被天台宗與禪門的雲門、臨濟兩宗所取代了。〔註32〕宋朝之後，天台宗人碰到新的局面，

〔註31〕關於湛然與元浩、道邃的行實，除了參見《宋高僧傳》諸師本傳之外，另見湛然的《輔行傳弘決》；朱封鰲《天台宗史跡考察與典籍研究》，頁109～116。
〔註32〕關於法眼宗的沒落，參見賴建成《吳越佛教之發展》「第三章吳越之佛教情勢——五、法眼宗」（台北：中國學術著作獎助委員會，民國79年4月），頁119；前引書「第四章吳越佛教對文化之貢獻——第四節與日韓文化之交流」，頁215；另見賴建成〈晚唐暨五代禪宗的發展——以與會昌法難有關的僧侶和

禪法的變革、淨土的興起、眞心說的流行，還有儒學的興發，這些對於天台宗學人來說無疑是新的格局，要面對這些情況就要勇於挑戰或變革舊的傳統，山外派祖師與會下宗匠就在此環境之下產生。五代宋初之際，學律宗後轉入台教的人士，有皓端、晤恩、義寂、知禮、咸潤、遵式。通律部學禪法，後轉入台教的人士，有行靖、行紹。〔註33〕而華嚴與禪門，對天台宗人影響也深。如義通在朝鮮學《華嚴》與《起信論》，到中國後參德韶禪法，後入台教義寂之門。〔註34〕而願齊法師，初傳台教之道，精研止觀，後參德韶的禪法而發明玄奧，又爲法華紹巖的弟子，且爲義寂天台山建螺溪道場。〔註35〕密咒的行持與懺儀之行法，也在山家宗的僧人中流行；而山外宗智圓所倡導的寺院結界，看似是律宗的行法，或也是受到密宗的影響。由此可見，當時台、禪、淨、密、律的行法，是互相在融攝之中，而形成僧家們個人的獨特行法。當時學台教者，不僅學過律儀，連名數之學、念佛行，還有對於禪的教法與華嚴性起、隨緣的思想都有所涉獵，晤恩會下的文備就是個典型例子，而且其還擅長文義。而山家宗義寂系下的義通出弟子知禮，集合會下學人自建道場以爲行化之根據地，又因爲山家僧人知禮熟知《華嚴經》與《起信論》的思想，以及禪門的特質，乃能與山外派論戰，逐漸樹立起門風以課徒。山家宗以及山外宗的論戰，除了各自強調祖道與師說之外，根據不同的經、疏以及在文義上多所發揮，促成了天台宗在宋代的復興。在天台宗發展史中，宗匠有法師與禪師之別；此外，其教法從禪定之學變成教下學派，晚唐五代以來諸師們對於義學的強調，以及在觀行上採用妄心觀的善巧，而摒棄眞心觀或不用觀心的行法，致使天台宗的教法變得狹隘，而更難以進一步的推陳出新，因此南宋之後其法緣受到影響。

　　總之，天台宗從唐宣宗大中復教到北宋末年（847～1127）兩百八十年間，其佛法遷流的情形，約略可以分爲三個時期。一是，從大中復教到唐末（847～907）六十年間，是衰落期。二是，五代到吳越國（908～978）入宋的七十多年間，是復甦期。三是，從宋初到南宋初年，約五六十年間是興發期。此後，天台宗就走向眞正衰微的道路去了。這近三百年中，天台宗在止觀教學

禪門五宗爲重心〉「第八章法眼宗的師資──法眼宗門庭」（台北：中國文化大學史研所博士論文，民國83年6月），頁461～462。

〔註33〕《佛祖統紀》卷第十〈淨光旁出世家──法師行靖與行紹傳〉，前引書，頁372。

〔註34〕《佛祖統紀》卷第八〈十七祖法智尊者知禮傳〉，前引書，頁347。

〔註35〕《佛祖統紀》卷第十〈法師願齊傳〉，前引書，頁373。

上有卓越貢獻的是山外宗祖師晤恩與山家宗教主知禮，除了這兩派系與遵式系、仁岳系下的學人之外，在教學上最負盛名的依次是玄燭、皓端、志因、義寂、宗昱與義通；在禪慧上，以晤恩、義寂與知禮為最佳。在著述上，以知禮與智圓、遵式為多；在儒學方面，最傑出的是智圓。知禮訓勉徒弟崇矩說：「立身行道，世之大務，謙為德柄，汝當堅持。此外，更宜博究五經雅言，俾於筆削之間不墮凡鄙，當效（智）圓闍梨之作也。」而最維護山家宗的，除了尚賢、本如與遵式、希最之外，還有繼忠因為編集知禮的著述，大有功於法智之學的傳播；此外，則是宗鑑編集《釋門正統》與志磐撰《佛祖統紀》的立祖言說，確立天台祖道的中興是在山家宗祖師知禮身上。

　　這三個時期，佛法產生了不同的現象。一是，天台宗的佛法重心，在會昌法難之後，初時只剩京師與天台山有台教師，宗匠為十祖玄燭與天台山的僧家，然天台山的僧家多是以師弟相傳止觀，雖有禪講但在義學上無甚成就。二是，五代宋初之時佛法的重心，在玄燭會下的皓端與志因會下的晤恩，以及清竦會下的義寂三人身上，三人在義學上都很有成就，也頗具聲望；當中以在錢塘慈光院行化的晤恩最負盛名，其使法華大旨全美於時；天台宗人恢復禪講也是晤恩所造成的，其會下宗匠出源清，源清次傳慶昭、智圓，慶昭下有咸潤。從宋初到宋代中葉，在他們的行化之下形成了所謂的山外學派。三是，從天台山家清竦會下的義寂，以次傳義通、知禮一脈所謂的台教正宗，到了宋初從衰微期進入了興發期。這是因為源清卒（咸平二年，999）後，知禮在道友們的推動下向慶昭下戰書，雙方論戰多年，雖無交集，但卻因此建立了思想體系，後來的山家、山外分宗並流。論戰之後，知禮一系從明州延慶院的小道場，轉變成為能復興祖道的天台正宗，其派系從此自稱為山家宗。此山家宗在行法與門風方面，有別於義通會下的慈雲遵式系以及從知禮叛出的淨覺仁岳系。由於宋朝王臣崇尚空宗，致使禪門與天台宗的道場在吳越地區一一興建開來，觀心宗眼耿照天下的結果，知禮之學逐漸取代了強調真心說的山外宗，而成為北宋中葉以後天台宗的主流學派。四是，會昌法難之後，因為教下諸宗所依據立論的經典散佚，致使《楞嚴》、《圓覺》、《大乘起信論》受到各宗派的重視，遂造成佛教思想的中國化。〔註36〕五代宋初之際，天台宗的山家義寂、義通以及錢塘山外諸師皆受到影響，尤其是山外宗受到禪門

───────────────

〔註36〕黃運喜〈會昌法難研究——以佛教為中心〉（台北：中國文化大學史研所碩士論文，民國76年1月），頁165～166。

與華嚴的影響最深，在觀行上有所謂的觀心與不觀心的行法出現。宋初之後，山家宗學人在知禮領導之下，在明州延慶院極力批判山外思想，儼然是天台禪法的新一代教主。雖然山外宗的法緣在宋代中葉之後因缺乏宗匠出世而斷絕了，但山外思想仍然在佛門中流傳，山外宗之後還有仁岳的後山外存在，這種現象對忠於法智之學者是不能或忘的，因此有的師匠一再提舉知禮之學討伐之；然從知禮之後的師匠們也不免會受到山外思想的滲透，有的學人參禪與鑽研《楞嚴經》很具功力，吸引學人來參問。南宋之後，知禮系的兒孫如志磐，把知禮會下的傳承譜系跟遵式系區隔開來，不使混淆，天台宗山家宗門派的教學更加狹隘；加上禪門的興盛，淨土信仰又從台教中分離而去，從此修習妄心觀的學人就顯得寥落了。而南宋初年的戰火以及政局的不穩定，也影響到天台宗往後的發展。

至於宋初時天台的分宗，嚴格地說是起源於義寂與晤恩之時，而其背景可以推及到更遠，上溯到晚唐末年的玄燭之世，甚至可以再上溯到會昌法難前後的天台流派之發展。就宋初的山家與山外而論，志因、晤恩系下在錢塘的發展，相對於天台山的清竦、義寂系下，他們自然是天台山以外的僧家，被稱為山外，也合於實際情狀，不全然是貶辭，但有區別之意涵在。宋初之後，義通住明州寶雲院，其會下知禮在四明延慶院開山，如以天台僧家一貫的立場來論，他們師徒也當是山家中的山外，但宋初兩家產生義學上的諍論時，山家、山外的意涵就有所轉變。晤恩系下的洪敏在秀州，源清及會下的慶昭、智圓在杭州錢塘，咸潤在越、杭兩州行化，他們雖也自稱是山家僧人，卻被山家宗稱為山外，這本是自然的事。但兩家之爭，已經不只是地緣與義理的不同而已，而是哪個門派才是維護從上所傳的祖道、哪個門派能代表天台的正宗問題。這些問題，歸根究底是禪法不同所造成的，也就是說兩家在觀行上產生真觀心與妄心觀兩種不同的義學發展，當時義通會下的山家們明白他們能跟山外派爭辯且能站在理上勝出的，只靠山家義學的傳統，即堅持「妄心觀」與「觀具」。因為當時維持此舊傳統的僧家，大有人在，知禮卒後其兒孫法緣流長，法智之學乃能在南宋之後獨擅，其教學變成天台宗往後禪法的代表。如追溯知禮系山家宗的源頭，則山家宗人必然要說義通與義寂承繼祖道之功為大。晚唐到宋初的天台宗史，既然是以山家宗為主要論述，其結果上溯義寂的功業，而說五代之時「台道鬱而復興，義寂之力也。」〔註37〕

〔註37〕《釋門正統》卷第二〈義寂傳〉，前引書，頁 761 下。

對於義通則說，宋初台道既微，而師爲台宗命脈，依賴他的護持教法以授法智知禮與慈雲遵式起家。〔註38〕山家宗門人如是的說詞，則把大有功於天台宗的晤恩判爲山外宗祖師，而抹殺了五代到宋初的山外宗派爲天台宗的主流學派的事實，他們並且又進而貶抑山外宗匠們的功業，而說：「會昌籍沒，五代分崩，不有大士起而救之，則中興正派不可待而授也。」〔註39〕皓端、晤恩、慶昭與智圓諸師，被山家派說成是救亡的大士，他們不是中興天台的正派，是荷負扶持的山外學人；他們的文義是代表其學派傳達天台教門的第一義諦，雖然在當時或後世有「互形廢立」的現象發生，但他們歸宗之誠與山家宗人無不同，所以他們的著作得列在山家教典之中。〔註40〕

天台宗自從成立以來，融攝印度的傳法觀念以及中國的宗法制度，有師弟相傳的付授與傳法、傳座的習慣。因爲天台宗的根本道場在天台山，佛教中人也一向以天台山系的僧家付授爲主，這在釋道宣的《續高僧傳》釋贊寧的《宋高僧傳》中可以見到。在五代之時，天台立祖之說尚未定型，到了宋太祖開寶年中因爲山家們要追諡祖師的緣故，智者到湛然等六祖師因此得到尊號。而九祖湛然之後，因爲玄燭有十祖之名，從道邃以下天台山系傳承者的祖號受到影響。玄燭因爲其師承不明，可能其師承不是來自天台山系，所以他在晚唐時雖有中興教觀的氣勢，但其十祖的尊號不被天台山家們所承認。玄燭會下學人的正統性，也受到波及，連帶影響到皓端及其座下的晤恩，晤恩爲了正統性不得不再到志因會下受學。吳越入宋之後，佛教強調正統性的祖述行爲在各宗派中興起，天台宗也不免受到影響，從此天台祖道與中興教觀者眞的變成非天台系山家莫屬了。宋初有了山家宗祖師知禮的出世，不僅玄燭、皓端的祖師地位與功業被貶抑了，山外宗在天台宗的地位也因此降低。但由史實來看，晤恩的歷史地位，除了他是會昌法難之後談玄遺音的復興者，他使法華大旨昭著於世之外，從其會下開出了山外派，因此他成爲山外派的祖師，有別於山家宗學人的門風。此外，他在慈光院志因會下參學後

〔註38〕 《釋門正統》卷第二〈義通傳〉，前引書，頁763上。

〔註39〕 《釋門正統》卷第五〈荷負扶持傳〉序，前引書，頁826下。

〔註40〕 《佛祖統紀》卷第二十五「山家教典志第十一」序文說：「智者高座以縱辯，章安直筆以載書，所謂以文字廣第一義諦。是猶託之空言，不如載之行事之深切著明也。荊溪有云：『文即門也。』即文以通其理，豈非門也乎。至若後世發揮祖道，粲然有述，雖各出義章，互形廢立，所以歸宗之誠，則無乎不同也。今故並陳篇目，以貽好古者之求，述山家教典志。」

沒有自立門戶，而是繼承志因法席，課徒到盡形壽，他可說是天台宗以別子為宗的最佳典範。他的威名與氣勢，不僅非當代其他台教宗匠所能比擬的，後來的山外宗師也難加以超越。雖然晤恩法師以後的山外宗匠，各有其門風與特質，有的回本師處開講，有的自立山頭，但因後世罕出宗匠，法緣自然被其他門派給融攝去了。南宋之後的山家派，如同山外派也產生了更化興替問題，雖然真心觀與妄心觀在天台宗內部還是公案，學人禪講時還在提舉、問難，但天台宗從此不敵禪宗與淨土宗在法門上頓入直超的氣勢，而轉趨沒落。

參考書目

一、重要史料

1. 〔梁〕釋慧皎，《高僧傳》，《大正新修大藏經》第五十卷，台北：慈悲精舍印經會印行；《大正新修大藏經》第 50 冊，台北：中華電子佛典協會，2007 年 12 月；《高僧傳一集》，台北：台灣印經處，民國 62 年 9 月二版。

2. 〔隋〕釋智顗說、釋灌頂記，《仁王護國般若經疏法》，《大正新修大藏經》第四十六卷，台北：新文豐出版股份有限公司，1973 年。

3. 〔隋〕釋灌頂，《隋智者大師別傳》，《大正新修大藏經》第五十卷，台北：慈悲精舍印經會印行。

4. 〔唐〕白居易，《白居易集》七十卷，附外集及傳記，全 2 冊，台北：漢京文化事業有限公司影印，民國 73 年 3 月。

5. 〔唐〕李華，〈杭州餘姚縣龍泉寺故大律師碑〉，《全唐文及其拾遺》卷第三百一十九，台北：大化書局，民國 73 年 3 月初版。

6. 〔唐〕沈興宗，〈大唐開元寺故禪師貞和尚塔銘〉，王昶撰《金石萃編》卷八十三，台北：新文豐出版股份有限公司，1982 年第 2 版。

7. 〔唐〕徐靈府，《天台山記》，《大正新修大藏經》第五十一卷，台北：新文豐出版股份有限公司，1973 年。

8. 〔唐〕梁肅，〈天台禪林寺碑〉，《佛祖統紀》卷第四十九「名文光教志第十八之一」，台北：佛教出版社，民國 67 年 3 月。

9. 〔唐〕釋圓仁，《入唐求法巡禮行記》「校註本」，浙江石家莊：花山文藝出版社，1992 年。

10. 〔唐〕釋圓仁，《入唐求法巡禮行記》，台北：文海出版社，民國 65 年 10 月。

11. 〔唐〕陸廣微撰、曹林娣校注，《吳地記》一卷，南京：江蘇古籍出版社，1999 年。

12. 〔唐〕柳宗元，《柳宗元集》四冊，柳宗元詩文新校點本，北京：中華書局，2006 年 9 月。

13. 〔五代〕釋景霄纂，《四分律鈔簡正記》卷第十七，《卍新纂續藏經》第 43 冊，台北：中華電子佛典協會，2008 年 2 月。

14. 〔後晉〕劉昫等，《舊唐書》，二百卷，北京：中華書局 1975 年出版的校點本；正史全文標校讀本，台北：鼎文書局，民國 69 年 3 月。

15. 〔宋〕歐陽修，《新唐書》，二百二十五卷，正史全文標校讀本，台北：鼎文書局，民國 69 年 3 月。

16. 〔宋〕王溥，《五代會要》三十卷，另提要一卷、目錄一卷，台北：世界書局影印，民國 68 年 2 月。

17. 〔宋〕朱長文，《吳郡圖經續志》三卷，清咸豐 3 年刊琳琅祕室叢書本，《宋元地方志叢書》第 2 冊，台北：中國地志研究會影印，民國 67 年 8 月。

18. 〔宋〕司馬光，《資治通鑒》第二百九十四卷，清嘉慶 21 年胡克家覆刻元刊胡註本，中華書局新注標點本，北京：中華書局，1995 年；台北：大申書局影印，民國 71 年 9 月。

19. 〔宋〕李龏，《唐僧弘秀集》，《禪門逸書》初篇第 11 冊，台北：明文書局，民國 69 年 1 月。

20. 〔宋〕宋濂著、袾宏輯，《宋文憲公護法錄》卷第二〈華嚴法師古庭學公塔銘〉，《嘉興大藏經（新文豐版）》第 21 冊，台北：電子佛典集成。

21. 〔宋〕吳自牧，《夢梁錄》第二十卷，另敘錄、校勘記，《知不足齋叢書本新校》，台北：古亭書屋影印，民國 64 年 8 月。

22. 〔宋〕李遵勗，《天聖廣燈錄》第三十一卷，《卍字續藏》本，《卍字續藏》〈史傳部〉第 135 冊，台北：中國佛教會影印，民國 56 年。

23. 〔宋〕沈括，《夢溪筆談》第二十六卷，元大德 9 年刻本新校，台北：鼎文書局印行，民國 66 年 9 月。

24. 〔宋〕周密，《武林舊事》十卷，另敘錄，《知不足齋叢書本》，台北：古亭書屋影印，民國 64 年 8 月。

25. 〔宋〕孟元老，《東京夢華錄》十卷，另敘錄、校勘記，黃丕烈舊藏元刊明印本新校，台北：古亭書屋影印，民國 64 年 8 月。

26. 〔宋〕施宿，《嘉泰會稽志》第二十卷，清嘉慶 13 年刊本，《宋元地方志叢書》第 6 冊，台北：中國地志研究會影印，民國 67 年 8 月。

27. 〔宋〕胡榘、羅濬，《寶慶四明志》卷第十一〈東壽昌院〉，《宋元地方志叢書》第 8 冊，北京：中華書局，1990 年。

28. 〔宋〕高似孫，《剡錄》十卷，清道光 8 年刊本，《宋元地方志叢書》第 6

册，台北：中國地志研究會影印，民國 67 年 8 月。

29. 〔宋〕梁克家，《三水志》四十二卷，抄本，《宋元地方志叢書》第 7 册，台北：中國地志研究會影印，民國 67 年 8 月。

30. 〔宋〕張津，《乾道四明圖經》十二卷，清咸豐 4 年刊本，《宋元地方志叢書》第 8 册，台灣中國地志研究會影印，民國 67 年 8 月。

31. 〔宋〕常棠，《澉水誌》八卷，民國 24 年排印本，《宋元地方志叢書》第 12 册，台北：中國地志研究會影印，民國 67 年 8 月。

32. 〔宋〕梅應發，《開慶四明續志》第十二卷，清咸豐 4 年刊本，《宋元地方志叢書》第 8 册，台北：中國地志研究會影印，民國 67 年 8 月。

33. 〔宋〕范成大，《吳郡志》卷第五十，明刊本，《宋元地方志叢書》第 2 册，台北：中國地志研究會影印，民國 67 年 8 月。

34. 〔宋〕范坰、林禹，《吳越備史》四卷，吳枚菴手抄本，《四部叢刊續編》〈史部〉第 11 册，台北：臺灣商務印書館影印，民國 65 年 3 月。

35. 〔宋〕楊潛，《紹熙雲間志》三卷，清嘉慶 19 年刊本，《宋元地方志叢書》第 3 册，台北：中國地志研究會影印，民國 67 年 8 月。

36. 〔宋〕談鑰，《嘉泰吳興志》二十卷，民國 3 年刊吳興先哲遺書本，《宋元地方志叢書》第 11 册，台北：中國地志研究會影印，民國 67 年 8 月。

37. 〔宋〕歐陽修，《新五代史》第七十四卷，《正史全文標校讀本》，台北：鼎文書局影印，民國 69 年 3 月。

38. 〔宋〕鄭瑤、方仁榮，《景定嚴州續志》第十卷，清光緒中刊漸西村合彙刊本，《宋元地方志叢書》第 11 册，台北：中國地志研究會影印，民國 67 年 8 月。

39. 〔宋〕陳公亮，《嚴州圖經》三卷，清光緒中刊漸西村舍彙刊本，《宋元地方志叢書》第 11 册，台北：中國地志研究會影印，民國 67 年 8 月。

40. 〔宋〕陳耆卿，《嘉定赤城志》第四十卷，清嘉慶 23 年刊台州叢書本，《宋元地方志叢書》第 11 册，台北：中國地志研究會影印，民國 67 年 8 月。

41. 〔宋〕錢易，〈淨光大師行業碑〉，《卍新纂續藏經》第 56 册《螺溪振祖集》。

42. 〔宋〕陳舜俞，《鐔津明教大師行業記》，《大正新修大藏經》第 52 册《鐔津文集》，台北：中華電子佛典協會，2009 年 4 月。

43. 〔宋〕潛說文，《咸淳臨安志》第一百卷，清道光 10 年刊本，《宋元地方志叢書》第 7 册，台北：中國地志研究會影印，民國 67 年 8 月。

44. 〔宋〕鄭績，〈圓義禪師塔銘〉，登載於清代宗源瀚修、周學浚纂同治 13 年（1874）刊本《湖州府志》卷第四十八〈金石略三〉。

45. 〔宋〕薛居正，《舊五代史》第一百五十卷，《正史全文標校讀本》，台北：鼎文書局影印，民國 69 年 3 月。

46. 〔宋〕龔明之，《中吳紀聞》，清伍崇曜編《粵雅堂叢書》第一集第3冊、第4冊，台北：藝文印書館影印，民國53〜59年。

47. 〔宋〕釋元悟，《螺溪振祖集》，《卍新纂續藏經》第56冊「諸宗著述部」，台北：中華電子佛典協會，2009年4月。

48. 〔宋〕釋元照，《芝園集》，《卍新纂續藏經》第59冊，台北：中華電子佛典協會，2009年4月。

49. 〔宋〕釋仁岳述、釋繼忠集，〈附法智遺編別理隨緣十門析難書（并序）〉，《卍新纂續藏經》第56冊，台北：中華電子佛典協會，2009年4月。

50. 〔宋〕釋日新，《盂蘭盆經疏鈔餘義》，中華電子佛典協會《卍新纂續藏經》第21冊，台北：中華電子佛典協會，2009年4月。

51. 〔宋〕釋志磐，《佛祖統紀》五十四卷，《佛教大藏經》第70冊「史傳部二」，台北：佛教出版社影印，民國67年3月。

52. 〔宋〕釋延一編，《廣清涼傳》，《大正新修大藏經》第五十一卷「史傳部三」，頁1092〜1110，台北慈悲精舍印經會印行。

53. 〔宋〕釋宗曉，《樂邦文類》卷第三「記碑——智圓〈錢唐白蓮社主碑〉」，《大正新脩大藏經》第47冊。

54. 〔元〕釋念常，《佛祖歷代通載》，《佛教大藏經》第75冊「史傳部二」頁859〜1337，台北：佛教出版社，民國67年3月。

55. 〔宋〕釋宗曉編，《四明尊者教行錄》，《大正新修大藏經》第四十六卷，台北：中華電子佛典協會，2009年4月。

56. 〔宋〕釋宗鑑，《釋門正統》，《卍新纂續藏經》第75冊，台北：中華電子佛典協會，2008年2月。

57. 〔宋〕釋契嵩，《鐔津文集》卷第十七，《大正新脩大藏經》第52冊，台北：中華電子佛典協會，2009年4月。

58. 〔宋〕釋普濟，《五燈會元》，台北：昌德出版社，民國65年1月。

59. 〔宋〕釋智圓，《閑居編》，《卍新纂續藏經》第56冊，台北：中華電子佛典協會，2008年2月。

60. 〔宋〕釋惟白，《續傳燈錄》，《卍新纂續藏經》第87冊，台北：中華電子佛典協會，2009年4月。

61. 〔宋〕釋智圓，〈錢唐慈光院備法師行狀〉，《卍新纂續藏經》第56冊《閑居編》第二十卷，台北：中華電子佛典協會，2008年4月。

62. 〔宋〕釋贊寧，《宋高僧傳》，《大正新脩大藏經》第50冊（台北：中華電子佛典協會，2009年4月）；另見《高僧傳三集》，台北：台灣印經處，民國50年3月。

63. 〔宋〕釋源清，《法華十妙不二門示珠指》附《議宋國新書考》，《卍新纂續藏經》第56冊，台北：中華電子佛典協會版，2005年8月。

64. 〔宋〕釋曇秀，《人天寶鑑》，《卍新纂續藏經》第 87 冊，台北：中華電子佛典協會，2009 年 4 月。

65. 〔宋〕釋遵式，《天台教觀目錄》，收錄於《天竺別集》卷第一《卍續藏經》第 101 冊頁 262 上。

66. 〔宋〕釋贊寧，《大宋僧史略》三卷，《大正新修大藏經》第 54 冊，台北：新文豐出版社影印，民國 63 年 9 月。

67. 〔宋〕釋遵式，《天台智者大師齋忌禮讚文》，附由序，《大正新脩大藏經》第 46 冊，台北：中華電子佛典協會，2009 年 4 月。

68. 〔宋〕釋繼忠，《法智遺編觀心二百問》，《大正新修大藏經》第四十六卷，台北：慈悲精舍印經會印行。

69. 〔宋〕釋繼忠集，《四明仁岳異說叢書》〈附法智遺編抉膜書〉，《卍新纂續藏經》第 56 冊，台北：中華電子佛典協會版，2005 年 8 月。

70. 〔宋〕釋懷遠，《首楞嚴經義疏釋要鈔并序》卷第一，《卍新纂續藏經》第 11 冊，台北：中華電子佛典協會，2009 年 4 月。

71. 〔元〕王元恭，《至正四明續志》十二卷，清咸豐 4 年刊本，台北：世界書局影印，民國 68 年 2 月。

72. 〔元〕袁桷，《延祐四明志》卷二十，煙嶼樓校本，《宋元地方志叢書》第 5 冊，台北：中國地志研究會影印，民國 67 年 8 月。

73. 〔元〕單慶修、徐碩，《至元嘉禾志》卷第三十二，抄本，《宋元地方志叢書》第 7 冊，台北：中國地志研究會影印，民國 67 年 8 月。

74. 〔元〕馮福京，《大德昌國州圖志》七卷，清咸豐 4 年刊本，《宋元地方地叢書》第 8 冊，民國 76 年 8 月，台灣中國地志研究會影印。

75. 〔元〕脫脫，《宋史》四百九十六卷，另附編三、新校本，台北：鼎文書局影印，民國 72 年 11 月。

76. 〔元〕釋曇噩，《新脩科分六學僧傳》，《卍新纂續藏經》第 77 冊。

77. 〔元〕釋覺岸，《釋氏稽古略》，《大正新脩大藏經》第 49 冊，台北：中華電子佛典協會，2010 年 3 月。

78. 〔明〕毛鳳韶，《浦江縣志》八卷，天一閣藏本，天一閣藏《明代方志選刊》第 7 冊，台北：新文豐出版社影印，1985 年。

79. 〔明〕田琯，《新昌縣志》十三卷，天一閣藏本，天一閣藏《明代方志選刊》第 7 冊，台北：新文豐出版社影印，1985 年。

80. 〔明〕田汝成，《西湖遊覽志餘》二十六卷，明嘉靖初刻本新校，台北：木鐸出版社影印，民國 71 年 6 月。

81. 〔明〕吳之鯨，《武林梵志》十二卷，全 4 冊，清乾隆 45 年《欽定四庫全書抄本》，《中國佛寺史志彙刊》第一輯，台北：明文書局影印，民國 69 年 1 月。

82. 〔明〕李培等修、黃洪憲等纂,《萬曆秀水縣志》,台北:成文出版社《中國方志叢書》第 57 號,1985 年。

83. 〔明〕吳之鯨,《武林梵志》,《中國佛寺史志彙刊》第 1 輯第 7 冊,台北:明文書局,1980 年。

84. 〔明〕吳福原修、姚鳴鸞重修,《淳安縣志》十七卷,天一閣藏明嘉靖刻本,天一閣藏《明代方志選刊》第 6 冊,台北:新文豐出版社影印,1985 年。

85. 〔明〕釋祩宏,《往生集》,《卍續選輯史傳部五》,台北:新文豐出版社影印,1984 年。

86. 〔明〕袁應祺,《黃巖縣志》七卷,天一閣藏明萬曆本,天一閣藏《明代方志選刊》第 6 冊,台北新文豐出版社影印,1985 年。

87. 〔明〕張孚敬,嘉靖《溫州府志》八卷,天一閣藏本,天一閣藏《明代方志選刊》第 6 冊,台北:新文豐出版社影印,1985 年。

88. 〔明〕程嘉燧,《破山興福寺志》,《中國佛寺史志彙刊》第 56,台北:明文書局,1985 年。

89. 〔明〕釋智旭,《蕅益大師全集》第 17 冊《靈峰宗論》卷五之二〈復唐宜之書〉,台北:佛教書局,1989 年 2 月。

90. 〔明〕釋傳燈,《天台山方外志》三十卷,全 3 冊,清光緒 20 年刊佛隴真覺寺藏版,《中國佛寺史志彙刊》第三輯,台北丹青圖書公司影印,民國 74 年 11 月。

91. 〔明〕郭子章,《明州阿育王山志》十卷,全 2 冊,清乾隆 22 年正續合刊本,《中國佛寺史志彙刊》第一輯,台北:明文書局影印,民國 69 年 1 月。

92. 〔明〕駱文盛,《武康縣志》八卷,天一閣藏明嘉靖刻本,天一閣藏《明代方志選刊》第 7 冊,台北:新文豐出版社影印,1985 年。

93. 〔明〕釋廣賓,《杭州上天竺講寺志》十五卷,光緒 23 年錢塘嘉惠堂丁丙重刊本,《中國佛寺史志彙刊》第一輯第 26 冊,台北:明文書局影印,民國 69 年 1 月。

94. 〔明〕顧祖禹,《歷代州域形勢》,一百三十卷,台北:樂天出版社,民國 62 年 10 月。

95. 〔清〕丁敬,《武林金石記》十卷,西冷印社聚珍版,《石刻史料新編》第二輯第 12 冊,台北:新文豐出版社影印,民國 68 年 3 月。

96. 〔清〕吳任臣,《十國春秋》一一四卷,全 8 冊,《四庫全書珍本》三集,文淵閣本,台北:台灣商務印書館影印,民國 71 年。

97. 〔清〕杜春生,《越中金石記》十卷,山陰杜氏藏版《石刻史料新編》第二輯第 10 冊,台北:新文豐出版社影印,民國 68 年 3 月。

98. 〔清〕孫治出輯、徐增重修,《靈隱寺志》,《中國佛寺史志彙刊》第一輯第 23 冊,台北:明文書局,1980 年。

99. 〔清〕徐松輯,《宋會要輯稿》第 8 冊「道釋一之一四」,北京:中華書局,1987 年。

100. 〔清〕徐時棟,《宋元四明志校勘記》一卷,《宋元地方志叢書》第 9 冊,台北:中國地志研究會影印,民國 67 年 8 月。

101. 〔清〕張大昌,《龍興祥符戒壇寺志》十二卷,清光緒 19 年嘉惠堂丁氏本,《中國佛寺史志彙刊》第一輯第 29 冊,台北:明文書局影印,民國 69 年 1 月。

102. 〔清〕黃瑞,《台州金石錄》十二卷,另附錄五卷,闕訪四卷,吳興劉氏嘉業堂本,《石刻史料新編》第二輯第 12 冊,台北:新文豐出版社影印,民國 68 年 3 月。

103. 〔清〕阮元,《兩浙金石志》十八卷,另補遺一卷,《石刻史料新編》第 14 冊,台北:新文豐出版社影印,民國 66 年。

104. 〔清〕彭際清,《淨土聖賢錄》卷第三〈晤恩傳〉,《卍續選輯史傳部五》。

105. 〔清〕嵇曾筠、沈翼機,《浙江通志》二七九卷,全 8 冊,《中國省志彙編》之二,台北:華文書局影印,民國 56 年 8 月。

106. 〔清〕錢謙益,《楞嚴經疏解蒙鈔》,《卍新纂續藏經》第 13 冊,台北:中華電子佛典協會,2008 年 4 月。

107. 〔清〕戴明琮,《明州岳林寺志》六卷,清康熙間原刊本,《中國佛寺史志彙刊》第一輯第 15 冊,台北:明文書局影印,民國 69 年 1 月。

108. 〔清〕釋際祥,《敕建淨慈寺志》,《中國佛寺史志彙刊》第一輯第 17 冊,台北:明文書局,1980 年。

109. 不著撰人,《釋迦牟尼佛傳》、《天台宗高僧傳》合刊,台灣:佛教文獻編輯社印行,2003 年 11 月。

110. 《卍續選輯史傳部》,台北:新文豐出版公司印行藏經書院版,1984 年 7 月 1 日。

111. 台灣印經處:《高僧傳二集》、《高僧傳三集》,台北:台灣印經處,民國 59 年 9 月 2 日、民國 50 年 3 月。

112. 杜潔祥編,《中國佛寺志彙編》一輯,台北:明文書局,1980 年。

113. 李炳南,《李炳南老居士全集》詩文類之四《雪廬寓臺文存》,台中:青蓮出版社,1991 年 1 月。

114. 弘文館編輯部,《中國佛教思想資料選編》第 1 冊,台北:弘文館出版社,民國 75 年 4 月 3 口。

115. 顧俊發行,《中國佛教總論(二)人物與儀軌》,台北:木鐸出版社,76 年 3 月。

二、專書與論著

1. 王志遠，《宋初天台佛學窺豹》，高雄：佛光出版社，民國 81 年 7 月。

2. 中村元、笠原一南、金岡秀友編集，《民眾的佛教》，日本：東京株式會社佼成出版社，昭和 51 年 6 月 20 日。

3. 石井修道，《永明延壽傳》，《駒澤大學大學院佛教學研究會年報》3，日本：駒澤大學大學院，1969 年。

4. 朱雲影，〈中國佛教對於日韓越的影響〉，《師大歷史學報》第 4 期，台北：師範大學，民國 65 年 4 月。

5. 方立天，《中國佛教與傳統文化》，上海：上海人民出版社，1988 年 4 月。

6. 玉城康四郎主編、許洋主譯，《佛教思想（二）在中國的開發》，台北：幼獅出版社，民國 74 年 6 月。

7. 朱封鰲，《天台宗史迹考察與典籍研究》，上海：上海辭書出版社，2004 年 3 月。

8. 呂澂，《中國佛學源流略講》，台北：里仁書局，民國 74 年 1 月。

9. 朱封鰲、韋彥譯著，《中華天台宗通史》，北京：宗教文化出版社，2001 年 7 月。

10. 李唐，《五代十國》，台北：國家出版社，民國 80 年 9 月。

11. 李光筠主編，《佛教與中國文化》，北京：中華書局，1998 年 10 月。

12. 安藤俊雄著、釋依觀譯，《天台思想史》，台北：中華文獻編撰社，2004 年。

13. 安藤俊雄著、蘇容焜譯，《天台學——根本思想及其開展》，台北：慧炬出版社，2004 年 3 月。

14. 牟宗三，《佛性與般若》上冊，台北：學生書局，1977 年。

15. 李唐編著，《五代十國》，台北：國家出版社，民國 80 年 9 月。

16. 牧田諦亮，《五代宗教史研究》，日本：京都平樂寺書店，昭和 46 年 3 月。

17. 忽滑谷快天著、鄭湖鏡譯，《朝鮮禪教史》，韓國：寶蓮閣印行，民國 67 年 4 月出版。

18. 望月信亨著、印海譯，《中國淨土教理史》，台北：慧日講堂印行，民國 63 年 3 月。

19. 野上俊靜著、鄭欽仁譯，《中國佛教通史》，台北：牧童出版社印行，民國 67 年 5 月初版。

20. 梅尾祥雲著、李世傑譯，《密教史》，台北：中國佛教雜誌社印行，民國 58 年 6 月再版。

21. 黃公偉，《中國佛教思想傳統史》，台北：獅子吼雜誌社，民國 61 年 5 月。

22. 黃敏枝，《宋代佛教社會經濟史論集》，台北：學生書局，民國78年。

23. 黃敏枝，《唐代寺院經濟的研究》，《文史叢刊》之三十三，台北：台灣大學，民國60年。

24. 阿部肇一，《中國禪宗史的研究》，台北：誠信書局印行，民國52年3月初版。

25. 溫玉成，《少林寺訪古》，天津：百花文藝出版社，2001年3月。

26. 楊曾文，《唐五代禪宗史》，北京：中國社會科學出版社，1995年5月。

27. 曾其海，《天台佛學》，台北：學林出版社，2002年12月。

28. 湯用彤，《隋唐佛教史稿》，台北：中華書局，1982年。

29. 趙樸初、任繼愈等，《佛教與中國文化》，北京：中華書局，1998年10月。

30. 郭朋，《中國佛教思想史》，福建：福建人民出版社，1994年12月。

31. 董平，《天台宗研究》，上海：上海古籍出版社，2004年4月。

32. 賴建成，《吳越佛教之發展》，台北：中國學術著作獎助委員會，民國79年4月。

33. 賴建成，《吳越佛教之發展》，台北：花木蘭文化出版社王明蓀主編《古代歷史文化研究輯刊》第三編第12冊，2010年3月。

34. 賴建成，《晚唐暨五代禪宗的發展——以與會昌法難有關的僧侶和禪門五宗為重心》，王明蓀主編《古代歷史文化研究輯刊》第二編第18、19冊，台北：花木蘭文化出版社，2009年9月。

35. 潘桂明、吳忠偉，《中國天台宗通史》，南京：江蘇古籍出版社，2001年12月。

36. 潘桂明，《智顗評傳》，南京：南京大學出版社，1996年2月。

37. 賴永海，《中國佛性論》，高雄：佛光出版社，民國79年12月。

38. 陳新會，《中國佛教史籍概論》，台北：文史哲出版社，民國70年6月。

39. 陳英善，《天台性具思想》，台北：東大圖書公司，1997年。

40. 鄧克銘，《法眼文益禪師之研究》，台北：東初出版社，民國76年10月。

41. 薛冬、程東主編，《溈仰與法眼》，台北：躍昇文化事業，民國82年5月。

42. 藍吉富，《隋代佛教史述論》，台北：台灣商務印書館，民國63年5月。

43. 釋大睿，《天台懺法之研究》，台北：法鼓文化公司，2000年9月。

44. 釋太虛，《太虛大師全書・法藏——佛學總學》，台北：海明佛學院，民國癸亥年6月。

45. 釋印順，《中觀論頌講記》，台北：正聞出版社，1987年7版。

46. 釋東初，《中日佛教交通史》，台北：華岡文化書局印行，民國59年6月

初版。

47. 釋慧岳編集，《天台宗高僧傳》，台北：天台教學研究所，2003 年 11 月 24 日。

48. 釋慧演，《知禮》，台北：東大圖書，1995 年 10 月。

49. 釋慧嶽編著，《天台教學史》，台北：中華佛教文獻編撰社，1974 年 2 月。

50. 釋明復，《中國僧官制度研究》，台北：明文書集印行，民國 70 年 3 月。

51. 釋淨心，《淨心長老論文集》，高雄：淨覺佛教事業護法會，民 85 年 1 月。

52. 藤家禮之助，《日中交流二千年》，日本：東海大學出版會印行，民國 70 年 1 月再版。

53. 顧俊發行，《中國佛教總論》，台北：木鐸出版社，民國 72 年 1 月。

54. 饒宗頤，《中國史學上之正統論》，台北：宗青圖書出版公司，民國 68 年 10 月。

三、學位論文

1. 王鳳珠，〈永明禪師禪淨融合思想研究〉，台北：師大國文研究所博士論文，民國 93 年 7 月。

2. 尤惠貞，〈天台宗性具圓教之義理根據及開展之獨特模式〉，台中：東海大學哲學研究所碩士論文，民國 81 年。

3. 何國詮，〈起信論與天台教義之相關研究〉，台北：中國文化大學哲研所博士論文，民國 81 年。

4. 李宗明，〈天台通教之化法研究〉，台北：華梵大學東方人文思想研究所碩士論文，民國 87 年。

5. 林志欽，〈智者大師教觀思想之研究〉，台北：中國文化大學哲學研究所博士論文，民國 87 年。

6. 林建強，〈天台觀不可思議境之探討〉，新竹：玄奘人文社會學院中文研究所碩士論文，民國 90 年。

7. 金希庭，〈唐湛然《金剛錍》的「無情有性」論之研究〉，台北：中國文化大學哲研所博士論文，1997 年。

8. 吳聰敏，〈知禮觀無量壽佛經疏妙宗鈔研究〉，台中：國立中興大學中國文學系碩士在職專班論文，2003 年。

9. 孟憲皖，〈度牒制度下的政教關係——以唐代至清代之現象為例〉，新竹：玄奘大學宗教系碩士學位論文，民國 96 年 6 月。

10. 恒毓，〈佛道儒心性論比較研究〉，南京大學哲學系博士論文，2000 年。

11. 張文德，〈天台宗智者大師教觀思想與生命轉化〉，嘉義：南華大學哲學系碩士論文，民國 95 年 12 月。

12. 邱柏翔，〈佛教宗派的內部歧異思想研究——以華嚴宗慧苑與澄觀爲例〉，南華大學宗教學研究所碩士論文，民國 95 年 6 月。

13. 許國華，〈天台圓教與佛性思想之研究〉，台北：政治大學哲學研究所碩士論文，民國 84 年。

14. 黃敏枝，〈宋代寺院經濟的研究〉，台北：台灣大學博士論文，民國 66 年。

15. 黃運喜，〈會昌法難研究——以佛教爲中心〉，台北：中國文化大學史研所碩士論文，民國 76 年 1 月。

16. 陳玉文，〈四明知禮釋扶宗記之研究〉，台北：中華佛學研究所碩士論文，1989 年。

17. 陳彥戎，〈從天台宗圓別二教論山家山外之爭〉，台北：淡江大學中國文學系碩士論文，1999 年。

18. 賴永海，〈中國佛性論〉，北京：中國社會科學院博士學位論文，1985 年。

19. 賴建成，〈吳越佛教之發展〉，台北：中國文化大學史研碩士論文，民國 75 年 6 月。

20. 賴建成，〈晚唐暨五代禪宗的發展——以與會昌法難有關的僧侶和禪門五宗爲重心〉，台北：中國文化大學史學研究所博士論文，民國 83 年 6 月。

21. 戴裕記，〈湛然《金剛錍》的「無情有性」論思想研究〉，台北：淡江大學中國文學系碩士論文，民國 89 年。

22. 釋性穎，〈天台法華三昧之研究——以慧思、智顗爲中心〉，桃園：圓光佛學研究所畢業論文，民國 98 年 6 月。

四、學報與期刊論文

1. 尤惠眞，〈天台圓教的義理詮解與觀點建立之省思〉，《揭諦雜誌》第 4 期，嘉義：南華大學哲學系，2002 年 7 月。

2. 王志遠，〈唐宋之際三教合一的思潮〉，趙樸初、任繼愈等著《佛教與中國文化》，頁 71～74，北京：中華書局，1998 年 10 月。

3. 朱雲影，〈中國佛教對於日韓越的影響〉，《師大歷史學報》第 4 期，台北：師範大學，民國 65 年 4 月。

4. 任博克，〈由「相互主體性」的立場論天台宗幾個基本關鍵觀念以及山家與山外之爭〉，《中華佛學研究》第 10 期，頁 363～382，台北：中華佛學研究所，1997 年 7 月。

5. 何國詮，〈天台宗山家山外異說之研究〉，台北：《鵝湖》月刊第 133 期頁 35～50，台北：東方人文學術研究基基會，民國 75 年 7 月。

6. 西義雄，〈盛期的禪思想〉，玉城康四郎主編、許洋主譯《佛教思想（二）在中國的開展》，頁 232～233，台北：幼獅文化出版，民國 74 年 6 月。

7. 宋道發，〈試論南宋志磐的佛教史觀——以佛祖統紀爲中心〉，《普門學報》

第 11 期，高雄：佛光山，2002 年 9 月。

8. 李志夫，〈佛教中國化過程之研究〉，《中華佛學研究》第 8 期頁 77～95，台北：中華佛學研究所，1995 年 7 月。

9. 汪娟，〈集南山禮讚之研究〉，《佛學研究中心學報》第 11 期頁 143～182，台北：台灣大學哲學系，2006 年。

10. 林鳴宇，〈宋代天台研究序說〉，《中華佛學研究》第 7 期頁 185～244，台北：中華佛學研究所，2000 年 3 月。

11. 林志欽，〈天台祖師傳承之研究〉，第二屆《法華思想與天台佛學研討會》，台北：大學東西哲學與詮釋學中心，2005 年 12 月。

12. 林志欽，〈天台宗祖師傳承之研究——從初祖到五祖〉，《人文學報》第 4 期頁 47～77，台北：眞理大學，2006 年 3 月。

13. 牧田諦亮著、索文林譯，〈贊寧及其時代〉，《中國近代佛教史研究》頁 131～183，台北：華宇出版社印行，民國 74 年 8 月。

14. 牧田諦亮著，如眞譯，〈贊寧與其時代〉，《新覺生雜誌》第九卷第 10 期頁 11～18，台北：新覺生雜誌社，民國 60 年 10 月。

15. 牧田諦亮著，如眞譯，〈趙宋佛教史上契嵩的立場〉，《新覺生雜誌》第九卷第 11、12 期頁 8～12，台北：新覺生雜誌社，民國 60 年 12 月。

16. 沈海波，〈北宋初年天台教籍重歸中土的史實〉，《中華佛學研究》第 4 期，頁 187～205，台北：中華佛學研究所，2000 年 3 月。

17. 施淑婷，〈蘇軾參訪寺院之因緣〉，《新竹教育大學人文社會學報》第二卷第 1 期頁 31～66，新竹：國立新竹教育大學，2009 年 2 月。

18. 徐文明，〈志遠與法華傳記的著作年代〉，普陀山佛教文化研究所刊《正法研究》創刊號，1999 年。

19. 曹仕邦，〈論陳垣：《中國佛教史籍概論》〉，《中華佛學學報》第 3 期，頁 261～300，台北：中華佛學研究所，1990 年 4 月。

20. 曹仕邦，〈論佛祖統紀對紀傳體裁的運用〉，《新亞學報》第十一卷第 1 期頁 149～222，香港：新亞研究所，1996 年。

21. 曹仕邦，〈論釋門正統對紀傳體裁的運用〉，《中國史學論文集》上冊，台北：華世出版社，民國 65 年。

22. 馮友蘭，〈論禪宗〉，《禪宗的歷史與文化》頁 9～34，台北：新潮社文化事業有限公司，民國 80 年 4 月。

23. 楊曾文，〈從中國佛教在北傳佛教中的地位看當代中國的佛教教育〉，《慧海文化》，2008 年 10 月。

24. 楊惠南，〈智顗的三諦思想及其所依經論〉，《佛學研究中心學報》第 6 期頁 67～109，台北：台大哲學系，2001 年 7 月。

25. 黃繹勳，〈吳越諸王（893〜978）與佛教〉，《中華佛學學報》第 17 期，台北：中華佛學研究所，民國 93 年。

26. 黃敏枝，〈宋代政府對於寺院的管理政策〉，《東方宗教研究》第 1 期頁 109〜141，台北：國立藝術研究中心，1987 年 9 月。

27. 黃啓江，〈北宋時期兩浙的彌陀信仰〉，《故宮學術季刊》頁 1〜38，台北：故宮，1996 年。

28. 黃夏年，〈天台宗山家派傳人廣智尚賢淺議〉，《玄奘佛學研究》第 13 期頁 1〜28，新竹：玄奘大學，民國 99 年 3 月。

29. 黃錦珍，〈開敷的蓮華──《法華經》十類圖說〉，《香光莊嚴》第 86 期，嘉義香光尼僧團，民國 95 年 6 月 20 日。

30. 楊惠南，〈孤山智圓《金剛錍顯性錄》中的山外主張──色不具三千〉，《中華佛學學報》第 19 期頁 209〜231，台北：中華佛學研究所，民國 95 年。

31. 楊惠南，〈智顗的三諦思想及其所依經論〉，《佛學研究中心學報》第 6 期頁 67〜109，台北：台大哲學系，2001 年 7 月。

32. 郭朝順，〈湛然「無情有性」思想中的「眞如」概念〉，《圓光佛學學報》第 2 期頁 45〜72，桃園：圓光佛學研究所，1999 年 2 月。

33. 董平，〈論宋代天台宗山家山外之爭〉，《普門學報》第 3 期頁 64〜102，高雄：普門佛學社，2001 年 5 月。

34. 賴建成，〈華嚴與禪的交涉──兼論如來禪與祖師禪〉，《法光》第 179 期第 2〜3 版，台北：法光文教基金會，民國 93 年 8 月。

35. 賴建成，〈晚唐宋初天台宗在吳越地區的發展〉，《圓光佛學學報》第 9 期頁 299〜323，桃園：圓光佛學研究所，民國 93 年 12 月。

36. 陳景富，〈高麗僧智宗與宗鏡錄首傳海東〉一文附，《東南文化》，江蘇：南京博物館，1998 年增刊。

37. 陳英善，〈論述天台智者大師的次第戒聖行〉，桃園：《圓光佛學學報》創刊號頁 141〜160，1993 年 12 月。

38. 陳英善，〈從湛然〈十不二門〉論天台思想之發展演變〉，《中華佛學學報》第 9 期頁 261〜290，台北：中華佛學研究所，1996 年 7 月。

39. 陳英善，〈從觀心評天台山家山外之論爭〉，《諦觀》第 74 期頁 151〜159，台北：諦觀雜誌社，1993 年 7 月。

40. 陳清香，〈祖師傳承說的石刻例證──龍門看經寺洞羅漢群像考──〉，《東方宗教研究》第 4 期頁 211〜232，台北：國立藝術學院，1997 年 10 月。

41. 蔣義斌，〈宋初天台宗對請觀音懺的檢討〉，《法鼓佛學學報》第 3 期頁 67〜100，台北：法鼓佛學學院，民國 97 年。

42. 關口眞大著、通妙譯，〈禪宗與天台宗之關係〉，《現代佛教學術叢刊》第

70 冊，1978 年 11 月。

43. 鄭幗英，〈對天台宗湛然大師「佛法僧」之淺探及論述其與當代社會的關係〉，《香港佛教》月刊第 522 期，香港：香港佛教聯合會，2003 年 11 月。

44. 關口眞大，〈中國的禪思想〉，玉城康四郎主編、許洋主譯《佛教思想（二）在中國的開展》，頁 193～255。

45. 嚴耕望，〈唐宋時代中韓佛教文化之交流〉，《中國佛教史論集》第 1 冊頁 205～236，台北：中華文化出版事業委員會，民國 45 年 5 月。

46. 釋印順，〈論三諦三智與賴耶通眞妄〉，《中國佛教》月刊革新第 41 號第 25 卷第 11 期頁 8～14，台北：中國佛教月刊社，1981 年 8 月。

47. 釋果鏡，〈慈雲遵式與天竺寺〉，《法鼓佛學學報》第 1 期頁 103～175，台北：法鼓佛教研修學院，民國 96 年。

48. 釋道昱，〈再談觀世音經──《請觀世音經》譯本考〉，《圓光佛學學報》第 3 期頁 113～139，桃園：圓光佛學研究所，1999 年 2 月。

49. 釋眞定，〈天台順逆二觀在觀門上的運用與開展〉，《圓光佛學學報》第 14 期頁 112～158，桃園：圓光佛學研究所，2009 年 1 月。

50. 釋道昱，〈止觀在中國佛教初期彌陀信仰中的地位──以南北朝之前爲探討中心〉，《圓光佛學學報》第 2 期頁 29～62，桃園：圓光佛學研究所，1997 年 10 月。

51. 釋慧開，〈早期天台禪法的修持〉，中印佛學泛論──傅偉勳教授六十大壽祝壽論文集頁 135～177，台北：東大圖書，1993 年。

52. 釋智學，永明延壽傳記研究〉，《法光學壇》第 5 期頁 58～82，台北：法光佛教文化研究所，2001 年。

53. 釋理方，〈天台法脈源流初探〉下，《香港佛教》第 569 期「論說」文，香港：香港佛教聯合會，2007 年 10 月。

五、報導與文章

1. 曹陽，〈宋太宗的「山內山外」之爭〉，「開封文化網」，2009 年 12 月 29 日。

2. 黃夏年，〈天台德韶與天台宗〉，
http://www.fjyj.net/shownews.asp?upID=7417，2010 年 7 月 28 日。

3. 黃運喜，《中國佛教史講義》第十單元「會昌法難下」，2010 年 5 月 17 日，「紅塵記事」部落格。

4.. 黃夏年，〈20 世紀天台佛教研究〉，武漢《社會科學動態》第 10 期頁 9～15，2000 年。

5. 劉明明，〈韓國天台宗與中國的國際交流〉，《第二屆世界佛教論壇》，2009

年 11 月 5 日。

6. 陳琿、棕彝,〈杭州「錢秦石宋大佛」重要發現及追考〉,「佛教在線」,2010 年 1 月 18 日。

7. 釋法藏,〈天台教觀概述 3〉,台灣,「學海無盡藏網站」文。

8. 釋宏育,〈湛然《法華五百問論》權實觀之研究〉,「圓融世界全球資訊網」文。

9. 〈宋代政局與佛教的世間化〉,「綿陽佛教網」,2010 年 5 月 28 日。

10. 〈宋代天台懺法〉,「吉祥如意的修行」部落格,2005 年 12 月 11 日。

六、工具書籍

1. 丁福保,《修訂新版大藏機總目錄》,台北:新文豐出版股份有限公司,民國 72 年 1 月。

2. 宋晞,《宋史研究論文與書籍目錄》,台北:中國文化大學出版部印行,民國 72 年。

3. 青山定雄編,《中國歷代地名要覽》,台北:洪氏出版社,民國 64 年 2 月。

4. 昌彼德、王德毅等,《宋人傳記資料索引》全 6 冊,台北:鼎文書局印行,民國 63 年至 65 年出版。

5. 牧田諦亮、諏訪義純,《唐高僧傳索引》上、中、下,台北宗青出版公司,民國 75 年 5 月。

6. 牧田諦亮、藤善眞澄,《宋高僧傳索引》上、中、下,台北宗青圖書出版公司,民國 75 年 5 月。

7. 望月信亨,《望月佛教大辭典第六卷大年表》,日本:世界聖典刊行協會印行,民國 55 年 1 月五版。

8. 傅璇琮等,《唐五代人物傳記資料綜合索引》,北平:新華書店印行,民國 71 年出版。

9. 程光裕、徐聖謨編,《中國歷史地圖》上、下冊,台北:中國文化大學出版部,1981～1984 年。

10. 楊殿珣,《石刻題跋索引》,台北:文海出版社影印,民國 61 年 8 月初版。

11. 萬國鼎編,《中國歷史年表》,台北:鼎文書局,民國 64 年 10 月。

12. 釋明復,《中國佛教人名辭冊》,台北:方舟出版社,民國 63 年 12 月。